Bank- und finanzwirtschaftliche Forschungen

Band 323

D1697606

Institut für
schweizerisches Bankwesen
der Universität Zürich

Schweizerisches Institut für
Banken und Finanzen
an der Universität St. Gallen

Dr. Cyrill Wipfli

Unternehmensbewertung im Venture Capital-Geschäft

Herleitung von Einflussfaktoren und
deren empirische Überprüfung in der Praxis

Verlag Paul Haupt
Bern · Stuttgart · Wien

Cyrill Wipfli (1973), Dr. oec. HSG, studierte Betriebswirtschaft an der Universität Zürich und absolvierte Praktika in London, New York und Wien. 2001 promovierte er mit der vorliegenden Dissertation an der Universität St. Gallen. Beruflich war er 1996–2001 für die Venture Capital Finance (VCF AG) und die Kommission für Technologie und Innovation (KTI) tätig.

Die Deutsche Bibliothek – CIP-Einheitsaufnahme

Wipfli, Cyrill:
Unternehmensbewertung im Venture Capital-Geschäft :
Herleitung von Einflussfaktoren und deren empirische Überprüfung in der Praxis /
Cyrill Wipfli. –
Bern ; Stuttgart ; Wien : Haupt, 2001
(Bank- und finanzwirtschaftliche Forschungen ; Bd. 323)
Zugl.: St. Gallen, Univ., Diss., 2001
ISBN 3-258-06342-7

www.haupt.ch

VORWORT

In der Rückblende hebt sich im letzten Jahrzehnt aus den zahlreichen Einzelereignissen im Wirtschaftsleben ein Phänomen heraus: Jungunternehmen, an verschiedenen Orten gegründet und auf verschiedene Branchen fokussiert, haben Venture Capital zu einer blühenden Kultur gebracht. Auch wenn die Neuen Märkte im Auf und Ab die sprichwörtlichen Risiken unterstreichen, ist doch eine langfristige Entwicklung erkennbar. Im Wechselspiel von High-Tech, Finanzierung und Wissensmanagement haben Start-ups oft Vorteile gegenüber den grossen Unternehmen.

Eigentlich wäre das Phänomen des Venture Capitals gut prognostizierbar gewesen. Silicon Valley und die Computertechnologie sind seit langem bekannt und haben hierzulande stets als Beispiel gedient. Die Techno-Parks sollten gerade dazu dienen, die Story des Erfolgs kalifornischer Unternehmenskultur auf die Schweiz und auf Europa, sowie auf andere Branchen zu übertragen. Trotz der Prognostizierbarkeit sind viele Arbeiten zurückgeblieben, die eigentlich den Weg für die Jungunternehmen mit hätten bahnen sollen. Dazu gehört auch die Unterstützung von wissenschaftlicher Seite, etwa was das Studium der Erfolgsfaktoren und die Bewertung von Start-ups betrifft. Allerdings konnte über diese betriebswirtschaftlich-ökonomische Seite nicht früher berichtet werden, weil heute die Wirtschaftswissenschaften nicht allein auf Modellen sondern vor allem auf empirischen Erkenntnissen beruhen und praktische Fälle erst jetzt untersucht werden können.

Die Schrift von Cyrill Wipfli ist die erste umfassende Darstellung der Besonderheiten der Unternehmensbewertung bei Venture Capital. Sie zeigt nicht nur wertbestimmende Einflussfaktoren auf, sondern misst den Einfluss gleichsam als Frankenbetrag. Der Autor hat eine mehr als statistisch ausreichende Zahl von Transaktionen aus allen Branchen analysiert. Er hat überdies empirisch belegt, was wie "wertvoll" für ein Jungunternehmen ist. Die Darstellung überzeugt durch die gelungene Verbindung von Theorie und Empirie. Die genau gemessene Bedeutung der Einflussfaktoren ist ein Novum in der Literatur. Zudem weckt die Schrift nicht nur unsere Neugierde, sie liefert auch Ansatzpunkte für die Betreuung von jungen Unternehmen.

Es ist mir eine Freude zu sehen, wie Herr Wipfli Leserinnen und Leser in das Reich von Erkenntnissen führt, die ein konsistentes Gebäude der Wertfaktoren im Venture Capital Geschäft bieten und dabei den Prüfstein praktischer Relevanz mit Bravour passierten.

Klaus Spremann, Professor an der Universität St. Gallen

Meinen Eltern
in Dankbarkeit

———————

PRÄAMBEL

Die schon während meiner Studienzeit aufgenommene Triage von Tätigkeiten als Unternehmensberater für kleine und mittlere Unternehmen (KMU), als Coach und Businessplanspezialist im Rahmen der Initiative Start-up! der Kommission für Technologie und Innovation (KTI) in Bern sowie als Finanzspezialist bei einer Venture Capital Gesellschaft, veranlasste mich zur Verfassung der vorliegenden Dissertation zum Thema *Unternehmensbewertung im Venture Capital Geschäft*.

Die Dissertation ist berufsbegleitend während meiner mehrjährigen Tätigkeit bei P. Wyss & Partner und Venture Capital Finance (VCF) in Zug entstanden. Durch die an meinem Arbeitsplatz gewonnenen Erkenntnisse, insbesondere die praktische Erfahrung bei der Beratung und Erstellung von Businessplänen sowie durch die aktive Teilnahme an Erstfinanzierungsrunden von Jungunternehmen, und die durchgeführte empirische Untersuchung entstand eine *praxisnahe Arbeit*.

Es ist mir ein besonderes Anliegen, all jenen zu danken, die mich bei der Realisierung der Dissertation unterstützt haben. Allen voran möchte ich mich bedanken bei meinen Referenten Herrn Prof. Klaus Spremann und Herrn Prof. Rudolf Volkart für ihre Unterstützung meines Dissertationsvorhabens und die akademische Freiheit, welche mir bei der Bearbeitung der Thematik gewährt wurde.

Im weiteren danke ich meinem Arbeitspartner Herrn Peter Wyss für die finanzielle und zeitliche Unterstützung, sowie für die zahlreichen, konstruktiven Diskussionen. Ohne die flexiblen Arbeitszeiten wäre diese Zusatzbelastung nicht realisierbar gewesen.

Ebenfall bedanken möchte ich mich bei allen 123 Fachleuten aus der Praxis, welche mir für Interviews zur Verfügung standen. Ohne ihre vertraulichen Daten von Erstfinanzierungsrunden von Jungunternehmen wäre die empirische Untersuchung nicht möglich gewesen. Bei ihnen möchte ich mich an dieser Stelle recht herzlich für das entgegen gebrachte Vertrauen bedanken.

Ein besonderes Dankeschön verdienen meine Eltern, welche mich während meiner gesamten Schul- und Studienzeit gefördert und unterstützt haben. Ihnen ist diese Arbeit gewidmet. Dankbar bin ich auch meiner Freundin und meinen Freunden, die ebenfalls Opfer erbringen mussten aufgrund meiner zusätzlichen Arbeitsbelastung und der damit einhergehenden reduzierten Freizeit.

Zug, im Januar 2001   Cyrill Wipfli

INHALTSÜBERSICHT

INHALTSVERZEICHNIS

ABBILDUNGSVERZEICHNIS

TABELLENVERZEICHNIS

ABKÜRZUNGSVERZEICHNIS

AK	Aktienkapital
AV	Anlagevermögen
B2B	Business-to-Business
B2C	Business-to-Consumer
BA	Business Angel(s)
BBT	Bundesamt für Berufsbildung und Technologie
BEP	Break Even-Point
BP	Business Plan
BSP	Bruttosozialprodukt
CEO	Chief Executive Officer
CF	Cash Flow
CFROI	Cash Flow Return on Investment
CH	Schweiz(er) [-Methode]
CHF	Schweizer Franken (sFr.)
COO	Chief Operating Officer
CROR	Corporate Rate of Return
CSO	Chief Sales Officer
CTO	Chief Technology Officer
DCF	Discounted Cash Flow
DL	Dienstleistung(en)
DPO	Direct Public Offering
EASDAQ	European Association of Securities Dealers Automated Quotation
EBIT	Earnings before Interests and Taxes
EBITDA	Earnings before Interests, Taxes, Depreciation and Amortization
EK	Eigenkapital
EPO	Electronic Public Offering
EPS	Earnings per Share (Gewinn pro Aktie)
ESOP	Employee Stock Ownership Plan
EVA	Economic Value Added
EVCA	European Venture Capital Association
EW	Ertragswert
FCF	Free Cash Flow
FK	Fremdkapital
HeKo	Herstellungskosten
IR	Investor Relations
IRR	Internal Rate of Return (interner Verzinsungssatz)
IPO	Initial Public Offering
ISO	International Standardization Organization
k	kilo (Tausend, als prefix wie z.B. in kCHF)
KMU	kleinere(s) und mittlere(s) Unternehmen
KNI	Künftige Nettoeinnahmen des Investors

KTI	Kommission für Technologie und Innovation des Bundes
NASDAQ	National Association of Securities Dealers Automated Quotation
NEMAX	Neuer Markt in Deutschland (dt. auch NMKX)
NMKX	Neuer Markt in Deuschland (engl. auch NEMAX)
NOA	Net Operating Assets
NOPAT	Net Operating Profit after Taxes
NOPLAT	Net Operating Profit Less Adjusted Taxes
NPV	Net Present Value
NUV	Netto-Umlaufvermögen
LCA	Life Cycle Assessment
M&A	Mergers & Acquisitions (Fusionen und Unternehmensübernahmen)
MbO	Management by Objectives
MVA	Market Value Added
MW	Mittelwert [-Methode]
OPT	Option Price Theory
RM	Risikomanagement
ROE	Return on Equity
ROI	Return on Investment
ROIC	Return on Invested Capital
ROR	Rate of Return
RV	Relative Valuation (Bewertung mittels Vergleich mit anderen Unternehmen)
RW	Rechnungswesen
SBU	Strategic Business Unit
SECA	Swiss Private Equity and Venture Capital Association
SNMI	Swiss New Market Index
SROR	Shareholder Rate of Return
SV	Shareholder Value
SVA	Shareholder Value Analysis (Wertsteigerungsanalyse)
SW	Substanzwert
TV	Terminal Value (Endwert bei der DCF-Methode)
US$	US-Amerikanische(r) Dollar
USP	Unique Selling Proposition (einzigartiger Wettbewerbsvorteil)
UV	Umlaufvermögen
VBM	Value Based Management
VC	**Venture Capital(ist)**
VROI	Value Return on Investment
V&V	Verwaltung & Vertrieb (-skosten)
WACC	Weighted Average Cost of Capital (Gesamtkapitalkostensatz)

TEIL I:

GRUNDLAGEN

TEIL I: GRUNDLAGEN

1   EINLEITUNG

1.1   Ausgangslage

„Die Bewertung einer jungen Unternehmung ist völlig anders als die einer etablierten Gesellschaft. "[1]

Die Bewertung von Unternehmen ist eine der zentralen Aufgaben der thematischen und praktischen Finanzlehre. Der bisherige Fokus der Arbeiten war allerdings auf einen bestimmten Typ von Unternehmen ausgerichtet: die sogenannten „incumbents", also die alteingesessenen, etablierten Unternehmen, welche träge und wenig innovativ sind. Diese zeichnen sich aus durch eine gewisse Repräsentativität des zur Verfügung stehenden Datenmaterials für die Ableitung prospektiver Daten.[2] Wie aber der Wert eines *jungen*, Start-up-Unternehmens konkret berechnet werden kann, wird in der Literatur immer noch unzureichend beantwortet.[3]

Junge Unternehmen haben als Besonderheit im Vergleich zu alteingesessenen Firmen keine Vergangenheitszahlen, auf denen die Finanzprognosen für die nächsten Jahre aufbauen könnten. Da diese Erfahrungswerte fehlen, ist der Budgetierungsprozess extrem schwierig. Branchenkenner[4] wissen inzwischen, dass in der Regel die Umsatzprognosen von neu gegründeten Unternehmen deutlich zu hoch gegriffen sind. Z.B. ist es eine Tatsache, dass nur der kleinste Teil (gemäss Erfahrungswerten ca. 25%) der Erstbestellungen von Neukunden (sogenannte „sales trials") auch wirklich zu weiteren Bestellungen und damit zu einer langfristigen Geschäftsbeziehung führen. Dagegen wird die Kostenseite von Jungunternehmern regelmässig völlig unterschätzt. Venture Capital-Geber rechnen damit, dass üblicherweise alles doppelt so lange dauert und daher auch doppelt so viel kostet, wie ursprünglich im Businessplan budgetiert. Folglich sind die von Gründern gemachten Annahmen als Grundlage für die Unternehmensbewertung unzulänglich.

Benjamin Graham, der als Vater der modernen Wertschriftenanalyse gilt und oft als der «Dean of Wall Street» verehrt wird, warnte oft davor, dass Aktienpreise für neu an die Börse gebrachte Unternehmen „nicht vorsichtig berechnete Werte, sondern die Ergebnisse eines Durcheinanders menschlicher Reaktionen" seien. Kurzum: Der Bewertungs-

---

[1] Peter Friedli von New Venturetec anlässlich der 8. Informationsveranstaltung von Venture 2000, ETH Zürich 27.4.00.

[2] Vgl. Hayn, 2000, S. 2.

[3] Vgl. Bjordal, 2000, S. 29.

[4] Zur Vereinfachung der Leserlichkeit wird auf eine separate Aufführung von maskuliner und femininer Form von Nomen verzichtet. Im Rahmen dieser Arbeit sollen trotzdem stets männliche wie weibliche Vertreter der jeweiligen Gattung (z.B. Branchenkenner und Branchenkennerinnen) angesprochen werden.

prozess bietet einigen Raum für Psychologie, Hoffnungen, Ängste und Moden der Markteilnehmer. Nebenbei bemerkt sei dabei, wie sich die Anleger immer wieder von einer Sehnsucht nach einer „New Economy" leiten liessen und unter diesem Vorzeichen Anlagetips folgten, die sich letztlich als reine Luftschlösser entpuppten.[5]

Das Internet hat allen Anzeichen nach das Potential, einen neuen Megatrend einzuleiten, wie ihn beispielsweise der Buchdruck, das Telefon oder der Computer begründeten. Während das Telefon jedoch fast ein Jahrhundert brauchte, um die Welt zu erobern, wird das Internet dazu wohl nicht einmal 20 Jahre brauchen (siehe Abbildung 1).

Abbildung 1: Innovationen durchdringen den Markt immer rascher

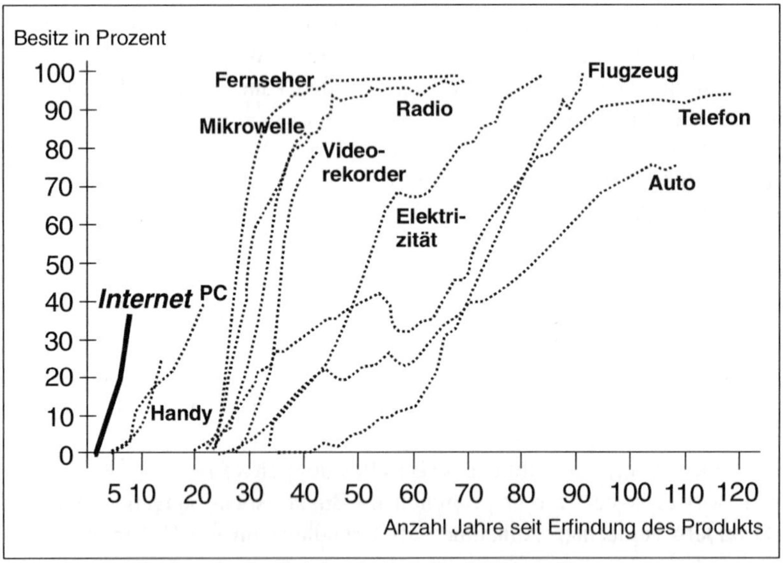

Quelle: Lehman Brothers, in: Credit Suisse Bulletin Nr. 3/2000, S. 60.

So ist der Anteil der Internet-Projekte im europäischen Venture Capital-Markt von unter 20% im 2. Quartal 1999 auf 35% im 1. Quartal 2000 gestiegen und beträgt heute ganze 42%. Betrachtet man nur die Early Stage-Transaktionen, so beträgt der Anteil der Internet-Unternehmen im 2. Quartal 2000 sogar über 50% aller Venture Capital-Investments.[6] Aufgrund dieser Entwicklung ist es ausserordentlich schwierig, die Zu-

---

[5] Vgl. Tz., Werden an der Wall Street Luftschlösser gebaut?, in: Neue Zürcher Zeitung vom 20.4.00, Nr. 94, S. 33.

[6] Quelle: Venture Capital Europe, Private Equity Research Unit, May 2000, Issue 1, p. 1.

kunft des Internets einigermassen zuverlässig einzuschätzen. Somit muss bei der Evaluation von Internet-Start-ups neben den heute erkennbaren Möglichkeiten auch das zumeist nur visionär vorhandene Potential berücksichtigt werden. Eine Aufgabe, die hinsichtlich einer Quantifizierung schnell unlösbar erscheint. Umso wichtiger ist es deshalb, gründliche Szenarioanalysen durchzuführen sowie die vorhandenen Realoptionen zu identifizieren, zu untersuchen und im Detail zu verstehen.[7]

Dieser Megatrend bei den Neugründungen weg von dem sekundären Sektor hin zur Dienstleistungsindustrie lässt sich auch mit Zahlen illustrieren. Z.B. vereinigen alleine die drei grössten dienstleistungsorientierten Branchen am Neuen Markt in Deutschland über 50% der Börsenkapitalisierung auf sich. Zusammen mit den anderen Dienstleistungen im weiteren Sinne machen sie fast zwei Drittel aus (siehe Abbildung 2).

Abbildung 2: Dienstleistungen i.w.S. machen 2/3 der Kapitalisierung aus

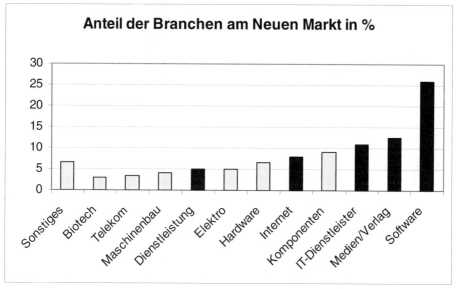

Quelle: Going Public Research, Sonderdruck Biotechnologie, Frühling 2000, S. 63.

Ein ähnliches Bild zeigt sich aus einem anderen Blickwinkel: Im 2. Quartal 2000 betrug der Anteil der Investments im Hoch-Technologie Bereich 64.5% aller Venture Capital-Investitionen in Europa im Vergleich zu knapp über 50% im 4. Quartal 1999 (siehe Abbildung 3). Der Anteil an reinen Software-Projekten stieg im 2. Quartal 2000 auf 20% gegenüber 12% im 4. Quartal 1999. Daher ist es nicht erstaunlich, dass selbst bei

---

[7] Vgl. Bjordal, 2000, S. 29.

den Exits die Mehrheit aller Börsengänge und Privatplatzierungen von Hardware- und Software-Unternehmen bestritten werden.[8]

Abbildung 3: Anzahl und Volumen von VC-Investments in Europa nach Branchen

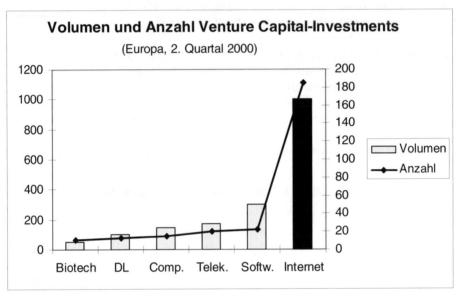

Quelle: Venture Capital Europe, May 2000, Issue 1, p. 1.

Diese Art von Start-ups werden meistens mit einigen wenigen Mitarbeitern gegründet. In Deutschland z.B. bestehen 50% aller Biotech-Unternehmen aus nur einem Mitarbeiter, weitere 30% sind weniger als 10 Personen gross und in Europa sind es 30% bzw. 20%.[9] Der Unternehmenswert für diese Kleinst-Unternehmer besteht vornehmlich aus immateriellen Tatbeständen.

Darum sind die klassischen Methoden wie Discounted Cash Flow (DCF) und X-times Earnings Multiples etc. in ihrer standardmässigen Anwendung zu einfache Methoden, welche der Komplexität der Realität nicht zu genügen vermögen. Die traditionellen Multiples (wie P/E-Ratio etc.) sind nämlich gar nicht zu gebrauchen für Unternehmen der „New Economy" (Internet-Gesellschaften).[10] Start-ups haben in der Regel noch gar keinen Umsatz erzielt – geschweige denn Gewinn gemacht. Selbst wenn die Multiples

---

[8] Quelle: Venture Capital Europe, Private Equity Research Unit, May 2000, Issue 1, p. 2.
[9] Quelle: GoingPublic Research, in: GoingPublic, Spezialausgabe „Biotechnologie" vom Frühling 2000, S. 63.
[10] So weisen z.B. 96% aller am NASDAQ New Markets kotierten Unternehmen negative EBIT und EBITDA Multiples auf. Anders ausgedrückt können nur zwei Unternehmen sinnvolle (positive) Multiples ausweisen. Quelle: eigene Berechnungen per 28.9.2000 mittels Bloomberg-Daten.

errechnet werden können, sind die Werte von vergleichbaren Unternehmen doch zu stark gestreut, um eine sinnvolle Aussage über die Angemessenheit machen zu können. Beispielsweise reicht die Spanne von Revenue Multiples an der NASDAQ[11] von 0.5-540.[12]

Daher werden seit Beginn der neunziger Jahre Innovationsgründungen wissenschaftlich analysiert. Die Zielsetzung der entstandenen Beiträge liegt weitgehend in der Ermittlung der Erfolgsfaktoren für eine erfolgreiche innovative Unternehmensgründung, wobei lediglich Verfahren zur qualitativen Bewertung entwickelt werden. Eine quantitative Bewertungsmethode zur Ermittlung von Unternehmenswerten für Innovationsgründungen existiert dagegen derzeit noch nicht. Dies ist massgeblich auf die eingangs erwähnten gänzlich fehlenden Vergangenheits- und Erfahrungswerte als Ausgangsbasis einer Zukunftserfolgsprognose zurückzuführen.[13] Zudem leiden die meisten Untersuchungen an ihrer Theorielastigkeit der Forschungskonzeption. Was fehlt, ist die praxisnahe Berücksichtigung der Realität des Venture Capital-Geschäftes, was in dieser Arbeit geschehen soll.

1.2   Problemstellung und Zielsetzung der Arbeit

> *„Understanding Valuation means understanding the company, the process of valuation, the external and internal influential factors and the dynamics of valuation."*[14]

Spätestens seit der globalen Rally in Internet-Aktien und dem massiven Kurseinbruch an der NASDAQ ist die faire Bewertung von Jungunternehmen ein sehr kontrovers diskutiertes Thema. Einerseits werden die Entwicklungsimpulse der Internet-Aktien auf die Dynamik der globalen Kapitalmärkte durchaus begrüsst, andererseits werden viele der kotierten Unternehmen mangels „Substanz" als hoffnungslos überbewertet eingestuft.[15]

Traditionelle Verfahren der Unternehmenswertbestimmung, welche sich noch auf die Vergangenheit stützen (klassisches Beispiel: Substanzwertmethode), verlieren daher an

---

[11] Zur Geschichte der NASDAQ siehe Fussnote 601 auf Seite 216.

[12] Eigene Berechnungen per 28.9.2000 mittels Bloomberg-Daten über alle Unternehmen im NASDAQ New Markets. Andere Autoren sprechen von einer Spannweite von 1-200, so z.B. Nick Adamus, Consultant bei McKinsey & Co. in der Corporate Finance Practice Group, anlässlich der 8. Informationsveranstaltung von Venture 2000, ETH Zürich 27.4.00.

[13] Vgl. Hayn, 2000, S. 3.

[14] Peter Friedli von New Venturetec anlässlich der 8. Informationsveranstaltung von Venture 2000, ETH Zürich 27.4.00. Peter Friedli ist seit 1986 selbständiger Investment Banker und hat inzwischen in über 130 Firmen (v.a. in den USA) investiert.

[15] Vgl. Bjordal, 2000, S. 29.

Bedeutung.[16] In der Zwischenzeit setzte sich nämlich in der Lehre die Auffassung durch, dass nur die Zukunft für den Erfolg und damit für den Wert der Unternehmung entscheidend sei. Damit stellt sich das Problem der Prognose. In der Regel werden die Werte der Vergangenheit in die Zukunft extrapoliert[17] (Methode der begründeten Abweichungen). Dies erscheint für alteingesessene, stabile Unternehmen ein akzeptables Vorgehen zu sein. Für neu gegründete hochdynamische Unternehmen ist es jedoch ungeeignet. Solche Unternehmen zeichnen sich durch eine zu hohe Volatilität aus, als dass die Daten der vorangegangenen Rechnungsperiode Anhaltspunkte für die folgende Periode liefern könnten.

Nicht alle Werte sind jedoch gleich komplex zu prognostizieren. Während bei der Aufwandseite des Budgets eine relativ exakte Plankostenrechnung aufgestellt werden kann, liegen die Hauptprobleme in der Praxis v.a. in der Prognose der Ertragsseite, also des zukünftigen Umsatzes. Folglich liegt die wahre Kunst eines Bewerters darin, die Chancen eines Unternehmens in seinem Markt richtig einzuschätzen, und nicht im technisch richtigen Anwenden einer Bewertungsmethode.

Darum ist gerade im Falle von Internet-Unternehmen der Substanzwert irrelevant, da die Höhe der bilanzierbaren Aktiven keinerlei Einfluss auf das Erfolgspotential ausübt. Die speziellen Rahmenbedingungen und Charakteristika von Jungunternehmen erfordern jedoch eine Reihe von Modifikationen und Ergänzungen der klassischen Bewertungsmethoden. Diese Unternehmen befinden sich fast ausschliesslich in einer sehr frühen Phase des Innovations- und Lebenszyklus. Somit fehlen in fast allen Fällen vergangenheitsbezogene Erfahrungswerte, die Aufschluss über künftige Ertragsentwicklungen geben könnten.[18]

Ziel dieser Arbeit ist daher, Ansatzpunkte für die Bewertung solcher Unternehmen aufzuzeigen. Dies soll durch die theoretische Herleitung von Einflussfaktoren auf den Wert von Jungunternehmen und deren empirische Überprüfung in der Praxis des Venture Capital-Geschäftes geschehen. Dabei zeigt sich, dass auch für Internet-Unternehmen auf klassische Verfahren der Unternehmensbewertung zurückgegriffen werden kann. Mit der Berücksichtigung von weiteren Einflussfaktoren auf den Unternehmenswert - nebst der Wahl einer Methode zur Unternehmensbewertung und deren korrekten Durchführung im Detail – wird der Einfluss der Unternehmensbewertungsmethode auf den schlussendlich bezahlten Preis für die Transaktion relativiert.[19]

---

[16] Siehe beispielsweise Bretzke, 1975, S. 90.

[17] Siehe beispielsweise Perridon/Steiner, 1995, S. 574 oder Oehler, 1984, S. 26.

[18] Vgl. Bjordal, 2000, S. 29.

[19] Schätzungen zufolge beträgt der Aufwand für die Bewertung der Unternehmung bloss 10% der Zeit, welcher ein Venture Capital im Rahmen der Due Diligence aufwendet. Der Rest der Zeit wird für Strategie, Märkte, Management etc. aufgewendet. (nach Peter Friedli von New Venturetec anlässlich der 8. Informationsveranstaltung von Venture 2000, ETH Zürich 27.4.00.)

1.3   Relevanz der Thematik

„Internet-Firmen mit Fantasie, Vision und Mut bewerten - von der Schwierigkeit und den Möglichkeiten, den Wert von Internet-Unternehmen abzuschätzen"[20]

Venture Capital ist ein beliebtes und vielbeschriebenes Thema in der schweizerischen Presse. Früher wurde die Thematik jedoch primär aus makroökonomischer Sicht in der Presse abgehandelt. Venture Capital schien die Antwort auf die damalige schwierige Wirtschaftssituation zu sein. Durch die Förderung von Jungunternehmen erhoffte man sich den lang ersehnten wirtschaftlichen Aufschwung. Die USA wurden hierfür als erfolgreiches Beispiel angeführt: Dort wurden in den letzten Jahren neue Arbeitsplätze nicht vornehmlich von den sogenannten „Blue Chip" Firmen, sondern von Jungunternehmen geschaffen. 70% der an der NASDAQ[21] kotierten Unternehmen wurden ursprünglich mit Venture Capital finanziert.

Auch in der Schweiz ist der Trend zum „small is beautiful" messbar und soll hier kurz mit ein paar Fakten illustriert werden. Laut Bundesamt für Statistik gab es 1998 in der Schweiz 311'400 kleinere und mittlere Unternehmen (KMU) – Betriebe mit bis zu 249 Beschäftigten. Damit sind 99.67% aller Unternehmen in der Schweiz KMU. 1998 arbeiteten hier knapp 70% der total 3.5 Millionen Beschäftigen des Landes. 88.78% der KMU sind laut Betriebszählung 1998 Mikrounternehmen mit höchstens neun Beschäftigten. Und knapp über 50% dieser rund 276'400 Mikrounternehmen wiesen höchstens einen Vollzeitbeschäftigten aus. Tendenz: steigend. Kleinbetriebliche Strukturen und Einmann-Unternehmen sind vor allem im Bereiche persönliche Dienstleistungen sowie Dienstleistungen für Unternehmen zu finden.[22]

Doch auch als Investitionsmöglichkeit macht Venture Capital zunehmend von sich reden. Immer mehr institutionelle und auch private Investoren entdecken diese Anlagekategorie. Was sie so interessant macht, sind ihre hohen Renditen bei gleichzeitig relativ niedrigem Risiko (vergleichbar mit jenem des Standard & Poor's 500-Index) und tiefer Korrelation mit traditionellen Anlagekategorien. Das heisst, dass die Beimischung von Venture Capital die „Efficient Frontier" eines Portfolios bedeutend verbessern kann.[23]

Nicht nur in den USA erreichte der Venture Capital-Markt 1999 einen Rekordumfang von insgesamt US$ 44 Mrd. an betreuten Vermögen. Auch in Europa umfasste der Markt US$ 21 Mrd. Knapp 50% davon wurden in Grossbritannien getätigt. Im Vergleich dazu befinden sich Frankreich und Deutschland noch in der Anfangsphase, und auch die Schweiz ist diesbezüglich bislang eher ein „Entwicklungsland". In Europa gibt

---

[20] Schlagzeile Handelszeitung, in: Bjordal, 2000, S. 29.
[21] Zur Geschichte der NASDAQ siehe Fussnote 601 auf Seite 216.
[22] Quelle: Bilanz New Market vom Mai 2000, S. 30.
[23] Vgl. Petersen, 2000, S. 1.

es nach Schätzungen nur etwa 200 auf Venture Capital spezialisierte Finanzunterneh-
men (sogenannte „Partnerships"), während die USA über 2'000 zu verzeichnen haben.[24]

Auch in der europäischen Biotechnologie hat sich 1999 die Dynamik ungebrochen fort-
gesetzt. Nach der neuesten Branchenübersicht der Unternehmensberatung Ernst &
Young ist die Zahl der Unternehmen 1999 um 15% und die Anzahl der Arbeitsplätze in
dieser Branche um 17% gestiegen.
Nebenbei bemerkt dürften sich die Anschlussfinanzierungen in absehbarer Zeit als etwas gar hohe Hürde für viele Jungunternehmen erweisen. Vor dem Hintergrund der 165
bis 180 Biotech-Start-ups im Pharma-Bereich, welche 1996 und 1997 gegründet wurden, rechnet Ernst & Young mit einem Volumen von 2 bis 3 Mrd. Euro, die der Markt
an Anschlussfinanzierungen im Jahre 2000 aufzubringen hätte.[25]

All dies zeigt, dass die Thematik der Unternehmensgründungen und deren Bewertung
jeden beschäftigt: vom Entrepreneur über den Venture Capitalisten, Bankier, private
Finanzanleger (welche am Geschehen an der NASDAQ interessiert sind), Mitarbeiter
von Start-ups (die an ESOP beteiligt sind) etc.
Dieser Trend ist auch an Veranstaltungen wie z.B. Venture 2000 zu spüren. An der 8.
Informationsveranstaltung von Venture 2000 (organisiert von der ETH Zürich in Zusammenarbeit mit McKinsey) sagte der Sprecher, nie zuvor sei der Hörsaal dermassen
überfüllt gewesen wie zum damaligen Thema: „Unternehmensbewertung von Start-
ups".

1.4   Terminologien und Abgrenzungen

1.4.1   Venture Capital

Zur historischen Entstehung des Begriffs „Venture Capital" sei folgende Anekdote
geschildert:[26]
Nach dem Zweiten Weltkrieg ist die erste Venture Capital-Gesellschaft von John Whit-
ney gegründet worden, der sie „J. H. Whitney & Co." nannte. Diese wurde mit US$ 10
Mio. Kapital ausgestattet. Scheinbar war er nicht zufrieden mit der Bezeichnung der
Firma als „risk capital investment firm". Sein Partner soll ihm dann zu einer neuen
Firmenbezeichnung verholfen haben, indem er den Sachverhalt „... the risk element and

---

[24] Vgl. Petersen, 2000, S. 1. Dr. Petersen ist Geschäftsführerin der LGT Private Equity Advisers AG, Vaduz,
des Investmentmanagers von Castle Private Equity AG, einer schweizerischen kotierten Beteiligungsgesellschaft für Private Equity- und Venture Capital-Anlagen.
[25] Vgl. Hm., Europas Biotech-Industrie holt auf, in: Neue Zürcher Zeitung vom 18.4.00, Nr. 92, S. 23.
[26] Siehe beispielsweise Fendel, 1987, S. 16.

the adventuresome element of this kind of investing..." aufgriff. So wurde das Unternehmen umbenannt nach „private venture capital investment firm".
Das wirklich neue bestand in der Institutionalisierung des Beteiligungserwerbs an jungen, wachstumsorientierten Unternehmen.

Auch heute noch wird der Begriff „*Venture Capital*" in aller Regel im Zusammenhang mit jungen oder neu zu gründenden Unternehmen verwendet. In dieser Arbeit wird mit Venture Capital Risikokapital bezeichnet, welches als Eigenkapital in eine solche Firma investiert wird. In der Praxis bewegt sich das durchschnittliche Investitionsvolumen in der Regel zwischen CHF 0.5 bis 2 Mio. Der Kapitalgeber unterstützt (meist als Minderheitsaktionär) mit seinem mittel- bis langfristigen Engagement aktiv den Aufbau des Unternehmens. Im Vordergrund steht für den Investor nicht die (technologische) Innovation als Selbstzweck, sondern ein nach wirtschaftlichen Grundsätzen geführtes Unternehmen, das ein neues Produkt oder eine neuartige Dienstleistung im Markt einführt, dabei wächst und Gewinne erzielt. Diese Gewinne werden in den ersten Jahren zwecks weiterem Wachstum reinvestiert. Die Gewinnrealisierung für den Kapitalgeber besteht in der späteren Veräusserung der Beteiligung zu einem wesentlich höheren Wert.[27]
Zusammengefasst zeichnen folgende Merkmale diese spezielle Form der Unternehmensfinanzierung aus:[28]

> ➤ Risikokapital ohne banktübliche Sicherheiten
> ➤ Beteiligung mit längerfristigem Engagement
> ➤ Aktive Unterstützung des Entrepreneurs

Unter dem Begriff „*Risikokapital*" werden im Gegensatz zu „Venture Capital" nicht ausschliesslich Beteiligungen an jungen, innovativen Unternehmen[29] verstanden, sondern jede Form von Finanzierungsmitteln, die im Innovationsprozess eingesetzt werden und für die keine Sicherheiten im konventionellen Sinne vorhanden sind.[30]

Umstritten ist die Abgrenzung zum Begriff „*Private Equity*". In der Regel sind damit Investitionen gemeint, welche von grösserem Betrage sind als typisches Venture Capital und Unternehmen in späteren Stadien ihrer Entwicklung zugute kommen. Im Rahmen dieser Arbeit soll Private Equity als Oberbegriff für Investitionen in nicht kotierte Unternehmen gelten.

Gewöhnlich wird von verschiedenen Arten von Venture Capital gesprochen: institutionelles, öffentliches, informelles und „Corporate" Venture Capital. (Siehe Abbildung 1.)

---

[27] Vgl. EIBA, 1994, S. 1. Gleicher Ansicht: Jenny, 1987, S. 6.
[28] Vgl. Wild/Rechsteiner, 1998, S. 2.
[29] Boemle, 1993, S. 45.
[30] Diehl, 1984, S. 2.

Abbildung 4: Verschiedene Arten von Venture Capital

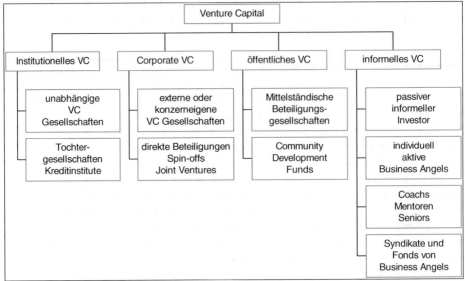

Quelle: Nittka/Stickel, 1999, S. 446.

Für diese Arbeit ist eine solche Unterscheidung allerdings nicht von Bedeutung, da die Bewertungsproblematik für alle Arten von Venture Capital dieselbe darstellt. Lediglich auf das informelle Venture Capital soll zur Klärung des Begriffs des Business Angels im folgenden kurz eingegangen werden.

1.4.2 Business Angels (informelles Venture Capital)

Business Angels sind Privatpersonen, die neuen Unternehmen bei der Gründung, beim Aufbau und bei der Entwicklung zur Seite stehen, indem sie ihnen zu Kapital verhelfen und sie von ihrer Erfahrung profitieren lassen. Dabei handelt es sich eher um informelle Hilfe. Gemäss dem Gesetz über die Risikokapitalgesellschaften (RKGG)[31], welches am 1. Mai 2000 in Kraft getreten ist, qualifizieren sich natürliche Personen als Business

---

[31] Das Gesetz über Risikokapitalgesellschaften soll neuen Unternehmen mit innovativen, international ausge-richteten Projekten erleichterten Zugang zu den benötigten Finanzmitteln verschaffen. Diese Unternehmen arbeiten in der Aufbauphase in der Regel mit Verlusten. Steuern sind für sie daher, ganz im Gegensatz zu der benötigten Finanzierung, kaum problembehaftet. Folgerichtig begünstigt das Gesetz nicht die Unternehmen selbst, sondern bringt steuerliche Erleichterungen für staatlich anerkannte Investoren, die in solche Unterneh-men investieren.

Angels, wenn sie zur Vorbereitung der Gründung von neuen, innovativen Unternehmen nachrangige Darlehen aus ihrem Privatvermögen gewähren.[32]

Diese Angels sind im Idealfall selber erfolgreiche Unternehmer, die eine Firma aufgebaut haben. Es können aber auch vermögende Geschäftsmänner, Ärzte, Anwälte oder andere Personen sein, welche bereit sind, Jungunternehmer zu unterstützen. Geld gegen Aktien lautet die Devise.[33]

Wetzel[34] schätzt, dass alleine in den USA 250'000 Personen aktiv auf diesem Gebiet, sind und jährlich US$20 bis 30 Milliarden investieren. Mit einem geschätzten Investitionsvolumen von durchschnittlich ca. US$100'000 sind Angels jedoch nicht geeignet für die Finanzierung von grösseren Kapitalbedürfnissen. Es gibt allerdings auch Ausnahmen.[35]

1.4.3   Venture Capital-Phasen

Eine Venture Capital-Finanzierung ist phasenkongruent aufgebaut, d.h. sie ist auf die Entwicklungs- und Wachstumsschritte des Unternehmens, dem Kapital zur Verfügung gestellt wird, abgestimmt. Die typische Venture Capital-Finanzierung besteht aus drei verschiedenen Stufen: „early stage financing", „expansion stage financing" und „devestment stage" (siehe Abbildung 5 auf Seite 14).[36]

Im Rahmen des „*early stage financing*" wirkt der Venture Capitalist in Einzelfällen bereits mit, wenn es darum geht, die Vorfinanzierung („seed financing"[37]) sicherzustellen. Oft erfolgt aber die Erstellung des Produktekonzepts, der Unternehmenskonzeption und der Marktanalyse durch den Unternehmer („entrepreneur"[38]) selbst und ohne fremde Hilfe.

---

[32] Vgl. Schreiber/Duss, 2000, S. 31.

[33] Vgl. Geigenberger, 1999, S. 218.

[34] In: Gompers, 1993, S. 4.

[35] So schätzen z.B. Branchenkenner in Deutschland das durchschnittliche Investment eines Business Angels auf DM 100'-400'000 und der Autor kennt selber einen privaten Investor, welcher sogar insgesamt CHF 1 Mio. in ein ihm liebgewordenes Projekt steckte.

[36] Siehe beispielsweise Diehl, 1984, S. 3 oder Boemle, 1993, S. 46 oder Lienhard, 1987, S. 95.

[37] Trotz dem weltweiten Venture Capital-Boom der vergangen Jahre ist Seed Capital für Start-ups, die sich noch in einer sehr frühen Phase befinden, nach wie vor schwer erhältlich. Weit wichtiger aber ist die handfeste Unterstützung beim Aufbau der internen Unternehmensorganisation, eines externen Netzwerkes zu potentiellen Kooperationspartnern oder von effizienten Vertriebswegen. Nicht zu unterschätzen ist schliesslich auch der Wert rein mentaler Stützung in den zwangsläufig sehr nervenbelastenden Gründer- und Expansionsphasen. Vgl. Müller, 2000, S. 35 und Boemle, 1993, S. 45 sowie Kapitel 4.2 Rolle des Venture Capitalisten auf Seite 53.

[38] Diehl, 1984, S. 3.

Abbildung 5: Ablauf einer Venture Capital-Finanzierung

Venture Capital-Phasen	Early stage			Expansion stage		Devesting
	Seed Financing	Start-up financing	First stage Financing	Second Stage	Later Stage	
Unternemens-phase	Erstellung des Produkte-konzeptes Ideenüber-prüfung Unternehmens-konzeption Marktanalyse	Gründung des Unternehmens Fortentwick-lung des Prototypen Produktions-Vorbereitung detailliertes Marketing-Konzept	Aufnahme Produktion Markt-einführung Erste Vekaufs-erfolge	Auf- und Ausbau der Vetriebs-kanäle	Erweiterung des Produktions- und Vertriebssystems Ausnutzung des Marktpotentials	
Auftretende Probleme	Schwierigkeiten bei der Einschät-zung von Idee und Markt	Suche der geeigneten Führungskräfte Verlustphase allgemeines Misstrauen der Kapitalgeber	Suche des geeigneten Personals	Suche nach geeigneten Fremdkapi-talgebern und Aufbau eines Images in der Öffentlichkeit	Aufkommen der Konkurrenz Organisations-schwierigkeiten beim Erreichen neuer Grössenord-nungen des Unter-nehmens	
Finanzirungs-formen	Eigenmittel Fördermittel persönliche Kredite der Gründer	+ weitere Fördermitttel Venture Capital		+ weitere Kapitalgeber erste Bankkre-dite	+ verstärkt Bank-kredite	+ IPO Merger Verkauf (L)MBO
Rendite-Erwartung	80% p.a.	60% p.a.	50 % p.a.	40 % p.a.	30%p.a	

Quelle: eigene Darstellung.[39]

Erscheint die Produktidee als erfolgversprechend, so folgt im Rahmen des „*start-up-financing*" die Bereitstellung der zur Unternehmensgründung notwendigen Geldmittel. Hier beginnt das klassische Betätigungsfeld des Venture Capitalisten, der nicht nur einen Teil des Gründungskapitals zur Verfügung stellt, sondern aktiv am Gründungs-prozess beteiligt ist, sei es bei der Suche nach geeigneten Führungskräften für die Un-ternehmung, bei der Erstellung des Marketingkonzeptes oder bei anderen, meist be-triebswirtschaftlichen Tätigkeiten.

Von der Gründung eines Unternehmens bis zur Marktreife des ersten Produktes verge-hen oft ein bis zwei Jahre. Während dieser Zeit werden noch keine Erträge erwirtschaf-tet und im Rahmen eines „*first stage financing*" muss oft nochmals weiteres Kapital

---

[39] Vgl. Handelsblatt Nr. 224 vom 22.11.1983, Beilage: Investitionsfinanzierung, S. B 11 und Wild/Rechtsteiner, 1998, S. 3.

bereitgestellt werden. Dies geschieht in der Regel etappenweise und ist an das Erreichen festgelegter Vorgaben gekoppelt. Über eine Optionsvereinbarung bemisst sich die Höhe des Unternehmensanteils nach der jeweiligen Phasenentwicklung. Im Grunde genommen handelt es sich also um eine gleitende Preis-Risiko-Relation.

Ist einmal die Hürde der Markteinführung genommen und erweist sich das Produkt als erfolgreich ist der weitere Auf- und Ausbau der Vertriebskanäle und der Ausbau der Produktionsanlagen zu finanzieren („*expansion stage financing*").[40] Mit dem Erreichen der Gewinnzone steigt die Bonität der Unternehmung, und es wird für sie möglich, weitere Finanzbedürfnisse auf dem Kreditmarkt zu befriedigen.

Ans Desinvestieren („*devesting*") denkt der Venture Capitalist erst dann, wenn sich die Unternehmung im Markt etabliert und sich ihr Wert, dank des guten Geschäftsganges, vervielfacht hat. Er versucht, seine Anteile zu einem Mehrfachen ihres ursprünglichen Wertes an Grossunternehmen zu verkaufen, die an der Technologie oder am Produkt des Unternehmens interessiert sind, oder er veräussert sie an der Börse, sofern die Aktien bereits kotiert sind.

Diese Arbeit konzentriert sich auf die „Early Stage"-Phase, also die erste professionelle Finanzierungsrunde eines neu gegründeten Unternehmens.

1.4.4   Start-up / Jungunternehmen

Nachdem im vorangegangenen Abschnitt die verschiedenen Stadien der Unternehmensentwicklung im Zusammenhang mit deren unterschiedlichen Finanzierungen erläutert wurden, kann sich die Dissertation auf folgende Definition des Untersuchungsobjektes abstützen:
Mit dem englischen Begriff „Start-up" und dem deutschen Äquivalent „Jungunternehmen" soll ein Unternehmen verstanden werden, welches seinen Bedarf an Geldmitteln in der Phase der Frühfinanzierung beim (formellen oder informellen)[41] Kapitalmarkt anmeldet.

Als Jungunternehmer werden folgerichtig alle Mitglieder des Management-Teams des Start-ups gezählt.

Aufgrund obiger Definition findet also weder eine direkte Assoziation zum effektiven Alter des Unternehmens (im Sinne von vergangenem Zeitraum seit der juristischen

---

[40] Brealy/Myers, 1991, S. 342.
[41] Siehe obige Unterscheidung zwischen informellem (Business-Angels) und formellem Sektor (Venture Capital) in den Kapiteln 1.4.2 auf S. 12 bzw. 1.4.1 auf S. 10.

Gründung), noch zum Alter der Gründerperson(en) statt. In diesem Sinne vermag beispielsweise auch ein 60-jähriger Geschäftsführer einer alteingesessenen Firma im Rahmen eines unabhängigen Spin-offs zur Realisierung der e-commerce Lösung des Betriebs als „Jungunternehmer" bezeichnet werden.

Um dem Leser ein Bild von typischen Start-up-Unternehmen zu vermitteln, seien ein
paar Zahlen genannt. Gemäss einer Untersuchung der Bank Vontobel beginnen 54% mit
einem Startkapital von weniger als CHF 50'000. Nur 10% benötigen mehr als CHF
250'000. Im ersten Geschäftsjahr werden durchschnittlich 2.5 Personen beschäftigt.
40% erzielen im Startjahr einen Umsatz von weniger als CHF 100'000, 22% zwischen
CHF 100'000 - 250'000 und 38% schaffen bereits über CHF 250'000.[42]

1.4.5   Value Based Management

„Jungunternehmer und Venture Capitalist haben dasselbe Ziel: beide wollen Shareholder Value kreieren."[43]

Beim Shareholder Value (SV) - Ansatz handelt es sich i.e.S. lediglich um den Unternehmenswert, i.w.S. jedoch um eine Führungsmethode, die sich an der stetigen[44] Erhöhung des Aktionärsnutzen orientiert.[45] Dieser wird zwar durch die ausgeschütteten Dividenden und die Aktienkursentwicklung bestimmt, gemessen wird der SV jedoch
durch die Summenbildung der zukünftigen Free Cash Flow (FCF) Projektionen, diskontiert mit einem risikoadäquaten Zinssatz. Somit wird der Unternehmenserfolg lediglich
am ökonomischen Wert gemessen, der für die Eigentümer geschaffen wird.

Durch die Fokussierung auf das gemeinsame Ziel, den SV zu maximieren, verbindet der
SV-Ansatz die Entscheidungsträger auf allen Hierarchiestufen. Konzentriert sich das
Management zudem auf die Schlüssel-Wertgeneratoren und wird das Belohnungssystem
bzw. die Salärpolitik ebenfalls auf die Schaffung von SV ausgerichtet, wird in der Literatur[46] von Value Based Management (VBM - dt.: wertorientiertes Management) ge-

---

[42] Vgl. Geilinger, 2000, S. 3.

[43] G. Schmidt, Gründer der European Web Group, an der Podiumdiskussion zum Thema Venture Capital und
E-Commerce, ETH Zürich, 26.10.2000.

[44] Man beachte, dass eine *langfristige, nachhaltige* Wertsteigerung angestrebt wird.

[45] Dem Ansatz des SV liegt folglich die Auffassung zugrunde, dass die fundamentale (treuhänderische) Ver-
antwortung der obersten Geschäftsleitung und des Verwaltungsrats, die Schaffung von wirtschaftlichem Wert
für die Aktionäre sei. (Vgl. Rappaport, 1981, S. 148.) Dies kann auch als unternehmenswertorientiertes Management bezeichnet werden.

[46] Siehe beispielsweise Copland/Koller/Murrin, 1994, S. 127. Die Begriffe werden jedoch nicht einheitlich
verwendet. So bezeichnet z.B. Herter, 1993, S. 13, die Begriffe SV und VBM als gleichwertig, zusammen mit
Value Based Planning, wertorientiertes strategisches Management, Management-Wert-Konzept sowie Wert-
steigerungsanalyse.

sprochen.[47] Beim VBM als Prozess mit dem Ziel, SV zu schaffen, handelt es sich demnach um eine Kombination von finanzmathematischen Bewertungs- und strategischen Managementmethoden.

Obwohl es sich folglich um einen „top-down"-Zielfindungsansatz[48] handelt, wird erkannt, dass ein kooperativer Führungsstil mit maximaler Eigenverantwortung der Mitarbeiter und starker Delegation bzw. Dezentralisation einem autoritären und dirigistischen Führungsstil mit einer zentralen Kontrollinstanz überlegen ist.[49]

Die in der Öffentlichkeit vor zwei Jahren entflammte Shareholder Value-Debatte zielt jedoch v.a. auf Grossunternehmen. Bei kleinen Jungunternehmen entschärft sich die Problematik insofern, als die Interessen der Eigentümer und des Managements viel weniger auseinanderfallen, weil zum einen oft Mehrheitsaktionär und Geschäftsführer dieselbe Person sind und zum anderen die geringe Mitarbeiterzahl in der Startphase ein kollegiales Arbeitsverhältnis schafft.

1.5   Vorgehen und Aufbau der Arbeit

Als Grundlage dieser Arbeit dienten folgende Quellen von Informationen:

-   Praxiserfahrung als Mitgründer zweier Start-ups im E-Commerce Bereich[50]
-   Praxiserfahrung als Coach und Businessplan-Spezialist für die Initiative Start-up! der Kommission für Technologie und Innovation (KTI) des Bundesamtes für Berufsbildung und Technologie (BBT) in der Schweiz (projektweise 1996-2000)
-   Praxiserfahrung als Unternehmensberater für KMU bei P. Wyss & Partner in Zug (Teilzeitbeschäftigung, 1993-1998) und für Grossunternehmen bei McKinsey & Co. in Wien sowie München (3 Monate, 1996).
-   Praxiserfahrung als Venture Capitalist bei Venture Capital Finance (VCF) in Zug (2 Jahre, 1998-2000)
-   Praxiserfahrung im Investment Banking (Bluestone Capital in New York, 3 Monate 1999)

---

[47] VBM könnte folglich in einem weiten Sinne auch der systemorientierten Betriebswirtschaftslehre (nach H. Ulrich) zugeordnet werden.

[48] Wie z.B. auch das oft mit „ROI-Baum" bezeichnete DuPont-System.

[49] In Anlehnung an Copeland/Koller/Murrin, 1994, S. 93.

[50] Einerseits im „Business-to-Consumer" (B2C) Bereich im Januar/Februar 2000. Dieses Unterfangen wurde eingestellt, nachdem ersichtlich wurde, dass 90% der Venture Capitalisten trotz der Euphorie im Herbst 1999 nicht mehr in B2C Internet Projekte investieren wollten. Andererseits im „Business-to-Business" (B2B) Bereich in der Zeit zwischen September 1998 und Juli 2000. Der Autor schied aufgrund von Divergenzen im Team aus persönlichen Gründen freiwillig aus.

- Diskussionen mit Arbeits- und Berufskollegen (z.B. Venture Partners, Partners Group, European Web Group, New Medical Technologies, Bank Vontobel etc.)
- fachspezifische Informationsveranstaltungen im In- und Ausland (z.B. IIR Conference in London, NAH Conference in Washington, First Tuesday oder von der SECA (Swiss Private Equity and Venture Capital Association) durchgeführte Events zum Thema in Zürich)
- Interviews mit Experten, Branchenteilnehmern und Jungunternehmern
- Fallstudien anhand echter Neugründungen (eigene empirische Untersuchung von Erstfinanzierungsrunden von Start-up-Unternehmen in verschiedenen Branchen)
- Fachliteratur aus den Bereichen Venture Capital, Unternehmensbewertung, Jungunternehmertum, Corporate Finance und Mergers & Acquisitions (M&A)
- wissenschaftliche Arbeiten (Dissertationen, Papers und Diplomarbeiten) aus dem Deutschsprachigen und v.a. US-Amerikanischen Raum
- Gespräche mit Professoren in der Schweiz, in Deutschland und in den USA
- Erkenntnisse aus einem dreimonatigen Forschungsaufenthalt an der Ostküste von USA (Besuch der Business Schools Stern/NYU, Harvard, Sloan/MIT und Wharton sowie der Columbia Universität)
- Artikel in Fachzeitschriften (z.B. Venture Capital Journal, Journal of Business Venturing, Venture Economics Journal...)
- Artikel in der Tagespresse (z.B. Neue Zürcher Zeitung, Handelszeitung, Bilanz...)
- Informationen aus dem Internet und kommerziellen Datenbanken (z.B. Bloomberg, VentureOne, Edgar...)

Die Arbeit gliedert sich in drei Teile (siehe Abbildung 6).

Abbildung 6: Gliederung der Dissertation

> ➤ *Teil I: Grundlagen*
> ❖ 1 Einleitung
> ❖ 2 Einordnung der Thematik
> ❖ 3 Herleitung der Determinanten des Unternehmenswertes
>
> ➤ *Teil II: Konzeptionelle Bestimmungsfaktoren*
> ❖ 4 Management
> ❖ 5 Absatzprognose
> ❖ 6 Methode der Unternehmensbewertung
> ❖ 7 Zeit
> ❖ 8 Risiko
> ❖ 9 Marktumfeld
>
> ➤ *Teil III: Analyse von Unternehmensbewertungen in der Praxis*
> ❖ 10 Untersuchungsdesign
> ❖ 11 Hypothesen zu den Einflussfaktoren des Untemehmenswertes
> ❖ 12 Ergebnisse der eigenen empirischen Untersuchung
> ❖ 13 Zusammenfassung, Schussfolgerungen, Empfehlungen, Ausblick

Quelle: eigene Darstellung.

Teil I legt mit Kapitel 1 den Grundstein und geht auf die Ausgangslage, die Ziele und den Aufbau der Arbeit ein. Kapitel 2 ordnet die Thematik wissenschaftlich ein und analysiert ausgewählte wissenschaftliche Studien. Kapitel 3 reduziert die Komplexität der Unternehmungsbewertung, indem die sechs zentralsten Einflussfaktoren auf den Unternehmenswert von Start-ups theoretisch hergeleitet werden.

Teil II analysiert diese sechs Schlüssel-Einflussfaktoren konzeptionell und systema-tisch: Management (Kapitel 4), Absatzprognose-Szenarien (Kapitel 5), Methode zur Unternehmensbewertung (Kapitel 6), Zeit (Kapitel 7), Risiko (Kapitel 8) und Marktum-feld (Kapitel 9).

Kapitel 10 leitet mit der Bildung von Hypothesen über die Einflussfaktoren auf den Unternehmenswert über zu Teil III, wo die empirische Überprüfung derselben stattfin-det. In Kapitel 11 werden die Ergebnisse der eigenen Untersuchung vorgestellt. Nach theoretischer Analyse und empirischer Überprüfung werden die Hypothesen auf deren Aussagekraft hin beurteilt. Die Ergebnisse aller Bemühungen werden schliesslich in Kapitel 12 zusammengefasst. Die Arbeit endet mit Schlussfolgerungen, Empfehlungen und Vorschlägen für zukünftige Forschungsarbeiten (Kapitel 13).

1.6   Schwierigkeiten / Datenlage

„Venture Capital ist ein Vertrauens-Geschäft."[51]

Die vorliegende Arbeit will die Einflussfaktoren auf den Wert von Jungunternehmen nicht nur theoretisch herleiten, sondern - viel interessanter - auch einer empirischen Überprüfung unterziehen. Als Untersuchungsobjekt dienten Unternehmen in der frühesten Phase ihrer Unternehmensentwicklung (seed- und start-up-financing).

Bei der Literaturrecherche aufgefallen ist die Tatsache, dass sich die veröffentlichten empirischen wissenschaftlichen Arbeiten zum Thema Unternehmensbewertung und Venture Capital ausnahmslos auf Daten von Unternehmen abstützen im later-stage Bereich, also börsenkotierte Gesellschaften oder publik gemachte Mergers & Acquisitions (M&A) - Transaktionen.

Diese Phase der Unternehmensentwicklung ist für Jungunternehmer, welche sich noch in der Gründung befinden, jedoch in unerreichbar scheinend ferner Zukunft. Bewertungen von Unternehmen zum Zeitpunkt des Initial Public Offering (IPO) können nicht auf Start-ups in der Erstfinanzierungsrunde übertragen werden.

Warum also verwenden wissenschaftliche Arbeiten beim Versuch der empirischen Überprüfung der theoretischen Hypothesen Daten von IPOs und M&As?

Die Erklärung liegt in der Einfachheit, Datenmaterials zu beschaffen. Je weiter fortgeschritten die Entwicklung eines wachsenden Unternehmens ist, desto mehr Informationen sind vorhanden. Sobald sich ein Unternehmen in der pre-IPO-Phase befindet, wird es für die Finanzwelt im grossen Massstab interessant. Erst zu diesem Zeitpunkt beginnt das Unternehmen sich zu öffnen und macht finanzielle Daten einem breiteren Publikum zugänglich. Ist die Gesellschaft einmal an der Börse kotiert, lassen sich unzählige Services, Datenbanken und Internet-Seiten finden, welche alle nur denkbaren Informationen einfach, schnell und kostengünstig verfügbar machen.

Dies erklärt, wieso es Studenten, Diplomanden, Doktoranden und Professoren vorziehen, empirische Untersuchungen in ihren Arbeiten mit Daten von IPOs oder M&As anzustellen.

Diese Arbeit schlägt einen anderen Weg ein: Weg von der Analyse der later-stage-Phasen, hin zur Exploration der noch wenig erforschten early-stage-Phase der Unternehmensentwicklung. Ist es jedoch überhaupt möglich, Daten von Jungunternehmen zum Zeitpunkt ihrer ersten professionellen Finanzierungsrunde zu sammeln?

Venture Capital ist ein Vertrauens-Geschäft. Vertraulichkeitserklärungen werden üblicherweise per Handschlag vereinbart.[52] Die Angst vor einer ungewollten Veröffentli-

---

[51] Oft gehörte Äusserung bei angefragten Venture Capital-Unternehmen in der Schweiz.

[52] Dem Trend aus USA folgend, unterzeichnen auch die Venture Capitalisten in Europa nur in Ausnahmefällen schriftliche Vertraulichkeitserklärungen. Wie G. Schmidt von der European Web Group es formulierte:

chung von internen Dokumenten ist immens. Die Beteiligungsgesellschaften geben daher prinzipiell keine Angaben zu erfolgten Transaktionen ihrer Portfolio-Gesellschaften bekannt.

Daher erwies sich die Idee einer empirischen Untersuchung von im Markt realisierten Erstfinanzierungsrunden von Jungunternehmen als ungeahnte Herausforderung.

Alle angefragten Venture Capitalisten, welche anonym angegangen wurden (sei es schriftlich per Brief, Fax oder e-mail oder mündlich per Telefon) erteilten Absagen. Die Angst vor der Herausgabe von hauseigenen Dokumenten der höchsten Geheimhaltungs-stufe schien grösser zu sein als der erwartete Nutzen eines wissenschaftlichen Erkennt-nisgewinnes, den sie sich durch die Zurverfügungstellung der finanziellen Informatio-nen über getätigte Transaktionen versprachen.

Nur Dank der langjährigen Beschäftigung mit Unternehmensgründungen und Venture Capital war es dem Autor möglich, auf ein seit 1993 aufgebautes extensives Netzwerk von Unternehmensberatern, Venture Capitalisten, Bewertungsexperten und Jungunter-nehmern zurückzugreifen. Nur wenn ein intensives Vertrauensverhältnis zwischen Da-tenlieferant und –empfänger vorherrschte, waren Venture Capital-Geber und Jungunter-nehmer bereit, ihre finanziellen Daten offenzulegen. Dies mit der strengen Auflage der absoluten Geheimhaltung und Wiedergabe der Informationen ausschliesslich in anonymisierter und aggregierter Form.

Schliesslich gelang es dem Autor in jahrelanger Arbeit, die Daten von 74 Erstfinanzie-rungsrunden zusammenzutragen. Erst diese Vorarbeiten ermöglichten eine empirische Untersuchung. Dies erlaubt erstmals nicht nur die Formulierung von qualitativen Wir-kungszusammenhängen (wie z.B. die allgemeine Identifikation von Wertetreibern, wie es auch Rappaport schon gezeigt hatte), sondern auch deren Quantifizierung der Grösse des jeweiligen Einflusses der verschiedenen Determinanten des Unternehmenswertes mittels statistischer Methoden (wie z.B. Sensitivitäts- und Korrelationsanalysen).

„Wir VCs sehen unseren Hebel in der Zurverfügungstellung von Kapital an erfolgsversprechende Start-ups. Wenn wir all die in Businessplänen eingereichten Geschäftsideen selber verwirklichen wollten, dann wären wir selber Unternehmer geworden – und nicht Venture Capitalisten..." (Zitat anlässlich der Podiumsdiskussi-on zum Thema Venture Capital und E-Commerce, ETH Zürich, 26.10.2000).

2   EINORDNUNG DER THEMATIK

Die auf über 40 Jahre zurückblickende Literatur zum Thema Venture Capital (VC) kann grundsätzlich in fünf Kategorien eingeteilt werden: Institutioneller Framework, VC-Prozess, -Monitoring, -Realisation und -Performance sowie Alternative Finanzierungsquellen.

Im Rahmen des *institutionellen Framework* werden Überlegungen angestellt, wie Venture Capitalisten typologisiert werden können. Hier werden die Charakteristika von bestimmten Phasen im VC-Zyklus untersucht (early vs. later stage, MBO vs. IPO etc.) oder die Arten der Finanzierung von VC-Fonds analysiert.[53]

Eine andere Richtung betriebswirtschaftlicher Forschung widmet sich der Problematik des *Venture Capital-Prozesses* bestehend aus den Teilprozessen „Screening", Unternehmensbewertung und Vertragsabschluss (Contracting). Zuerst wurden die verschiedenen Phasen des VC-Prozesses identifiziert,[54] worauf zahlreiche andere Untersuchungen anknüpfen konnten, so in den Bereichen „Deal Generation", „Screening" sowie anderen vorvertraglichen Problemen wie Unternehmensbewertung, Ziel-Rentabilitäten und schliesslich „Deal Structuring".[55]

Mit dem Vertragsabschluss enden obige Problemkreise und fangen neue an: die Problematik des *Venture Capital-Monitorings*. Wie erreicht man eine Interessenkongruenz von Jungunternehmer und Venture Capitalist bei Vorhandensein von Informationsasymmetrien? Neben den klassischen Diskussionen über die Agency Problematik werden unter diesem Titel Corporate Governance Debatten genauso geführt wie „Dealing at arm's lenght" Prinzipien.[56]

Mit fortschreitender Unternehmensentwicklung rückt ein Ausstieg („Exit") des Venture Capitalisten aus seinem Investment immer näher. Diesem Problemkreis widmen sich die Diskussionen um *Investment Realization und Performance*. Themen betreffend den

---

[53] Beispiele hierzu sind die Untersuchungen von Bygrave/Timmons, 1992, Wright/Robbie/Ennew, 1995, Elango 1995, Abbott/Hay 1995, Fried/Hisrich, 1994, Manigart, 1994 etc. Mehr dazu in: Wright/Robbie, 1997, p. xiv.

[54] Siehe v.a. Tyebjee/Bruno, 1985.

[55] Aus der Fülle von Publikationen seien beispielsweise erwähnt: Bygrave/Timmons, 1992; Fried/Hisrich 1994; MacMillan et al. 1985; Hall/Hofer, 1993, Rah et al. 1994 ; Murray, 1991; Dixon, 1991; Sweeting, 1991; Murray/Lott, 1995; Tenenbaum, 1992 etc.

[56] Studien hierzu sind beispielsweise Chan et al 1990; Sweeting, 1991, Gompers, 1994; Sapienza/Amason/Manigart 1994; MacMillan/Kulow, 1988; Elango et al. 1995; Barry, 1994; Rosenstein/Bruno/Bygrave/Taylor, 1993; Murray, 1994; Beecroft, 1994; Flynn, 1992; Hatherly et al. 1994; Fried/Hisrich 1995; Robbie/Wright/Thompson, 1992; Robbie et al. 1992; Robbie/Wright, 1996; Wright et al. 1994; Wilson/Ennew, 1995 etc.

Exit, also die Realisierung des Venture Capital-Investments, betreffen das Timing und die Art solcher Transaktionen (z.B. MBO, Private Placement, IPO, Trade Sale).[57] Auch die Aspekte des sogenannten „Serial Contracting" werden näher untersucht, also des positiven Effektes eines erfolgreichen Exits auf den zukünftigen Deal Flow des Venture Capitalisten (Attraktor-Effekt).[58] Eine inzwischen nicht mehr überschaubare Anzahl Studien nimmt sich der Frage nach der Performance von Venture Capital-Firmen an. Die schiere Quantität an verfügbaren Studien darf aber nicht über die äusserst schlechte Datenqualität hinweg täuschen. Leider ist die Datenlage aufgrund der strikten Vertraulichkeit im Venture Capital-Geschäft aber nach wie vor äusserst dürftig.[59]

Schliesslich können auch *alternative Finanzressourcen für Venture Capital*-Gesellschaften gefunden werden. Diese Studien befassen sich mit dem informellen Sektor des Venture Capital-Geschäftes, den sogenannten „Business Angels".[60] Hier interessieren die Charakteristika der privaten Geldgeber und ihre Unterschiede zur institutionellen Investorenschaft. Zentrale Themenbereiche sind die unterschiedliche Gewichtung von Risiken (z.B. Markt- vs. Agency Risiko) sowie die verschiedenen Ausprägungen von Engagements („Involvement": „hands-on" vs. „hands-off policy").[61] Hier finden auch Leveraged Buyout Organisationen, Banken und die M&A Aktivitäten anderer Unternehmen (Corporate Venturing) Berücksichtigung.[62]

Diese Arbeit beschäftigt sich gemäss dieser Klassifizierung nur mit den Phänomenen zum Thema Prozess des Venture Capitals. Noch genauer gesagt will sich diese Arbeit auf die Unternehmensbewertungs-Aspekte im Venture Capital-Prozess konzentrieren.

Einen zusammenfassenden Überblick über die bestehende Literatur zum Thema Unternehmensbewertung im Umfeld des Venture Capital-Geschäfts zeigt Tabelle 1. Die Studien sind nicht nach deren (wie auch immer definierten) wissenschaftlichen Bedeutung,

---

[57] Studien zum Thema der Investment Realization sind beispielsweise: Relander et al., 1994; Wright et al. 1994; Barry et al., 1990; Wright/Thompson/Robbie/Wong, 1995; Lerner, 1994; Ibbotson et al., 1988; Lam, 1991; Petty et al., 1993 etc.

[58] Zum Einfluss der Reputation auf den Deal Flow siehe beispielsweise: Westhead, 1994; Kolvereid/Bullvag, 1993; Bygrave, 1991 etc.

[59] Studien zum Thema der Performance von Venture Capital-Firmen sind beispielsweise: Dixon, 1991; Murray/Lott, 1995; Wright/Robbie, 1995; Bygrave, 1994; Kleiman/Shulman, 1992; Manigart et al., 1993; Huntsman/Huban, 1980; Preston, 1998; Pfirrmann/Wuppenfeld/Lerner, 1997; Gompers/Lerner, 1998; MacQuarrie, 1994; Thompson, 1993; Muhammad, 1991 etc.

[60] Zur Definition von Business Angels siehe oben 1.4.2, S. 12.

[61] Zum Involvement von VCs in deren Investment siehe MacMillan/Kullow, 1988, S. 3. Zum Thema des informellen Venture Capitals siehe beispielsweise: Landstrom, 1993; Harrison/Mason, 1992; Freear/Sohl/Wetzel, 1995; Fiet, 1995 etc.

[62] Zur Rolle des Corporate Venture Capital und der Banken siehe beispielsweise: Jensen, 1989; Wright et al. 1994; Block/MacMillan, 1993; McNally, 1994; Chan et al., 1990; Ennew/Binks, 1995; Holland, 1994; De Meza/Webb, 1987; Citron/Robbie/Wright, 1995 etc.

sondern chronologisch geordnet. Angegeben ist auch die angewandte Forschungsmethodik (theoretisch, qualitativ, quantitativ-empirisch).

Tabelle 1: Literatur-Überblick zum Thema Unternehmensbewertung und VC (I)

Jahr	Autoren	Thema	Methode	Theor	Qual	Emp
99	Langekämper	DCF und situativer VOFI-Ansatz	Theoretisch-mathematisch	X		
99	Damodaran	Real Options & Valuation in general	Theoretisch	X		
99	Fuerst	Optimal Source of Finance	Theoretisch-mathematisch	X		
99	Gompers	Staging of VC & Capital Structure	n=794 (Venture Economics)			X
98	Hayn	Bewertung junger Unternehmen	Theoretisch	X		
98	Preston	Success Factors in technol. based start-ups	Qualitativ		X	
98	Gompers/Lerner	Unterschied corporate & independent VCs	30'000 transactions			X
97	Pfirrmann/ Wuppenfeld/Lerner	VC & NTBF im Vergleich USA & D	10 case studies			X
97	Wright/Robbie	WACC bei VCs und Business Angels	Quantitativ			X
97	Wright/Robbie	Einfluss VCs auf Zeitpunkt & Pricing IPO	Quantitativ			X
96	Harrison/Mason	Unterschied informal & formal VCs	Qualitativ		X	
95	Willner	Real Options	Theoretisch-mathematisch	X		
95	Fausnaugh	VC-Decision Making-Process	Meta-Studie			X
95	Zacharakis	VC-Investment Decision	53 VCs			X
95	Gompers/Lerner	Distribution of VC-Investments	n=135			X
95	Muzyka/Birkey/Leleux	Investment Decision Factors	Meta-Studie: 60 Fragebogen			X
95	Al-Suwailem	Einfluss VC-Finanzierung auf SME	374 SME			X
94	Knight	Kriterien von VC (USA vs. EU)	476 VC befragt			X
94	MacQuarrie	Einfluss VC auf Kapitalstruktur	Qualitativ		X	
94	Bachher	VC-Decision Making-Criteria	50 Angels & 40 VCs			X

Quelle: eigene Darstellung.

Tabelle 2: Literatur-Überblick zum Thema Unternehmensbewertung und VC (II)

Jahr	Autoren	Thema	Methode	Theor	Qual	Emp
94	Punjabi	Market-based Risk Measures	n=150+190+…			X
93	Yen	Valuation of ESOP	Fragebogen an 248 Mitarbeiter			X
93	Thompson	Einfluss VC auf IPO	228 IPOs			X
92	Ruhnka/Feldman/ Dean	Living Dead Phenomena	Fragebogen 80 VCs & 8 Interviews			X
91	Muhammad	IPOs of venture backed Companies	211 IPOs			X
90	Lim	Einfluss VC auf IPO	871 IPOs			X
90	Leff	Financing of silicon valley start-ups	Fragebogen, n=101			X
88	Joury	Strategies for new businesses	Qualitativ		X	
88	MacMillan/Kulow	VC-Involvemement in their Investments	Fragebogen, n=62			X
87	MacMillan/Zemann/ Subbanarasinka	Success Factors in Screening Process	67 VCs & 150 start-ups			X
84	Tyebjee/Bruno	VC-Prozess (Screening, Evaluation...)	Fragebogen, qualitativ		X	
81	Pence	Investment Decision Factors of VCs	Qualitativ		X	
78	Adams	Screening Process	6 VCs & 68 start-ups			X
77	Coutarelli	VC in Europe	Qualitativ		X	
61	Outcalt	VCs financing SMEs	Qualitativ		X	

Quelle: eigene Darstellung.

Die vorliegende Arbeit ist gemäss obiger Typologie dem wissenschaftlichen Forschungsgebiet des *Venture Capital-Prozesses* zuzuordnen und beschäftigt sich ausschliesslich mit dem Teilaspekt der Unternehmensbewertung.

3 HERLEITUNG DER DETERMINANTEN DES UNTERNEHMENSWERTS

3.1 Herleitung zentraler Einflussfaktoren auf den Unternehmenswert

Die Antwort auf die Frage nach den Einflussfaktoren auf den Wert eines neu gegründeten Unternehmens ist eine endlose Liste. Peter Friedli vom renommierten NewVenturetech Venture Capital-Fonds nennt zum Beispiel die folgenden Einflussfaktoren auf den Unternehmenswert:[63]

- Höhe des bereits investierten Kapitals
- Bereits existierende materielle und immaterielle Werte[64]
- Budget für die nächsten fünf Jahre
- Marktpotential und Wettbewerbsposition innerhalb dieses Marktes
- Vergleich zur Konkurrenz
- Erkennbare mögliche lukrative Synergien mit anderen Unternehmungen
- Risikofaktoren
- Erfahrung des Managements (nicht jeder ist zum Unternehmer geboren)
- Demonstration der Machbarkeit des Massnahmenplans (Plausibilisierung)
- Attraktivität innerhalb des VC- bzw. Finanzmarktes allgemein (Trends)
- Vorstellungen über den Unternehmenswert seitens des Managements
- Ablauf des Auktionsverfahrens (welcher Venture Capitalist, welche Summen)

Ein weiteres Beispiel wären die von Marc Lube von Think Tools genannten Messgrössen des Unternehmenswertes von Start-ups:[65]

- Überzeugungskraft Business Konzept & Produkte (Unique Selling Proposition)
- Anzahl bereits existierender (Erst-)Kundenbasis bzw. Klientenbeziehungen
- Vertrauenswürdigkeit der Gründer bzw. des Management-Teams
- Konditionen der bisherigen Finanzierungsrunden (Datum, Preis, Investoren-Image)
- Absehbarkeit der Exit-Strategie
- Geschicklichkeit in der Verhandlungsführung

Um trotz dieser Vielfalt von Faktoren überhaupt noch eine wissenschaftliche Analyse im Rahmen einer Dissertation zu schaffen, bedarf es einer Reduktion der Komplexität der Realität. Dies soll im folgenden geschehen.

---

[63] Peter Friedli von New Venturetec anlässlich der 8. Informationsveranstaltung von Venture 2000, ETH Zürich 27.4.00.

[64] Wobei Friedli Patente interessanterweise zu den materiellen - also fassbaren - Werten zählt.

[65] Marc Lube, CEO von Think Tools, anlässlich der 8. Informationsveranstaltung von Venture 2000, ETH Zürich 27.4.00.

Dissertationen erlauben ein Kontinuum von Möglichkeiten der Ausweitung des Erfahrungsobjektes zwischen generellen, überblicksartigen Beschreibungen und hochspezifischen Detailaussagen. Die höchste übliche Abstraktionsebene einer Dissertation zum Thema Unternehmensbewertung ist bislang die Untersuchung von anderen Methoden nebst des in Theorie und Praxis etablierten Discounted Cash Flow (DCF) - Verfahrens. Dies bildet die Basis für alle weiteren Arbeiten, welche sich beliebige Themen herausgreifen können, die im Detail genauer untersucht werden - so zum Beispiel die Fokussierung auf eine einzelne Methode (heutzutage in aller Regel DCF), und innerhalb dieser gewählten Methode auf einen Teilaspekt (wie z.B. die korrekte Steuerausscheidung). Dem Vorteil der hohen Spezifität der getroffenen Aussagen steht der Nachteil oder die Gefahr gegenüber, dass die untersuchten Aspekte und Wirkungszusammenhänge zwar theoretisch korrekt, in der Praxis jedoch einen bescheidenen Einfluss auf den Unternehmenswert haben.

Die vorliegende Arbeit will daher das Erkenntnisobjekt ausweiten und den Blick auf andere in der Praxis relevante Einflussfaktoren auf den Unternehmenswert ermöglichen, und so die Bedeutung der korrekten Anwendung einer bestimmten Methode relativieren.

Das wissenschaftliche Gebiet der Unternehmensbewertung umfasst prinzipiell das ganze Spektrum der Betriebswirtschaftslehre. Schliesslich gilt es, alle Bereiche einer Unternehmung zu analysieren: Finanzen, Marketing, Personal, Führung, Politik, Organisation, Produktion, Logistik etc. Im Rahmen einer einzelnen Dissertation kann unmöglich eine Darstellung sämtlicher dieser Aspekte erfolgen. Dies erfordert Dutzende von wissenschaftlichen Arbeiten. Daher soll im folgenden nur auf die Ausweitung des Erkenntnisobjektes auf die wichtigsten Faktoren im Bereich der *Finanzen* eingegangen werden.

Dies geschieht im folgenden, indem von allen möglichen beeinflussenden Variablen die wichtigsten sechs herausgeschält werden (siehe Abbildung 7).

Abbildung 7: Zentrale Einflussfaktoren auf den Unternehmenswert von Start-ups

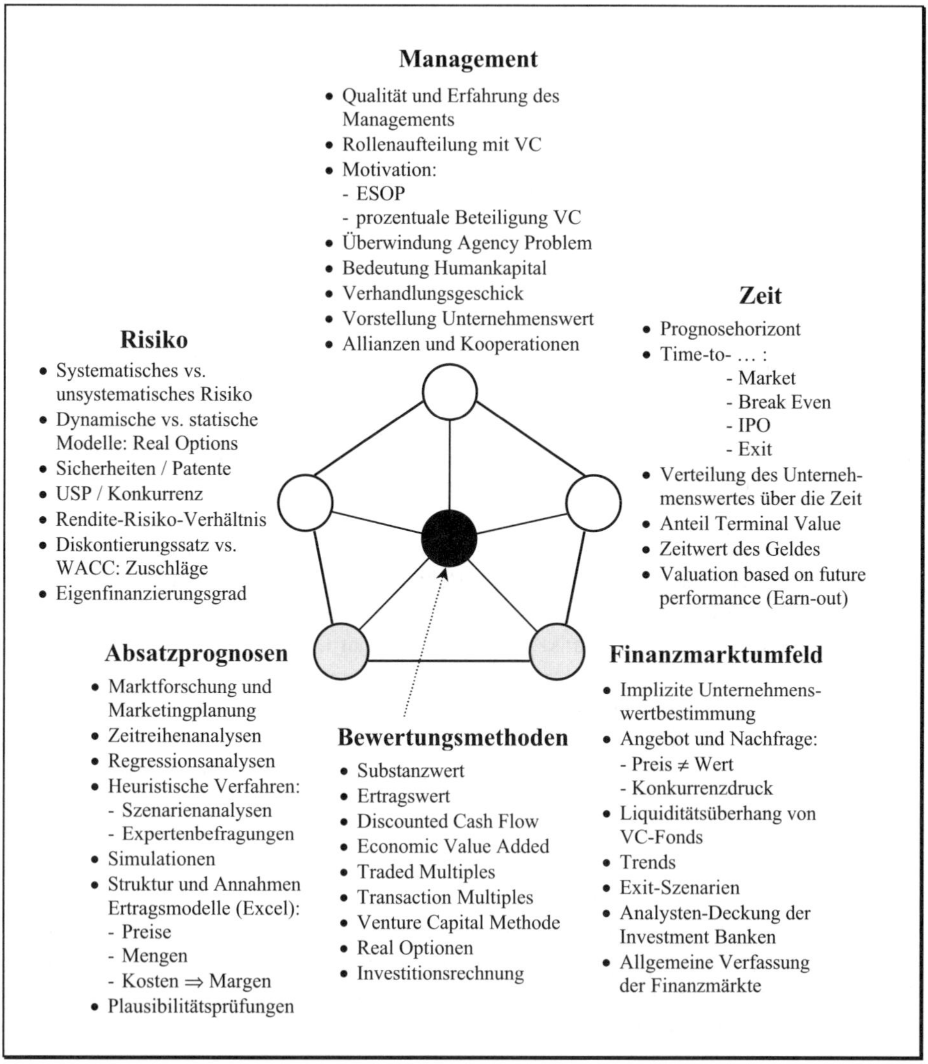

Management
- Qualität und Erfahrung des Managements
- Rollenaufteilung mit VC
- Motivation:
  - ESOP
  - prozentuale Beteiligung VC
- Überwindung Agency Problem
- Bedeutung Humankapital
- Verhandlungsgeschick
- Vorstellung Unternehmenswert
- Allianzen und Kooperationen

Risiko
- Systematisches vs. unsystematisches Risiko
- Dynamische vs. statische Modelle: Real Options
- Sicherheiten / Patente
- USP / Konkurrenz
- Rendite-Risiko-Verhältnis
- Diskontierungssatz vs. WACC: Zuschläge
- Eigenfinanzierungsgrad

Zeit
- Prognosehorizont
- Time-to- … :
  - Market
  - Break Even
  - IPO
  - Exit
- Verteilung des Unternehmenswertes über die Zeit
- Anteil Terminal Value
- Zeitwert des Geldes
- Valuation based on future performance (Earn-out)

Absatzprognosen
- Marktforschung und Marketingplanung
- Zeitreihenanalysen
- Regressionsanalysen
- Heuristische Verfahren:
  - Szenarienanalysen
  - Expertenbefragungen
- Simulationen
- Struktur und Annahmen Ertragsmodelle (Excel):
  - Preise
  - Mengen
  - Kosten ⇒ Margen
- Plausibilitätsprüfungen

Bewertungsmethoden
- Substanzwert
- Ertragswert
- Discounted Cash Flow
- Economic Value Added
- Traded Multiples
- Transaction Multiples
- Venture Capital Methode
- Real Optionen
- Investitionsrechnung

Finanzmarktumfeld
- Implizite Unternehmenswertbestimmung
- Angebot und Nachfrage:
  - Preis ≠ Wert
  - Konkurrenzdruck
- Liquiditätsüberhang von VC-Fonds
- Trends
- Exit-Szenarien
- Analysten-Deckung der Investment Banken
- Allgemeine Verfassung der Finanzmärkte

Quelle: eigene Darstellung.

Der Einfluss dieser Faktoren auf den Unternehmenswert wird im zweiten Teil der Arbeit eingehend theoretisch diskutiert: Management (Kapitel 4), Absatzprognosen (Kapitel 5), Unternehmensbewertung (Kapitel 6), Zeit (Kapitel 7), Risiko (Kapitel 8) und schliesslich Finanzmarktumfeld (Kapitel 9). Im dritten Teil der Arbeit erfolgt die Darstellung des Untersuchungsdesigns der eigenen empirischen Untersuchung (Kapitel 10), die Fomulierung der Hypothesen (Kapitel 11) und schliesslich die Ergebnisse deren empirischen Überprüfung in der Praxis (Kapitel 12) mitsamt Quantifizierung der Wirkungszusammenhänge und Abgabe von Handlungsempfehlungen für die Praxis (Kapitel 13).

Die Bestimmung der wichtigsten Einflussfaktoren ist nicht einfach. Wie soll man vorgehen zu deren Identifikation? In dieser Arbeit wurden die Prioritäten gesetzt anhand der gewichtgsten Punkte im Businessplan, welcher jedes Jungunternehmen im Laufe seiner Entwicklung schreiben muss.

Der Businessplan hat sich in der Venture Capital-Branche seit Jahren als bedeutungsvollstes Informations- und Kommunikationsinstrument zwischen Jungunternehmer und Kapitalgeber etabliert. Neben den rein inhaltlichen Daten (z.b. harte Fakten wie Cash Flow Budgets, Plan-Bilanzen etc.) versucht der Venture Capitalist anhand der Aufmachung des Businessplans auch komplexere Informationen abzuleiten wie z.B. die Beurteilung der Unternehmerqualitäten des Management-Teams.

Der Aufbau und der Inhalt von Businessplänen haben sich in einem jahrzehntelangen Prozess entwickelt,[66] und hat heute einen solchen Professionalisierungs- und Standardisierungsgrad erreicht, dass in diesem Dokument alle erfolgsrelevanten Punkte angesprochen werden. Diese Arbeit schränkt das Universum an Informationen noch stärker ein, indem nur noch auf die erfolgskritischsten Punkte im Businessplan fokussiert wird. Dabei finden diejenigen Aspekte keine Berücksichtigung, welche logischerweise conditio sine qua non für ein erfolgreiches Investment sind, wie z.B. ausreichend grosses Marktpotential und andere Selbstverständlichkeiten wie z.B. ein funktionierendes und innovatives Produkt mit ausgezeichnetem USP gegenüber der Konkurrenz.

Folglich sollen im zweiten Teil dieser Arbeit von den üblicherweise zehn angesprochenen Themen in Businessplänen die vier kritischsten Einflussfaktoren auf den Unternehmenserfolg und damit den Unternehmenswert analysiert werden. Zusätzlich wird auf das Finanzmarktumfeld eingegangen und der Bewertungsmethode ein ausführliches Kapital gewidmet. Durch dieses Vorgehen soll der Stellenwert der Methode der Unternehmensbewertung im Hinblick auf den schlussendlich in der Praxis bezahlten Transaktionspreis relativiert werden.

Im folgenden Kapital wird auf den Aufbau und den Inhalt von Businessplänen näher eingegangen. Eine ausführliche Darstellung der Wirkungszusammenhänge, also welche

---

[66] Die ersten Erwähnungen von Businessplänen reichen bis ans Ende der Fünfziger Jahre zurück. Siehe beispielsweise Hussayni, 1959, S. 25.

Punkte welche Bedeutung für den Unternehmenswert haben, folgt im zweiten Teil der Arbeit.

3.2   Businessplan

3.2.1   Einleitung

Die Besonderheit einer Venture Capital-Finanzierung liegt unter anderem darin begründet, dass das Finanzierungsengagement des Investors sich im Zeitpunkt der Investition nicht oder nicht ausreichend absichern lässt. Seine finanzielle Beteiligung beruht allein auf der Erwartung, dass die künftige Entwicklung der Unternehmung mit hoher Wahrscheinlichkeit erfolgreich verlaufen wird. Bevor der Investor sein Jawort für ein Mitmachen gibt, wird er sich deshalb sehr intensiv mit den Bestimmungsfaktoren auseinandersetzen, die den erwarteten Unternehmenserfolg herbeiführen sollten oder ihn verhindern könnten. Als grundlegendes Instrument für diesen auf die Zukunft abgestützten Investitionsentscheid hat sich in der Praxis von amerikanischen Venture Capital-Gesellschaften der Businessplan (auf Deutsch auch Geschäftsplan bezeichnet) herausgebildet, welcher von europäischen Risikokapital-Gesellschaften ebenfalls als geeignete Entscheidungsgrundlage anerkannt wird.[67]

3.2.2   Begriff

„Ein sorgfältig erarbeiteter Businessplan ist die Visitenkarte und eines der wichtigsten Hilfsmittel eines jungen Unternehmers auf der Suche nach Risikokapital."[68]

Der Businessplan (Geschäftsplan, Unternehmensplan) widerspiegelt die realistische Zukunft des Unternehmens. Im Businessplan werden die Unternehmensziele formuliert und aufgezeigt, mit welchen Massnahmen und mit welchen Mitteln (Human-, Sach- und Finanz-Kapital) diese innerhalb welcher Zeitperioden erreicht werden sollen.

So ist der Businessplan aus betriebswirtschaftlicher Sicht als Konzeptions-, Umsetzungs-, Konkretisierungs- und Planungsinstrument zu betrachten. In der Beziehung zum Risikokapital-Investor kommt ihm Bedeutung als Akquisitionsinstrument sowie als Verhandlungsdokument im Venture Capital-Beschaffungsprozess zu.[69]

---

[67] Vgl. Lienhard, 1987, S. 244.

[68] Lienhard, 1987, S. 245.

[69] Vgl. Lienhard, 1987, S. 245.

3.2.3   Ziele

Aus Investorensicht bildet der Geschäftsplan die Grundlage für das Gespräch zwischen
dem Unternehmer und dem Venture Capitalisten. Aufgrund des Businessplanes wird die
Venture Capital-Gesellschaft Vorschläge bezüglich der künftigen Beteiligung und Finanzierung des Unternehmens sowie über den Grad der Zusammenarbeit und Unterstützung durch die Venture Capital-Gesellschaft erarbeiten.

Folgende Ziele können bei der Erstellung eines Businessplans unterschieden werden:

- Unternehmer setzt sich mit der Zukunft seiner Firma intensiv auseinander und legt
  die Strategie klar fest. (Konzeptions- und Planungsinstrument)
- dient als „Richtschnur" für die weitere unternehmerische Tätigkeit (Umsetzungs-
  und Konkretisierungsinstrument)
- liefert   Entscheidungsgrundlagen   für   den   zukünftigen   Geschäftspartner
  (Akquisitionsinstrument und Verhandlungsdokument)

3.2.4   Allgemeines zur Erstellung

Ein Businessplan sollte „klar und überzeugend aufzeigen, was das Unternehmen zu
bieten hat, und warum der Wagnisfinanzierer investieren soll"[70]. Graphische oder bildli-
che Darstellungen der Produkte des Unternehmens sind hilfreich. Obwohl der Geschäftsplan das Potenzial des Unternehmens positiv darstellen sollte, darf er nicht über-
optimistisch sein, um einen Venture Capitalisten zu überzeugen. Er sollte vielmehr in
einem objektiven und sachlichen Ton abgefasst sein. Seine Aussagen sollten auf realis-
tischen Grundlagen basieren und Aussagen, die auf Annahmen beruhen, deutlich als
solche kennzeichnen.

Nach Möglichkeit ist die Ausarbeitung eines Geschäftsplanes dem Unternehmen selbst
zu überlassen, zumal sich daraus wichtige Rückschlüsse nicht nur auf das Projekt selbst,
sondern auch auf die unternehmerischen Fähigkeiten und die Weitsicht des Jungunternehmers ziehen lassen.[71]

Zusammenfassend sollte der Businessplan folgende Eigenschaften aufweisen:

- kurz, aber präzise und übersichtlich
- klare Unterscheidung zwischen Tatsachen und Plänen (Offenlegung und Begründung der Annahmen über die Zukunft)
- Vollständigkeit (inkl. allen negativen Aspekten)

---

[70] Kau, in: Lienhard, 1987, S. 245.
[71] Siehe oben Kapitel 3.1, S. 27f.

3.2.5   Aufbau und Inhalt

Die folgende idealtypische Struktur eines Businessplans basiert auf diversen öffentlich erhältlichen Leitfaden von Banken, Venture Capital- und Private Equity- Gesellschaften[72] und wurde ergänzt mit Punkten aus eigenen Erfahrungen des Autors im Schreiben von Businessplänen.[73] Beispiele finden sich auch auf spezialisierten Web-Seiten.[74]

3.2.5.1   Zusammenfassung

An erster Stelle des Businessplanes steht eine kurze Zusammenfassung der wichtigsten Aspekte des Unternehmens und der gewünschten Finanzierung. Die Kurzbeschreibung sollte möglichst klar und in knapper Form über die Unternehmung, die Geschäftsführer, das Produkt und seine Marktaussichten sowie über die künftigen Investitions- und Finanzbedürfnisse informieren. Dabei sollte man sich im wesentlichen auf die strategischen Faktoren des Vorhabens konzentrieren. Die Zusammenfassung muss besonders sorgfältig gestaltet werden, denn aufgrund ihrer Lektüre entscheiden die meisten Venture Capital-Gesellschaften, ob sie den Rest des Businessplans überhaupt noch lesen wollen.[75]

Folgende Bereiche sollten angesprochen werden:

- Umschreibung des Projektes und der Geschäftsidee auf einer Seite (Geschäftsziele, Produkte und deren Märkte, Marketingstrategie, Gründe für den beabsichtigten Erfolg)
- Erfahrungen der Führungskräfte
- Zusammenfassung der Umsatz- und Gewinnplanung für die nächsten drei bis fünf Jahre
- Bedarf an zusätzlichem Kapital und dessen Verwendungszweck (inkl. Rolle des VC)
- Hauptsächliche Risiken

---

[72] Siehe beispielsweise: Belz, 1998 (USP) / Boemle, 1993 (Kennzahlen und Finanzplan) / Diehl, 1984 (Inhalt) / Jenny, 1987 (Kriterien) / Lienhard, 1987 (Aufbau und Inhalt) / Apax Partners, ohne Datumsangabe (Richtlinien) / Wupperfeld & Lehmann, ohne Datumsangabe (Aufbau und Inhalt) / EIBA, 1995 (Checkliste) / Capital Info Net, 1999 (Muster) / Sahlman, 1997 (Tipps) / Schmidtke, 1985 (Inhalt) / Weiss, 1991 (Praktiker-Checkliste).

[73] Der Autor hat u.a. folgende Businesspläne in Zusammenarbeit mit den Gründern geschrieben: Oberhänsli & Partner (Versicherungsbroker), Multifinanz Network (E-Commerce B2B Financial Services), Consumity (E-Commerce B2C Information Brokerage), iOffice (E-Commerce B2C Communication Service Provider), Elchrom Scientific (Biotech) etc.

[74] Siehe beispielsweise www.businessplan.org, wo zahlreiche Links und Fallbeispiele vorhanden sind.

[75] Vgl. Lienhard, 1987, S. 242 und Diehl, 1984, S., 46.

3.2.5.2   Unternehmen

Bei klassischen Investments wurde früher das finanzielle Potential aufgrund der Vergangenheit beurteilt. Dies ist bei Start-ups definitionsgemäss nicht möglich. Gerade
deshalb ist es für den Venture Capitalisten wichtig, die Hintergründe der bisherigen
(kurzen) Firmengeschichte bzw. –gründung zu erfahren. Es geht also nicht nur um
rechtliche (Rechtsform, Kapitalstruktur) und organisatorische Aspekte (Organisations-
struktur) im Hinblick auf die später folgende Due Diligence Prüfung, sondern v.a. auch
um die Motivation der Jungunternehmer zur Firmengründung, deren Vorgehen und
Zeitplan, sowie um die bisherigen Erfolge bzw. Erfahrungen mit der innovativen
Produkteidee.
Wichtigster Punkt für den Venture Capitalisten ist sicherlich die aktuelle und geplante
Kapitalstruktur mit den entsprechenden Eigentumsverhältnissen.

Folgende Bereiche sollten angesprochen werden:

- Chronologische Projektgeschichte (Gründer, Gründungsdatum, Geschäftszweck /
  Erfolgsidee, Firmengeschichte)
- Ausgangslage und geplante Schritte (Wege zum Erfolg und Beweisführung für das
  Erreichen der Ziele, Meilensteine)
- Stärken und Schwächen der Unternehmung
- Schlüsselkennzahlen
- Bestehende und geplante Kapital-, Beteiligungs- und Rechtsstruktur (Sacheinlage-
  verträge)

3.2.5.3   Produkte

Die Produkte oder Dienstleistungen, die das Unternehmen herstellen will, müssen näher
erklärt werden. Es geht darum zu zeigen, dass das Produkt bzw. die Dienstleistung ein-
malig sind. Weiter soll angegeben werden, welche Rechte die Unternehmung an der
Technologie besitzt, die es verwendet, wie diese vor Konkurrenten geschützt werden
kann und ob die Produktepalette erweiterungsfähig ist.[76]

---

[76] Vgl. Diehl, 1984, S. 46.

Folgende Bereiche sollten angesprochen werden:

- Definition der Produkte (Eigenschaften, Neuartigkeit, Einzigartigkeit, Anwendungsmöglichkeiten, mögliche Folgeprodukte)
- Wettbewerbsvorteile / USP[77] (Kundennutzen, Vor- & Nachteile der Konkurrenz)
- Patente, Lizenzen und Markenzeichen (Schwierigkeitsgrad der Nachahmung)
- Entwicklungskosten (Marktreife) und Abläufe (Meilensteine)
- Kostenzielsetzungen

3.2.5.4   Markt

Der Geschäftsplan sollten den Markt für die Produkte oder Dienste des Unternehmens und die existierenden und potentiellen Kunden aufzeigen. Die Marketing- und Vertriebsmethoden sowie die Strategie der Unternehmung für die Erweiterung des Marktanteils sollten erläutert werden.[78]

In der Theorie hat sich ein Konzept bewährt, welches zum Teil auch in der Praxis den Grundzügen nach verwendet wird: Das Modell von Porter mit dem fünf Triebkräften des Wettbewerbs.[79]

Folgende Bereiche sollten angesprochen werden:

- Struktur der Märkte und Kundensegmente, Marktvolumen und -potential, Marktwachstum
- Kundenbedürfnisse, Kaufmotive, Kaufgewohnheiten
- Erfolgsfaktoren im relevanten Markt (z.B. Preis, Qualität, Beratung oder Service)
- Eintrittsbarrieren (rechtliche, wirtschaftliche und soziale Rahmenbedingungen)
- Trends bzw. Trendbrüche
- Eigene Marktstellung (Positionierung, aktueller und angestrebter Marktanteil)
- Liste der bestehenden (Auftragsbestand) und potentiellen (Absichtserklärungen, Offertenbestand mit Abschlusswahrscheinlichkeiten) Kunden

Marktforschung

Studien über Innovationen zeigen, dass Produkteinführungen vor allem wegen fehlender Marktakzeptanz und der Überschätzung des Marktpotentials scheitern. Daher ist die Durchführung einer fundierten Marktforschung zur Erlangung der Kenntnis des Marktes von zentraler Bedeutung. So banal und offensichtlich dies klingen mag, aber die Erfah-

---

[77] Unique Selling Proposition, also die Einzigartigkeit der Wettbewerbsposition durch einen einmalen Vorteil der Produkteigenschaften.

[78] Vgl. Diehl, 1987, S. 46.

[79] Das Modell von Porter wurde erschöpfend in Dutzenden von Werken zitiert, so dass hier darauf verzichtet werden soll. Interessierten sei die Original-Lektüre empfohlen: Porter, 1980, S.4ff.

rung im VC-Geschäft zeigt, dass die wenigstens Gründer das Profil ihres idealen Kunden und damit ihren Markt kennen.[80]
Als Instrumente und Methoden können alle bekannten Verfahren der klassischen Marktforschung verwendet werden.[81]

Folgende Bereiche sollten angesprochen werden:

- Ergebnisse der Gespräche (mind. 25) mit Kunden, Lieferanten, Experten, Verbänden
- Dokumentation aller Bemühungen (im Anhang aufführen)
- Liste der wachstumsfördernden und -hemmenden Faktoren

3.2.5.5   Konkurrenz

Die Wettbewerbssituation im Markt, in dem das Unternehmen konkurriert oder konkurrieren wird, sollte ebenfalls beschrieben werden. Diese Beschreibung enthält eine Darstellung der Wettbewerber, ihrer Produkte und ihrer Marktstellung.[82]
In der Theorie bewährt ist ein Konzept, welches leider in der Praxis kaum angewendet wird: Das Modell von Porter zur Analyse des Verhaltens der Konkurrenz.[83]

Folgende Bereiche sollten angesprochen werden:

- Name, Standort, Tätigkeit, Anzahl Mitarbeiter, Umsatz (Marktanteil), Gewinn
- Produkte (Sortiment, Eigenschaften: Qualität, Service, Garantie, Preis), Preis-Leistungs-Vergleich, Zielmärkte, Standorte
- Stärken und Schwächen
- Erkennbare Strategien und mögliche Reaktionen
- zeitlicher Rückstand bei F&E (Zeitbedarf für Nachahmung)

---

[80] Meistens begnügen sich Jungunternehmer mit der Bemerkung, der Markt sei US$ X Mrd. gross weltweit für ihr Produkt, und im Businessplan würde ein Marktanteil von lediglich 1% angenommen. Dies ist natürlich bei weitem nicht ausreichend. Der Jungunternehmer muss auch wissen, WO all diese Kunden zu finden sind, welche aggregiert den Markt ausmachen. Welche Bedürfnisse diese speziellen Kunden haben, welche Vorteile das neue Produkt hierbei bietet, welche Hürden in der Marktakzeptanz überwunden werden wollen etc.

[81] Ausführliche Beschreibungen aller bekannten Methoden der Marktforschung finden sich in: Meffert, 1992, S. 195-367; Hammann/Erichson, 1994, S. 60-193; Kotler, 1997, S. 108-276; Wehrli, 1995, S. 45-55.

[82] Vgl. Diehl, 1987, S. 46.

[83] Porter konstruiert ein Reaktionsprofil der Konkurrenz aufgrund deren Zielen, Annahmen, Stärken/Schwächen und aktueller Strategie. Die dabei aufgeworfenen Fragen sollte jeder Unternehmer für sich beantwortet haben. Leider geschieht dies in der Praxis selten bis gar nie. Siehe: Porter, 1980, S.49.

3.2.5.6 Marketing

Nach erfolgter Analyse des Marktes und des Konkurrenzumfeldes, kann auf die geplan-te Markteintrittsstrategie eingegangen werden. Hier sollte dargelegt werden, wie das Produkt bzw. die Innovation vermarktet wird. Dazu eignet sich am besten das bekannte Modell von McCarthy mit den „4 P's": Promotion (Absatzförderung/Werbung), Price (Preisgestaltung), Place (Vertriebskonzept), Product (Produktpolitik).[84]

Folgende Bereiche sollten angesprochen werden:

- Marktsegmentierung ⇒ Zielmärkte (Positionierung, Verkaufsargumente)
- Ergebnisse durchgeführter Marketing-Erhebungen (Marktforschung)
- Marktbearbeitung (Massnahmenpläne: Werbung, Verkaufsförderung, Vertriebs-kanäle)
- Leistungsprogramm bzgl. Sortiment (Tiefe, Breite), Produkt (Qualität, Funktion, Design, Verpackung), Service und Preis
- Zeitplan der Markteinführungen
- Mengen- und Umsatzziele pro Teilmarkt ⇒ Margen ⇒ Gewinnerwartungen

3.2.5.7 Produktion / Dienstleistungs-Erbringung

Ein Punkt, welcher für klassische Produzenten von fassbaren Gütern selbstverständlich ist, wird bei Erbringern von Dienstleistungen gerne vergessen: die Beschreibung der operativen Aspekte des Geschäftes wie Auftragsabwicklung, Inkasso (inkl. Mahnwesen etc.), geplante Fertigung bzw. Bereitstellung der Innovation, Kundenbetreuung, interne und externe Logistik (abhängig von der Fertigungstiefe), Service-Abonnemente (!)[85] etc. Auch Fragen der Skalierbarkeit der Geschäftsprozesse im Falle eines unerwarteten Ansturmes von eingehenden Bestellungen – also die Frage der Kapazitäten und – erweiterungen, Konfidenzintervalle in Abhängigkeit der Voraussagbarkeit künftiger Nachfrageentwicklungen – gehören hier beantwortet. Von Bedeutung für den Venture Capitalisten sind ausschliesslich die zentralen wertschöpfenden Aktivitäten und Prozes-se (sogenannte „Value-Added" Tätigkeiten).[86]

---

[84] Vgl. Wupperfeld/Lehmann, ohne Datumsangabe, S. 15.

[85] Oft wird die Bedeutung der Service-Abonnemente unterschätzt. Dessen sind sich jedoch nur die allerwe-nigsten Jungunternehmer bewusst. Häufig kann mit sogenannten „After Sales" Dienstleistungen sogar mehr Profit vom Kunden abgeschöpft werden als mit dem Verkauf der eigentlichen Produkte.

[86] Vgl. Wupperfeld/Lehmann, ohne Datumsangabe, S. 8.

Folgende Bereiche sollten angesprochen werden:

- Standort:
    - Vor- und Nachteile Geschäftsdomizil (Infrastruktur, Kundennähe, Steuern)
    - Raum für Expansion

- Produktion:
    - Ablauf Produktionsprozess (Produktionsschritte, Qualitätssicherung)
    - Kapazitäten und Engpässe, Durchlauf- und Lieferzeiten
    - Möglichkeiten für Kapazitätserweiterungen
    - Mitarbeiter (Anzahl, Struktur, Qualifikation, Rekrutierung, Schulung)
    - Komponentenhersteller, Lieferanten (Zuverlässigkeit, Lieferfristen, Abhängigkeiten)
    - Kostenzielsetzungen für Produkte (Material-, Arbeits- und Unkostenziele)

- Administration:
    - Organisation Administration (EDV- und Büro-Kapazitäten)
    - Organisation Buchhaltung, Rechnungswesen und Controlling

3.2.5.8   Management

Der Businessplan sollte den Lebenslauf und die Geschäftserfahrung des Gründers und der leitenden Angestellten des Unternehmens wiedergeben. Neben den Angaben über bisher Geleistetes dürfen Referenzen nicht fehlen. Der Geschäftsplan sollte zeigen, dass das Unternehmen über Fachkräfte verfügt, die nicht nur als Techniker in der Lage sind, ein Produkt zu erfinden und zu entwickeln, sondern auch die Fähigkeit haben, als kompetente Marketing- und Finanzspezialisten ein Geschäft zum Erfolg zu bringen.[87]
Die Einbindung von externen Beratern wie z.B. Steuerberater, Unternehmensberater oder Werbeagenturen wird nicht negativ bewertet, sondern ist im Gegenteil ein Beweis der Professionalität des Managements.[88]

---

[87] Vgl. Diehl, 1987, S. 46.
[88] Vgl. Wupperfeld/Lehmann, ohne Datumsangabe, S. 7.

Folgende Bereiche sollten behandelt werden:

* Organigramm (Aufgaben, Verantwortlichkeiten, Pflichten, Kompetenzen, Lohnsystem)
* Lebensläufe aller Mitglieder des Managementteams (Ausbildung, besondere Fähigkeiten, Erfahrungen, Erfolgsnachweise, Referenzen)
* Stärken und Schwächen im Team (noch zu besetzende Positionen als Ergänzung)
* Entwicklung Mitarbeiterzahl
* Mass der erwarteten Managementunterstützung durch den Kapitalgeber
* Externe Beziehungen (Revisionsstelle, Anwälte, Werbeagentur, Unternehmensberater, Bankbeziehungen: Kreditlimiten und deren Beanspruchung)

3.2.5.9 Zeitplan

Alle Prognosen über zukünftige Entwicklungen sind mit Vorsicht zu erstellen. Der Unternehmer muss sich vor allzu optimistischen Aussagen hüten. Zu optimistische Prognosen gelten als unrichtige Darstellungen und können Haftungsprobleme nach sich ziehen. Deshalb sollten im Businessplan die Prämissen angegeben werden, unter denen der Eintritt der prognostizierten Ereignisse erwartet wird.[89]

Ein häufig zu beobachtendes Phänomen ist der sogenannte „Hockey-Stick" Effekt. Darunter versteht man die Tatsache, dass in den allermeisten Businessplänen stets das erste Jahr einen deutlichen Verlust ausweist, welcher im zweiten Jahr geringer ausfällt, im dritten Jahr den Break Even-Point erreicht, im vierten Jahr der Gewinn steil nach oben schiesst und diese Wachstumsrate auch für das fünfte Jahr aufrechterhalten wird. Venture Capitalisten bauen daher bei jedem seriös angeschauten Projekt den Finanzteil in einem Excel-Modell nach – unter Verwendung der persönlichen Annahmen des Venture Capitalisten.[90]

Darum gilt es Vorsicht zu bewahren. Die Erfahrung lehrt, dass sowieso alles zwei bis drei Mal so lange dauert und zwei bis drei Mal soviel kostet, wie ursprünglich geplant.[91]

Folgende Bereiche sollten enthalten sein:

* Actionplan (Massnahmen zur Erreichung der Ziele)
* Meilensteine

---

[89] Vgl. Diehl, 1987, S. 47.

[90] Dies kann aus eigener Erfahrung bestätigt werden. Zudem stimmen dem auch zahlreiche Venture Capitalisten öffentlich zu, so geschehen z.B. von G. Schmidt, Gründungsmitglied von European Web Group, anlässlich der Podiumsdiskussion zum Thema Venture Capital und E-Commerce an der ETH Zürich am 26.10.2000.

[91] Diese altbekannte Faustregel von Venture Capitalisten wurde auch von H. van den Berg, Gründungsmitglied von Venture Partners, im persönlichen Gespräch bestätigt.

3.2.5.10   Risikoanalyse

Der Geschäftsplan sollte alle Risikofaktoren (technisches Risiko, Versorgungsrisiko, Marktrisiko, Konkurrenzrisiko, Managementrisiko etc.) aufzählen und die jeweiligen Gegenmassnahmen zu deren Eindämmung nennen. Besondere Vorsicht ist bei der Beschreibung der Novität eines Produktes, der Wettbewerber, der Überlegenheit der eigenen Produkte über Konkurrenzprodukte, der rechtlichen Vorschriften, der Erfahrung des Managements und jedes anderen bedeutenden Risikos geboten. Unrichtige oder fehlerhafte Darstellungen können zu Haftungsansprüchen gegen das Unternehmen führen.[92]

Folgende Bereiche sollten angesprochen werden:

- Bewertung der internen (Produktionsverzögerungen, Liquiditätsengpässe) und externen (Trendbrüche, rechtl. Vorschriften) Risiken
- Annahmen, die den Prognosen zugrunde liegen
- Faktoren, von denen das Gelingen massgeblich abhängt (Konkurrenzreaktionen)
- Vorkehrungen (Massnahmen, Handlungsalternativen), um den Gefahren zuvorzukommen

3.2.5.11   Finanzen

Der Businessplan endet mit der quantitativen Erfassung von allem, was zuvor verbal umschrieben wurde. Alle quantitativen Angaben über Produkte, Märkte, Konkurrenten und Managementfähigkeiten fliessen in die Umsatz- und Erfolgsprognosen. Neben den Planerfolgsrechnungen enthält der Businessplan auch die Planbilanzen mit der bestehenden und angestrebten Kapitalstruktur des Unternehmens. Es sollte kurz beschrieben sein, wie hoch der Finanzbedarf über die nächsten paar Jahre ist, wie hoch die nächste Finanzierungsrunde sein soll, welche Wertpapiere ausstehen und ausgegeben werden sollen, die Rechte im Zusammenhang mit der Ausgabe von Vorzugsaktien, Optionen und Wandelanleihen erläutern und bereits bestehende Fremdfinanzierungen oder Kapitalquellen des Unternehmens erklären.[93]

---

[92] Vgl. Diehl, 1987, S. 47.
[93] Vgl. Diehl, 1987, S. 47.

Folgende Bereiche sollten angesprochen werden:

- Sofern vorhanden: Abschlüsse der vergangenen Jahre (Bilanzen, Erfolgsrechnungen) inkl. Revisorenbericht über den aktuellen finanziellen Status (Bestand der Forderungen, Angemessenheit Bewertungen)
- Planbilanzen (für die nächsten drei bis fünf Jahre)
- Planerfolgsrechnungen (pro Mt. für das erste Jahr, pro Quartal für das 2. und 3. Jahr)
- Planmittelflussrechnungen (Investitionen, Finanzierungen, FCF, Liquiditätssituation)
- Spezifische Finanzziele (Margen, Gewinn, Finanzierungsbedarf, Kapitalstruktur)
- zwei Szenarien (worst-case und realistische Schätzung - kein best-case)
- später notwendige Kapital-Aufstockung (weitere Geldgeber: Banken, Fördermittel)

3.2.5.12   *Anhang*

Ziel des Businessplanes ist es, dem Kapitalgeber die Ziele des Unternehmers klar zu machen und dessen vorgeschlagene Unternehmenskonzeption zu plausibilisieren. Alle Unterlagen, welche diesem Zweck förderlich sind, aber aus Gründen der besseren Übersichtlichkeit an keiner anderer Stelle untergebracht werden konnten, gehören in den Anhang.

Folgende Dinge sollten beigefügt werden:

- Diskette im MS-Excel-Format mit Finanzteil (inkl. Teilpläne mit Herleitung der Zahlen: Offenlegung von Annahmen bzgl. Investitionen, Abschreibungen, Zinssätze, Zahlungsziele)
- ergänzende Unterlagen über Märkte (Marktdaten) und Produkte (eigene und Konkurrenzprodukte)
- Prospekt der Firma und der Produkte (Photos und technische Studien)
- Diverses (hängige Prozesse, Wirtschaftsförderungen, KTI-Projekte, Versicherungen)

Abbildung 8 zeigt ein Beispiel eines Modells für ein Unternehmenskonzept (nach Ulrich)[94], welche sich bestens als übersichtliche Beilage eignen würde.

Abbildung 8: Beispiel eines gesamtheitlichen Unternehmenskonzeptes

	Leistungswirtschaftliches Konzept	Finanzwirtschaftliches Konzept

Z I E L E	Produkt 1 | Produkt 2 | Produkt 3 | Produkt 4
	
	Marktziele
	  Zu befriedigende Bedürfnisse
	  Zu befriedigende Märkte und Marktsegmente
	  Zu erreichende Marktstellung
	  Zu erreichende Umsatzvolumen
	Produktziele
	  Art & Qualität der anzubietenden Marktleistungen
	  Sortimentsbreite und -tiefe
	  Zu erstellende Produktmengen
		Zahlungsbereitschaftsziele
		  Einzuhaltende Liquiditätsreserve
		  Einzuhaltende Liquiditätskennziffern
		Ertragserzielungsziele
		  Zu erreichender Cash Flow, Reinge-
		    winn, Deckungsbeitrag
		  Zu erreichende GK-, EK-, Umsatz- und
		    Investitionsrentabilität
		Wirtschaftlichkeitsziele
		  Zu erreichende wirtschaftl. Kennziffern

M I T T E L	Absatz | Produktion | F&E | Personal | Finanzen
	
	Personelles Potential
	  Erforderliche Anzahl Mitarbeiter
	  Erforderliche Qualifikationen
	Räumliches Potential (Gebäude)
	  Erforderliche Flächen, Räume, Standorte
	  Erforderliche Eigenschaften
	Technisches Potential (Maschinen, Werkzeuge)
	  Erforderliche quantitative Kapazitäten
	  Qualitätsanforderungen
	Verbrauchsgüter-Potential (Material)
	  Erforderliche Beschaffungsmengen
	  Erforderliche Lagerbestände
		Kapitalvolumen
		  Erforderliches Gesamtkapital
		Kapitalstruktur
		  Zu erreichender Finanzierungsgrad
		  Zusammensetzung des Fremdkapitals
		  Zu erreichender Deckungsbeitrag Kapi-
		    tal (Vermögen nach Fälligkeit)

M A S S N A H M E N	*Strategien der Marktleistungs-Entwicklung*
	  Strategie der Eigen-Forschung & Entwicklung
	  Strategie des Erwerbes neuer Produkte
	Strategien der Leistungs-Erstellung
	  Produktionsstrategie
	  Administrative Verfahren
	Strategien der Leistungs-Verwertung
	  Preisstrategie (price)
	  Werbestrategie (promotion)
	  Verkaufsstrategie (product)
	  Distributionsstrategie (place)
	Strategien der Leistungs-Potential-Beschaffung und
	  -Bewirtschaftung
	  Strategie der Personalbeschaffung und -pflege
	  Strategie der Anlagenbeschaffung und -bewirtschaftung
	  Strategie der Beschaffung und Bewirtschaftung von
	    Verbrauchsgütern
		Liquiditätsstrategien
		  Grundsätze des Cash Managements
		Ertragserzielungs- und Wirtschaftlich-
		  keitsstrategien
		  Finanzielle Entscheidungs- und
		    Kontrollverfahren
		  Bewertungsgrundsätze
		  Bewirtschaftungsgrundsätze
		Ertragsverwendungsstrategien
		  Investitionsverfahren
		  Gewinnausschüttungsverfahren
		Finanzierungsstrategien
		  Abschreibungs- und Bilanzierungs-
		    verfahren
		  Kapitalbeschaffungsgrundsätze

Quelle: Ulrich, 1990, S. 113 und 139.

---

[94] Ulrich, 1990, S. 113 und 139.

3.2.6   Bedeutung

Der Businessplan hat sich als wichtigstes Instrument des Informationsaustausches zwischen Unternehmer(-Team) und Venture Capitalist etabliert. Trotzdem darf seine Bedeutung nicht überschätzt werden. Die Fähigkeiten zur Erstellung eines überzeugenden Businessplans sind nicht identisch mit den Fähigkeiten, welche einen erfolgreichen Unternehmer auszeichnen. Ganz im Gegenteil. Ein guter Unternehmer wird i.d.R. durch eine gesunde Portion „Ungeduld", d.h. Tatendrang und Wille zur schnellen Umsetzung mitbringen. Genau diese Eigenschaft jedoch erschwert die Ausarbeitung eines bis ins Detail perfekt durchdachten Geschäftskonzeptes und dessen Verbalisierung in Form eines umfassenden Businessplans. Einige Branchenkenner[95] behaupten sogar, dass in der Praxis eine negative Korrelation zwischen der Güte des Businessplans und dem Erfolg des Projektes festzustellen sei. Demzufolge würden gute Projekte den Businessplan angeblich nur als Ideen-Kommunikations-Instrument verwenden, aber nicht zur strategischen Planung. Es käme sowieso immer anders, als ursprünglich geplant gewesen. Folglich sei Flexibilität mehr gefragt als Perfektionismus bei der Erstellung des Businessplans. Darum investieren erfahrene Venture Capitalisten vielleicht gerade mal 20-30 Minuten in die Lektüre des Businessplans.[96] Fällt dieser erste Eindruck der Geschäftsidee positiv aus, wird sofort danach das persönliche Gespräch mit dem Unternehmerteam folgen. Dies relativiert die Bedeutung des Businessplans als Evaluationsinstrument für attraktive Investments aus Sicht des Venture Capitalisten.[97]

3.3   Weitere Einflussfaktoren

3.3.1   Verlauf Due Diligence

Nur aufgrund des Studiums des Businessplans werden in der Praxis des Venture Capital-Geschäftes keine Gelder gesprochen. Bei Interesse am Businessplan folgt eine kurze *Grobprüfung*, wo die Unternehmung, das Management, die Produkte und der Markt näher angeschaut werden.

---

[95] So zum Beispiel Peter Friedli von New Venturetec anlässlich der 8. Informationsveranstaltung von Venture 2000, ETH Zürich 27.4.00.

[96] Vgl. Thum, 2000, S. 5.

[97] Darum legen Venture Capitalisten auch so viel Wert auf Referenzen und auf das persönliche Gespräch mit dem Unternehmer(-Team). Venture Capital Finance (VCF AG) beispielsweise investiert nur in Projekte, welche von einer in der Branche bekannten Quelle als vertrauenswürdig empfohlen worden sind, und wo die Unternehmer in der Präsentation ihrer Geschäftsidee als Persönlichkeiten und sich ergänzendes Team überzeugt haben.

Hat der Kandidat diese Grobprüfung erfolgreich bestanden, erfolgt eine vertragliche Bindung in einem sogenannten „*Letter of Intent*". Diese Absichtserklärung hält summarisch die Überlegungen zur Beteiligung sowie zur künftigen Zusammenarbeit fest.

Der Venture Capitalist wird sich in jedem Fall jedoch die Detailprüfung der Unternehmung vorbehalten, die sogenannte „*Due Diligence*"-Prüfung. Die Due Diligence Review ist nicht eine vergangenheitsorientierte Beurteilung im Sinne einer aktienrechtlichen Prüfung der Jahresrechnung. Vielmehr sollen die für die künftigen Entwicklung der Unternehmung wesentlichen Erfolgs- und Misserfolgs-Komponenten kritisch durchleuchtet werden. Hierzu wird der Venture Capitalist in aller Regel externe Berater und Branchenspezialisten beiziehen.[98]

Durch den Abschluss verbindlicher Verträge wird die Annäherungsphase von Venture Capital-Geber und Unternehmen beendet. Neben dem eigentlichen Aktienkaufvertrag wird meist auch ein Aktionärbindungs-Vertrag aufgesetzt. Ziel des Venture Capitalisten ist es dabei, das Risiko möglichst weit auf die Entrepreneurs zu verlagern. Dieser Thematik widmet sich das Gebiet der sogenannten Prinzipal-Agenten-Theorie.[99]

3.3.2   Faustregeln

Das Venture Capital-Geschäft im Allgemeinen und die Unternehmensbewertung im Speziellen wird von zahlreichen „Faustregeln" und anderen erfahrungsgeleiteten Faktoren beeinflusst.[100]

So besagt beispielsweise eine Regel, dass die Start-up-Bewertung unter US$ 5 Mio. liegen soll, um dem Investor einen vernünftigen Investitionsantrag stellen und die Transaktion schnell abwickeln zu können (sogenannte „Howard's US$5m Limit – Tactic")[101].

---

[98] Vgl. Wild/Rechsteiner, 1998, S. 6.

[99] Siehe dazu Kapitel 4.4 Erfolgreiche Überwindung der Prinzipal-Agenten-Problematik, S. 58ff. und vgl. beispielsweise Kieser, 1995, S. 195ff., Frese, 1993, S. 133 und 497 sowie Schreyögg, 1996, S. 78ff.

[100] Die Theorie spricht sich klar gegen den Gebrauch von einfachen Faustregeln aus. So z.B. Scherlis/Sahlman, 1989, S. 26: „In a world dominated with ‚rules of thumb', there will often be opportunities to those who engage their brains rather than relying on simplistic rules." Oder noch deutlicher: „Negotiating against those who cling to outdated rules of thumb is often a source of great advantage."

[101] Zitiert nach Amis, 2000, S. 6.

Eine andere Faustregel (sogenannte „Cary's Rule of Thirds – Tactic")[102] empfiehlt, bei der ersten Finanzierungsrunde je einen Drittel der Unternehmung den folgenden Anspruchsgruppen zuzuweisen:

- der Person mit der Geschäftsidee (der Gründer, Erfinder, Innovator)
- dem Management (bzw. den wichtigsten Mitarbeitern)
- dem Investor (bzw. den Investoren)

Eine andere Regel geht davon aus, dass jeder langjährige Mitarbeiter einen Wert von CHF 1 Mio. darstelle. Geht man von einer jährlichen Fluktuationsrate bei Start-ups von 33% aus, bedeutet dies eine Drittel Million pro neu eingestellten Mitarbeiter.[103]

Obwohl natürlich in der Praxis keine Unternehmung dieser Empfehlung zu 100% nachkommen wird, stimmt deren Tendenz-Aussage doch vielfach mit der Realität überein.

---

[102] Zitiert nach Amis, 2000, S. 6.
[103] Gespräch mit Prof. Spremann vom 29.11.2000.

TEIL II:

BESTIMMUNGSFAKTOREN
DES
UNTERNEHMENSWERTS

TEIL II: BESTIMMUNGSFAKTOREN DES UNTERNEHMENSWERTS

4   MANAGEMENT

Abbildung 7: Zentrale Einflussfaktoren auf den Unternehmenswert von Start-ups

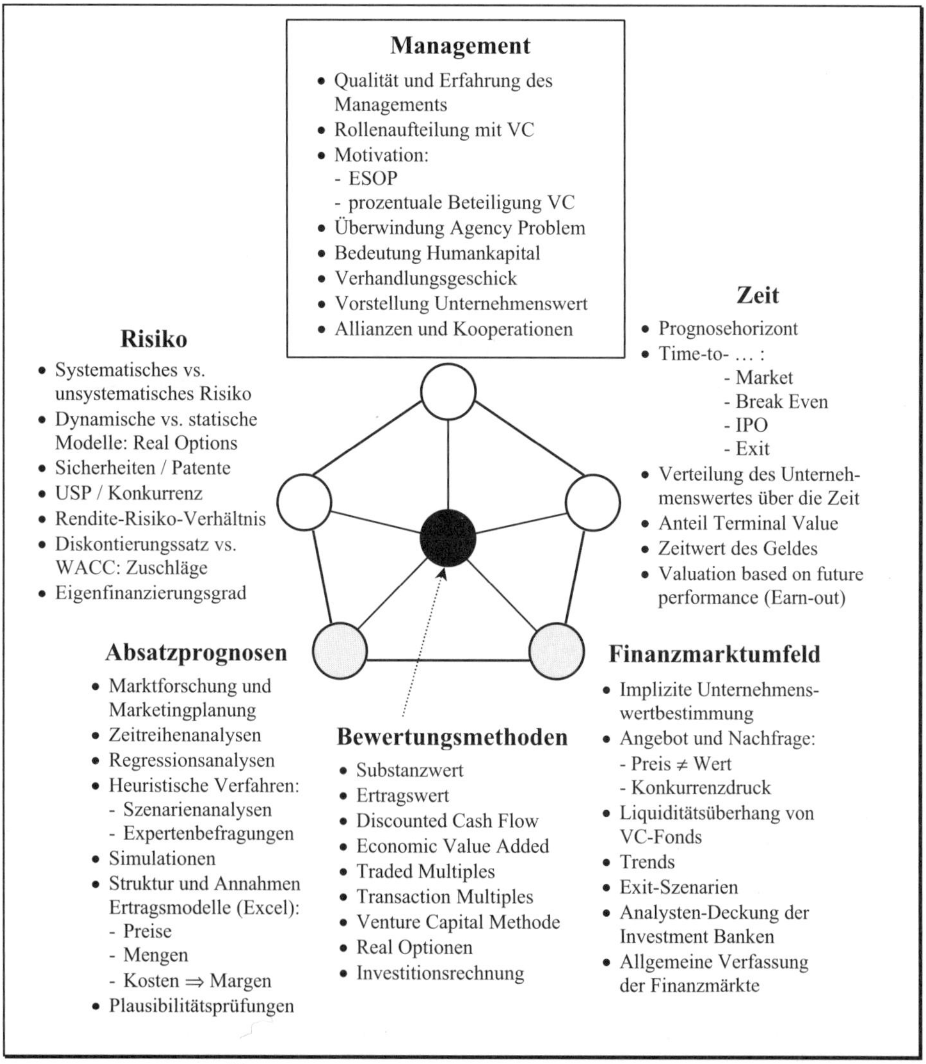

Management
- Qualität und Erfahrung des Managements
- Rollenaufteilung mit VC
- Motivation:
  - ESOP
  - prozentuale Beteiligung VC
- Überwindung Agency Problem
- Bedeutung Humankapital
- Verhandlungsgeschick
- Vorstellung Unternehmenswert
- Allianzen und Kooperationen

Zeit
- Prognosehorizont
- Time-to- ... :
  - Market
  - Break Even
  - IPO
  - Exit
- Verteilung des Unternehmenswertes über die Zeit
- Anteil Terminal Value
- Zeitwert des Geldes
- Valuation based on future performance (Earn-out)

Risiko
- Systematisches vs. unsystematisches Risiko
- Dynamische vs. statische Modelle: Real Options
- Sicherheiten / Patente
- USP / Konkurrenz
- Rendite-Risiko-Verhältnis
- Diskontierungssatz vs. WACC: Zuschläge
- Eigenfinanzierungsgrad

Absatzprognosen
- Marktforschung und Marketingplanung
- Zeitreihenanalysen
- Regressionsanalysen
- Heuristische Verfahren:
  - Szenarienanalysen
  - Expertenbefragungen
- Simulationen
- Struktur und Annahmen Ertragsmodelle (Excel):
  - Preise
  - Mengen
  - Kosten ⇒ Margen
- Plausibilitätsprüfungen

Bewertungsmethoden
- Substanzwert
- Ertragswert
- Discounted Cash Flow
- Economic Value Added
- Traded Multiples
- Transaction Multiples
- Venture Capital Methode
- Real Optionen
- Investitionsrechnung

Finanzmarktumfeld
- Implizite Unternehmenswertbestimmung
- Angebot und Nachfrage:
  - Preis ≠ Wert
  - Konkurrenzdruck
- Liquiditätsüberhang von VC-Fonds
- Trends
- Exit-Szenarien
- Analysten-Deckung der Investment Banken
- Allgemeine Verfassung der Finanzmärkte

Quelle: eigene Darstellung.[104]

---

[104] Original ist diese zentrale Übersichtsgraphik zu finden auf Seite 29 in Kapitel 3.1 Herleitung zentraler Einflussfaktoren auf den Unternehmenswert auf Seite 27ff. Zur leserfreundlicheren Einordnung des Kapitels

4.1 Qualität und Erfahrung des Managements

„Even in a high-tech industry, management skills are more important than technology."[105]

Dadurch, dass bei Jungunternehmen (wie allgemein für kleine und mittlere Unternehmen typisch) der zukünftige Erfolg durch den Unternehmer bzw. das Unternehmer-Team geprägt wird, müssen dessen bzw. deren unternehmerische Fähigkeiten Eingang in die Unternehmensbewertung finden.

Im Gegensatz zur Bewertung eines bereits seit Jahren am Markt etablierten KMU, liegt die besondere Problematik bei der Bewertung von Start-up-Unternehmen darin, dass der Venture Capitalist bei seinen Ertragsprognosen die in der Regel *noch ungeprüften* unternehmerischen Fähigkeiten des Managements beurteilen muss.[106]

Diese Messung der Unternehmerqualität ex ante ist natürlich mit erheblichen Unsicherheiten behaftet und verlangt viel Menschenkenntnis und Fingerspitzengefühl. Darum können solche menschlichen Sachverhalte bislang nicht von mathematisch-statistischen Prognoseverfahren erfasst werden. Der Venture Capitalist ist darum auf qualitative Nachforschungen angewiesen wie z.B. die Befragung der ehemaligen Mitarbeiter, Vorgesetzten und Kunden, um sich so ein Bild über die unternehmerischen Fähigkeiten des Managements verschaffen zu können.

Als Referenz kann dabei die folgende Checkliste zur Messung der Unternehmerqualität dienen (sieheTabelle 3):

---

in den Gesamtzusammenhang wird diese Abbildung zu Beginn jedes der sechs Einflussfaktoren als Erinnerung aufgeführt.

[105] Aus den „Bill Gates' Principles", zitiert vom unternehmerischen Pionier Branco Weiss anlässlich eines Vortrages am Startbiotech Forum 2000, ETH Zürich 4.2.2000.

[106] Im Rahmen dieser Arbeit werden unter dem Begriff „Management" die wichtigsten Personen des Unternehmer-Teams verstanden, also CEO, COO, CSO, CTO etc.

Tabelle 3: Checkliste zur Beurteilung der Unternehmerqualitäten

Merkmal	Indikator
Fachkenntnisse und Branchenerfahrung	Berufserfahrung, Ausbildung
Kaufmännische Kenntnisse	Berufserfahrung, Ausbildung
Kommunikative Fähigkeiten	Persönliche Gespräche mit Unternehmer und bisherigen Geschäftspartnern
Kreativität	Vergangene Tätigkeiten, Lebenslauf, Selbsteinschätzung des Unternehmers
Risikotoleranz und Risikominimierung	Lebenslauf, Umgang mit Unternehmenstransaktionen, Selbsteinschätzung des Unternehmers
Bereitschaft und Fähigkeit zu hoher Leistung (viel und effizient arbeiten)	Gespräche mit Unternehmer und seinem Umfeld, Selbsteinschätzung des Unternehmers
Unterstützung im Privatleben	Gespräche mit Unternehmer und seinem privaten Umfeld

Quelle: Behringer, 1999, S. 120.

Solche Charakterzüge sind erfahrungsgemäss entscheidende Erfolgsfaktoren. Weitere gefragte Eigenschaften betreffend der Kompetenz des Managements einer rasch wachsenden Unternehmung sind:[107]

-   fundiertes Verständnis des Geschäftes: Technologie, Markt, Konkurrenz, Verkaufskanäle
-   Führungsfähigkeit: Zielgerichtetes Vorgehen, soziale Kompetenz, Mitarbeitermotivation
-   Erfolge in der Vergangenheit: Serien-Entrepreneurs
-   Substantieller Teil des persönlichen Vermögens in die Gesellschaft investiert

Hierzu sind auch zahlreiche Studien vorhanden. So hat z.B. Knight[108] 476 Venture Capitalisten in USA, Kanada, Asien und Europa nach den Kriterien gefragt, welche sie zur Beurteilung von Projekten anwenden. Von 24 untersuchten Kriterien können vier der wichtigsten fünf Kriterien dem Komplex des Managements zugeordnet werden:

---

[107] Vgl. Schüpbach/Rechsteiner, 1998, S. 8.
[108] Vgl. Knight, 1994, S. 26-37.

Tabelle 4: Kriterien, welche Venture Capitalisten als am wichtigsten bewerten

Kriterium	Wichtigkeit (ordinal, Durchschnittsranking)
Capable of sustained intense effort	1
Thoroughly familiar with market	2
At least 10 times return in 5-10 years[109]	3
Demonstrated leadership in the past	4
Evaluates and reacts well to risk	5

Quelle: Knight, 1994, S. 35.

Weitere untersuchten Kriterien, welche sich auf das Management bezogen, waren die folgenden (innerhalb der Kategorien geordnet nach Wichtigkeit):[110]

> ➤ The Entrepreneur's Personality
>   The Entrepreneur must:
>   - Be articulate in discussing his venture
>   - Attend to detail
>   - Have a personality compatible with mine

> ➤ The Entrepreneur's Experience
>   The Entrepreneur must:
>   - Have a track record relevant to the venture
>   - Be referred to me by a trustworthy source
>   - Be someone with whose reputation I am already familiar

Im Faktor Management lauern aber auch Risikofaktoren, wie beispielsweise:[111]

- Selbstüberschätzung
- Ausgeprägt einseitige Technologieorientierung
- Quick-hit-Mentalität
- Wunsch nach absoluter Kontrolle

Wieweit alle diese Kriterien erfüllt sind, ist ausserordentlich schwierig zu beurteilen. Die hier genannten Kriterien können nur einen Anhaltspunkt für die Beurteilung der unternehmerischen Qualitäten bilden. Im Einzelfall können auch andere Punkte wichtig sein. So muss die Gewichtung der Kriterien je nach Branche und Struktur für jedes Unternehmen individuell vorgenommen werden. Des weiteren können beim Unternehmer nur wenig oder gar nicht ausgeprägte Kriterien durch bereits im Unternehmen vorhandenes Know-how ausgeglichen werden.

---

[109] Dies enstpricht einer jährlichen Rendite von über 40% (26% bzw. 58% bei einer Verzehnfachung des Investments innert fünf bzw. zehn Jahren).

[110] Vgl. Knight, 1994, S. 30f.

[111] Vgl. Schüpbach/Rechsteiner, 1998, S. 8.

4.2   Rolle des Venture Capitalisten

„Ich bin zu je einem Drittel Investor, Coach and Headhunter.“[112]

Obwohl die Qualitäten des Managements von entscheidender Bedeutung für das Gelingen des Start-ups sind – ganz alleine auf sich gestellt sind die Gründer zumindest in der Konzeptionsphase nicht. Denn neben den Bereichen der Unternehmensauswahl und der Unternehmensbeteiligung beinhaltet die Venture Capital-Finanzierung ebenso die Unterstützung des Managements der Beteiligungsunternehmen. Die Jungunternehmer bekommen in der Regel Hilfestellung seitens der Kapitalgeber (sogenanntes „Smart Money", also Geld inkl. Know-How und Beziehungen)[113]. In den meisten Fällen wird bei den Beteiligungsverhandlungen die Form, das Ausmass und die Entschädigung für diese Tätigkeiten mit dem Neuunternehmen besprochen und vertraglich vereinbart. Die Unterstützung konzentriert sich bei einer Venture Capital-Gesellschaft vor allem auf strategische Planungshilfen, auf Marketing-Unterstützung, auf internationale Kooperation und auf Management-Dienstleistungen. Zur Veranschaulichung werden nachfolgend in nicht abschliessender Weise mögliche Beratungs- und damit verbundene Analysetätigkeiten einer Venture Capital-Gesellschaft aufgezeigt:[114]

- Allgemeinberatung:
    - Allgemeines Check-up
    - Strategische Analyse und Planung
    - Diversifikationsanalysen und –programme
    - Unternehmens-Strukturanalysen und –planung
    - Nachfolge-Probleme

- Marketing:
    - Marktstudien für Industrie- und Konsumgüter, Organisation von qualitativen Analysen
    - Marktentwicklungsprogramme für neue Produkte
    - Marketing-Audit
    - Produkt-Mix und Marketing-Mix-Analysen
    - Feasibility-Studien
    - Aufbau und Überprüfung der Verkaufsorganisation
    - Überprüfung und Neuausrichtung des Produktesortiments
    - Franchisingorganisation

---

[112] Massimo Lattmann, VR-Präsident von Venture Partners, in: Cash, Nr. 44, 3.11.2000, S. 110.
[113] Vgl. beispielsweise Samwer, 2000, S. 3.
[114] Vgl. Lienhard, 1987, S. 86f.

- Produkteorganisation:
  - Standortanalyse
  - Arbeitsvorbereitung, Terminplanung und –überprüfung, Planung des Arbeitsablaufes
  - Arbeitsmethoden und Richtzeiten, Zeitstudien
  - Datenerfassungssystem für Produktion, Computer-Software
  - Produktionsflussoptimierung, Fabrik-Lay-out, Betriebsversorgung
  - Lagerwirtschaft und Lagersysteme
  - Maschinen- und Installationsunterhalt
  - Qualitätskontrolle

- Finanz- und Administrativ-Organisation:
  - Finanz- und Investitionsanalysen
  - Unternehmensbewertungen (im engen, technischen Sinne)
  - Erarbeitung und Einführung von Kostenrechnungssystemen
  - Erstellung von Budgets, Finanzplanung
  - Erarbeitung von Finanzdossiers zuhanden des Kapitalgebers
  - Kapitalbeschaffungs- und Kapitaleinsatz-Beratung
  - Datenverarbeitungseinsatz und Buchhaltung für Klein- und Mittelbetriebe

Über eine umfassende Beratungstätigkeit und Managementhilfe gewinnt die Venture Capital-Gesellschaft vertieften Einblick in das laufende Unternehmensgeschehen und profitiert somit selber bei einer geschickten aktiven Beeinflussung aufgrund des gesteigerten Unternehmenswertes bei erfolgreichem Geschäftsgange.

4.3   Motivation der Belegschaft

Zentral für den Erfolg des Unternehmens ist die Motivation der Belegschaft. Im folgenden wird Belegschaft als Oberbegriff verwendet für das Top Management einerseits und die Mitarbeiter andererseits.

4.3.1   Motivation des Managements

Was motiviert die Gründer und folglich das Top Management einer Jungunternehmung? Eine Untersuchung der Bank Vontobel kam zu folgendem Ergebnis (in der Reihenfolge der Bedeutung):

Gründer wollen Unternehmer werden, denn sie möchten:[115]

1. viel Geld verdienen
2. unabhängig und frei sein
3. sich selbst verwirklichen und etwas Eigenes aufbauen
4. Macht und Einfluss haben
5. das Ansehen bei den Kollegen steigern
6. ein Abenteuer erleben

Damit zeigt sich, dass zwar auch emotionale Faktoren als Motivatoren für Jungunternehmer in Frage kommen. Allerdings lassen sich die Punkte zwei bis sechs nur äusserst schwer quantifizieren und bewusst beeinflussen in der Ausgestaltung des Gesellschaftsvertrages. Darum wird im folgenden lediglich auf den ausschlaggebenden Faktor näher eingegangen: die finanzielle Kompensation des Managements.

Ein wichtiger Analysepunkt bei der Beteiligungsprüfung ist die Beurteilung der Angemessenheit des ausbezahlten *Unternehmerlohns*.
Die besondere Konstellation von Manager, welche gleichzeitig Eigentümer sind, macht die Grenzen zwischen Arbeits- und Kapitaleinsatz fliessend. M.a.W. ist hier das Arbeitsentgelt des Unternehmers oft ein Bestandteil des Gewinnes und umgekehrt. Dieses Problem der Bemessung des Unternehmerlohns tritt bei Einzelunternehmen und Personengesellschaften in vielen betriebswirtschaftlichen Fragestellungen auf. Fair ist sicherlich, wenn eine Opportunitätskosten-Überlegung angestellt wird. Insofern ist die Summe, die der Unternehmer bei einer Angestellten-Tätigkeit verdienen würde, als Unternehmerlohn anzusetzen. Dabei sind auch die an den Unternehmer abgeführten Nebenleistungen (wie z.B. die private Nutzung des Dienstwagens) zu berücksichtigen.[116]

4.3.2   Motivation der Angestellten: Mitarbeiter-Beteiligungsprogramme

Ohne Frage sind die Mitarbeiter eine zentrale Anspruchsgruppe jeder Unternehmung. Die erfolgreiche Entwicklung der Jungunternehmung (und damit der Unternehmenswert) hängt in beachtlichem Masse von deren Leistungsfähigkeit und –willen ab. Auf die Erhöhung der Motivation und damit des Leistungswillens zielen Mitarbeiter-Beteiligungsprogramme ab.

---

[115] Vgl. Geilinger, 2000, S. 2.
[116] Vgl Behringer, 1999, S. 122.

Gemeinhin wird unter einem Employee Stock Ownership Plan (ESOP) ein Programm verstanden, welches die Mitarbeiter mittels Beteiligungspapieren am Eigenkapital der arbeitgebenden Gesellschaft beteiligt.[117]

Abbildung 9 zeigt die allgemeinen sowie speziellen Nutzenpotentiale von ESOPs und folglich auch die Motivationsgründe für deren Implementierung.

Abbildung 9: Nutzenpotentiale von ESOPs

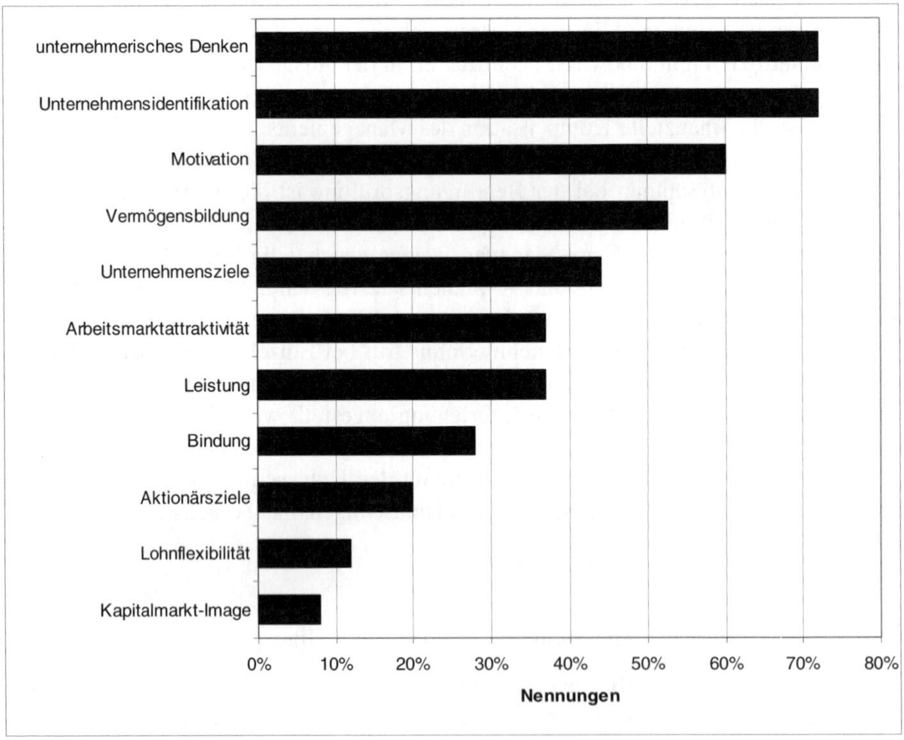

Quelle: Erhebung von Weilenmann, 1999, S. 235.

Mitarbeiter-Beteiligungsprogramme sind keine versteckten Gehaltserhöhungen oder „Fringe benefits", sondern sollen v.a. der Motivation dienen. Der psychologische Effekt des Miteigentums soll genutzt und nicht Spekulation betrieben werden. Daher fällt der Anteil von ESOP an der gesamten Vergütung innerhalb eines Jahres eher bescheiden

---

[117] Weilenmann, 1999, S. 233.

aus. In der Praxis wird der Anteil von ESOPs am fixen Salär von Angestellten bei 10-
20% liegen (siehe Abbildung 10).

Abbildung 10: Anteil maximale Vergütung aus ESOP im Verhältnis zum Fixsalär

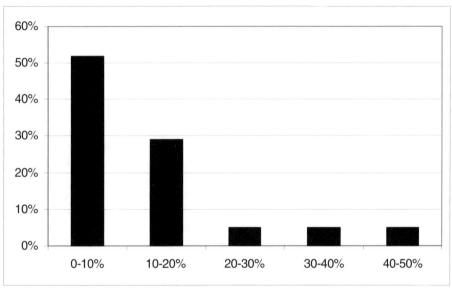

Quelle: Erhebung von Weilenmann, 1999, S. 237.

Sicherlich ist die Höhe des Anteiles des Venture Capitalisten am Unternehmen insofern
bedeutsam als er vorgibt, in welchem Rahmen überhaupt noch Beteiligungen von Grün-
der-Manager und Angestellten möglich sind. Die damit verbundene Frage nach der
Bezugsberechtigung von Mitarbeiter-Aktien lässt sich in der Praxis nur von Fall zu Fall
je nach situativen Gegebenheiten, Zielen der Unternehmung und Wünschen der Angestellten entscheiden.
Organisationspsychologische Erkenntnisse und Konsequenzen der Agency Theory fordern eine möglichst auf die unterschiedlichen Typen von Mitarbeitern eingehende,
massgeschneiderte Ausgestaltung von ESOPs.[118]

---

[118] Weilenmann, 1999, S. 238.

4.4   Erfolgreiche Überwindung der Prinzipal-Agenten-Problematik

Das Verhältnis zwischen VC und Jungunternehmer ist von zentraler Bedeutung bei einem hands-on Management Ansatz des Venture Capitalisten.[119] Hiefür müssen die verschiedenen Probleme im Zusammenhang der Agency Theory[120] erfolgreich überwunden werden:

> ➢ Informationsasymmetrien
> ➢ Moral Hazard
> ➢ Adverse Selection

4.4.1   Informationsasymmetrien zwischen VC und Management

Die Problematik asymmetrischer Informationsverteilung stellt sich im Verhältnis zwischen Eigenkapital-Geber und Gründer stärker als in anderen Finanzierungsbeziehungen. Dies liegt in der Natur innovativer Projekte begründet: Gründer haben sich sehr eingehend mit ihrem Vorhaben und deren Realisierung beschäftigt. Andererseits weicht der Informationsstand des Eigenkapital-Investors bei Early Stage-Finanzierungen erheblich vom Informationsstand eines Fremdkapital-gebenden Bankiers ab, der bei etablierten Unternehmen seit Jahren deren Entwicklung in der Rolle des Kreditfinanzierers verfolgen konnte.[121]

Erschwerend dazu kommt die schlechte Prognostizierbarkeit der potentiellen Marktperformance zu gründender Unternehmen. Für die kaum beurteilbare technische Realisierbarkeit von Innovationen im High-Tech Bereich müssen daher Experten angefragt werden, welche die notwendigen Grundlagen für einen Investitionsentscheid liefern. Dies ist mit Suchkosten verbunden und kostet damit Zeit und Geld. Je höher die Informationsbeschaffungs-Kosten für Early-Stage Investitionen werden, um so uninteressanter wird das Projekt für die Manager der VC-Fonds.[122]

Anders formuliert entsteht die Prinzipal-Agenten-Problematik dadurch, dass VCs nur geringe Möglichkeiten haben, Jungunternehmer effizient zu kontrollieren. Sie werden

---

[119] In VC-Kreisen wird unterschieden zwischen der aktiven Teilnahme am strategischen und operativen Geschehen der Portfoliogesellschaften (sogenanntes „hand-on" Management) und der passiven Verfolgung der Unternehmensentwicklung von Aussen („hands-off" Management). Je früher die Phase der Unternehmensentwicklung, desto höher der Bedarf des Managements an externen Unterstützungsleistungen und folglich desto eher wird ein VC eine hands-on Strategie verfolgen.

[120] Zur Problematik zwischen Principal und Agenten im VC-Geschäft siehe beispielsweise Gompers, 1993, S. 30ff., Posner, 1996, S. 88ff. oder Helm, 1999, S. 9ff.

[121] Vgl. Posner, 1996, S. 88.

[122] Vgl. Posner, 1996, S. 88.

daher ihr Kapital dort investieren, wo eine hinreichende Kontrolle möglich oder das entsprechende Vertrauen vorhanden ist. Neben dem strategischen Nutzen der Mitwirkung des VCs in seinen Portfolio-Gesellschaften (auch wenn es nur im Rahmen einer beratenden Tätigkeit möglich ist), hat diese „hands-on policy" auch den Vorteil der gleichzeitigen Überwachung des operativen Geschäftes.

4.4.2   Problem der Adversen Selektion

Obige Argumentation zielt darauf ab, den Venture Capitalisten zu einem „informed insider"[123] werden zu lassen, indem dessen (nicht nur finanzielle) Beteiligung am Unternehmen erhöht wird. Der VC hat also Anreize, seine Anteilsquote möglichst hoch anzusetzen.

Es gibt aber auch Effekte, welche die Beteiligungshöhe nach oben begrenzen. Damit ist gemeint, dass nur diejenigen kapitalsuchenden Unternehmensgründer zustimmen werden, einen extrem hohen Anteil an den Investor abzutreten, welche trotz intensiver Suche nirgendwo sonst zu attraktiveren Konditionen Geld gefunden haben. In solchen Situationen muss angenommen werden, die anderen VCs hätten aufgrund einer wenig aussichtsreichen Einschätzung des Erfolgspotentials des Unternehmens abgesagt. Um die Qualität ihres Beteiligungs-Portfolios zu halten, werden es Early Stage-Investoren vermeiden, zu einem „funder of last resort" auf dem Beteiligungsmarkt zu avancieren.[124]

4.4.3   Moral Hazard Potentiale

Obige[125] Effekte sind nicht nur auf die Phase der Due Diligence beschränkt. Gerade auch nach der erfolgten Investition stellt sich dieselbe Problematik in verstärktem Masse. Durch die einmal überlassenen Mittel haben Gründer prinzipiell die Möglichkeit, diese in ihrem Sinne zu benutzen und dabei die Zielsetzung der Investoren nicht oder nur teilweise zu berücksichtigen. Auch ohne den Unternehmensgründern Böswilligkeit unterstellen zu wollen, gibt es in der Praxis Situationen, wo Jungunternehmer in verständlicher Weise ihre eigenen Interessen vor die Interessen der Kapitalgeber stellen. Zur Illustration sei ein Beispiel aufgeführt.[126]

---

[123] Gompers, 1993, S. 31.

[124] Robbie / Murray, 1992, S. 38f., zit. nach Posner, 1996, S. 89.

[125] Vgl. Kapitel 4.4.1 Informationsasymmetrien zwischen VC und Management auf Seite 58.

[126] Das Beispiel stammt aus der praktischen Tätigkeit des Autors bei einer Venture Capital-Gesellschaft während den Jahren 1996 bis 2000.

> Ein Unternehmen geriet zwei Jahre nach der Gründung in finanzielle Schwierigkeiten, weil die anfänglich bereit gestellten Mittel aufgebraucht waren. Aufgrund der hohen „Burn Rate" konnte nur Venture Capital gefunden werden mit der Auflage, dass zwei Drittel davon zur Vorfinanzierung von Materialeinkäufen verwendet werden. (Die Kunden der Unternehmung bezahlten die Rechnungen für die gelieferten Produkte erst Monate nachdem die Unternehmung selbst die Rohstoffe bei den eigenen Lieferanten begleichen musste. Eigentlich ein klassisches Bankgeschäft und damit ein Fall für einen Geschäftskredit. Aber es liess sich aufgrund des hohen Risikos eines Totalverlustes auf dem Darlehen keine Bank finden.) Die hohen monatlichen Verluste besserten sich nicht und so wurden die neuen Gelder ohne das Wissen des Investors zweckentfremdet und zur Zahlung von Löhnen etc. verwendet.

Weil es Venture Capitalisten nie gelingen wird, die Gefahr solcher moralischer Dilemma-Situationen („Moral Hazard" Potential)[127] und Informations-Asymmetrien gegenüber Gründern völlig abzubauen, wird dies in der Unternehmensbewertung sowie in der Vertragsausgestaltung berücksichtigt. So kann die erhöhte Unsicherheit beispielsweise durch entsprechend höhere Beteiligungsquoten oder Optionen darauf vertraglich abgegolten werden.[128] Damit spielt die Höhe der Beteiligung des Venture Capitalisten nicht nur eine finanzielle, sondern auch eine verhaltens-psychologische Rolle und wirkt sich somit auf den zukünftigen Erfolg und damit den Wert des Unternehmens aus.[129]

4.5   Bedeutung des Humankapitals

„The key determinant of success is forming partnerships with the right people who are pursuing the right opportunity."[130]

Seit Jahren verliert der primäre und sekundäre Industriesektor zunehmend an Bedeutung, speziell mit dem Aufkommen der „New Economy". Die meisten Start-ups werden daher in der Dienstleistungsbranche gegründet und verkaufen keine physischen Produkte im engeren Sinne mehr. Folglich wird der Mensch als Dienstleistungserbringer im Erwerbsleben immer wichtiger.

Daher darf die Bedeutung des Humankapitals im Allgemeinen und von einzelnen Schlüsselpersonen im Management-Team im Besonderen keinesfalls unterschätzt werden. Im Gegenteil. Die Fähigkeit einer Jungunternehmung, im Arbeitsmarkt attraktiv zu erscheinen ist für die erfolgreiche Realisierung deren Wachstumspotentiale von zentraler Bedeutung. Selbst wenn das „Dream Team" auf Top Management Ebene bei der

---

[127] Zur Problematik des Moral Hazards im Venture Capital-Geschäft siehe beispielsweise Posner, 1996, S. 90, Helm, 1999, S. 14 oder Gompers, 1993, S. 30.

[128] Zu den Details der Vertragsausgestaltung siehe beispielsweise Gladstone, 1988, S. 167-186 oder o.V. (Harvard Business School), 1989, S. 1-35.

[129] Zur Rolle des VC vergleiche auch Kapitel 4.2 Rolle des Venture Capitalisten auf Seite 53.

[130] Scherlis/Sahlman, 1989, S. 25.

Gründung bereits vorhanden ist – wachsen kann das Unternehmen nur mittels Angestellten, denn der Umsatz pro Mitarbeiter kann nicht beliebig hoch gesteigert werden. Auch bei der effizientesten Organisation sind keine dermassen hohen Skaleneffekte realisierbar, als dass ein Umsatzwachstum unbegrenzt ohne Einstellung von zusätzlichen Mitarbeitern möglich wäre. Allerdings ist der Markt für qualifizierte Mitarbeiter heutzutage hart umkämpft.

Ist schliesslich die richtige Person gefunden, besteht die Gefahr, sie innert kürzester Zeit wieder zu verlieren. Darum gilt es, Wege und Anreize zu finden, um das Kernteam im Unternehmen behalten zu können. Der Wegzug von Mitarbeitern ist bei Jungunternehmen besonders gravierend, denn dort finden sich noch keine institutionalisierten Wissensmanagement-Systeme, wie sie alteingesessene Grossunternehmen inzwischen vorweisen können.[131] Darum ist das gesamte Wissen und alle Erfahrungen des Unternehmens alleine in den Köpfen der Belegschaft gespeichert. Verlässt ein Mitarbeiter die Firma, so gehen auch alle in ihm gespeicherten Unternehmensinformationen verloren. Dies kann je nach Bedeutung und Umfang der kündigenden Arbeitnehmer drastische Konsequenzen für das Unternehmen nach sich ziehen. Im Extremfall kann ein solcher Wegzug von Schlüssel-Arbeitskräften sogar die Geschäftsaufgabe erzwingen. Dies sei an einem Beispiel aus der Praxis illustriert:[132]

> Leider musste der Autor mitansehen, wie ein Unternehmen wegen eines einzelnen Mitarbeiters zur Aufgabe der Geschäftstätigkeit gezwungen wurde. Die betreffende Person hatte aufgrund einer nicht gewährten Lohnerhöhung die Weiterarbeit verweigert. Der Verlust des Chefingenieurs in der Produktion wäre zwar schmerzhaft, aber sicherlich zu verkraften gewesen. Zur existenzbedrohenden Situation eskalierte die Angelegenheit erst, als der betreffende Mitarbeiter alle Baupläne und sonstigen Unterlagen widerrechtlich vom Arbeitsplatz entfernte und zu sich nach Hause nahm. Die so verursachte Produktionsverzögerung und damit der Ausfall der sehnlichst erwarteten Einnahmen waren der berühmte Tropfen, der das Fass voller längst fälliger Kreditorenforderungen zum Überlaufen brachte und der Unternehmung den Todesstoss versetzte.

Gerade beim Exit, aber auch schon beim Verkauf eines wesentlichen Anteils am Unternehmen an einen Venture Capitalisten besteht die Gefahr, dass das Management kurz nach einer solchen Transaktion abspringt. So ist es z.B. im Mekka der Unternehmensgründer – dem Silicon Valley in USA – üblich, dass sechs Monate nach dem Verkauf einer Firma alle Gründungsmitglieder die Firma bereits wieder verlassen haben.[133] Wenn das Gründungsteam allerdings die Kernkompetenz der Unternehmung bildet, dann ist deren potentieller Wegzug für den Käufer einer Unternehmung ein bedeutendes

---

[131] Weiterführende Informationen zum Thema Wissensmanagement finden sich beispielsweise in: von Tschirschky und Boegendorff, 1998, S. 47-63.

[132] Das Beispiel stammt aus der Tätigkeit des Autors als Analyst bei einer Venture Capital-Gesellschaft. Die geschilderte Situation erstreckte sich über die Jahre 1999-2000.

[133] Vgl. Samwer, 2000, S. 3.

Problem. Es ist äusserst schwierig, solche Tatbestände in einer Unternehmensbewertung zu berücksichtigen und rechnerisch zu quantifizieren.

Zusammengefasst: Jeder Investor ist gezwungen, gründlich abzuklären, wie die Unternehmenskultur und das weitere Umfeld ausgestaltet werden sollen, um alle Mitglieder des Kernteams möglichst lange im Unternehmen behalten zu können. Dies hat oberste Priorität, denn kein Investor oder Käufer interessiert sich für ein Unternehmen ohne Zukunft – auch wenn es zur Zeit eine „Cash Cow"[134] sein mag.

4.6   Überzeugungskraft des Managements

4.6.1   Rolle des Verhandlungsgeschicks

Mit geschickter Verhandlungstechnik kann ein Vielfaches des Preises, welcher der Käufer zu Beginn vorgeschlagen hatte, erzielt werden. Beispiele von Binsenwahrheiten bei Verhandlungen im Venture Capital-Geschäft sind:

- Am Anfang der Sitzung klarmachen, was verhandelbar ist und was nicht.
- Deutlich machen, dass man auch bereit ist, nein zu sagen zum Angebot, da man noch andere Interessenten für das Unternehmen hat.
- „This is not our policy" - Phrase als Killerargument benützen, um ohne weitere Begründung nicht auf einen Vorschlag der Gegenseite einzugehen zu müssen.
- „Don't oversell", d.h. die Unternehmung nicht allzu perfekt darstellen, sondern dem Interessenten etwas lassen, das er selber besser machen könnte. (Folglich sieht er dann noch Wertsteigerungspotential in der Unternehmung und findet den Preis günstig.)
- „Beauty is in the eye of the beholder", d.h. die ganze Argumentation auf den Investor massschneidern. (Industriegesellschaften auf der Suche nach strategischen Beteiligungen haben andere Bedürfnisse als reine Finanzgesellschaften.)
- Den Preis nicht zu hoch ansetzen, so dass der Investor noch Synergiepotentiale mit seinem eigenen Unternehmen realisieren kann.
- Die persönlichen Beweggründe des Investors als Mensch ausfindig machen und darauf eingehen – und nicht nur die oberflächlichen, offiziellen Interessen der Gesellschaft in der Argumentation ansprechen.[135]

---

[134] Der Begriff „Cash Cow" wurde im Zusammenhang der Marktanteils-Marktwachstums-Matrix der Boston Consulting Group bekannt. Es bezeichnet denjenige Feld, wo hohe Erträge anfallen, aber keine neuen Investitionen mehr getätigt werden müssen und der Konkurrenzkampf nicht so stark tobt, dass die Margen erodieren. Mehr dazu siehe beispielsweise in: Thommen, 1992, S. 309ff.

[135] Damit gemeint ist z.B., dass ein Investor ein bestimmtes Jungunternehmen um jeden Preis erwerben möchte – ohne Rücksichtnahme auf die Interessen der Gesellschaft, die er vertritt. Motive zu solchen Handlungen können z.B. sein: persönliche Machtgelüste, Suche nach Anerkennung im persönlichen sozialen Umfeld,

4.6.2 Vorstellungen des Managements über den Unternehmenswert

Die Vorstellungen des Managements, wie viel die Unternehmung Wert sein soll, beeinflussen den schlussendlich vom Venture Capitalisten (oder beim Exit vom Käufer) bezahlten Transaktionspreis in nicht zu unterschätzendem Ausmasse. Dies sei an einem Beispiel illustriert:[136]

> Der berühmte Unternehmer und Förderer von Jungunternehmen Branco Weiss braucht nicht vorgestellt zu werden. Er teilt sein Büro mit Dr. Gabriel Weisskopf von Softair, der für den Verkauf einer seiner Unternehmungen in den Verhandlungen aufzeigen konnte, dass der Unternehmenswert gemäss Drittgutachten (erstellt von Etienne Bernath von Valcor) um den Faktor zehn höher war, als vom Käufer ursprünglich angenommen. M.a.W. vermag der geschickte Gründer sein Unternehmer durchaus in einer höheren Liga[137] zu verkaufen, als dies der Interessent ursprünglich geplant hat.

4.7 Strategische Allianzen und Kooperationen

Eine Jungunternehmung kann mit ihren begrenzt verfügbaren Ressourcen (Mitarbeiter, Kapital, Infrastruktur etc.) unmöglich alles selber machen. Wie oben ausgeführt besteht die Möglichkeit, gewisse Management-Aufgaben dem Venture Capitalisten zu übertragen, falls dieser eine sogenannte „hands-on policy" betreibt.[138]

Ein weiterer Trend bei neu gegründeten Unternehmen ist die Gestaltung der Organisation über das Unternehmen selbst hinweg (sogenannte Virtualität[139]), also die Suche nach strategischen Kooperationspartnern. Immer mehr Funktionen werden ausgegliedert („outgesourced")[140] und strategischen Partnern überlassen. Eine solche Organisation weist unumstrittene Vorteile auf wie z.B. die hohe Flexibilität und die viel kürzere Zeitdauer bis zur Implementierung im Vergleich zum selbständigen Aufbau der dafür not-

---

persönliche Interessen, „Life Style" – Überlegungen z.B. bzgl. Arbeitsort, Langeweile im sonst trüben Arbeitsalltag etc. Theoretische Einsichten zur Situation der Interessendivergenz von Eigentümer und Management liefert der Prinzipal-Agenten Ansatz. Siehe hierzu beispielsweise: Picot, 1991, S. 150ff, Ruoss, 1997, S. 26, Krahnen, 1995, S. 1 ff. oder Franke, 1993, Sp. 37.

[136] Das Beispiel stammt aus der Praxis des Unternehmers Dr. G. Weisskopf und basiert auf Interviews mit Dr. G. Weisskopf vom 30.1.2000 und E. Bernath vom 30.1.2000 und 13.9.2000.

[137] Beispiel von Grössenklassen von Unternehmen: jene mit Unternehmenswerten unter 1 Mio. / von 1-5 Mio. / 5-10 Mio. / 10-20 Mio. / 20-50 Mio. / 50-100 Mio. / über 100 Mio.

[138] In VC-Kreisen wird unterschieden zwischen der aktiven Teilnahme am strategischen und operativen Geschehen der Portfoliogesellschaften (sogenanntes „hands-on" Management) und der passiven Verfolgung der Unternehmensentwicklung von Aussen („hands-off" Management). Je früher die Phase der Unternehmensentwicklung, desto höher der Bedarf des Managements an externen Unterstützungsleistungen und folglich desto eher wird ein VC eine hands-on Strategie verfolgen.

[139] Zur virtuellen Unternehmung siehe beispielsweise Osterloh/Frost, 1996, S. 112f. Mehr zum Thema der interorganisationalen Beziehungen und Netzwerken findet sich beispielsweise in: Schreyögg, 1996, S. 377ff., Walgenbach, 1995, S. 269ff. oder Frese, 1993, S. 475f.

[140] Mehr zum Thema der Verringerung der Fertigungstiefe findet sich beispielsweise in Osterloh/Frost, 1996, S. 110ff.

wendigen Kompetenzen. Die Nachteile liegen jedoch ebenfalls auf der Hand: das Risiko der zum Teil extremen Abhängigkeit von anderen Unternehmen. Insofern steht dem Management einer virtuellen Organisation nicht die Kontrolle über das ganze System der Wertschöpfungskette[141] zu. Die Unternehmung liefert nur noch einen kleinen Teil eines Puzzles und kann demzufolge auch nur zu einem kleinen Teil das Gesamt-Ergebnis beeinflussen. Selbstverständlich wird eine Unternehmung daher immer versuchen, die wichtigsten Kernprozesse selber zu machen. Die Erfahrung zeigt aber, dass nicht alle Jungunternehmer diesem Prinzip der Kernkompetenzen[142] folgen. Dies sei an einem Beispiel aus der Praxis illustriert:[143]

> Der Autor hat hautnah erlebt, wie eine Firma im Informatik-Bereich gegründet und aufgebaut wurde, ohne auch nur einen einzigen Mitarbeiter gehabt zu haben, der wirklich etwas von EDV verstanden hätte. Alle Funktionen wurden an grössere und bereits am Markt etablierte EDV-Unternehmen ausgegliedert. Die Jungunternehmung selbst war in dieser Konstellation im übertragenen Sinne nur noch die Spinne in der Mitte des Netzes, welche alle Fäden zusammen gehalten hat. Es kam, wie es kommen musste: Die potentiellen Kunden haben dies sehr schnell bemerkt und angefangen, direkt mit den grossen EDV-Unternehmen zu verhandeln. Diese waren zwar „Lieferanten" der Jungunternehmung, jedoch lagen keine Exklusiv-Vereinbarungen vor. Aufgrund des immensen Grössenunterschiedes war das neue Unternehmen in der Verhandlungsposition nämlich viel zu schwach, als dass man noch über einen Exklusiv-Liefervertrag hätte sprechen können. Diese nicht antizipierte Kehrtwendung war das Ende der Jungunternehmung.

Ein positiver Aspekt von strategischen Allianzen sind Synergieeffekte. Anstelle eines Venture Capitalisten kann sich z.B. ein Lieferant am Unternehmen beteiligen. Aufgrund des strategischen Interesses mag dieser bereit sein, einem höheren Preis zu zahlen, als dies ein rein finanziell ausgerichteter Investor tun würde. Neben dem offensichtlichen Margen-Gewinn aus Warenverkäufen kommt es häufig vor, dass das Partnerunternehmen den durch die Beteiligung neu hinzugewonnenen Kunden auch andere Produkte des Hauses verkaufen kann (sogenanntes „cross-selling").

Weitere Vorteile von Allianzen sind:[144]

- schneller am Markt (kürzere „time-to-market")
- tiefere Kosten für Forschung und Entwicklung
- umfangreichere Marktdaten (weniger Kosten für Marktforschung)
- Ausbau der Kernkompetenzen

---

[141] Vgl. Porter, 1985, S. 79ff.

[142] Mehr zum Thema Kernkompetenzen in: Prahalad/Hamel, 1994, S. 149ff.

[143] Das Beispiel stammt aus der Beratertätigkeit des Autors als Businessplan-Spezialist und erstreckte sich über die Jahre 1998-2000.

[144] Vgl. Interview mit E. Bernath vom 13.9.2000.

Ein letzter Grund für die Notwendigkeit der Partnersuche ist die Tatsache, dass die allermeisten Grosskunden nach wie vor nur ungern Start-up-Firmen als Lieferanten akzeptieren. Dies gelingt meist nur, wenn das Jungunternehmen beim Grossbetrieb über einen Mentor verfügt, der innerhalb seiner Firma zugunsten des neuen Players im Markt Werbung betreibt. Meistens ist dies aber nicht der Fall und so dominiert die Angst vor Fehlinvestitionen die Sitzungen der Verwaltungsräte.[145] Dann bleibt nur noch der Weg über eine Partnerschaft mit einem alteingesessenen und daher in der Branche bereits etablierten Marktteilnehmer. Darum bekommt der Endkunde häufig den Firmennamen der Jungunternehmung gar nie zu sehen, denn auf dem Produkt ist nur der Name des Grossbetriebs aufgedruckt (sogenanntes „OEM" Geschäft, was für „Original Equipped Manufacturer" steht). Dies sei kurz an einem Beispiel aus der Praxis illustriert:[146]

> Ein Unternehmen in der Biotechnologie-Branche verkaufte seine Produkte von weltweit bester Qualität erfolgreich an kleine F&E-Laboratorien. Es gelang aber nicht, auch nur einen einzigen Grosskunden zu gewinnen. Dies obwohl auch diese Grosslaboratorien von der überragenden Qualität der Produkte überzeugt werden konnten. Das Problem lag vielmehr in der Tatsache, dass diese Grosskunden Angst davor hatten, mit einer neu am Markt aufgetretenen kleinen Firma zusammenarbeiten zu müssen. So wurden z.B. Lieferengpässe genauso befürchtet wie die langfristige Überlebenschance als zu gering beurteilt wurde, als dass man die ganzen Prozesse auf die neuen Produkte umzustellen bereit war. Letzteres v.a. weil ein Versiegen der F&E-Pipeline befürchtet wurde, da dem Jungunternehmen nicht die Milliardenbeträge an Mitteln zur Weiterentwicklung ihrer Produkte zur Verfügung stand, wie dies bei Grossunternehmen der Fall ist.
> Also musste das Unternehmen entscheiden, sich entweder mit den kleineren Kunden mit höherer Risikobereitschaft zufrieden zu geben, oder sich einen starken Partner zu suchen. Letztere Variante wurde schliesslich der Zuschlag gegeben, was zwar die Tür zur Belieferung von Grosskunden erfolgreich öffnete - allerdings mit dem Nachteil einer erheblichen Einbusse der Gewinnmarge.

Ein trauriges Kapitel der Allianzen soll nicht verschwiegen werden: *Industriespionage*. Nur allzu oft werden strategische Interessen an der jungen Gesellschaft von Grossunternehmen nur darum vorgetäuscht, um deren Produkte und Dienstleistungen ausspionieren zu können. Geheime Informationen der höchsten Sicherheitsstufe, welche im Normalfall mit allen Mitteln vor den Augen der Konkurrenz geschützt werden, können im Rahmen der Due Diligence-Prüfung in aller Ruhe eingesehen werden. Schliesslich lautet ein altbekannte Sprichwort: „Drum prüfe, wer sich bindet." Darum stehen dem interessierten Unternehmen im Rahmen der Beteiligungsprüfung praktisch alle Informationen offen. In diesem Zusammenhang sollte es darum vielmehr heissen: „Drum prüfe, mit wem man gedenkt, sich auf einen Prozess der näheren Bindung einzulassen." Nur wirklich ernsthafte Interessenten sollten überhaupt in Frage kommen. Keine Garantie, aber dennoch ein Hilfsmittel zur Verhinderung solcher Unlauterkeiten, ist die Vereinbarung von Geheimhaltungserklärungen, Konventionalstrafen und die Übernahme aller

---

[145] Weisskopf/Bernath, 2000, S. 3.

[146] Das Unternehmen im Beispiel war ein Investment der Venture Capital-Gesellschaft, bei welcher der Autor der Arbeit vier Jahre gearbeitet hatte. Die geschilderte Situation erstreckte sich über die Jahre 1999-2000.

verursachten Kosten (auch über den Prüfungsprozess hinaus) von derjenigen Gesellschaft, welche schliesslich die geplante Zusammenarbeit torpediert und sich zuerst von den Verhandlungen zurückzieht. Lässt sich ein Unternehmen durch ein solches Vertragswerk nicht abschrecken, ist die Chance schon höher, es mit einem ernsthaften Interessenten zu tun zu haben. Eliminieren lässt sich das Risiko, Opfer einer Industriespionage zu werden, allerdings nie.[147]

Neben dem Verdacht auf Industriespionage scheitern Allianzen in der Praxis:[148]

- weil sich die Partner ihre Zusammenarbeit anders vorgestellt hatten,
- weil die Kosten doch höher als erwartet ausgefallen sind, und schliesslich
- aufgrund der Angst vor zu grosser Abhängigkeit.

Zum Schluss bleibt zu sagen, dass es i.d.R. aus einer einmal geschlossenen Allianz keinen leichten Ausweg gibt. Je länger die Partnerschaft Bestand hatte, desto grösser werden die Probleme, wenn sie wieder aufgelöst werden soll.

---

[147] Dies soll aber nicht heissen, dass Rechtsanwälte zusätzliche Sicherheit bringen. Im Gegenteil. Manche Praktiker aus der M&A-Szene sind gar der Ansicht, dass man mit Ausnahme von Lizenzen keine Rechtsanwälte einschalten sollte. Sie würden die Verhandlungen nur unnötig Komplizieren und seien oft ökonomischer Argumentation unzugänglich. Zudem sei diese Erfahrung ein Lernprozess, den jeder Unternehmer selber machen müsse. Vgl. beispielsweise Weisskopf/Bernath, 2000, S. 2.

[148] Vgl. Rühli, 1995, S. 2.

5 ABSATZPROGNOSE

Abbildung 7: Zentrale Einflussfaktoren auf den Unternehmenswert von Start-ups

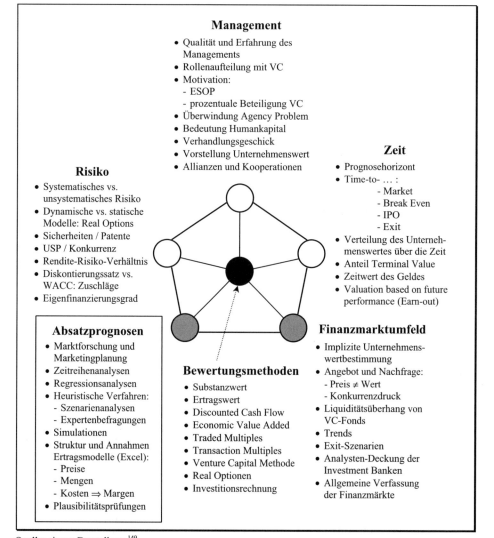

Management
- Qualität und Erfahrung des Managements
- Rollenaufteilung mit VC
- Motivation:
  - ESOP
  - prozentuale Beteiligung VC
- Überwindung Agency Problem
- Bedeutung Humankapital
- Verhandlungsgeschick
- Vorstellung Unternehmenswert
- Allianzen und Kooperationen

Zeit
- Prognosehorizont
- Time-to- … :
  - Market
  - Break Even
  - IPO
  - Exit
- Verteilung des Unternehmenswertes über die Zeit
- Anteil Terminal Value
- Zeitwert des Geldes
- Valuation based on future performance (Earn-out)

Risiko
- Systematisches vs. unsystematisches Risiko
- Dynamische vs. statische Modelle: Real Options
- Sicherheiten / Patente
- USP / Konkurrenz
- Rendite-Risiko-Verhältnis
- Diskontierungssatz vs. WACC: Zuschläge
- Eigenfinanzierungsgrad

Absatzprognosen
- Marktforschung und Marketingplanung
- Zeitreihenanalysen
- Regressionsanalysen
- Heuristische Verfahren:
  - Szenarienanalysen
  - Expertenbefragungen
- Simulationen
- Struktur und Annahmen Ertragsmodelle (Excel):
  - Preise
  - Mengen
  - Kosten ⇒ Margen
- Plausibilitätsprüfungen

Bewertungsmethoden
- Substanzwert
- Ertragswert
- Discounted Cash Flow
- Economic Value Added
- Traded Multiples
- Transaction Multiples
- Venture Capital Methode
- Real Optionen
- Investitionsrechnung

Finanzmarktumfeld
- Implizite Unternehmenswertbestimmung
- Angebot und Nachfrage:
  - Preis ≠ Wert
  - Konkurrenzdruck
- Liquiditätsüberhang von VC-Fonds
- Trends
- Exit-Szenarien
- Analysten-Deckung der Investment Banken
- Allgemeine Verfassung der Finanzmärkte

Quelle: eigene Darstellung.[149]

---

[149] Original ist diese zentrale Übersichtsgraphik zu finden auf Seite 29 in Kapitel 3.1 Herleitung zentraler Einflussfaktoren auf den Unternehmenswert auf Seite 27ff. Zur leserfreundlicheren Einordnung des Kapitels in den Gesamtzusammenhang wird diese Abbildung zu Beginn jedes der sechs Einflussfaktoren als Erinnerung aufgeführt.

5.1   Bedeutung der Absatzprognose

„Cash Flow estimation is more important than the estimation of discount rates."[150]

Die Absatzprognosen im Businessplan sind für die Unternehmensbewertung darum so bedeutsam, weil ein hoher Umsatz für den Venture Capitalisten als Indikator für hohe Gewinne und damit hohe Renditen auf seinem Investment dient.

So zeigt z.B. eine Studie[151], dass dem Kriterium „The target market enjoys a significant growth rate" bei der Frage an Venture Capitalisten nach ihren wünschbaren Marktcharakteristika des zu evaluierenden Projektes der erste Rang gebührt. Rang 2 belegt das Kriterium „The venture will stimulate an existing market". Damit sind die Stossrichtungen klar: der Venture Capitalist möchte einerseits selbstverständlich die Penetration eines bestehenden und attraktiven Marktes erreichen – andererseits aber auch ein genügend hohes Marktwachstum bzw. das Potential zur Erschaffung von neuen Märkten in der Zukunft sehen.

Die Absatzprognose ist auch insofern einer der gewichtigsten Einflussfaktoren auf den Unternehmenswert, weil die meisten Verfahren der Unternehmensbewertung erfolgsorientiert sind. Der wie auch immer definierte „Erfolg" (sei es nun Umsatz, Bruttogewinnmarge, EBIT, EBITDA oder Free Cash Flow – gestern, heute oder in alle Ewigkeit) bedeutet nichts weiter als Umsatz minus mehr oder weniger Kostenpositionen (bzw. Einnahmen minus mehr oder weniger Ausgabenpositionen). Daher ist die Schätzung des Umsatzes die Mutter aller Erfolgsgrössen.

Die Schätzung des zukünftigen Umsatzes einer Jungunternehmung setzt sich zusammen aus der Schätzung des vom Markt tolerierten Preises der Produkte bzw. Dienstleistungen (heute und in Zukunft) multipliziert mit den sich daraus ergebenden Absatzprognosen. Dabei stellt der Preis lediglich eine unter vielen beeinflussenden Variablen der Absatzprognose dar. Zu jedem Preisniveau wird eine andere Absatzmenge zu erwarten sein.[152] Daher soll im Rahmen dieser Arbeit beides unter dem Begriff „Absatzprognose" subsumiert werden. Folglich bezeichnet Absatzprognose im engeren Sinne die reine Schätzung der in Zukunft am Markt verkauften Mengen zu einem bestimmten Preis, Absatzprognose im weiteren Sinne bedeutet die Variation der Preise und aller anderen Variablen, die dem Marketinginstrumentarium zur Verfügung stehen.[153]

---

[150] Gompers, 1999, S. 10. Den Laien mag das Aufführen dieses Zitats erstaunen, da es auf den ersten Blick selbstverständlich erscheint. Aber für den Fachmann ist klar, dass in der wissenschaftlichen Diskussion zur DCF-Methode die Rolle der Diskontierungsrate ein viel zu starkes Gewicht inne hält.

[151] Vgl. Knight, 1994, S. 33.

[152] Dies ist das allgemeine Nachfragegesetz der Wirtschaftswissenschaften. Die Sensitivität im Markt auf Änderungen im Preisniveau wird durch die Elastizität der Nachfragekurve ausgedrückt. Siehe dazu beispielsweise Hirshleifer/Glazer, 1992, S. 121-125 oder Schuhmann, 1992, 78-82.

[153] Siehe dazu v.a. Kapitel 5.12.2 Absatzprognose , auf Seite 99 ff.

Im folgenden wird auf die verschiedenen Aspekte der Absatzprognose eingegangen.

5.2   Prognosebegriff

„Wenn die Zukunft nicht deduktiv aus der Vergangenheit abgeleitet werden kann, dann muss man sie selbst 'erfinden'.“[154]

In dieser Arbeit wird unter dem Begriff der Prognose eine aus einem Modell der Realität abgeleitete überprüfbare Aussage (Hypothese) über ein zukünftiges Ereignis oder eine Folge von zukünftigen Ereignissen verstanden.
Dabei können die Aussagen klassifikatorisch (z.B. „das Projekt wird Erfolg haben"), komparativ (z.B. „dieses Projekt wird mehr Erfolg haben als das letzte Investment") und quantitativ (z.B. „das Investment wird eine annualisierte Rendite von 35% innert fünf Jahren erreichen") sein. Die quantitativen Prognosen können noch weiter in Punkt- und Intervallprognosen unterteilt werden.

5.3   Ziel der Prognose

Der dem eigentlichen Bewertungsvorgang vorgelagerte Informationsbeschaffungsprozess bezweckt eine Reduktion der im Prinzip unendlichen Vielzahl von an sich möglichen Hypothesen über die Erfolgsentwicklung der Unternehmung auf einige wenige wahrscheinliche Entwicklungshypothesen, an denen sich der Vorgang der Wertermittlung orientieren kann.[155] Mit anderen Worten ist das Ziel des Informationsgewinnungsprozesses im Rahmen der Unternehmungsbewertung die Prognose der Variablen, aus denen sich der Entscheidungswert der Unternehmung ableitet.[156]

---

[154] Bretzke, 1975, S.184.
[155] Bretzke, 1975, S. 85.
[156] Albach, 1979, S. 11.

5.4   Qualität der Prognose

Die Qualität der Prognose[157], die ihrerseits eine Funktion der Genauigkeit und der Verlässlichkeit der in ihr enthaltenen Aussagen ist, hängt im wesentlichen von folgenden drei Faktoren ab:

- Umfang der Eingangsinformationen
- Qualität der Eingangsinformationen
- Qualität des Prognoseverfahrens (z.B. individuelle Schätzung jedes einzelnen Einflussfaktors anstelle von Globalprognosen)

Punktprognosen erfreuen sich in Literatur und Praxis infolge der Verbreitung statistischer Extrapolationstechniken einiger Beliebtheit. Sie sind jedoch, zumindest in der extremen Form der Ein-Punkt-Schätzung, problematisch, denn die extreme Verengung des Spielraumes der zukünftigen Ereignisse auf einen Punkt führt zu Vorhersagen mit einer extrem geringen Eintrittswahrscheinlichkeit, obwohl sie bei unkundigen Personen den Eindruck einer präzisen Schätzung erweckt.[158] Mit der Repräsentation der zukünftig möglichen Erfolgsentwicklungen durch einen einzigen („nachhaltig erzielbaren") Erfolg wird dem Bewerter jeglicher Anhaltspunkt über die Risiken entzogen, die mit der von ihm zu treffenden Bewertungsentscheidung verbunden sind.

Die Prognose gewinnt an Qualität, wenn jeder Einflussfaktor auf den Unternehmenswert separat prognostiziert wird, anstatt den Wert global zu schätzen.

5.5   Probleme bei der Prognose

5.5.1   Unvollkommenheit der Information

Der Prozess der Beschaffung und Aufbereitung der Informationen, die dem Bewertungsvorgang zugrunde gelegt werden, ist selbst ein (Entscheidungs-)Problem. Es lohnt sich daher, näher darauf einzugehen.

---

[157] Siehe beispielsweise Hansmann, in: Dichtl/Issing, 1993, S. 1734 oder Bretzke, 1975, S. 121.
[158] Dies sei am Beispiel einer Normalverteilung erklärt: Die Eintreffenswahrscheinlichkeit jedes einzelnen Wertes - und sei es der Modus - ist unendlich klein.

5.5.1.1   Arten von Informationen

Bretzke[159] unterscheidet folgende vier Arten von Informationen:

       a) vollkommene Information
       b) starke Information
       c) schwache Information
       d) vollkommene Ignoranz

Diese können in einem Diagramm (Abbildung 11) dargestellt werden, bei dem die Abszisse den Hypothesenraum [H] und die Ordinate die Eintreffenswahrscheinlichkeit der Hypothese [p(H)] bezeichnet.

Abbildung 11: Idealtypische Klassifikation von Informationszuständen

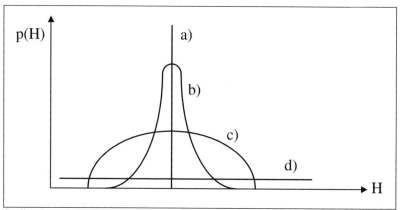

Quelle: eigene Darstellung.

---

[159] Bretzke, 1975, S. 73.

5.5.1.2   Quellen von Informationen

Aus der Fülle möglicher Informationsquellen sollten zumindest die folgenden ausgewählt werden:[160]

Unternehmensspezifische Daten:
- Budgets der Geschäftsleitung
- Eindrücke bei Besichtigung des Unternehmens vor Ort, Gespräche mit Mitarbeitern verschiedener Stufen
- Gespräche mit Revisionsstelle, Kreditgeber, Kunden, Lieferanten, Konkurrenten und ehemaligen Mitarbeitern (Ziel: Früherkennung von Altlasten)

Branchenspezifische und volkswirtschaftliche Daten:
- Banken
- Branchenverbände
- Marktforschungsinstitute
- externe Datenbanken (Dokumentationssysteme, die Zeitreihen enthalten)
- Bundesamt für Statistik
- Konjunkturforschungsstelle (KOF) der ETH, Basler Arbeitsgruppe für Konjukturforschung (BAK)
- Economic Outlook der OECD

Problematisch ist allerdings, dass obige Quellen quantitative Schätzungen selten für längere als einjährige Zeiträume publizieren.

Bei der Informationsbeschaffung gilt es zu beachten, dass jede Verbesserung der Informationslage ihren Preis hat. Demzufolge muss die Informationssuche gestoppt werden, bevor der Nutzen infolge der Verbesserung der Information kleiner als die Kosten der Informationsbeschaffung geworden ist.[161]

5.5.1.3   Erhebungstechniken

Im Rahmen des Informationsbeschaffungsprozesses, welcher zeitlich der eigentlichen Bewertung des Unternehmens vorangeht, wird hier kurz auf Verfahren zur Sammlung von Daten eingegangen.

---

[160] Aufbauend auf Zimmermann/Werners, in: Szyperski, 1989, Sp. 171. Vgl. auch Punkt 4.2.2.

[161] Weilemann, 1994, S. 34.

Begriff und Typologie
Erhebungstechniken seien hier als Methoden zur Gewinnung prognoserelevanter Informationen definiert.
Es lassen sich direkte (Primärerhebung, v.a. Befragung) und indirekte (Sekundärerhebung, also schriftliche Quellen) Methoden unterscheiden. Nach dem Ausmass der Strukturierung der Fragen und der Standardisierung der Antworten des Erhebungsprozesses können die einzelnen Verfahren weiter in systematische (strukturierte) und nicht-systematische (nicht-strukturierte) Techniken gruppiert werden.[162]
Da v.a. das Interview und die Beobachtung wegen ihrer offenen und wenig standardisierten Vorgehensweise der schlecht-strukturierten Problemstruktur der Prognose am ehesten entsprechen, wird im folgenden kurz darauf eingegangen.

Befragungstechniken
Das *Interview* ist die mündliche Form der Befragung. Dabei zielt das systematische Interview auf die Erhebung quantitativer Sachverhalte, während das unstrukturierte Interview primär qualitative Daten erfasst.[163]
Die Befragung ganzer Gruppen von Individuen wird bei einem freundlich-positiven Befragungsklima eine umfassendere und genauere Beantwortung der Fragen liefern als eine Einzelbefragung, und sie erlaubt die Diskussion strittiger Fragen.
Die *schriftliche Befragung* stellt ein unpersönliches Interview mittels Fragebogen dar. Folglich kann der Interviewer die Erhebungsergebnisse nicht direkt durch sein Verhalten beeinflussen. Daher sind Fragebogen für explorative Erhebungen und komplexe Untersuchungsprobleme ebenso wenig geeignet wie für Fragestellungen mit konditionalen Verzweigungen (wenn ja auf Frage X, dann zu Frage Y übergehen).[164]

Beobachtung
Beobachtungstechniken seien hier als Verfahren der zielgerichteten Selektion, Protokollierung und Codierung sinnlich wahrnehmbarer Tatbestände und Prozesse definiert.
Man unterscheidet nach der Erkennbarkeit des Beobachters zwischen offenen und verdeckten, nach der Teilnahme des Beobachters zwischen teilnehmenden und nicht-teilnehmenden und nach dem Ausmass der Standardisierung und Strukturierung zwischen systematischen und nicht-systematischen Formen der Beobachtung.[165]
Im Unterschied zu Befragungstechniken erschliessen Beobachtungsverfahren das tatsächliche Verhalten und Handeln von Gruppen und Individuen unabhängig von deren Bereitschaft, Auskunft über ihr Verhalten zu geben. Sie liefern andererseits aber keine Aussagen über verhaltensbestimmende Einstellungen, Erwartungen und Motive.

---

[162] Lange, in: Szyperski, 1989, Sp. 453.
[163] Siehe beispielsweise Korff, in: Dichtl/Issing, 1993, S. 1621.
[164] Lange, in: Szyperski, 1989, Sp. 455.
[165] Meffert, 1992, S. 198.

5.5.1.4   Mehrwertigkeit

Die unvermeidliche Folge unvollkommener Informationen ist das Auftreten von mehrwertigen Erwartungen über die voraussichtliche Entwicklung, welche die Erfolge der zu bewertenden Unternehmung in der Zukunft nehmen werden. Die Breite des Erwartungsspektrums (Streuung der Wahrscheinlichkeitsverteilung) kann durch Massnahmen zur Verbesserung des Informationszustandes zwar verringert, jedoch nie auf einen einzigen Wert reduziert werden.

Dies ergibt insofern Probleme, als dass die einwertige Logik der Bewertungsmodelle im krassen Gegensatz zur Mehrwertigkeit der durch diese Modelle zu verarbeitenden Daten steht. Grundsätzlich sollte es jedoch nicht Aufgabe der Unternehmensbewertung sein, einen quasi-sicheren (im Sinne von: subjektiv risikofreien) Wertansatz zu ermitteln, sondern vielmehr einen Entscheidungswert[166] abzuliefern, bei dem nach Auswertung aller im Bewertungszeitpunkt verfügbaren Informationen Risiko und Chance in einem solchen Verhältnis zueinander stehen, dass der Bewertungsträger im Bewusstsein dieser Relation bereit ist, maximal einen sicheren Geldbetrag gleicher Höhe gegen die Unternehmung einzutauschen.[167] Dies setzt jedoch voraus, dass der Mehrwertigkeit der Erwartungen bei der Analyse der zukünftigen Entwicklungen des Unternehmenserfolges Rechnung getragen wird. Konkret bedeutet dies: Anstelle von einwertigen Erfolgsschätzungen ist mit Wahrscheinlichkeitsverteilungen alternativ möglicher Erfolgsentwicklungen und anstelle von einwertigen Zinsschätzungen mit einer Wahrscheinlichkeitsverteilung alternativ möglicher Kalkulationszinsfüsse zu rechnen.[168] Diese alternativen Entwicklungen müssen auf ihren Risikogehalt (Eintreffenswahrscheinlichkeiten) hin analysiert werden. Dabei ist auf die spezifische Risikopräferenz des Bewerters einzugehen.

5.5.2   Objektivität

In der Literatur[169] wird überwiegend der Gedanke vertreten, für die Ermittlung des Ertragswertes eines Unternehmens sollten keine subjektiven, von der Person des Käufers oder Verkäufers des Unternehmens abhängigen Bestimmungsgründe berücksichtigt werden, sondern ausschliesslich objektive, vom Unternehmen selbst abhängige. Angesichts der Tatsache, dass der Wert von einzelnen Personen geschätzt wird und sich nicht auf einem Markt aus einer Vielzahl von Wertschätzungen ergeben kann,[170] ist es jedoch

---

[166] Hebling, 1995, S. 48.

[167] In Anlehnung an Bretzke, 1975, S. 52.

[168] Bretzke, 1975, S. 93.

[169] Siehe beispielsweise Copeland/Koller/Murrin, 1994, S.4 (im Zusammenhang mit shareholder value) oder Ballwieser, in: Gerke/Steiner, 1995, Sp. 1868.

[170] Die Ausnahme wären börsenkotierte Unternehmen, was jedoch bei Jungunternehmen nicht der Fall ist.

problematisch, überhaupt von einem objektiven Unternehmenswert zu sprechen. Schliesslich kann die individuelle Einschätzung der Zukunft dem Wesen nach nur subjektiv sein.[171] Die Schätzungen der Parteien werden häufig bei der Bewertung des gleichen Objekts verschiedene Ergebnisse aufweisen, je nachdem wie die Zukunft beurteilt wird (optimistisch oder pessimistisch). Zudem hängt der Wert einer Sache vor allem von den Verwendungsmöglichkeiten ab. Da sich aber fast jede Unternehmung nicht nur in einer einzigen Art nutzen lässt, braucht sich die Ausnutzung der im Unternehmen vorhandenen Möglichkeiten durch den Verkäufer nicht mit der beabsichtigten des Kaufinteressenten zu decken. So können sich auch aus diesem Grunde verschiedene Werte für die Unternehmung ergeben.

Die Nichtexistenz eines objektiven Wertes ist jedoch nicht als Nachteil zu werten, denn nur so sind Preisverhandlungen und „Schnäppchen" überhaupt erst möglich.

5.5.3   Planung und Prognose

Prognose und Planung sind nicht unabhängig voneinander.[172] Vielmehr setzt die Erstellung eines Planes seitens des Käufers einer Unternehmung die Existenz von Prognosen über die zukünftige Entwicklung der Unternehmung voraus. Planung und Prognose bedingen sich wechselseitig, denn Planungen sind das Resultat gedanklich vorweggenommener Entscheidungen. Dieses rationale Entscheiden setzt eine Kenntnis der Konsequenzen voraus, die mit den zur Wahl stehenden Alternativen verbunden sind.[173]

Ein integrierter Planungs- und Prognoseprozess[174] (simultane Bewältigung der Antizipation zukünftiger Entscheidungssituationen - inkl. Alternativplänen) gehört zu den unabdingbaren Voraussetzungen einer zukunftsorientierten Unternehmensbewertung. Die Tatsache, dass in der Praxis häufig mit Prognosevariablen gerechnet wird, die durch eine einfache Extrapolation vergangener Zeitreihen (d.h. ohne Rücksicht auf die Pläne des Käufers) gewonnen werden, zeigt, dass man geneigt ist, implizit mit der Prämisse zu arbeiten, dass „alles beim alten bleibt".[175] Es ist offensichtlich, dass die auf der Grundlage dieser Prämisse[176] abgeleiteten Wertansätze zu folgenschweren Fehlentscheidungen führen, wenn der Käufer beabsichtigt, nicht alles beim alten zu lassen, sondern eine nachhaltige Änderung in der Unternehmenspolitik herbeizuführen. Dies soll an einem Beispiel aus der Praxis illustriert werden:

---

[171] In Anlehnung an Helbling, 1995, S. 43.

[172] Zur Unterscheidung siehe Reiss, in: Szyperski, 1989, Sp. 1630.

[173] Bretzke, 1975, S. 87.

[174] Siehe beispielsweise Albach, 1979, S. 10.

[175] Bretzke, 1975, S. 90.

[176] Zur Zeitstabilität siehe beispielsweise Hansmann, in: Tietz, 1995, Sp. 2172, näheres zur naiven Prognose S. 2174.

Ein Jungunternehmen in der Biotechnologie-Branche war schon seit zwei Jahren am Markt und suchte einen Investor für die Expansionsfinanzierung. Ein Businessplan wurde erstellt und Annahmen für die geplante Geschäftsentwicklung getroffen. Jedoch konnte kein Venture Capitalist überzeugt werden, worauf die finanzielle Situation aufgrund der stetig abnehmenden liquiden Mittel dermassen schlimm wurde, dass schliesslich nach einem Käufer für das Unternehmen gesucht werden musste. Als Käufer kamen allerdings nur weltweit tätige Konzerne in Frage. Diese Grossunternehmen ignorierten natürlich die ursprünglichen Pläne des Start-ups völlig und rechneten mit ihren eigenen Annahmen für ihre eigenen Verwendungszwecke. Insofern war für die Unternehmensbewertung völlig egal, wie hoch die Free Cash Flows ausgefallen wären, wenn die Unternehmung für die nächsten zehn Jahre weiter bestanden hätte. Den Konzern interessierte nur, wie sich der Zukauf dieser Unternehmung auf die Erfolgsrechnung des ganzen Konzern auswirkte. Der korrekte Wert für die Jungunternehmung errechnet sich dann gemäss dem Prinzip der Wertaddierung[177] als die Differenz des Wertes der Käuferunternehmung mit und ohne den Zukauf der Jungunternehmung.

5.5.4   Zeithorizont

Jedes Prognoseverfahren kann nur über einen begrenzten Zeitraum hinweg verlässliche Aussagen liefern. Prognosen, die über einen Zeitraum von 10-15 Jahren[178] hinaus die Zukunft der Unternehmung vorauszusagen versuchen, sind eindeutig unglaubwürdig.[179]

Trotzdem müssen auch diejenigen Erfolge mitberücksichtigt werden, welche nach Ablauf der noch überschaubaren Perioden realisiert werden. Dieses Problem kann gelöst werden, indem man sich an ganz allgemein identifizierbaren Erfolgsindikatoren (wie z.B. die Qualität des Humankapitals oder das technische Know-how) bzw. Wertgeneratoren[180] (wie z.B. FCF, ROIC[181] oder Wachstum) orientiert. Aus diesen Indikatoren werden einige wenige mit Wahrscheinlichkeiten[182] gewichtete Hypothesen abgeleitet, die behaupten, dass die Erfolge nach Ablauf der letzten individuell geschätzten Periode tendenziell eher steigen, sinken oder gleich bleiben werden.[183]

---

[177] Sogenanntes Value Additivity Principle, siehe beispielsweise Brealey/Myers, 1991, S. 824.

[178] Siehe beispielsweise Volkart, 1995, vom 18.5.95, S. 2 oder Copeland/Koller/Murrin, 1994, S. 213.

[179] Siehe beispielsweise Helbling, 1995, S. 78 oder Bretzke, 1975, S. 208.

[180] Zu den „Value drivers" vgl. Punkt 2.3.3.3.

[181] Abkürzung für: Return on invested capital

[182] Da die Wahrscheinlichkeit, die diesen Hypothesen zukommt, von der Höhe des in der letzten Periode erzielten Erfolges abhängt, sind die Wahrscheinlichkeitsangaben als bedingte Wahrscheinlichkeiten zu formulieren.

[183] Bretzke, 1975, S. 208.

Dabei sollten die Perioden so lange einzeln prognostiziert werden, als noch kein stabiler Zustand herrscht. Dieser zeichnet sich gemäss Copeland/Koller/Murrin[184] durch folgende Eigenschaften aus:

- konstanter ROIC auf alle neuen Investitionen
- konstanter ROIC auf die bisherigen Anlagen
- konstanter Teil des Gewinnes wird reinvestiert

Im Zweifelsfall sollte ein längerer Prognosezeitraum gewählt werden.

Jungunternehmer werden daher von Vorteil Plan-Erfolgsrechnungen und –Bilanzen auf fünf bis zehn Jahre hinaus aufstellen und dem Venture Capitalisten vorlegen. Dies obwohl natürlich beide Seiten einig darüber sind, dass eine Schätzung nur schon auf ein einzelnes Jahr hinaus für ein frisch gegründetes Start-up-Unternehmen eigentlich unmöglich ist. Aber es geht darum, die ungefähre Richtung und v.a. das längerfristige Erfolgspotential abzuschätzen. So kann es beispielsweise durchaus sein, dass eine neue Biotech-Firma ihre innovativen Produkte von der staatlichen Gesundheitsbehörde erst nach fünf Jahren zugelassen bekommt. Folglich können erste Umsätze frühestens im sechsten Jahr erwartet werden. Würde dieses Unternehmen im Businessplan nur die ersten fünf Jahre aufführen, dann würden dem Investor nur die Verluste gezeigt und die Gewinne verschwiegen. Steht diesem ein Excel-Modell zur Verfügung, mit dem der Venture Capitalist seine Bewertungen erstellt, dann wird jedes zusätzliche Jahr, wo steigende Gewinne im Businessplan ausgewiesen werden, den errechneten Unternehmenswert in die Höhe treiben.

5.5.5   Inflation

Die finanziellen Prognosedaten und die Diskontierungsrate sollten in nominellen Werten geschätzt werden. Zudem sollte für den FCF und die Diskontierungsrate dieselbe Inflationsrate gewählt werden.

---

[184] Copeland/Koller/Murrin, 1994, S. 213f.

Die allgemeine Inflationsrate sollte aus der Zinsstruktur abgeleitet werden („marktbasie-rende" Schätzung). Dazu wird folgende Formel angewendet:[185]

$$I_e = \frac{1+i_n}{1+i_r} - 1$$

wobei:

I_e erwartete Inflation
i_n nomineller Zinssatz
i_r realer Zinssatz

Die erwartete Inflation ist diejenige Inflation, welche im Durchschnitt während des Prognosezeitraumes (siehe vorangegangenes Kapitel) erwartet wird.
Der nominelle Zinssatz wird bestimmt durch den risikolosen Zinssatz (bzw. den „yield to maturity"[186], also der Rendite auf Verfall), in der Praxis von Bundesobligationen mit Restlaufzeiten, die dem Planungszeitraum für die Unternehmensbewertung entsprechen. Die Ermittlung des realen Zinssatzes ist ein heikles und umstrittenes Thema. Eine Mög-lichkeit wäre z.B. die Differenz zwischen dem Jahreszinssatz von Bundesobligationen und dem Konsumentenpreisindex. Jedenfalls sollte der reale Zinssatz mit dem langfris-tigen Wachstum des Bruttosozialproduktes (BSP) übereinstimmen.
Folglich wird bei einer normalen Zinsstruktur in der Zukunft ein Anstieg, bei einer inversen Zinsstruktur dagegen eine Senkung der Inflation erwartet.

Aufgrund des heute geringen Inflationsniveaus in Ländern wie der Schweiz, Deutsch-land, England, USA etc., wird in der Praxis im Venture Capital-Geschäft die Inflations-rate vernachlässigt.

5.6   Univariate Verfahren (Zeitreihenanalyse)

Ausgangspunkt und Voraussetzung der Zeitreihenanalyse ist eine chronologisch geord-nete Menge von Beobachtungen der jeweils zu prognostizierenden Variablen (die „Zeit-reihe").[187] Die Zeitreihenanalyse versucht, Regelmässigkeiten in der Entwicklung der Beobachtungswerte aufzudecken, die auf einen irgendwie strukturierten Entwicklungs-prozess schliessen lassen. Sie versucht gleichzeitig, Verfahren zur formalen Repräsenta-

---

[185] Volkart, 1995, vom 18.5.95, S. 2 bzw. Copeland/Koller/Murrin, 1994, S. 213.
[186] Siehe beispielsweise Volkart, 1994/1995, S. 4/2 oder Brealy/Myers, 1991, S. 48.
[187] Emde, in: Szyperski, 1989, Sp. 1647.

tion der Beobachtungswerte in Form eines idealtypisch vereinfachten („geglätteten")
Kurvenverlaufes zu entwickeln, der als Modell des Entwicklungsgesetzes der beobachteten Variablen die Ableitung einer Prognose ihrer zukünftigen Entwicklung ermöglicht.[188] Kennzeichnend für die verschiedenen Ansätze zur Transformation einer Zeit-
reihe in eine zeitabhängige Funktion ist in erster Linie die Beschränkung auf eine einzige Variable, deren Entwicklung unter der „Ceteris-paribus"[189]-Annahme beschrieben
wird. Folglich führt die Verlängerung (Extrapolation) einer in der Vergangenheit identi-
fizierten Entwicklung in die Zukunft nur dann zu brauchbaren Prognosen, wenn die
Annahme einer qualitativen Konstanz des Bedingungskomplexes (Zeitstabilitätshypo-
these[190]), der die in der Vergangenheit beobachteten Werte hervorgebracht hat, wenigstens im wesentlichen zu Recht besteht.

Neben der Annahme einer konstanten Struktur ergeben sich noch zwei weitere gewich-
tige Nachteile dieses Verfahrens. Erstens wird die Berücksichtigung individueller Planungen verunmöglicht, und zweitens ist der Forderung nach Mehrwertigkeit mit Punktprognosen nicht nachzukommen.

Da für ein neu gegründetes Unternehmen keine Werte aus der Vergangenheit herangezogen werden können und ein Unternehmen in der Startphase durch ein stark dynami-
sches Umfeld gekennzeichnet ist (d.h. die notwendige Bedingung der Konstanz reali-
tätsfremd erscheinen würde), wird auf eine nähere Darlegung dieser Methode verzichtet.
Es gibt nämlich inzwischen sinnvollere Instrumente als die Extrapolation des Mittelwertes der um nicht „nachhaltig" erzielbare Elemente bereinigten vergangenen Erfolge.[191]
Hauptanwendungsfall der Zeitreihenanalyse ist denn auch die Konjunkturprognose der
Volkswirtschafter und nicht die Erfolgsprognose einer Unternehmung.[192]

5.7   Multivariate Verfahren (Regressionsanalyse)

5.7.1   Grundmodell

Die Unzulänglichkeit der Verfahren der Zeitreihenanalyse ist eine Folge der Reduktion
der Prognosevariablen auf eine einzige Variable: die Zeit. Der Erfolg einer Unternehmung verändert sich jedoch nicht *durch* die Zeit, sondern *in* der Zeit.[193] Folglich muss

---

[188] Bretzke, 1975, S. 127.

[189] D.h. das System von Einflussfaktoren unterliegt während der Beobachtungsperiode keiner Veränderung.

[190] Hansmann, in: Tietz, 1995, Sp. 2172.

[191] Emde, in: Szyperski, 1989, Sp. 1647.

[192] Für weitere univariate Verfahren siehe beispielsweise Hansmann, in: Tietz, 1995, Sp. 2176-2181.

[193] Bretzke, 1975, S. 156.

man sich ein Bild von den Beziehungen machen, die zwischen dem Erfolg und seinen Haupteinflussgrössen bestehen, auch wenn dieses Unterfangen in der Praxis angesichts der Komplexität des Netzes von Beziehungen äusserst schwierig ist (v.a. die Erfassung in quantitativer Form). Somit hat der Bewerter anstatt einer einzigen Variable eine Vielzahl von Variablen vorherzusagen.[194] Dies ist jedoch kein Nachteil - im Gegenteil. Die Leistungsfähigkeit regressionsanalytischer Modelle liegt gerade darin, dass sie den Prognostiker befähigen, alternative Konstellationen der unabhängigen Variablen durchzuspielen und auf ihre Auswirkungen auf das Verhalten der Prognosevariablen zu untersuchen (Sensitivitätsanalyse). Dadurch ergibt sich ein mehrwertiges Bild der Zukunft - eine unvermeidbare Folge der Unvollkommenheit der Information.[195] Ein weiterer Vorteil dieser Methode ist die explizite Berücksichtigung der individuellen Planungen des Investors.

Es gilt zu beachten, dass Kollinearität (Korrelation) zwar eine notwendige, jedoch keine hinreichende Bedingung für Kausalität darstellt. Folglich ist jede statistisch-formale Repräsentation der Beziehung zwischen zwei Variablen durch ergänzende theoretische Überlegungen abzusichern. Diese Theorie sollte eine sachlogische Begründung der Prognose liefern und die zugrunde gelegten Prämissen offenlegen.[196]

Trotz allen Vorteilen gegenüber der Zeitreihenanalyse unterliegt auch die Regressionsanalyse dem Mangel, dass sie Vergangenheitswerte benötigt, um die Qualität der gefundenen Schätzfunktion messen zu können (Signifikanztests anhand der Standardabweichung).[197] Diese sind aber bei Unternehmen in der Gründungsphase noch nicht vorhanden. Damit weitet sich das Konfidenzintervall (Vertrauensintervall)[198] der Prognose beträchtlich aus. Ein weiterer gewichtiger Nachteil ist die (explizite) Annahme einer konstanten Struktur.[199]

Im folgenden wird trotzdem auf zwei Verfahren eingegangen, obwohl die Minimierung der Schätzfunktion durch die Methode der kleinsten Quadrate auch hier (aufgrund der nicht vorhandenen Daten aus der Vergangenheit) nicht in Frage kommt. Dies mit der Begründung, dass nur schon das Aufstellen der Schätzfunktion per se von Nutzen ist, indem sie zu einer vertieften Problemanalyse zwingt und Ansatzpunkte für unternehmerische Aktivitäten aufzeigt (bzw. Einblicke in deren voraussichtliche Folgen eröffnet).[200] Modelle können hierbei helfen, indem sie die Konsequenzen aufhellen, welche alterna-

---

[194] Emde, in: Szyperski, 1989, Sp. 1648.

[195] Näheres zur Mehrwertigkeit im Kapitel 5.5.1 Unvollkommenheit der Information auf Seite 70.

[196] Bohley, 1991, S. 248.

[197] Hansmann, in: Tietz, 1995, Sp. 2174.

[198] Siehe beispielsweise Bohley, 1991, S. 537-559.

[199] Emde, in: Szyperski, 1989, Sp. 1648.

[200] Bretzke, 1975, S. 207.

tive Pläne in Abhängigkeit von alternativen Umweltkonstellationen voraussichtlich haben werden.[201]

5.7.2 Regression nach Komponenten

Wie oben gezeigt, führt eine „vertikale" Aufgliederung eines Funktionalzusammenhanges in eine Kette interdependenter Einzelbeziehungen zu einer Modelldifferenzierung, die mit einer Verbesserung des Prognoseresultates verbunden ist. Eine ähnliche Wirkung kann in der Praxis häufig erzielt werden, indem die Prognosevariable „horizontal" zergliedert, d.h. in eine Menge von Komponenten zerlegt wird, die in ihrem Verhalten unterschiedlichen Einflüssen unterliegen.[202]

Besonders naheliegend ist eine solche Zerlegung bei Unternehmen, die verschiedene Produkte anbieten. Dort wird man unterschiedliche Erwartungen bezüglich der Umsatzentwicklung der einzelnen Sparten hegen. Dasselbe gilt für Einproduktunternehmen, bei denen der Gesamtumsatz in eine Menge von Einzelumsatzgrössen (z.b. nach Abnehmergruppen, Marktsegmenten oder Regionen) aufgeteilt werden kann.

5.7.3 Mehrfachregression

Obiges Verfahren unterstellt, dass jede der betrachteten (endogenen) Variablen nur jeweils von *einer* unabhängigen (exogenen) Variablen beeinflusst wird. Dieser Mangel lässt sich beheben, wenn anstelle einer einzigen, mehrere (multiple) unabhängige Variablen in den Regressionsansatz einbezogen werden.[203]

Ein erstes Problem besteht dabei in der Zusammenstellung der Variablen, die mit der zu prognostizierenden Grösse zusammenhängen, bzw. die sie beeinflussen. Die Unvollständigkeit dieser Schätzfunktion ist nicht als Mangel zu bewerten, weil mit der explizit modellierten Fehlervariable alle nicht explizit berücksichtigten Variablen zumindest implizit berücksichtigt werden. Hingegen stellt die unvollständige Quantifizierbarkeit gewisser Variablen (z.B. „technologischer Fortschritt", „Zahlungsbereitschaft" oder „Marktakzeptanz gegenüber neuen Produkten") das Hauptproblem dar.[204]

---

[201] Für weitere multivariate Verfahren siehe beispielsweise Hansmann, in: Tietz, 1995, Sp. 2181-2183.

[202] Bretzke, 1975, S. 170.

[203] Siehe beispielsweise Bohley, 1991, S. 687 oder Meffert, 1992, S. 294.

[204] Bretzke, 1975, S. 174.

Wichtigste Voraussetzung zur Anwendung der Mehrfachregression ist die Unabhängigkeit der „erklärenden" Variablen, d.h. sie dürfen sich nicht wechselseitig beeinflussen, und ihre Wirkungen auf die „zu erklärende" Variable müssen ebenfalls unabhängig voneinander sein. Diese Bedingungen werden in der Realität von so komplexen Systemen wie Jungunternehmen jedoch nicht erfüllt sein. Daher ergeben sich Probleme der Multikollinearität,[205] was die Tauglichkeit dieser Methode zur Unternehmensbewertung in der Praxis des Venture Capital-Geschäfts massiv einschränkt.

5.8   Heuristische Verfahren (Intuition)

5.8.1   Begriff

Heuristische Prognoseverfahren sind ein Sammelbegriff für zweckmässige, methodisch erarbeitete Prognoseverfahren ohne schematisches Prognosemodell. Sie zeichnen sich durch folgende Eigenschaften aus:[206]

- Die der Prognose zugrundeliegende Theorie ist nur schwach ausgebildet und enthält viele subjektive und damit nicht-nachprüfbare Elemente.
- Die statistisch-mathematischen Prognoseinstrumente treten in ihrer Bedeutung zurück.
- Der Einsatz von Experten, deren spezielle Erfahrungen für die Prognose nutzbar gemacht werden, ist stark verbreitet.

Die heuristischen Verfahren sind untrennbar verbunden mit den qualitativen Prognosetechniken, welche überwiegend auf menschlicher Urteilsfähigkeit (*Intuition*) beruhen.[207] Dies im Gegensatz zu den beiden oben gezeigten quantitativen Prognosetechniken, welche einen eindeutigen und nachvollziehbaren Erstellungsweg auf mathematisch-statistischer Grundlage haben.

Venture Capitalisten bestätigen immer wieder die Wichtigkeit des „Bauches" für ihre Entscheidungen. M.a.W. verlassen sich die Investoren und Jungunternehmer in der Praxis bei ihren Absatzprognosen auf ihre Intuition. Daher soll im folgenden näher darauf eingegangen werden.

Der entscheidende Mangel der mathematisch-statistisch fundierten Prognoseverfahren ist ihre Beschränkung auf die Verarbeitung quantitativ erfassbarer Daten. Intuitive Prognoseverfahren sind ihnen überlegen, weil sie eine weitaus grössere Menge von

---

[205] Näheres dazu beispielsweise in: Bohley, 1991, S. 715-717.

[206] Hansmann, in: Tietz, 1995, Sp. 2174.

[207] Siehe beispielsweise Perridon/Steiner, 1995, S. 574 oder Emde, in: Szyperski, 1989, Sp. 1646.

Informationen berücksichtigen und darum die kreativen Fähigkeiten des Menschen nicht an die Voraussetzung der Konstanz (z.B. Zeitstabiltität, Ceteris-paribus-Annahmen oder Strukturinvarianz) gebunden sind.[208] Folglich kommen die intuitiven Ansätze um so stärker in Frage, und die mechanistischen mathematischen Ansätze treten um so stärker in den Hintergrund, je dynamischer das Umfeld der Unternehmung ist.

Der Vorwurf, dass die Berücksichtigung des Hintergrundwissens des Prognostikers wissenschaftlich nicht zu rechtfertigen sei, weil dieses Wissen weder in seinem Ausmass bestimmbar (und damit auch bloss eingeschränkt überprüfbar) noch in einer präzisen Form sprachlich artikulierbar sei, greift jedoch zu kurz.
Erstens sind ökonomische Sachverhalte als Resultat menschlicher Entscheidungen in hohem Masse durch individuelle und kollektive Verhaltensregeln, Sitten etc. beeinflusst und können als solche immer nur in Grenzen quantitativ erfasst, erklärt und prognostiziert werden.[209] Darum ist von entscheidender Bedeutung, *wer* mit der Durchführung der intuitiven Prognose beauftragt wird.[210]
Zweitens gibt es oft gar keine andere Möglichkeit als den Rückgriff auf intuitiv verfügbares Hintergrundwissen, da häufig die zur Anwendung der mathematisch-statistischen Verfahren erforderlichen Daten gar nicht verfügbar sind.
Drittens ist Intuition nicht gleichbedeutend mit Willkür. Auch intuitive Einfälle lassen sich zu stringenten und überprüfbaren Gedankenketten ausbauen. Zudem gibt es Verfahren, welche ein gedankliches Raster zur Anregung und Orientierung des Denkens und zur formalen Einordnung seiner Ergebnisse bereitstellen. Diese sollen im folgenden vorgestellt werden. Man unterschiedet zwischen Techniken der Einzel- und Gruppenprognosen.

5.8.2   Einzelprognosen

5.8.2.1   *morphologische Analyse*

Die wichtigsten Einflussgrössen (in der Typologie „Merkmale" genannt) eines Problems werden zunächst unabhängig voneinander in ihren alternativ möglichen Ausprägungen erfasst, um sie dann zu einem alle denkbaren Kombinationen umfassenden System (dem „morphologischen Kasten"[211]) zusammenzufassen. Der Vorteil dieser Vorgehensweise besteht darin, dass sie dazu anregt, gewohnte Denkbahnen zu verlassen und neue, zunächst absurd erscheinende Lösungen zu durchdenken.

---

[208] Bretzke, 1975, S. 187.
[209] Bretzke, 1975, S. 181.
[210] Bretzke, 1975, S. 208.
[211] Siehe beispielsweise Reith, in: Dichtl/Issing, 1993, S. 2117.

Diese Technik ist unter Venture Capitalisten allgemein bekannt und akzeptiert. Dies sei an einem Beispiel kurz geschildert:

> Anlässlich eines internationalen Workshops zum Thema Innovationsmanagement (im Sinne der Entwicklung, dem Design und der Lancierung von neuen Produkten) des „Future Products Team" von „The Generics Group" (einer 200-köpfigen Unternehmung in London, welche sich auf das Aufspüren von neuen Technologien und deren Vermarktung spezialisiert hat) wurde diese Methode des morphologisches Kastens präsentiert. Wie persönliche Gespräche mit Teilnehmern nach dem Workshop ergaben, kannten alle Beteiligten diese Technik bereits schon vorher.[212]

5.8.2.2 Relevanzbaumverfahren

Bei der Relevanzbaumanalyse wird ein bestimmter Endzustand rekursiv in eine Menge zu seiner Erreichung möglicher Wege verzweigt oder ein gegebenes Problemlösungspotential progressiv über eine Reihe alternativer Wege bis zu einem bestimmten Endzustand entwickelt. Die Relevanzbaumanalyse dient nicht bloss der Aufdeckung von zukunftsrelevanten Entwicklungsmöglichkeiten, sondern zugleich auch der Erkennung von Gefahren und Chancen für die Unternehmung und der planerischen „Weichenstellung" für die Zukunft.[213]

5.8.2.3 Szenario-Technik

Bei der Szenario-Technik[214] wird unter Beschränkung auf das Wesentliche eine hypothetische, aber in sich konsistente Szenenfolge (Szenario) entwickelt, die an den kritischen Verzweigungspunkten am Übergang eines Systems in einen qualitativ neuen Zustand ansetzt. Um mit hinreichender Breite in die Zukunft hineinzuschauen, empfiehlt es sich, nicht nur ein Szenario, sondern mehrere alternative Rahmenbedingungen durchzudenken.[215]

In der Praxis des Venture Capital-Geschäftes ist dieses Verfahren heute Standard. Jeder von Jungunternehmern eingereichte Businessplan enthält mindestens zwei Szenarien. Früher wurden üblicherweise drei Szenarien gerechnet: „optimistisch", „realistisch" und „pessimistisch". Diese Angaben beziehen sich meist ausschliesslich auf die Umsatzentwicklung. Da ein Venture Capitalist aus Erfahrung weiss, dass selbst das pessimistische Szenario immer noch viel zu optimistisch geplant ist,[216] werden die anderen beiden

---

[212] Club Baur au Lac, 18.10.2000.

[213] Bretzke, 1975, S. 182.

[214] Siehe beispielsweise Volkart, 1994/1994, vom 6.12.93, S. 3, Brealy/Myers, 1991, S. 218, Knüsel, 1994, S. 159 oder Fink/Schlake/Siebe, 2000, S. 34-47.

[215] Siehe beispielsweise Copeland/Koller/Murrin, 1994, S. 207 oder Hansmann, in: Tietz, 1995, Sp. 2175.

[216] Die altbekannte Weisheit unter VCs lautet, dass alles zwei bis drei Mal so lange dauert und zwei bis drei Mal soviel kostet wie im Plan ursprünglich angenommen. Vergleiche 3.2.5.9 Zeitplan auf Seite 39.

Alternativen glatt ignoriert. Heutzutage enthalten Anfragen von kapitalsuchenden Unternehmern in aller Regel nur noch zwei Szenarien: „normal" und „worst case".[217]

5.8.2.4   Netzplantechnik

Zur Anwendung der Netzplantechnik[218] werden Projekte in einzelne Vorgänge zerlegt, die in ihren gegenseitigen terminlichen Abhängigkeiten als gerichteter Graph bzw. Netzplan dargestellt werden. Nach Aufstellen des Strukturzusammenhanges werden den Vorgängen die Ausführungszeiten zugeordnet. Auf der Basis dieser Zeiten können sodann durch eine „Vorwärtsrechnung" die frühesten Anfangs- und Endtermine der Vorgänge, mit der anschliessenden „Rückwärtsrechnung" die spätesten Anfangs- und Endtermine bestimmt werden. Die Differenz zwischen spätesten und frühesten Terminen wird als „Pufferzeit" bezeichnet. Vorgänge mit einer Pufferzeit von Null heissen „kritische" Vorgänge. Sie bilden den „kritischen Weg". Verzögerungen bei diesen Vorgängen führen unausweichlich zu Verzögerungen des gesamten Projektes.

Auch diese Technik hat sich in der Praxis etabliert. Allerdings führen Unternehmer im Businessplan den Netzplan nicht in dieser Form auf, aber irgendein Zeitplan ist stets vorhanden.[219] Gespräche mit Unternehmern haben gezeigt, dass obige Technik im Sinne eines Gedankenexperimentes mental zur Anwendung gelangt, das Ergebnis der Überlegungen jedoch oftmals nicht schriftlich zu Papier gebracht wird.

5.8.2.5   Analogieschlüsse

Beliebt ist die Anwendung von Analogieschlüssen[220], bei denen unterstellt wird, dass ein Markt sich *analog* einem anderen entwickelt, allerdings mit einer gewissen *zeitlichen Verzögerung*.

In der Praxis werden Analogieschlüsse äusserst häufig angewendet. Zwei Beispiele zur Illustration sollen kurz genannt werden:

> In einem Projekt wurde die zunehmende Verbreitung und damit die Absatzentwicklung von Trend-Sportartikeln in Europa prognostiziert, indem die Entwicklung in den USA im Vergleich zu Europa mit einem zeitlichen Abstand/Verzögerung (time lag) von 2 Jahren zugrunde gelegt wurde.

---

[217] Vergleiche dazu auch Kapitel 5.9 Simulation auf Seite 89.

[218] Siehe beispielsweise Müller-Merbach, in: Dichtl/Issing, 1993, S. 1521.

[219] Vergleiche Kapitel 3.2.5.9 Zeitplan auf Seite 39.

[220] Siehe beispielsweise Hansmann, in: Tietz, 1995, Sp. 2175.

In einem anderen Projekt aus der Biotechnologie-Branche wurde ein Analogieschluss benutzt zur Schätzung der zeitlichen Eroberung des Marktes infolge von steigender Marktakzeptanz von vorfabrizierten Produkten (verglichen mit der Eigenproduktion von Verbrauchsmaterial im Labor). Man unterstellte, dass der Markt für DNA-Analysen (das Geschäft der Jungunternehmung) derselben Entwicklung folgen würde, wie es der Markt für Protein-Analysen in den letzten Jahren gezeigt hatte. Dort brauchte es ein ganzes Jahrzehnt, bis die Marktakzeptanz so weit fortgeschritten war, dass sich die Grossunternehmen diesem nun als attraktiv eingestuften Marktsegment zugewandt hatten.

5.8.3   Gruppenprognosen

Bei der Prognose der Entwicklung neuer Technologien, neuer Märkte, jungen Unternehmen etc. ist die Kreativität von grundlegender Bedeutung.[221] Angesichts der Erkenntnis, dass das Arbeiten in Gruppen infolge der gewährleisteten Möglichkeit wechselseitiger Stimulanz zu neuen Assoziationen kreativitätsfördernd und effizienzsteigernd wirkt, werden im folgenden vier Verfahren für Gruppen vorgestellt.

5.8.3.1   *Brainstorming*

Diese Methode[222] hat die konsequente Ausnutzung der kreativitätsfördernden Wirkung des Arbeitens in Gruppen als vorrangiges Ziel.

Damit das „brainstorming" nicht in eine normale Gruppendiskussion abdriftet, müssen die folgenden vier Regeln eingehalten werden,:[223]

- Zu Beginn der Gruppenarbeit ist zunächst das zu lösende Problem exakt zu definieren.

- Im Verlaufe der Diskussion ist jede Idee zu beachten, auch wenn sie beim ersten Eindruck noch so irrelevant oder absurd erscheint.

- Kein Gedanke, der von einem Gruppenmitglied geäussert wird, darf von einem anderen Gruppenmitglied kritisiert werden.

- Die Folgerungen, die sich aus einer im Verlauf der Gruppensitzung artikulierten Idee ergeben, sind nicht gleich in der Sitzung selbst, sondern erst zu einem späteren Zeitpunkt weiterzuentwickeln.

---

[221] Darum das Zitat von Bretzke, 1975, S. 184: „Denn wenn die Zukunft nicht deduktiv aus der Vergangenheit abgeleitet werden kann, dann muss man sie selbst 'erfinden'."

[222] Siehe beispielsweise Löwer, in: Dichtl/Issing, 1993, S. 340.

[223] Bretzke, 1975, S. 185.

Primärer Zweck dieser Regeln ist der Abbau von Konformitäts- und Kontrollmecha-
nismen, welche bei einer normalen Gruppendiskussion als Haupthindernis für die Ent-
faltung von Kreativität wirken.

Das Brainstorming im Sinne eines freien Redens und „Weiterspinnens" von Gedanken,
Träumen und Visionen hat sich in der Praxis der Unternehmensbewertung als äusserst
wertvoll erwiesen. So lassen sich Zusammenhänge erkennen und neue Möglichkeiten
der Produkteanwendung erahnen, welche für das Abschätzen des Marktpotentials von
zentraler Bedeutung sind. Vielfach muss der Venture Capitalist über Technologien und
Märkte mit einem absoluten Mindestmass an verfügbaren Informationen Urteile fällen.
In solchen Situationen werden (1) möglichst viele Zukunftsszenarien ersonnen und (2)
anschliessend die plausibelsten ausgewählt. Das Brainstorming-Verfahren eignet sich
hervorragend für den ersten Teil dieses Vorgehens, ohne Gefahr der mentalen Präjudi-
zierung von Alternativen.

5.8.3.2   Delphi-Methode

Dieses Verfahren ist eine Weiterentwicklung des „brainstormings". Kennzeichnend ist
die Eliminierung unmittelbarer Kommunikationsmöglichkeiten (Anonymität) zwischen
den einzelnen *Experten*, die an dem Prognoseprozess teilnehmen.[224] Anstelle der Diskussion, über die normalerweise der Gruppenkonsens hergestellt wird, tritt ein System
von Einzelbefragungen in mehreren Runden, zwischengeschalteter Ergebnis-feed-backs
und statistischer Techniken zur Kombination der Einzelantworten zu einer „group-
response". Bezweckt wird damit, dass einerseits unerwünschte psychologische Faktoren
(wie sie in der Gruppendiskussion auftreten) ausgeschaltet werden, andererseits aber ein
gewisser Druck zur Angleichung (Konvergenz) ursprünglich abweichender Prognosen
ausgeübt wird.

Die Durchführung eines solchen Programmes verursacht jedoch hohe Kosten und benötigt viel Zeit, was die Methode für kleinere Kaufobjekte und für kurzfristig zu erstellen-
de Bewertungsgutachten eher ungeeignet erscheinen lässt.[225]
Dies mag erklären, wieso dem Autor kein Venture Capitalist bekannt ist, welcher eine
anonymisierte Delphi-Methode in der Praxis anwenden würde.

5.8.3.3   Expertenbefragung

In der Praxis ist die normale Expertenbefragung[226] am verbreitetsten. Professionelle
Risikokapitalgeber zeichnen sich durch ein weitverzweigtes Netzwerk von Spezialisten

---

[224] Siehe beispielsweise Hansmann, in: Tietz, 1995, Sp. 2175 oder Emde, in: Szyperski, 1989, Sp. 1646.

[225] Bretzke, 1975, S. 186.

[226] Siehe beispielsweise Hansmann, in: Tietz, 1995, Sp. 2175.

und Branchenkennern aus, auf welches im Bedarfsfalle zurückgegriffen werden kann. So wird z.B. die Entwicklung auf dem Absatzmarkt häufig prognostiziert durch Befragen von bekannten Vertriebsleitern und Handelsvertretern derselben Branche, welche die Kundenwünsche aus eigener Erfahrung kennen.[227] Auch wenn es institutionalisierte Netzwerke gibt (wie z.B. die Kommission für Technologie und Innovation (KTI) mit ihrer Initiative Start-up!), so sind es doch zumeist Freunde, Bekannte, frühere Kommilitonen, oder sonstige langjährige Geschäftspartner und Branchenkollegen, auf deren Meinung Wert gelegt wird. Venture Capital ist ein Vertrauensgeschäft. Zudem ist der Markt in Europa noch relativ klein und übersichtlich. Man kennt sich noch persönlich. Daher ist es nichts als eine natürlich menschliche Reaktion, sich bei der Absatzprognose von neuen Produkten und Unternehmen auf die Ansichten des Umfeldes abzustützen.

5.8.3.4   Repräsentativbefragung

Prognosen können ferner auf unternehmensexterne oder -interne Massenbefragungen basieren.[228] Diese können bereits vorhanden sein (Sekundärforschung, Desk Research) oder selber erhoben werden (Primärforschung, Field Research).[229] Beliebt sind vor allem Befragungen der (potentiellen) Abnehmer hinsichtlich (potentieller) Kaufabsichten.[230]

In der Praxis existieren zahlreiche solche Untersuchungen, aber deren Nutzen für die Absatzprognose wird als äusserst gering eingeschätzt. Auch wenn kein Businessplan geschrieben wird, ohne die Ergebnisse von solchen Umfragen (z.B. von Forrester und Gartner Group im Internet Sektor, oder Nielsen und IHA-GfM[231] im Marketing-Bereich) zu erwähnen, werden diese Informationen in der Praxis von Venture Capitalisten zu Zwecken der Unternehmensbewertung wenig verwendet. Vielfach machen Jungunternehmer den Fehler, die Absatzprognose auf der Annahme aufzubauen, dass der Markt X Milliarden gross sei, und es genüge, einen Marktanteil von 1% zu erreichen.[232] Dann folgen Studien von Marktforschungsgesellschaften über das Kaufverhalten von Marktteilnehmern etc. Dem VC viel lieber wäre es, wenn der Unternehmer selber Bescheid wüsste, was seine potentiellen Kunden für Anforderungen an seine

---

[227] Meffert, 1992, S. 363.

[228] Hammann/Erichson, 1994, S. 61.

[229] Siehe beispielsweise Böhler, in: Tietz, 1995, Sp. 1773.

[230] Emde, in: Szyperski, 1989, Sp. 1646.

[231] Das IHA Institut für Marktanalysen AG war vor der Umstrukturierung ein Unternehmen der ATAG Ernst & Young Gruppe. Das GfM Forschungsinstitut der Schweizerischen Gesellschaft für Marketing ist ein Bereich der IHA.

[232] Dies passiert so häufig, dass es in der Branche einen eigenen Ausdruck dafür gibt: das sogenannte „China Syndrom". Es soll aussagen, dass wenn der potentielle Markt alle Einwohner von China umfasst, der Finanzplan selbst bei kleinsten Marktanteilen enorme Gewinnaussichten bieten kann. Siehe beispielsweise Scherlis/Sahlman, 1989, S. 15.

Produkte stellen. Darum empfiehlt jeder VC dem Jungunternehmer, zuerst mit zehn potentiellen Abnehmern seiner Produkte intensiv zu sprechen. Zehn Tiefeninterviews mit Kunden vor Ort, welche unzählige Detailfragen und –antworten erlauben, werden sich in aller Regel wertvoller erweisen als tausend allgemeine Aussagen von anonymen Käufern. Dem Jungunternehmer fehlt das Geld und dem VC die Zeit, um für ein einzelnes Projekt solche Massenbefragungen durchzuführen. Wenn nun aber Marktforschungsgesellschaften von sich aus eine Umfrage starten, dann tun sie dies natürlich mit dem Ziel, ihren Abschlussbericht an möglichst viele Abnehmer zu verkaufen. Folglich werden allgemeine Fragen gestellt und unzählige Gebiete oberflächlich gestreift. Oftmals fehlen aus diesem Grunde ausgerechnet jene Details, die den Unternehmer in seinem speziellen Falle eigentlich am meisten interessieren würden.

5.9   Simulation

Die oben gezeigten Verfahren führen zum Problem, dass die verschiedenen Einzelprognosen zu einem umfassenden, als Entscheidungsgrundlage brauchbaren Erwartungsspektrum integriert werden müssen.[233] Dieses Problem kann durch das Verfahren der *Simulation* (eigentlich gar kein Modell, sondern bloss eine Technik der Datenaggregation, deren Anwendung die Existenz eines Modells voraussetzt)[234] gelöst werden.

Verlässliche Prognosen über zukünftige Gewinne lassen sich nur gewinnen, wenn man sich die Mühe nimmt, ein Modell der Struktur des Beziehungsnetzes aller den Gewinn beeinflussenden Variablen zu entwerfen.[235] Aufgrund der Unvollkommenheit der Informationen können anstelle von einzelnen Werten bloss Wahrscheinlichkeitsverteilungen alternativer Werte angegeben werden. Mit der *statistischen Simulation*[236] (auch Monte-Carlo-Methode[237] oder schlicht Computersimulation genannt) werden Entscheidungssituationen der Realität an Modellen in hinreichend häufiger Wiederholung durchgespielt, um die Wirkungen möglicher Entscheidungen im voraus zu erkennen (auch interessant für die Sensitivitätsanalyse), und um günstige Entscheidungen aufzuspüren. Die Simulationstechnik ermöglicht dabei eine Reduktion des Rechenaufwandes, der durch die Aggregation der Einzeldaten zu einer Verteilung möglicher Grenzpreise entsteht, indem auf eine analytische Berechnung aller denkbaren Kombinationen der

---

[233] Bretzke, 1975, S. 189.

[234] Bretzke, 1975, S. 206.

[235] Bretzke, 1975, S. 205.

[236] Siehe beispielsweise Volkart, 1994/1995, S. 10/1f. oder Brealy/Myers, 1991, S. 223-229.

[237] Näheres dazu beispielsweise von Engelhardt, in: Szyperski, 1989, Sp. 1793.

Modellvariablen verzichtet und die Grenzpreisverteilung approximativ[238] ermittelt wird.[239] Dadurch kann das verfügbare Wissen maximal ausgenutzt werden. Letztlich wird das Prognoseresultat nur durch die Menge und die Qualität der Information begrenzt, über die man verfügt.

Das zentrale Element jeder Simulation ist der *Entscheidungsbaum*[240] (Abbildung 12), dessen Verzweigungen eine Vielzahl von möglichen Entwicklungen (Szenarien)[241] aufzeigen.

Abbildung 12: Entscheidungsbaum über vier Perioden

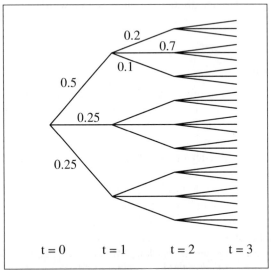

Jeder Knoten (kritischer Faktor) repräsentiert eine Schätzung der Prognosevariablen, jede Kante den Übergang von einer Periode in die nächste. Jeder Kante entspricht eine bedingte Wahrscheinlichkeit.
Quelle: eigene Darstellung.

Das Modell wird der Unvollkommenheit der Information gerecht, indem es verschiedene Zukunftslagen (Szenarien) durchspielt („simuliert"), die zwar für sich genommen als deterministische Entwicklungen betrachtet werden, deren Behandlung als einander

---

[238] Dazu werden für die stochastisch exogenen Variablen Stichproben in Form von Zufallszahlen generiert, die auf dem Wege über die Simulation des Modells Stichproben der Zielvariablen (Unternehmenswert) liefern.

[239] Bretzke, 1975, S. 189.

[240] Siehe beispielsweise Volkart, 1994/1995, S. 10/2 oder Brealy/Myers, 1991, S. 229-236.

[241] Näheres zu Szenarien findet sich in Kapitel 5.8.2.3 Szenario-Technik auf Seite 84.

ausschliessende, unterschiedlich wahrscheinliche Alternativen jedoch der stochastischen Natur des Problems Rechnung trägt.[242]

Ein weiterer Vorteil der Simulation ist die Offenlegung der Implikationen, welche in den Hypothesen über die Entwicklung einzelner Variablen und ihres Zusammenwirkens untereinander enthalten sind.[243] Die grosse Stärke der Simulation ist jedoch die Möglichkeit zu einer Integration von statistisch bestimmten und intuitiv gewonnenen Hypothesen zu einem umfassenden, die Risiken der Bewertung offenlegenden Erwartungsspektrum. Dabei werden die Pläne zwingend berücksichtigt. Dies ist darum ein gewichtiger Vorteil für die Praxis, weil sich gezeigt hat, dass für Planungszwecke Techniken bevorzugt werden, die es dem Prognostiker gestatten, seine eigene Sicht der Sachzusammenhänge und subjektive Schätzungen in die formale Problemabbildung einzubringen.

Wie schon bei oben erwähnter Szenario-Technik, so wird sich die Praxis auch bei der Simulation auf die Ausarbeitung von lediglich zwei bis drei Szenarien beschränken: eine pessimistische (worst case), eine normale (realistic case) und eventuell noch eine optimistische (best case) Entwicklung.[244]

Ergebnis der Simulation ist eine Wahrscheinlichkeitsverteilung von Grenzpreisen, mit der unter konsequenter Ausnutzung aller verfügbaren Informationen der Bereich des zukünftig Möglichen abgesteckt und zugleich das noch verbleibende Mass an Unsicherheit[245] offengelegt wird. Damit ist die Grundlage für die Ableitung des Unternehmenswertes geschaffen, bei dem Risiko und Chance zueinander in einem Verhältnis stehen, welches der spezifischen Risikopräferenz des Investors entspricht.[246]

So theoretisch korrekt diese Methode zwar sein mag, keiner der befragten Venture Capitalisten, Jungunternehmer oder Unternehmensberater hat diese Methode in ihrer vollen statistischen und quantitativen Form angewandt.[247]

---

[242] Hujer und Müller-Merbach, in: Dichtl/Issing, 1993, S. 1885f.

[243] Bretzke, 1975, S. 206.

[244] Näheres dazu siehe in Kapitel 5.8.2.3 Szenario-Technik auf Seite 84.

[245] Engelhardt, in: Szyperski, 1975, S. 1793, schlägt darum die Sensitivitätsanalyse vor.

[246] Bretzke, 1975, S. 205.

[247] Eine Liste aller im Rahmen dieser Arbeit befragten Personen findet sich im Verzeichnis der Interviewpartner auf Seite 359ff.

5.10   Excel-Modelle

Es konnte festgestellt werden, dass in der Praxis keine streng mathematisch-statistischen Simulationen im Sinne einer Monte-Carlo Analyse durchgeführt werden,[248] welche in der Lage wären, unzählige Varianten für die Ermittlung des Unternehmenswertes durchzurechnen. Aber bei der Szenario-Technik werden nur zwei bis drei Szenarien berechnet,[249] was der komplexen Realität mit allen Optionen und Möglichkeiten ebenfalls nicht gerecht wird. Darum hat die Praxis der Unternehmensbewertung zu einer pragmatischen Lösung in der Mitte gegriffen, um alle mittels obigen Verfahren gesammelten Informationen verarbeiten zu können. Sämtliche befragten Jungunternehmer erstellen ihre Plan-Erfolgsrechnungen und –Bilanzen mit dem Computerprogramm Excel von Microsoft, und alle interviewten Venture Capitalisten bilden das zu bewertende Geschäft in einem eigens entworfenen Modell in Excel ab.[250] Ist einmal die Struktur des Ertrags- und Kostenmodells entworfen, können die getroffenen Annahmen variiert und deren Auswirkungen auf den Unternehmenswert untersucht werden. Dies entspricht dem Vorgehen nach einer unsystematischen ad hoc Simulation bzw. einer einfachen Sensitivitätsanalyse.

Abbildung 13 zeigt die Entstehung eines solchen Modells. Zuerst werden Ziele definiert, die erreicht werden sollen, dann die dafür notwendigen Massnahmen und Mittel (personell und finanziell) bestimmt. Schliesslich werden die Wirkungszusammenhänge inkl. deren Einfluss auf andere Variablen im Modell analysiert und in einer Formel ausgedrückt. Erst jetzt kann der geschätzte Betrag für die zu bestimmende Position im Finanzplan berechnet werden.

---

[248] Siehe oben Kapitel 5.9 Simulation auf Seite 89.

[249] Siehe oben Kapitel 5.8.2.3 Szenario-Technik auf Seite 84.

[250] Eine Liste der wichtigsten geführten Gespräche findet sich im Verzeichnis der Interviewpartner auf Seite 359ff.

Abbildung 13: Darstellungsvorschlag für einen Finanzplan

Jahr	Ziele	Massnahmen	Mittel	Einfluss auf:	Formel	Ergebnis
Absatzmenge						
* Preis						
= **Umsatz**						
− variable HeKo						
• Material						
• Werkzeuge						
• Fremdvergaben						
= **Deckungsbeitrag**						
− fixe HeKo (inkl. fixe V&V-Ko)						
• Personal						
• Raum						
• Werbung						
• Verwaltung						
− Abschreibungen						
− FK-Zinsen						
− Steuern						
= **Reingewinn**						
+ Abschreibungen						
− Investitionen						
± Veränderung UV						
= **Free Cash Flow**						

wobei:

HeKo:	Herstellungkosten
V&V-Ko:	Verwaltungs- & Vertriebskosten
FK:	Fremdkapital
UV:	Umlaufvermögen
Betrag:	nackte *Zahl* [in Fr., Stück oder %]
Herleitung:	Formel oder *Berechnungsmethode*: Wie ist der Betrag zustande gekommen ? (Inkl. der zugrunde gelegten *Annahmen*)
Ziele:	bzgl. Unternehmens-Konzept: *Welches* Ziel möchte man erreichen?
Massnahmen:	*Welche* Massnahmen sind geplant, um die Ziele zu erreichen ?
Mittel:	*Welche* Mittel müssten für obige Massnahmen bereit stehen, und wieviel stehen heute zur Verfügung ?
Einfluss auf:	Welche *andere* Grössen sind abhängig von dieser Grösse und wie?

So einfach die Erstellung von Ertragsmodellen mit geschätzten Absätzen (in Stückzahlen) multipliziert mit angenommenen Verkaufspreisen der Produkte in einem weit verbreiteten Computerprogramm wie Excel erscheinen mag, so bedeutsam sind diese Modelle für die Praxis der Unternehmensbewertung im Venture Capital-Geschäft. Alle Methoden der Unternehmensbewertung benutzen die Ergebnisse dieser Excel-Modelle als Input für ihre eigenen Berechnungen. Egal, ob der Umsatz, Bruttogewinnmarge, EBIT, EBITDA, CF oder FCF als Erfolgsgrösse verwendet wird – alle sind sie abhängig von der Umsatzschätzung, der „Mutter" aller Erfolgsmodelle.[251]

Venture Capitalisten gehen dabei oftmals sehr drastisch mit den Prognosen der Jungunternehmer um. Aufgrund der bekannten Tatsache, dass in der Realität sowieso alles zwei bis drei Mal so lange dauert und zwei bis drei Mal soviel kostet, wie im ursprünglichen Businessplan zum Zeitpunkt der Firmengründung angenommen, ist es durchaus übliche Praxis von Investoren, in ihren eigenen Excel-Modellen die Umsatzschätzungen des Jungunternehmers z.B. zu halbieren.[252] Die Auswirkungen auf den Unternehmenswert sind natürlich gravierend und in ihrem Einfluss bedeutend höher als alle anderen variablen Stellhebel (wie z.B. im Beispiel der DCF-Methode das Beta und überhaupt der ganze WACC, Steuersätze, Investitionen, Veränderungen von Netto-Umlaufvermögen etc.)[253].

Darum soll es auch Zweck dieser Arbeit sein aufzuzeigen, dass ein Methodenstreit zur Frage des „richtigen" Verfahrens der Bewertung von Jungunternehmen insofern müssig erscheint, als dass die zum Teil nur feinen Unterschiede in den Verfahren durch die unpräzisen Eingangsparameter, von welchen sie ausgehen müssen, erschlagen werden. M.a.W.: Wenn die Absatzprognose i.w.S. mit einem Unsicherheitsfaktor von zwei bis drei behaftet ist, dann lohnt sich kaum die Unterscheidung zwischen buchhalterisch korrekt berechnetem EBITDA und FCF, oder die detaillierte Abklärung der Frage nach der optimalen steuerlichen Behandlung der Abschreibungen des Anlagevermögens (ob lineare, degressive oder progressive Abschreibungen die höchsten Steuereinsparungen bringen). Die Datenqualität in Plan-Erfolgsrechnungen und –Bilanzen ist zu schlecht, als dass aufwendige Analysen mittels verschiedener Methoden der Unternehmensbewertung sinnvoll wären. Nicht auf das Verfahren zur Transformation der Input-Daten (wie z.B. Umsatz) in ein Output-Ergebnis (wie z.B. den Unternehmenswert) soll sich der Venture Capitalist in der finanziellen Analyse von Zukunftsaussichten von Jungunternehmern stürzen. Vielmehr muss die Adäquanz der *Input-Daten* gebührend hinterfragt, überprüft und angepasst werden.

---

[251] Siehe oben Kapitel 5 Absatzprognose, auf Seite 67.

[252] Diese altbekannte Faustregel von Venture Capitalisten wurde auch von Hans van den Berg, Gründungsmitglied von Venture Partners, und G. Schmidt, Gründungsmitglied der European Web Group, im persönlichen Gespräch bestätigt. (Zürich, 26.10.2000.)

[253] Zur Discounted Cash Flow (DCF) - Methode siehe Kapitel 6.3.3 Discounted Cash Flow-Methode auf Seite 125.

Dies ist auch der Grund, weshalb obige Ausführungen in diesem Kapital angeführt werden. Diese Plausibilitätsprüfung der Input-Daten, die Hinterfragung der Annahmen und die Testung der Adäquanz der finanziellen Struktur des Geschäftssystems kann am besten mittels Variation der Parameter in einem Excel-Modell erreicht werden, welches man selber unter Verwendung der höchstpersönlichen Annahmen entworfen und gebaut hat.

Als Konsequenz daraus ergibt sich, dass die Bewertungen von Jungunternehmen von Bewerter zu Bewerter überraschend stark variieren. Nicht, weil die Investoren unter Verwendung derselben Input-Daten extrem unterschiedliche Modelle bzw. Parameterwerte derselben Modelle verwenden würden (z.B. für Beta, geforderte Rendite, Standardabweichung oder Terminal Value Multiple bei DCF oder EBITDA-, EBIT- und Sales-Multiples beim Vergleich mit anderen Unternehmen), sondern weil jeder Venture Capitalist seine höchst individuellen Input-Daten durch Modifikation der Input-Daten des Jungunternehmers verwendet. Kein VC übernimmt die Zahlen aus dem Businessplan 1:1 und wendet sein Excel-Modell zur Unternehmensbewertung auf diese Daten an.

5.11   Übersicht der Methoden

Tabelle 5 zeigt eine Übersicht der allgemeinen Prognoseverfahren. Dabei zeigt sich, dass nur die intuitiven Verfahren der Heuristik und das eigene Entwerfen eines Excel-Modelles die Berücksichtigung qualitativer Sachverhalte ermöglicht. Damit bleibt Raum für das gesamte Universum von Einflussfaktoren, was der Hauptgrund für deren grosse Verbreitung in der Praxis sein mag.

Tabelle 5: Übersicht der Prognoseverfahren

Kriterien: / Methoden:	Zeitreihe	Regression	Intuition	Simulation	Excel
• Aufhebung der Annahme der Strukturkonstanz im Zeitablauf	✗	✗	✓	✓	✓
• Zulässigkeit von mehrwertigen Daten	✗	✓	✓	✓	✓
• Berücksichtigung der individuellen Planung	✗	✓	✓	✓	✓
• Aufhebung der Beschränkung auf quantitativ erfassbaren Daten (auch qualitative Informationen integrierbar)	✗	✗	✓	✗	✓

Quelle: eigene Darstellung.

Allgemein wird die Qualität der Ergebnisse durch die Reliabilität und die Validität der Messungen zum Ausdruck gebracht. *Validität*[254] (Gültigkeit) einer Messung liegt vor, wenn der erzielte Messwert frei von systematischen Verzerrungen ist. Die *Reliabilität*[255] (Zuverlässigkeit) der Messung wird dagegen durch die zufallsbedingte Streuung der Messwerte um den wahren Wert zum Ausdruck gebracht.

5.12   Spezifische Prognoseverfahren

5.12.1   Bestimmung der strategischen Erfolgsposition

5.12.1.1   *Ausgangslage*

Der wichtigste Schritt bei der Ermittlung der zukünftigen Leistungsfähigkeit eines Unternehmens ist die Bestimmung der strategischen Erfolgsposition. Die Fähigkeit eines Unternehmens, langfristig die von den Investoren geforderte Zuwachsrate an „Shareholder Value"[256] zu generieren, setzt voraus, dass das Unternehmen über *Wettbewerbsvorteile* verfügt.

Es lassen sich drei Gruppen von Wettbewerbsvorteilen unterscheiden:[257]

- dem Kunden Mehrwert verschaffen (Differenzierungsstrategie nach Porter[258])
- tiefere Kosten als die Konkurrenten erreichen (Kostenführerschaftsstrategie nach Porter[259])
- das Kapital produktiver als die Konkurrenten nutzen

Für die Identifikation von Wettbewerbsvorteilen muss in Erfahrung gebracht werden, ob die Branche als Ganzes attraktiv (weil profitabel) sein wird, und wie gut die Unternehmung innerhalb dieses Umfeldes da steht, d.h. wie nachhaltig die Wettbewerbsvorteile der Unternehmung sind.

Dazu werden im Folgenden drei Techniken vorgestellt, wie sie von der Theorie vorgeschlagen und in der Praxis eingesetzt werden.[260]

---

[254] Siehe beispielsweise Maukisch, in: Dichtl/Issing, 1993, S. 2180 oder Böhler, in: Tietz, 1995, Sp. 1776.

[255] Siehe beispielsweise Maukisch, in: Dichtl/Issing, 1993, S. 1804 oder Böhler, in: Tietz, 1995, Sp. 1777.

[256] Siehe beispielsweise Rappaport, 1986, S. 51.

[257] Volkart, 1995, vom 18.5.95, S. 1 bzw. Copeland/Koller/Murrin, 1994, S. 202.

[258] Porter, 1980, S. 37.

[259] Porter, 1980, S. 35.

[260] Siehe beispielsweise Copeland/Koller/Murrin, 1994, S. 202-207.

5.12.1.2   Analyse der Kundensegmente

Ein Kundensegment ist eine Gruppe von Kunden, innerhalb derer die Individuen aus ähnlichen Leistungsmerkmalen der Produkte einen ähnlichen Nutzen erzielen. Jedes Kundensegment nimmt dabei eine andere Gewichtung der Leistungsmerkmale des Produktes vor. Die Kundensegmentanalyse verfolgt drei Ziele:[261]

- Schätzung des aktuellen und potentiellen Marktanteils
- Schätzung der Profitabilität der einzelnen Kundensegmente
- Abschätzung der Schwierigkeit zur Differenzierung gegenüber der Konkurrenz im Wettbewerb.

Die Segmentierung der Kunden geschieht einmal aus der Perspektive des Kunden (jeder Kunde zieht einen anderen Nutzen aus dem Produkt) und einmal aus der Sicht des Produzenten (bei jedem Kunden entstehen andersgelagerte Kosten). Aus Kundensicht interessiert, was Kundenbedürfnisse antreibt. Dadurch lassen sich mögliche Segmentierungskriterien erkennen.

Der Vergleich der gefundenen Resultate mit den Fähigkeiten der Unternehmung (relativ zur Konkurrenz), die Kunden zu befriedigen, zeigt die aktuellen und zukünftigen Wettbewerbsvorteile auf.

5.12.1.3   Analyse der Wertekette

Bei dieser Analyse wird die Wertschöpfungskette (Abbildung 14)[262] der eigenen Unternehmung mit derjenigen der wichtigsten Konkurrenten verglichen.

Abbildung 14: Wertekette der Unternehmung

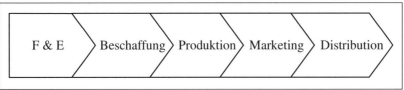

Quelle: eigene Darstellung.

Heutzutage wird weniger funktionell vorgegangen, sondern man konzentriert sich auf die Kernprozesse.[263] Dadurch wird auch der Nutzen der Querverbindungen zwischen Funktionen miteinbezogen. Ziel dieses Vorgehens ist die Identifikation der Stellen, wo Wettbewerbsvorteile gegenüber der Konkurrenz vorhanden sind und wie sie generiert werden.

---

[261] Volkart, 1995, vom 18.5.95, S.1 bzw. Copeland/Koller/Murrin, 1994, S. 203.

[262] Vgl. Porter, 1985, S. 79ff. und Copeland/Koller/Murrin, 1994, S. 204.

[263] Siehe beispielsweise Osterloh/Frost, 1996, S. 114f.

5.12.1.4   Analyse der Branchenstruktur

Die Branchenstrukturanalyse bezieht sich auf die Faktoren, welche die Profitabilität (und damit die Attraktivität) der Branche als Ganzes bestimmen.

Porter[264] unterscheidet die folgenden fünf Wettbewerbskräfte (Abbildung 15):

- Wettbewerb unter den Konkurrenten
  Mit zunehmender Wettbewerbsintensität sinkt die Attraktivität der Branche.
- Vorhandensein von Substitutionsprodukten
  Sie begrenzen das Gewinnpotential der Branche, da sie eine Preisobergrenze darstellen.
- Verhandlungsmacht der Lieferanten
  Sie bestimmt, wie viel Gewinn bei der Unternehmung verbleibt und wie viel an den Händler in Form von Margen abgegeben werden muss.
- Verhandlungsmacht von Abnehmern
  Sie determiniert den Preis und die Konditionen, die das Unternehmen verlangen kann.
- Ein- und Austrittsbarrieren
  Sie begrenzen den Marktanteil, den das Unternehmen innerhalb der Branche erreichen kann.

Abbildung 15: Triebkräfte des Wettbewerbs

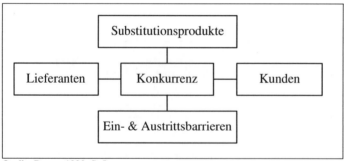

Quelle: Porter, 1980, S. 5.

Der dynamische Aspekt kann berücksichtigt werden, indem der Branchenstruktur externe Schocks zugefügt werden und dann die Auswirkungen auf die Branchenstruktur, das Verhalten der Produzenten und der dadurch resultierende Erfolg der Branche als Ganzes

---

[264] Porter, 1980, S.4.

und der einzelnen Wettbewerber analysiert werden. Der Übergang von diesem sogenannten *Structure-Conduct-Performance* (S-C-P) Modell[265] zur Szenario-Technik[266] ist
dabei fliessend.

5.12.2   Absatzprognose im weiteren Sinne (Marketingplanung)

5.12.2.1   Begriff

Die von dem Investor veranlasste Prognose des zukünftigen Absatzes lässt sich sachlich
nicht von der durch die Geschäftsleitung durchgeführten Planung des Absatzes trennen.
Aus diesem Grunde werden in diesem Abschnitt die Begriffe Planung und Prognose als
Synonyme verwendet.[267]
Gegenstand der Absatzplanung im weiteren Sinne (auch *Marketingplanung* genannt)
sind alle Gestaltungsfragen, die sich vorausschauend auf die Markttransaktionen einer
Unternehmung beziehen. Die strategische Marketingplanung befasst sich mit der Er-
mittlung jener Produkt-Markt-Kombinationen, welche auf weitere Sicht eine Sicherung
der betrieblichen Erfolgspotentiale versprechen. Die operative Marketingplanung kon-
kretisiert obige strategische Grundausrichtung für ein Jahr.[268]
Für eine marktorientierte Unternehmung bildet die Marketingplanung den logischen
Ausgangspunkt für die Gesamtplanung.
Die Marketingplanung beinhaltet eine ganze Reihe von zu koordinierenden Plänen,
welche Auskunft geben sollen über:[269]

- Produkte und Dienstleistungen, die verkauft werden sollen
- Wünsche und Bedürfnisse der Kundschaft (Wer will was wo und wann?)
- Preise und Mengen, die erzielt werden können, und die Margen, die erreicht
  werden müssen, damit die Verkäufe gewinnbringend sind
- Verkaufsanstrengungen, die nötig sind (Werbung, Gratismuster etc.)

---

[265] Volkart, 1995, vom 18.5.95 bzw. Copeland/Koller/Murrin, 1995, S. 207.

[266] Siehe Kapitel 5.8.2.3 Szenario-Technik auf Seite 84.

[267] Vgl. Kapitel 5.5.3 Planung und Prognose auf Seite 75.

[268] Männel, in: Szyperski, 1989, Sp. 1007.

[269] Diller, in: Dichtl/Issing, 1993, S. 1387-1389.

Abbildung 16 liefert dazu einen Überblick.

Abbildung 16: Planungsprozess der Absatzplanung

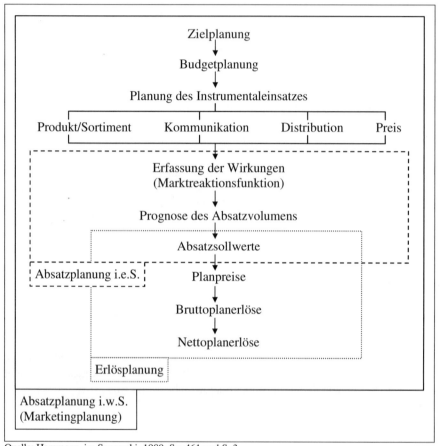

Quelle: Hammann, in: Szyperski, 1989, Sp. 461 und S. 3.

Dieses Vorgehen erscheint auf den ersten Blick als fragwürdig, weil das Absatzvolumen ohne Kenntnis der Planpreise geschätzt werden soll. Dies würde eine klare Missachtung der Grundregel der Ökonomie (relativer Preiseffekt: mit zunehmenden Preis sinkt die nachgefragte Menge)[270] bedeuten. Dies ist jedoch bloss eine typische Erscheinung der Budgetierung: Zwar wird vernünftigerweise bei der Erarbeitung der Planzahlen in einer bestimmten Reihenfolge vorgegangen, aber alle Teilpläne hängen eben zusammen, weil

---

[270] Siehe beispielsweise Hirshleifer/Glazer, 1992, S. 121-125 oder Schuhmann, 1992, 78-82.

sie sich schliesslich über die ganze Unternehmungstätigkeit erstrecken sollen. Es werden sich folglich immer wieder bei Budgetarbeiten, welche zeitlich später erfolgen müssen, Rückwirkungen auf schon aufgestellte Plandaten ergeben. Dann sind einfach die entsprechenden Korrekturen vorzunehmen (iterativer Prozess[271]).[272]

Die fortlaufende Kontrolle des Marketingplanes auf den Grad der Zielerreichung stellt eine Rückkopplungsschleife zur Zielbestimmung der nächsten Planungsrunde dar. Das Lernen aus Abweichungsanalysen macht es jedoch erforderlich, dass die Zielgrössen operational ausgedrückt werden, d.h. mit eindeutigen Messmöglichkeiten für Soll- und Ist-Zustände.

Im folgenden soll auf die einzelnen Schritte der Marketingplanung näher eingegangen werden.

5.12.2.2   Budgetplanung

Unter Budget wird hier eine Zusammenstellung der aufgrund der Unternehmungsplanung vorgesehenen mittel- und kurzfristigen Massnahmen und der daraus resultierenden Geldwerte für die nächste Planungsperiode verstanden.[273] Anders ausgedrückt führt die Budgetierung zur Zuteilung finanzieller Ressourcen auf bestimmte organisatorische Zuständigkeiten bzw. Projekte.[274] Zweck des Budgets ist die Steuerung nachgeordneter Instanzen eines Unternehmens im Hinblick auf das von der Zielplanung her vorgegebene Ziel.

Das Budget ist von dem Finanzplan abzugrenzen. Die beiden müssen nicht identisch sein (z.B. kann das Budget auf Aufwendungen und Erträgen beruhen, während in den Finanzplan voraussichtliche Zahlungen eingehen). Das Budget soll primär Richtschnur des Handelns sein, der Finanzplan hingegen primär die Liquidität und eine bestimmte Finanzstruktur sichern.[275]

Das Budget kann auch flexibel aufgestellt werden. Dabei werden die Werte nicht absolut in festen Beträgen, sondern relativ in Abhängigkeit von Leistungsart und -umfang vorgegeben. Dieses Verfahren ist z.B. in der Plankostenrechnung für variable Kosten üblich, lässt sich aber auch z.B. für die Erlösplanung anwenden.[276]

---

[271] Näheres dazu beispielsweise von Emde, in: Szyperski, 1989, Sp. 1649.

[272] Weilenmann, 1994, S. 42.

[273] Busse von Colbe, in: Szyperski, 1989, Sp. 176.

[274] Männel, in: Szyperski, 1989, Sp. 1015.

[275] Kussmaul, in: Dichtl/Issing, 1993, S. 688f. und Busse von Colbe, in: Szyperski, 1989, Sp. 177.

[276] Busse von Colbe, in: Szyperski, 1989, Sp. 179.

Im Hinblick auf die Unsicherheit der Zukunft empfiehlt es sich, für verschiedene Szenarien Massnahmen und ihre Konsequenzen in Form hypothetischer Budgets durchzuspielen. Dabei gilt es zu beachten, dass Absatz-, Produktions- und Beschaffungsbudgets zueinander passen. Dies lässt sich überprüfen, indem aus den einzelnen monetären Budgets eine Planbilanz und Plan-Erfolgsrechnung für die Budgetperiode abgeleitet wird.

5.12.2.3   Absatzplanung im engeren Sinne (Absatzmarktanalyse)

Die Absatzplanung im engeren Sinne bezieht sich auf die Planung des mengenmässigen Absatzvolumens einzelner betrieblicher Leistungen.[277]
Die Absatzplanung baut auf den Ergebnissen der Marketingplanung auf. Diese umfasst neben der Zielplanung insbesondere die Planung des integrierten Einsatzes der absatzpolitischen Instrumente (Marketing-Mix). Die Wirkungen der Instrumente werden in Marktreaktionsfunktionen erfasst, welche die Grundlage für die Prognose des Absatzvolumens einzelner Produkte bilden.[278]

Um das Absatzvolumen bestimmen zu können, werden Schätzwerte des Marktvolumens und des Marktpotentials benötigt. Zur Schätzung des *Marktpotentials* (als Obergrenze des Marktvolumens) haben sich folgende drei Verfahren bewährt:[279]

- *Korrektur des Marktvolumens*
  Ist das Marktvolumen bekannt, so kann durch einen subjektiv geschätzten Aufschlag auf das Marktvolumen das Marktpotential ermittelt werden.

- *Verkettung von Anteilen*
  Ausgehend von der Bevölkerungszahl eines Marktsegmentes und dem verfügbaren Einkommen pro Kopf werden die Verwendungsanteile des Einkommens für Produktgruppen und einzelne Produkte miteinander verkettet.

- *Repräsentativbefragungen*
  In einer repräsentativen Stichprobe können potentielle Verwender bzw. Verbraucher dahingehend befragt werden, ob und gegebenenfalls in welchem Umfang sie ein bestimmtes Produkt zu kaufen bereit wären. Dieses Verfahren eignet sich besonders für Marktpotentialschätzungen neuer Produkte.

---

[277] Hammann, in: Szyperski, 1989, Sp. 1.
[278] Meffert, 1992, S. 356.
[279] Hammann, in: Szyperski, 1989, Sp. 4f.

Das Absatzvolumen kann dann wie folgt indirekt geschätzt werden:

Absatzvolumen = Marktanteil x Marktdurchdringung x Marktpotential

wobei der Marktanteil als Anteil des Absatzvolumens am Marktvolumen und die Marktdurchdringung als Anteil des Marktvolumens am Marktpotential definiert ist. Besondere Schwierigkeiten bereitet allgemein die Absatzprognose im Investitionsgüterbereich. Nachfrage und Absatz nach Investitionsgütern leiten sich nämlich aus der Nachfrage nach den mit ihrer Hilfe produzierten Konsumgüter ab (derivative Nachfrage). Eine gewisse Hilfe bietet hier die Beobachtung von Indikatoren der gesamt- und einzelwirtschaftlichen Entwicklung im Hinblick auf das Absatzvolumen.[280]

Die Prognose des Absatzes neuer Konsumgüter, für welche historische Zeitreihen als statistische Basis fehlen, stützt sich in erster Linie auf *Testmarktdaten*[281], die hochzurechnen sind. Im Falle neuer Investitionsgüter mit hohem Standardisierungsgrad bilden *Expertenschätzungen* häufig die Grundlage der Prognosemodelle (z.B. Delphi-Technik)[282]. Die Absatzplanung von individualisierten Investitionsgütern orientiert sich zwar auch an Expertenschätzungen[283], andererseits aber zusätzlich an der Anzahl eingegangener *Anfragen* (bei Messen, Ausstellungen, Demonstrationen von Pilotanlagen etc.).[284]

Die *Absatzmarktanalyse* ist als Teilbereich der klassischen Marketingforschung anzusehen. Darum wird im wesentlichen auf deren Instrumente (mit Schwergewicht auf die primärforscherischen Erhebungsmethoden) zurückgegriffen. Primäres Ziel ist dabei die Prognose der Marktreaktion. Neben qualitativen und quantitativen Aspekten über den relevanten Absatzmarkt (Marktpotential, Marktsättigung, Marktwachstum, Markteintritts-/-austrittsbarrieren, Preis-/Ertragsniveau, Marketingkosten für das Entwickeln und Halten der Märkte etc.) bzw. Teilmärkte stehen hier insbesondere qualitative und quantitative Informationen über die Marktteilnehmer, d.h. Konkurrenz, Handel, Abnehmer (Absatzmarkt i.e.S.), im Mittelpunkt der Analyse. Diese liefert auch Anregungen für die Leistungsgestaltung.[285]

Da es aufgrund der grossen Anzahl der Informationen nur schwer möglich ist, alle jeweils relevanten Faktoren möglichst effizient zu erfassen, wird eine Auswahl und Kon-

---

[280] Hammann, in: Szyperski, 1989, Sp. 462.

[281] Siehe beispielsweise Meffert, 1992, S. 235.

[282] Siehe Kapitel 5.8.3.2 Delphi-Methode auf Seite 87.

[283] Siehe Kapitel 5.8.3.3 Expertenbefragung auf Seite 87.

[284] Hammann, in: Szyperski, 1989, Sp. 5.

[285] Meffert, in: Szyperski, 1989, Sp. 1023.

zentration auf die „*Key Issues*" vorgenommen, also auf die Probleme, die von entscheidender Bedeutung sind.

Die Attraktivität eines Marktes lässt sich in eine Vielzahl von Einzelfaktoren zerlegen:[286]

- *Marktwachstum und Marktgrösse*

- *Marktqualität*
  - Rentabilität der Branche (Deckungsbeitrag, Umsatzrendite)
  - Stellung im Markt-Lebenszyklus
  - Spielraum für die Preispolitik
  - Ausgestaltung der fünf Wettbewerbskräfte von Porter[287]
  - Investitionstätigkeit

- *Energie- und Rohstoffversorgung*
  - Störungsanfälligkeit in der Versorgung von Energie und Rohstoffen
  - Abhängigkeit der Wirtschaftlichkeit der Produktionsprozesse von den Energie- und Rohstoffpreisen

- *Umweltsituation*
  - Konjunkturabhängigkeit
  - Inflationsauswirkungen
  - Abhängigkeit von der Gesetzgebung

Dabei werden unter dem Marktwachstum die Wachstumschancen der mengenmässigen Nachfrage verstanden. Die Qualität eines Marktes hingegen drückt seine Gewinnstabilität aus.

Die Ergebnisse der Absatzplanung bilden die Grundlage der Erlösplanung.

5.12.2.4   Erlösplanung

Die enggefasste Definition begreift den Erlös als den Geldwert der abgesetzten Unternehmensleistungen, also den Umsatz.[288]
Die Erlösplanung ist eine Massnahme zur Ermittlung von wertmässigen Planvorgaben für einzelne Erlösträger (Produkte) oder deren Gesamtheit. Ihr Ergebnis ist der Erlösplan, das wertmässige Korrelat des Absatzplanes.[289]

---

[286] Agthe/Simon, in: Szyperski, 1989, Sp. 1032.
[287] Porter, 1980, S. 4. Siehe Kapitel 5.12.1.4 Analyse der Branchenstruktur auf Seite 98.
[288] Dichtl/Issing, 1993, S. 2129.
[289] Hammann, in: Szyperski, 1989, Sp. 460.

Das Mengengerüst der Erlösplanung wird der Absatzplanung entnommen. Die dort ermittelten Sollwerte werden der Erlösplanung zugrunde gelegt und mit dem Plan-Preis pro Leistungseinheit multipliziert. Auf diese Weise erhält man die Bruttoplanerlöse. Werden von diesen noch die Erlösminderungen (Rabatte etc.) subtrahiert, so erhält man die Nettoplanerlöse (Deckungsbeiträge) pro Leistungseinheit (Produkt) bzw. Entstehungsbereich (Absatzsegment).

Im Zentrum der Erlösplanung steht die Ermittlung von Planpreisen bzw. von Plangrössen der Preisbestandteile. Der gewinnoptimale Preis als Grundpreis kann der Marketingplanung entnommen werden. Die weiteren Preisbestandteile in Form von Preiszu- oder -abschlägen können teilweise ebenfalls bereits in der Marketingplanung einbezogen worden sein. Die dort ermittelten Preise sind dann als Globalpreise zu verstehen. Preispolitische Rabatte hingegen sind wie eventuelle Nachlässe in Gewährleistungsfällen nicht prognostizierbar. Eine andere Situation liegt vor, wenn die Unternehmung die Preise nicht selber festsetzen kann, sondern sich an die Entwicklung der Marktpreise anpassen muss. Hier steht sie vor der Aufgabe, die Entwicklung der Marktpreise zu prognostizieren.[290]

Die Erlösplanung bildet eine notwendige Voraussetzung für die Durchführung der Erfolgsplanung.

5.12.2.5 Erfolgsplanung

Mit den aus den Absatz- und Erlösplänen ermittelten Daten und allen anderen Plänen der Unternehmung (Produktions-, Beschaffungs-, Finanz-, Investitions-, Forschungs- & Entwicklungspläne) werden Planbilanzen und Planerfolgsrechnungen erstellt. Als Erfolgsgrösse wird für jede einzelne Periode ein Plangewinn ermittelt. Damit leistet die Erfolgsplanung eine Zusammenfassung und Verdichtung der Planzahlen aus den Teilplänen in einem Informationsinstrument, dessen Aufbau und Inhalt dem Praktiker aus der handelsrechtlichen Rechnungslegung gut vertraut ist.[291]

Es gilt jedoch zu beachten, dass der Periodenerfolg einer Unternehmung noch nichts über deren langfristige Überlebenschance aussagt. M.a.W.: operatives (kurzfristiges) Handeln ist nicht geeignet, strategisches (langfristiges) Handeln zu leiten.

---

[290] Hammann, in: Szyperski, 1989, Sp. 463.
[291] Küpper, in: Szyperski, 1989, Sp. 434.

5.13   Plausibilitätsprüfungen

Als letzten Schritt werden die ermittelten Prognoseresultate beurteilt. Dies sollte auf die gleiche Art und Weise geschehen, wie bereits allfällig vorhandene historische Daten bewertet wurden. Dabei helfen folgende Fragen, Fehler aufzudecken:[292]

- Bleibt die Unternehmung im Rahmen der Entwicklung der Branche? Wenn nein: Wieso nicht? Welcher Konkurrent wird Marktanteile verlieren? Wie wird er reagieren?
- Wie beeinflusst der Technologiefortschritt den Gewinn? Wie das Risiko?
- Ist die Unternehmung wirklich in der Lage, alle geplanten Investitionen zu bewältigen?
- Wird eine Kapitalerhöhung nötig sein? Wenn ja: besser Eigen- oder Fremdkapital?

Aufgrund der Mehrwertigkeit der Daten empfiehlt sich die Durchführung einer *Sensitivitätsanalyse*[293] zur Prüfung der Empfindlichkeit einer Lösung auf Änderungen der Umgebungsbedingungen. Dabei wird versucht, die Intervalle zu bestimmen, in denen Parameter variiert werden können, ohne dass sich die Basiselemente der gefundenen Lösung dadurch ändern (Stabilitätsprüfung).[294]

Bei der Simulation[295] findet in der Bewertung der Ergebnisse zur Festlegung weiterer Experimentvorgaben laufend eine Sensitivitätsanalyse statt.

Bei der Netzplantechnik[296] dient das wiederholte Durchrechnen der Projektnetzpläne bezüglich des kritischen Weges und der resultierenden Pufferzeiten keinem anderen Zweck, als der Überprüfung des Einflusses von tatsächlich benötigten Aktivitätsdauern auf sogenannte kritische Aktivitäten bzw. den Projektendtermin.[297]

Die weite Verbreitung von Personal Computer und Tabellenkalkulationsprogrammen ermöglicht es heute jedem, die Sensitivität seines Systems auf Änderungen einzelner Werte durch repetitives Durchrechnen zu erkennen. Mit System wird dabei die tabellarische Darstellung ökonomischer Zusammenhänge gemeint, wobei die Abhängigkeiten der verschiedenen Tabellenelemente voneinander durch Berechnungsformeln beschrieben werden.[298]

---

[292] Copeland/Koller/Murrin, 1994, S. 214f.

[293] Siehe beispielsweise Knüsel, 1994, S. 159 oder Lüder, in: Dichtl/Issing, 1993, S. 1880.

[294] Thome, in: Szyperski, 1989, Sp. 1774f.

[295] Siehe Kapitel 5.9 Simulation auf Seite 89.

[296] Siehe Kapitel 5.8.2.4 Netzplantechnik auf Seite 85.

[297] Thome, in: Szyperski, 1989, Sp. 1776.

[298] Thome, in: Szyperski, 1989, Sp. 1777.

Nachdem die „key value drivers"[299] (Wertgeneratoren) aufgrund der konstruierten Bilanzen und Erfolgsrechnungen berechnet worden sind, lohnt sich die Anwendung von allgemeinen Kennzahlen (siehe Tabelle 6) für die Analyse, Prognose und Kontrolle des betrieblichen FCF (des wichtigsten Wertgenerators).

Tabelle 6: Kennzahlen für die Plausibilitätsprüfung von Finanzmodellen

Erträge	• Umsatz: jährliches Wachstum • Finanzertrag: Rendite
geldwirksame Aufwendungen	• im Verhältnis zum Umsatz
Abschreibungen	• im Verhältnis zum Anlagevermögen
Rückstellungen	• im Verhältnis zum Umsatz
Margen	• Cash Flow und Gewinn im Verhältnis zum Umsatz
Steuern	• betrieblicher Steuersatz für FCF • nicht betrieblicher Steuersatz für FCF • Steuersatz für Gewinn (Erfolgsrechnung)
Investitionen in das NUV	• im Verhältnis zum Umsatz bzw. Material- und Warenaufwand
Investitionen Anlagevermögen	• in absoluten Zahlen • im Verhältnis zum Umsatz
Finanzierung	• Eigenkapital / investiertes Kapital • Gewinnausschüttungsquote • Kosten Finanzschulden
Renditen	• Rendite investiertes Kapital • Eigenkapitalrendite

Quelle: In Anlehnung an Knüsel, 1994, S. 164 sowie Kralicek, 1995, S. 143-147.

Solche Kennzahlen erleichtern technisch die Prognose, indem sie helfen, die Plausibilität eines Szenarios zu prüfen. Die wahre Kunst der Bewertung von Jungunternehmen liegt nämlich im richtigen Voraussehen der Ereignisse der Zukunft.[300] Die Anwendung einer Methode dagegen muss als reines Handwerk verstanden werden.

---

[299] Siehe dazu beispielsweise Esty, 1997, S. 1-13.
[300] Knüsel, 1994, S. 159.

6   METHODE ZUR UNTERNEHMENSBEWERTUNG

Abbildung 7: Zentrale Einflussfaktoren auf den Unternehmenswert von Start-ups

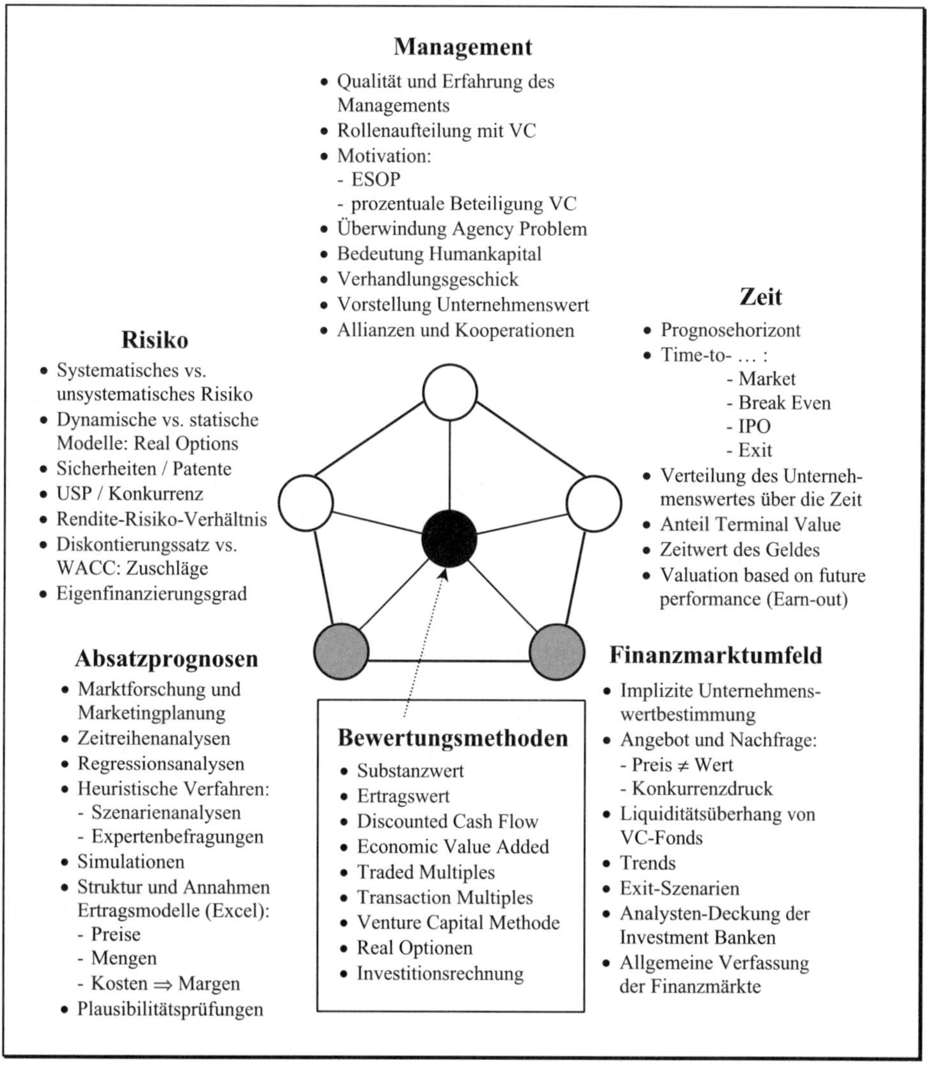

Management
- Qualität und Erfahrung des Managements
- Rollenaufteilung mit VC
- Motivation:
  - ESOP
  - prozentuale Beteiligung VC
- Überwindung Agency Problem
- Bedeutung Humankapital
- Verhandlungsgeschick
- Vorstellung Unternehmenswert
- Allianzen und Kooperationen

Zeit
- Prognosehorizont
- Time-to- … :
  - Market
  - Break Even
  - IPO
  - Exit
- Verteilung des Unternehmenswertes über die Zeit
- Anteil Terminal Value
- Zeitwert des Geldes
- Valuation based on future performance (Earn-out)

Risiko
- Systematisches vs. unsystematisches Risiko
- Dynamische vs. statische Modelle: Real Options
- Sicherheiten / Patente
- USP / Konkurrenz
- Rendite-Risiko-Verhältnis
- Diskontierungssatz vs. WACC: Zuschläge
- Eigenfinanzierungsgrad

Absatzprognosen
- Marktforschung und Marketingplanung
- Zeitreihenanalysen
- Regressionsanalysen
- Heuristische Verfahren:
  - Szenarienanalysen
  - Expertenbefragungen
- Simulationen
- Struktur und Annahmen Ertragsmodelle (Excel):
  - Preise
  - Mengen
  - Kosten ⇒ Margen
- Plausibilitätsprüfungen

Bewertungsmethoden
- Substanzwert
- Ertragswert
- Discounted Cash Flow
- Economic Value Added
- Traded Multiples
- Transaction Multiples
- Venture Capital Methode
- Real Optionen
- Investitionsrechnung

Finanzmarktumfeld
- Implizite Unternehmenswertbestimmung
- Angebot und Nachfrage:
  - Preis ≠ Wert
  - Konkurrenzdruck
- Liquiditätsüberhang von VC-Fonds
- Trends
- Exit-Szenarien
- Analysten-Deckung der Investment Banken
- Allgemeine Verfassung der Finanzmärkte

Quelle: eigene Darstellung.[301]

---

[301] Original ist diese zentrale Übersichtsgraphik zu finden auf Seite 29 in Kapitel 3.1 Herleitung zentraler Einflussfaktoren auf den Unternehmenswert auf Seite 27ff. Zur leserfreundlicheren Einordnung des Kapitels in den Gesamtzusammenhang wird diese Abbildung zu Beginn jedes der sechs Einflussfaktoren als Erinnerung aufgeführt.

6.1   Einleitung

6.1.1   Theoretische Einordnung der Unternehmensbewertung

Die Unternehmensbewertung ist sachlich und methodisch der Investitionslehre zuzu-ordnen.[302] Darum hat sie grundsätzlich auf der Investitionstheorie und Investitionsrech-nung aufzubauen.[303] Daraus ergibt sich, dass die Bewertung aus der Sicht des Investors, und nicht etwa aus der Sicht des Unternehmens, durchgeführt werden muss.[304] Demzu-folge lautet die Zielfunktion für eine Investitionsentscheidung nicht: „Maximiere den Gewinn!", sondern: „Maximiere den Endvermögenswert des Investors!" Beim Unter-nehmenswert geht es jedoch nicht um den Endwert (am Ende der Periode), sondern um den Barwert (am Anfang der Periode).[305]

6.1.2   Abgrenzung des Betriebs vom Unternehmen

Die *Unternehmen*sbewertung ist eigentlich eine *Betrieb*sbewertung.[306] Die nichtbetrieb-lichen Elemente sind in der Regel für den Goodwill unerheblich. Darum sollte zu Be-ginn einer Unternehmensbewertung eine Unternehmensanalyse[307] durchgeführt werden, um sinnvolle Restrukturierungen zu erkennen und um nicht unbedingt zur betriebsnot-wendigen Substanz gehörendes Vermögen aussondern zu können. Dieses wird in der Regel zum Liquidationswert bewertet. Der Gesamtwert der Unternehmung als rechtli-che Einheit (z.B. Aktiengesellschaft, GmbH) ergibt sich folglich aus der Summe des Betriebswertes und dem nichtbetrieblichen Vermögen.[308]

Diese Problematik kann sich auch bei Jungunternehmen stellen, wenn auch weniger häufig. In aller Regel beschaffen die frisch gegründeten Start-ups mangels Geldnot in der Anfangsphase von sich aus nur das für den Betrieb der Gesellschaft absolut drin-gend Notwendigste.

---

[302] Helbling, 1995, S. 141.

[303] Volkart, 1995, vom 20.4.95, S. 2.

[304] Oehler, 1984, S. 9.

[305] Helbling, 1995, S. 141.

[306] Siehe beispielsweise Helbling, 1995, S. 58.

[307] Siehe beispielsweise Ulrich, 1990, S. 55-64.

[308] Siehe beispielsweise Rappaport, 1986, S. 51.

6.1.3   Netto- versus. Bruttomethode

Mit der Nettomethode wird der Wert des Unternehmens nach Abzug des Fremdkapitals errechnet. Darum wird sie auch Eigenkapitalmethode oder „Leveraged Method" genannt.

$$U_N^{AG} = EK_B + V$$

wobei:

U_N^{AG} Nettowert des Unternehmens (AG)

EK_B Wert des betrieblichen Eigenkapitals (nachfolgend als W_0 bezeichnet)

V   Wert des nichtbetrieblichen Vermögens

Mit der Bruttomethode[309] wird der Wert des Unternehmens vor Abzug der Fremdkapitalzinsen errechnet. Darum wird sie auch Gesamtkapitalmethode oder „Unleveraged Method" genannt.

$$U_B^{AG} = GK_B - FK + V$$

wobei:

U_B^{AG} Bruttowert des Unternehmens (AG)

GK_B betriebliches Gesamtkapital

FK   gesamtes Fremdkapital

Bei richtigem Vorgehen (Varianz des Kapitalisierungszinsfusses) müssen aber beide Verfahren zum selben Gesamtwert führen.[310]

Diese Unterscheidung spielt in der Anfangsphase jedoch üblicherweise keine Rolle, da neu gegründete Unternehmen in den meisten Fällen sowieso von keiner klassischen Bank Kredite bekommen.[311] Diese Erstfinanzierungsrunden sind die Domäne der Business Angels und Venture Capitalisten.

---

[309] Siehe beispielsweise Knüsel, 1994, S. 92 und S. 222 (bzgl. Zinsen) oder Helbling, 1995, S. 76.

[310] Helbling vom 7.5.96, S. 1.

[311] Wäre dies der Fall, dann gäbe es nämlich gar keine Venture Capital-Industrie, denn VC ist die teuerste Art der Finanzierung. Jeder Unternehmer versucht daher, alle möglichen Quellen von Kapital zu erschliessen, bevor er sich als letzte verbleibende Lösung dem Venture Capitalisten zuwendet.

6.1.4   Unterschied zur Bewertung von klassischen Unternehmen

Aus praktischer Sicht sind für Jungunternehmen grundsätzlich die gleichen Bewertungsmethoden heranzuziehen wie für konventionelle Unternehmen. Es existieren jedoch eine Vielzahl von Charakteristika, die optimal berücksichtigt werden müssen. Wesentlich sind dabei zum Beispiel die unklaren Aussichten vieler Internet-basierter Geschäftskonzepte und mangelnde Erfahrungswerte hinsichtlich der Entwicklung wesentlicher Werttreiber. Diesem Umstand ist durch entsprechende Risikoabschläge Rechnung zu tragen. Für die Höhe solcher Abschläge gibt es wenig konkrete Anhaltspunkte. Sie werden zumeist auf der Basis des Gesamteindrucks subjektiv durch den Bewertenden festgelegt.

Wegen der grossen Unsicherheit ist entscheidend, dass man die beschriebenen Ansätze nicht alternativ, sondern stets in Kombination anwendet, da die gegenseitige Abstimmung unabdingbar ist.

Bei Unternehmen der sogenannten „New Economy", sollte grundsätzlich das Internet in der Bewertung relevanter Unternehmen nicht nur als ein neuer Distributionskanal eingestuft werden. Eine Investition in ein Internet-Unternehmen birgt viel Risiko und Unsicherheit, kann aber auch mit entsprechenden Renditen locken, sofern man "auf das richtige Pferd setzt". Deshalb erfordert die Bewertung einer Internet-Gesellschaft viel Fantasie, Vision und Mut, um gegebenenfalls das enorme Potential überhaupt erfassen zu können.[312]

Im folgenden soll auf die wichtigsten Methoden der Unternehmensbewertung eingegangen und auf deren Eignung zur Marktpreisbestimmung von Jungunternehmen untersucht werden.

---

[312] Vgl. Bjordal, 2000, S. 29. Dies soll allerdings auch heissen, dass für die meisten Internet-Titel in der Vergangenheit bis vor dem grossen Crash der NASDAQ im April 2000 oftmals Fantasiepreise gezahlt wurden. Seither sind die Bewertungen gemäss Aussage von Branchenkennern eher wieder realistisch geworden. (So z.B. H. van den Berg von Venture Partners und zustimmend G. Schmidt von European Web Group, Zürich, 26.10.2000.) Per Ende 2000 verzeichnen die Indizes des SWX New Market und der NASDAQ 100 einen Schwund von über 40% gegenüber dem Höchststand vom März. (Wicks, 2000, S. 3.)

6.2 Substanzwert

6.2.1 Begriff

Der Substanzwert allein ist heutzutage von geringer Bedeutung, vor allem bei Jungunternehmen, welche noch gar keine Substanz vorweisen können. Trotzdem sollte aber immer ein Substanzwert berechnet werden, unabhängig von der gewählten Bewertungsmethode. Er spielt nämlich insofern eine Rolle, als der Liquidationswert bei sämtlichen Methoden die Wertuntergrenze bildet. Daher wäre ein Unternehmensbewertungsgutachten ohne Berechnung des Substanzwertes absolut unüblich.[313]

Die Bewertung erfolgt zum Fortführungswert eines Going Concern.[314] Grundsätzlich hängt der Substanzwert nicht von den Anschaffungs- bzw. Herstellungskosten, sondern von den heutigen Wiederbeschaffungs- oder Reproduktionskosten ab.[315]

Wenn der Wert des substanzverbundenen Goodwills miteingeschlossen ist, wird von *Voll*substanzwert, ansonsten von *Teil*substanzwert gesprochen.[316] Immaterielle Werte (Patente, „Brand Names") sind separat zu bewerten, wenn sie (noch) nicht betrieblich genutzt werden. Die immateriellen Güter sollten auch zur Substanz gezählt werden. In der Praxis werden sie aber üblicherweise weggelassen, so dass es sich um einen Teilsubstanzwert handelt.

Zudem sollte der Kapitalisierungszinsfuss mit Rücksicht auf den Substanzwert gewählt werden. Beispielsweise rechtfertigt ein hoher Substanzwert, der durch Hypotheken günstig belehnbar ist, einen tieferen Kapitalisierungszinsfuss.

Werte nichtbetrieblicher Art werden nicht zum Substanzwert zugerechnet sondern erst bei der Unternehmenswertermittlung berücksichtigt.[317] Diese Abgrenzung des betrieblichen vom ausserbetrieblichen Vermögen ist in der Praxis jedoch nicht nur äusserst schwierig durchzuführen, sondern hat auch einen entscheidenden Einfluss auf den Gesamtwert der Unternehmung, weil ersteres zu Fortführungswerten, letzteres aber zu Liquidationswerten bewertet werden.[318]

---

[313] Helbling vom 7.5.96, S. 3.

[314] Siehe beispielsweise Knüsel, 1994, S. 25.

[315] Siehe beispielsweise Meyer, 1992, S, 38.

[316] Siehe beispielsweise Helbling, 1995, S. 80.

[317] Vgl. oben Kapitel 6.1.2 Abgrenzung des Betriebs vom Unternehmen auf Seite 110.

[318] Siehe beispielsweise Helbling, 1995, S. 69.

6.2.2   Substanzwertmethode

Bei der früher sehr verbreiteten Substanzwertmethode werden zuerst die drei bis fünf letzten Erfolgsrechnungen (also die Vergangenheitsergebnisse) bereinigt, um vom Reported Profit zum Economic Profit zu gelangen.[319] Anschliessend wird die Bilanz zu Fortführungswerten (in Ausnahmefällen zu Liquidationswerten) neu bewertet.[320]

Als Unternehmenswert ergibt sich dann:

$$W_0 = S_0$$

wobei:

W_0 Gesamtwert der Unternehmung
S_0 Substanzwert der Unternehmung (bereinigter Buchwert des Eigenkapitals)

Im Fall der Jungunternehmen ist der Substanzwert sozusagen irrelevant, da die Höhe der bilanzierbaren Aktiven keinerlei Einfluss auf das Erfolgspotential ausübt.[321]
Eine Ausnahme bildet derjenige Fall, wo betriebsnotwendige Vermögensgegenstände, die bereits in der Unternehmenssubstanz vorhanden sind, zukünftige Aufwendungen ersparen, da die Anschaffung nicht mehr getätigt werden muss.
Schliesslich vermag der Substanzwert im besten Falle als Indikator für die Höhe des Liquidationswertes zu dienen, welcher seinerseits die absolute Untergrenze des Wertspektrums einer Unternehmung darstellt.

Zusammenfassende Beurteilung der Substanzwertmethode (SW):

Vorteile:

• Einfachheit der Methode
• Die Daten sind in der Bilanz bereits vorhanden und müssen nur noch bereinigt werden.

---

[319] Siehe beispielsweise Meyer, 1994, S. 2/3 oder Thommen, Bd. 2, 1992, S. 352.

[320] Siehe beispielsweise Meyer, 1992, S. 38 oder Helbling, 1995, S. 79.

[321] Siehe beispielsweise Behringer, 1999, S. 117: „... dem Substanzwert..., der nach herrschender Meinung in Theorie und Praxis keinen entscheidungsrelevanten Wert darstellt."

Nachteile, bzw. kritische Elemente:

- Berücksichtigt die Zukunft nicht, orientiert sich ausschliesslich an der (bei Jungunternehmen nicht vorhandenen) Vergangenheit
- Folglich nur für bereits etablierte Unternehmen anwendbar (für neue Ventures nicht aussagekräftig)
- Die grosse Schwierigkeit liegt in der Bewertung der immateriellen Güter. In der Praxis wird diese Problematik oft umgangen, indem nur die materiellen Güter in die Bewertung miteinbezogen werden.
- Folglich ist der Substanzwert aber nur ein Teilwert, kein Gesamtwert (wie der Ertragswert), weil der Firmenwert bzw. Goodwill nicht berücksichtigt wird.[322]

6.2.3   Exkurs: Agio

In der Praxis wird die Problematik des Agios immer wieder von Jungunternehmern sowie v.a. Rechtsanwälten bzw. Juristen angesprochen, und selbst Venture Capitalisten sind teilweise verwirrt bei diesem Thema. Darum soll die Problematik des Agios in der Praxis im folgenden kurz geklärt werden.

Investiert ein Venture Capitalist in ein Jungunternehmen, fliessen nicht alle Mittel ins Aktienkapital (AK), wohl aber ins Eigenkapital (EK). Die Differenz nennt man Agio. Die Problematik soll anhand eines Beispiels aus der Praxis erläutert werden.[323]

Wenn eine Aktiengesellschaft typischerweise mit CHF 100'000 AK gegründet wurde und nun ein Investment in Höhe von CHF 1 Mio. ansteht, dann würde ein volles einzahlen ins AK bedeuten, dass dem Gründer weniger als 10% der Unternehmung verblieben würden (CHF 100'000 Anteil von CHF 1.1 Mio. AK = 9.1%). Dies wäre unfair. Irgendwie muss neben dem Produktionsfaktor Kapital auch der Wert der Idee und der Arbeit berücksichtigt werden . Darum wird man sich einigen, dass dem Venture Capitalisten z.B. nur 33% der Gesellschaftsanteile zustehen, weil z.B. der Erfolg zu zwei Dritteln vom Unternehmer abhängt.[324] In diesem Falle würde das AK nur um CHF 50'000 erhöht (CHF 50'000 Anteil von CHF 150'000 AK = 33%). Die restlichen CHF 950'000 würden nicht zur Erhöhung des Aktienkapitals beitragen, sondern als sogenanntes Agio („Übergeld", „über pari" Liberierung) gezahlt. Das Agio ist eine Komponente des Eigenkapitals wie die gesetzlichen Reserven, freien Reserven, das Aktienkapital und der Gewinn- bzw. Verlustvortrag auch. Setzt man nun die AK-Einzahlung in Relation zum gezahlten Agio resultiert in diesem Beispiel ein Verhältnis von 1 : 19 (CHF 50'000 : CHF 950'000).

---

[322] Helbling, 1995, S. 80.

[323] Der Sachverhalt wurde verkürzt und die Zahlen vereinfacht, um die Verständlichkeit des Beispiels zu erhöhen.

[324] Zu „Cary's Rule of Thirds" siehe Kapitel 3.3.2 Faustregeln auf Seite 44..

Der Punkt ist nun der folgende. In zahlreichen Gesprächen wurde der Autor mit der Aussage konfrontiert, ein Agio von 19 (wie in obigem Beispiel) sei viel zu hoch. Daher waren Verwaltungsräte von Venture Capital-Firmen oftmals nicht bereit, ein dermassen hohes Agio zu zahlen und verzichteten lieber auf die Durchführung der Transaktion (engl. „Deal"). Diese Leute bestanden vielfach darauf, ausschliesslich mit einem Verhältnis von 1 : 1 Aktien zeichnen zu dürfen.

Über ein maximales Agio verhandeln zu wollen gründet natürlich auf einem völlig falschen Verständnis der Unternehmensbewertung.

Einzig richtiges Vorgehen wäre, zuerst eine ordentliche Unternehmensbewertung durchzuführen. Zeigt diese z.B. einen Wert von CHF 4 Mio., dann wäre der faire Anteil des Venture Capitalisten in obigem Beispiel wie folgt zu berechnen:

> CHF 4 Mio. sogenannte „pre-money valuation" plus CHF 1 Mio. Investment ergibt CHF 5 Mio. „post-money valuation". Dem VC gehört CHF 1 Mio. dieser CHF 5 Mio., folglich entspricht der faire Anteil des VC 25%. Um dies gesellschaftsrechtlich zu erreichen, wird das Aktienkapital um CHF 33'000 erhöht. Diese CHF 33'000 Anteile des VC vom neuen AK in Höhe von CHF 133'000 entsprechen dann den anvisierten 25%. Die restlichen CHF 966'000 fliessen daher buchhalterisch korrekt in das Agio-Konto des Eigenkapitals. Setzt man die AK-Erhöhung in Relation zum Agio resultiert ein Verhältnis von 1 : 29.

Dieses Beispiel zeigt, dass bei korrekter Bewertung dem VC eigentlich nur 25% Anteil am Jungunternehmen zusteht und ein Agio von 29 resultiert.

Werden dem VC aber vom Gründer sogar 33% der Unternehmensanteile angeboten (aus welchen Gründen auch immer), dann muss diese Transaktion als „Schnäppchen" bezeichnet werden. Da heisst es zugreifen, bevor ein anderer VC diesen Deal wegschnappt. Sich in einer solchen Situation zu weigern, ein Agio von 19 zu zahlen (obwohl 29 gerechtfertigt wäre), ist schlichtweg irrational.

Daher ist das Agio als rein rechnerische Grösse ohne jegliche Bedeutung für die Bewertung von Unternehmen in der Start-up-Phase der Unternehmensentwicklung anzusehen. Diese Kennzahl trägt nur zur Verwirrung der Allgemeinheit bei und sollte daher gar nicht berechnet werden.

6.3 Ertragswert

6.3.1 Einleitung

6.3.1.1 Übersicht

Grundsätzlich können drei Verfahren unterschieden werden[325], bei denen entweder die zukünftigen:

- Gewinne,
- Cash Flows (Einnahmenüberschüsse, Nettoeinnahmen) oder die
- Ausschüttungen an den Investor

als Rechnungsgrössen verwendet werden. Dabei müssen alle drei Methoden zum selben Resultat führen, wenn die Kapitalisierungszinsfüsse richtig gewählt sind.

Bei der reinen Ertragswertmethode wird für den Zukunftserfolg eine Durchschnittsrente ermittelt, die über mehrere Jahre erzielbar zu sein scheint.[326]
Werden Gewinne thesauriert, so werden sie als reinvestierte Ausschüttungen behandelt. Der Begriff „Ertragswert" ist eigentlich ungenau, da der Ertrag nicht Ausdruck des vom Betrieb gestifteten Nutzens ist. Der Ertrag ist lediglich eine Komponente des Erfolges, die andere ist der Aufwand. Der Ausdruck „Zukunftserfolgswert" wäre daher treffender.[327]

Das rechnen mit Einnahmenüberschüssen wird in der Praxis dadurch erschwert, dass die Erfolgsrechnung nur Aufwände und Erträge auflistet, aber keine eigentliche Einnahmen- und Ausgabenrechnung darstellt. Darum sind bei der Cash Flow (CF) - Methode noch zusätzliche Rechen(zwischen)schritte nötig. Dies scheint in der Praxis kein Hindernis zu sein, wird doch in den USA vor allem auf die CF-Grösse abgestellt.[328]

Die Anwendung einer Ertragswertmethode ist auch bei Investoren an der Börse sehr beliebt. Dies erkennt man daran, dass bei Bekanntgabe von Mergers & Akquisitions, d.h. von Fusionen und Übernahmen, die Kurse der betroffenen Gesellschaften sehr oft gleichentags in die Höhe schnellen. Daran erkennt man, dass der Markt eben bereits heute bewertet, was er in Zukunft von einem Unternehmen erwartet.[329] Die Investoren

---

[325] Siehe beispielsweise Knüsel, 1994, S. 27.
[326] Siehe beispielsweise Knüsel, 1994, S. 24.
[327] Busse von Colbe, 1956, S. 12.
[328] Beispielsweise gemäss der Umfrag von Coopers & Lybrand 1994 oder Knüsel, 1994, S. 28.
[329] Siehe beispielsweise Helbling vom 7.5.96, S. 6.

rechnen die Rationalisierungsgewinne hoch und sind dementsprechend bereit, mehr für die Titel zu bezahlen.[330]

Der Substanzwert ist nur insofern von Bedeutung, als bereinigte Vergangenheitserfolge Anhaltspunkte für die Prognosen liefern können, da sich jedes Budget auf Erfahrungen zu stützen hat. Zusätzlich zu den bisherigen Entwicklungen sind in erster Linie jedoch die Marktprognosen für die ganze Volkswirtschaft, für die Branche und schliesslich für den konkreten Betrieb zu prüfen.

Fast alle Autoren fordern bei einzelkaufmännischen Unternehmen und Personengesellschaften die Kürzung des Erfolges um den Unternehmerlohn zur Ermittlung des Ertragswertes.

Da sich die folgenden Methoden von der Philosophie her kaum unterscheiden, wäre es angemessener, anstelle von „Methoden" besser von „Formeln" zu sprechen.

6.3.1.2   *Unsicherheit, Risiko*

Es können drei Situationen unterschieden werden:[331]

- *sichere Erwartungen:* Mit dem Eintreten eines Ereignisses kann mit Sicherheit gerechnet werden, weil die benötigten Daten vollständig und genau sind.
- *Risikoerwartungen:* Das Eintreten eines Ereignisses kann mit einer bestimmten Wahrscheinlichkeit vorausgesagt werden.
- *unsichere Erwartungen:* Die zur Verfügung stehenden Daten sind dermassen ungenau und lückenhaft, dass dem Eintreten eines Ereignisses nicht einmal eine Wahrscheinlichkeit zugewiesen werden kann.

Unsichere Erwartungen sind daher *mehrwertig*, sichere und Risikoerwartungen dagegen *einwertig.*[332]
Bei mehrwertigen Erwartungen sollte darum der Gesamtwert W_0 auf mehreren verschiedenen Prognosen basieren, die je nach der subjektiv erwarteten Eintretenswahrscheinlichkeiten zu gewichten sind.

---

[330] z.B. so geschehen am 7.3.96 mit den Titeln von Ciba und Sandoz bei der Bekanntgabe der Fusion zum neuen Konzern Novartis.

[331] Siehe beispielsweise Helbling, 1995, S. 87 und vergleiche Abbildung 11 Idealtypische Klassifikation von Informationszuständen auf Seite 71.

[332] Bretzke, 1975, S. 90.

Die Ungewissheit der Daten macht es notwendig, Schätzungen vorzunehmen. Dabei wird jede Budgetierung um so schwieriger, je weiter man sich vom sicheren Boden der Gegenwart entfernt.

Unter der berechtigten Annahme, dass Kapitalanleger „risikoscheu" sind, ist der Gesamtwert um so niedriger, je grösser die Unsicherheit und das Risiko sind.

Durch verfeinerte Methoden und mathematische Formeln wird jedoch oft eine Genauigkeit vorgetäuscht, die infolge der groben Schätzungen bei den Basisdaten gar nie bestehen kann.[333]

Das Risiko bei der Unternehmensbewertung ist infolge der Unmöglichkeit sicherer Erfolgsprognosen eine relative und subjektive Grösse.

Die Unsicherheit der Höhe der Zahlungsströme, also das Risiko, kann auf verschiedene Arten berücksichtigt werden:[334]

- direkte Kürzung (Risikoabschlag) des Zukunftserfolgs
- Multiplikation der Zukunftserfolge mit den subjektiv erwarteten Eintreffenswahrscheinlichkeiten (wobei der Wahrscheinlichkeitsfaktor um so tiefer ist, je weiter der künftige Wert von der Gegenwart entfernt ist)
- Zuschlag einer Risikoprämie auf den Kapitalisierungszinsfuss
- Verkürzung der Goodwillrentendauer
- Berücksichtigung in der Formel zur Unternehmenswertberechnung
- Kürzung des Gesamtwerts (Risikoabschlag)

Am weitesten verbreitet ist dabei die Adjustierung des Kapitalisierungszinsfusses[335], indem auf den risikolosen Zinssatz von Bundesobligationen ein Zuschlag erhoben wird. Je höher das Risiko, desto höher muss auch der Kapitalisierungszinsfuss sein.

---

[333] Helbling vom 7.5.96, S. 2.
[334] Aufbauend auf Helbling, 1995, S. 88.
[335] Knüsel, 1994, S. 31.

6.3.1.3   *Kapitalisierungszinsfuss*

Der Kapitalisierungszinsfuss hat zwei Funktionen zu erfüllen:[336]

   ⁋ Diskontierung der zukünftigen Beträge auf einen Stichtag, damit sie addiert werden können
   ⁋ Berücksichtigung des generellen Risikos

Die speziellen Risiken sollten bereits bei der Ermittlung des Zukunftserfolges abgegolten werden (z.B. durch Bildung von Rückstellungen[337]).

Als Kapitalisierungszinsfuss wird meist der interne Zinsfuss der günstigsten Vergleichsinvestition verwendet (Opportunitätsprinzip).[338] Der Unternehmenswert ist dann eine relative Grösse. Beim Vergleichsprinzip wird diejenige Rendite verwendet, die von Unternehmen der gleichen Branche erzielt werden. Schliesslich kann der Kapitalisierungszinsfuss auch Zielkriteriumsfunktion darstellen, wenn die geforderte Rendite verwendet wird.
Eine andere Möglichkeit ist das Diskontieren mit dem Kapitalisierungszinsfuss für sichere Anlagen, und anschliessender Multiplikation dieser Barwerte mit den dazugehörigen Eintrittswahrscheinlichkeiten.

Eigentlich müsste der Kapitalisierungszinsfuss für jedes Jahr individuell bestimmt werden, so wie die zukünftigen Gewinne ja auch für jedes Jahr einzeln budgetiert werden müssten. Wo die Praxis aber auf einen Durchschnittsgewinn abstellt, kann auch mit einem durchschnittlichen Kapitalisierungszinsfuss gearbeitet werden.[339]

6.3.1.4   *Grenzen der Aussagefähigkeit eines Ertragswertes*

Die Methoden der Planung lassen betriebswirtschaftliche Budgetierungen mit den heute im allgemeinen zur Verfügung stehenden Informationen auf eine Dauer von drei bis höchstens fünf Jahren zu. Die Prognosegewissheit der Zahlen nimmt mit zunehmender Entfernung vom Zeitpunkt Null ab. Für globale Betrachtungen geht der Planungshorizont dabei weiter als für detaillierte Prognosen. In der Praxis werden darum Prognoseintervalle von drei bis fünf Jahren gewählt.

---

[336] Siehe beispielsweise Helbling, 1995, S. 398 oder S. 85.
[337] Siehe beispielsweise Helbling vom 7.5.96, S. 1 oder Helbling, 1995, S. 85.
[338] Helbling, 1995, S. 399.
[339] Helbling, 1995, S. 87.

Daher sollte sich jeder Bewerter über die folgenden Punkte im Klaren sein:

- Es ist unmöglich, die zukünftige Entwicklung vorherzusehen. Dazu existieren zu viele Umwelteinflüsse. Die Unternehmensbewertung kann nur so gut sein, wie die ihr zugrunde gelegten Annahmen später zutreffen.[340]

- Die Fähigkeit der Geschäftsleitung, ein Unternehmen langfristig zum Erfolg zu führen, ist nur sehr schwer abzuschätzen. Dieses Problem verstärkt sich bei Jungunternehmen, wo der zukünftige Erfolg des Unternehmens häufig stark von einer einzigen Persönlichkeit abhängt. Zusätzlich verschärft sich die Situation, wenn durch eine Handänderung das Top-Management ausgewechselt wird.

- Der Nutzen der Synergieeffekte durch einen Zusammenschluss wird oft überschätzt, und die Restrukturierungskosten der Integration werden i.d.R. unterschätzt.[341]

Auch in den USA ist und bleibt demzufolge die Erfolgsprognose das Hauptproblem der Unternehmensbewertung.

Jede Budgetierung über den ökonomischen Planungshorizont hinaus hat rein spekulativen Charakter. Daher ist jede Verfeinerung der Rechnungsart überflüssig, solange nicht die Zukunftsplanung selbst auf bessere Grundlagen gestellt werden kann.[342]

---

[340] Siehe beispielsweise Bretzke, 1975, S. 225.

[341] Köpe vom 7.5.96, S.4.

[342] Vgl. Kapitel 5.5 Probleme bei der Prognose auf Seite 70.

6.3.2 Ertragswertmethode

Eigentlich würde unter der *Ertragswertmethode* dasjenige Verfahren verstanden, bei dem der Barwert der künftigen Gewinne, also die Differenz der beiden Ströme Ertrag und Aufwand, auf einen bestimmten Stichtag in der Gegenwart diskontiert wird.[343] Darum wird diese Methode auch „Capitalized Earnings Method" genannt.[344]

$$W_0 = \sum_{t=1}^{\infty} R_t \cdot \upsilon^t$$

wobei:

W_0 Gesamtwert (des Betriebs)
R_t Zukunftsreingewinn im Jahre t
υ^t Barwertfaktor

In der Regel wird jedoch bloss von einem geschätzten *mittleren* Zukunftsgewinn ausgegangen.[345]

$$W_0 = \frac{^m R}{i}$$

wobei:

$^m R$ mittlerer Zukunftsreingewinn, bzw. ewige Rente
i Kapitalisierungszinsfuss

Der Kapitalisierungszinsfuss liegt in der Regel zwischen 15-30% je nach Branche, Risiko, Art des Unternehmens, Management usw.[346] Gewisse Venture Capitalisten rechnen allerdings mit bis zu 50%, um trotz gewissen Ausfällen von Portfoliogesellschaften im Mittel doch noch die Zielrendite von 30% auf dem eingesetzten Kapital erreichen zu können.[347]

---

[343] Siehe beispsielsweise Meyer, 1994, S. 2/5 oder Helbling, 1995, S. 94 oder Thommen, Bd. 2, 1992, S. 359.

[344] Helbling, 1995, S. 94 und 99.

[345] Helbling, 1995, S. 95.

[346] Volkart, 1995, vom 18.5.96, S. 1 und vgl. Copeland/Koller/Murrin, 1994, S. 269.

[347] Gemäss z.B. H. van den Berg von Venture Partners. (Persönliches Gespräch vom 26.10.2000)

Eine Variante stellt die *Mehrphasenmethode* (auch *Wirtschaftsprüfermethode* genannt) dar.[348]

$$W_0 = \sum_{t=1}^{3} R_t^I \cdot v^t + \sum_{t=4}^{8} R_t^{II} \cdot v^t + \frac{R^{III}}{i} \cdot v^8$$

wobei:

R^I Erfolge der ersten Phase (individuell bestimmt durch Detailprognosen)
R^{II} Erfolge der zweiten Phase (aufgrund des Trends extrapoliert)
R^{III} Erfolge der dritten Phase (grob geschätzte ewige Rente)

Diese Methode hat sich aber in der Praxis nicht durchgesetzt. Realistischer scheint nämlich die Aufteilung in bloss zwei Phasen.

$$W_0 = \sum_{t=1}^{3} R_t \cdot v^t + \frac{^m R}{i} \cdot v^4$$

Dabei werden in einer ersten Phase die Gewinne der nächsten drei (bis fünf) Jahre einzeln budgetiert, und erst in der zweiten Phase ab dem dritten (bis fünften) Jahr wird auf eine nachhaltig erzielbare ewige Rente abgestellt.[349]

Beim Ertragswert handelt es sich um einen Zukunftserfolgswert, weil er sich immer auf die inskünftig zu erwartenden Gewinne bezieht. Die in der Praxis beobachtbare Methode für die Bewertung von alteingesessenen Unternehmen, bei der das arithmetische Mittel der Gewinne der vergangenen drei bis fünf Jahre als ewige Rente kapitalisiert wird[350], ist strikte abzulehnen, weil sie der gesamten Philosophie der zukunftsgerichteten Ertragswertmethode widerspricht. Der so ermittelte Durchschnittserfolg taugt höchstens als Anhaltspunkt bzw. zur Prüfung der Plausibilität der budgetierten Zukunftserfolge. Gemäss Umfragen[351] dominiert in Deutschland die Ertragswertmethode bei der Bewertung von grösseren Unternehmungen. Für die Bewertung von Jungunternehmen hingegen ist dieses Vorgehen aufgrund der fehlenden Vergangenheit des Start-ups schlicht unmöglich.

---

[348] Helbling, 1995, S. 96.
[349] Man beachte die Ähnlichkeit mit der DCF-Methode.
[350] Seminar MA I, Gespräch mit Prof. E. Kilgus vom 8.5.95.
[351] Beispielsweise die Umfrage von Coopers & Lybrand 1994.

Zusammenfassende Beurteilung der Ertragswertmethode (EW):

Vorteile:

- Einfachheit der Methode
- Je nach Verfahren sind keine aufwendigen Detailbudgets der nächsten Jahre zu erstellen.
- Bestimmte Varianten sind auch für neue Ventures ohne Vergangenheitswerte anwendbar

Nachteile, bzw. kritische Elemente:

- Die einzelnen Zukunftsjahre werden als von gleicher Qualität angenommen, obwohl die Unsicherheit aufgrund von unvollkommenen Informationen von Jahr zu Jahr stark zunimmt.
- Bei der Anwendung einer ewigen Rente wird davon ausgegangen, dass sich in Zukunft überhaupt nichts an der heutigen Situation ändern wird. Gerade in unserer heutigen dynamischen Zeit muss eine solche Annahme als weltfremd bezeichnet werden. M.a.W. kann dieses Verfahren nur angewendet werden, wenn der Zukunftserfolg genügend sicher ist.
- Der Substanzwert wird völlig ignoriert, aber ermittelt werden muss er trotzdem, weil er (zumindest zu Liquidationswerten) als absolute Wertuntergrenze gilt, und der Ertragswert in der Praxis in der Anfangsphase der Unternehmensentwicklung oft noch tiefer ist als der Substanzwert (zumindest zu Fortführungswerten).
- Der Unternehmenswert hängt in entscheidendem Masse von der Höhe des Diskontierungsfaktors ab.

Die logische Weiterentwicklung der zweiphasigen Wirtschaftsprüfermethode – auf Basis der Mittelflussrechnung statt der Erfolgsrechnung – bildet die Discounted Cash Flow (DCF) - Methode.

6.3.3 Discounted Cash Flow-Methode

Bei der Discounted Cash Flow (DCF) - Methode werden die Free Cash Flows (FCF) der nächsten fünf Jahre budgetiert und anschliessend ein Terminal Value (TV) am Ende des fünften Jahres geschätzt.[352] Unter dem TV (engl. auch: Continuing oder Residual Value; dt.: Schluss-, Fortführungs- oder Restwert) wird der Barwert der ewigen Rente ab dem fünften Jahr oder allenfalls der Exit- bzw. Liquidationswert verstanden. Dabei muss der TV nicht nur mit einem Diskontierungsfaktor multipliziert werden, sondern auch mit einem Wahrscheinlichkeitsfaktor. Die FCF und der TV werden dann auf den Bewertungsstichtag diskontiert und addiert. Darum wird dieses Verfahren auch „Present Value of Expected Free Cash Flows"[353] genannt.

Dazu müssen natürlich Planungsrechnungen (v.a. Finanzpläne und ER-Budgets) erstellt werden. Bei der klassischen Bewertung von alteingesessenen Unternehmen würden die von betriebsfremden und ausserordentlichen Elementen bereinigten Erfolgsrechnungen und Bilanzen der letzten Jahre die Ausgangslage dafür bilden. Dies ist bei Start-ups per Definition nicht möglich. Trotzdem muss versucht werden, in einem vernünftigen Zeitrahmen, einigermassen zuverlässige Absatzprognosen und Budgets zu erstellen.[354]

Der CF sollte auf der Grundlage von sogenannten „*Value Drivers*" ermittelt werden. Die Literatur kennt zahlreiche Value Drivers. So nennt beispielsweise Rappaport[355] die folgenden: Umsatzwachstumsrate, Betriebsgewinnmarge, Betriebsgewinnsteuersatz, Investitionen des Netto-Umlaufvermögens und Investitionen des Anlagevermögens. Gomez/Weber[356] übersetzen den Begriff Value Driver als Wertgenerator. Anstelle der Betriebsgewinnrate Rappaports sehen sie die Betriebs-Cash Flow-Rate als wichtigsten Einflussfaktor für die Bestimmung des Unternehmenswertes. Copeland/Koller/Murrin[357] sehen den Return on invested capital (ROIC) als wichtigste Grösse. Helbling[358] schliesslich nennt die folgenden Value Drivers: Umsatzwachstumsrate, Umsatzüberschussrate, Erweiterungsinvestitionsrate, auf den CF bezogener Steuersatz, Zeitdauer des Wachstums und Kapitalkostensatz.

Ziel dieser Arbeit ist es, Systematik in obige ungeordnete Liste von Faktoren zu bringen mittels Quantifizierung der Einflüsse dieser Value Drivers auf den Unternehmenswert.

---

[352] Siehe beispielsweise Volkart, 1994, S. 107 oder Volkart, 1994/1995, S. 3/2 oder Meyer, 1994, S. 2/6 oder Helbling, 1995, 98 oder Copeland/Koller/Murrin, 1994, S. 72.

[353] Siehe beispielsweise Copeland/Koller/Murrin, 1995, S. 135.

[354] Vgl. Weilemann, 1994, S. 34. Siehe dazu Kapitel 3.2.5.11 Finanzen auf Seite 40 sowie das ganze Kapitel 5 Absatzprognose auf Seite 67 ff. (v.a. 5.10 Excel-Modelle auf Seite 92.)

[355] Rappaport, 1986, S. 50. Vgl. Kapitel 12.9.5 Quantifizierung der Werttreiber auf Seite 339.

[356] Gomez/Weber, 1989, S. 31.

[357] Copeland/Koller/Murrin, 1988, S.120-130

[358] Helbling, 1995, S. 103.

Eine Variante ist die Anwendung eines durchschnittlichen CF. Dazu muss aber der Barwert der Investitionen (der dem Barwert der Abschreibungen entspricht) abgezogen werden.[359]

$$W_0 = \frac{{}^m C}{i} - \sum_{t=0}^{\infty} I_t \cdot v^t$$

wobei:

${}^m C$ durchschnittlicher Cash Flow

I_t Investitionen im Jahre t

Dies kann elegant gelöst werden, indem anstelle des normalen Cash Flow (CF) der Free Cash Flow (FCF) verwendet wird.

Der Free Cash Flow (FCF) berechnet sich vereinfacht wie folgt: CF + Desinvestitionen ./. Investitionen ± Veränderungen im Umlaufvermögen. Über mehrere Jahre betrachtet entsprechen die Investitionen insgesamt den Abschreibungen.

Exakt betrachtet, berechnet sich der FCF folgendermassen:[360]

Betrieblicher Gewinn vor Zinsen und Steuern + liquiditätsunwirksamer Aufwand ./. liquiditätsunwirksamer Ertrag
= CF (Fonds NUV) vor Zinsen und Steuern
± Veränderung des NUV (= Investitionen/Desinvestitionen im UV) + Desinvestitionen im AV ./. Investitionen im AV ./. pagatorische Steuern
= FCF (GK-Ebene)
./. FK-Zinsen + Zunahme FK ./. Abnahme FK
= FCF (EK-Ebene)

In der Regel wird von einem Planungshorizont von drei bis fünf Jahren ausgegangen. Für die ersten drei bis fünf Jahre werden detaillierte Budgets erstellt, und erst für alle

---

[359] Helbling, 1995, S. 101 und 105.
[360] Siehe beispielsweise Boemle, 1993, S. 301.

weiteren Jahre wird auf einen ewigen FCF abgestellt, der kapitalisiert wird ($\Rightarrow$ Terminal Value).[361]

$$W_0 = \sum_{t=1}^{5} FCF_t \cdot v^t + \frac{FCF_n^*}{i} \cdot v^5$$

wobei:

FCF$_t$ Free Cash Flow des Jahres t

FCF$_n$ ewiger FCF (Dieser sollte so gewählt werden, dass er repräsentativ[362] für die mittel- bis langfristige Zukunft ist.)

Dabei sollte die berücksichtigte Periode einen ganzen Investitionszyklus umfassen, innerhalb dessen sich Investitionen und Abschreibungen ausgleichen.[363] Bei langlebigen Anlagen könnte also der Prognosehorizont bis auf zehn Jahre ausgedehnt werden. Dies geschieht in der Praxis jedoch selten.

Sind die künftig anfallenden Zahlungsüberschüsse ermittelt worden, stellt sich die Frage, mit welchem Kapitalkostensatz sie zu diskontieren sind, um eine entsprechende Barwertermittlung durchführen zu können. Es gibt keine speziellen Verfahren, die Kapitalkosten für Jungunternehmen kurz nach der Gründung zu berechnen. Wie auch sonst üblich, geht man von kapitalmarktorientierten Überlegungen aus und vergleicht die Kapitalkosten anderer börsenkotierter Gesellschaften, die eine ähnliche Geschäftsstrategie verfolgen und sich in einer vergleichbaren Situation befinden. Allerdings sind Investments in solche Gesellschaften viel liquider als finanzielle Engagements in Start-ups. Daher addiert die Praxis zum Kapitalkostensatz von börsenkotierten Unternehmen noch Zuschläge als Kompensation für die geringere Liquidität (Wert der Flexibilitätsoption). Diese Zuschläge bewegen sich zwischen 5% und 10%.

Weil die meisten Jungunternehmen aufgrund ihrer fehlenden Kreditwürdigkeit über so gut wie kein Fremdkapital verfügen, ist es in der Regel nicht nötig, die Kapitalkosten wegen unterschiedlicher Kapitalstrukturen zu bereinigen. Da oft nur eine Hand voll ähnlicher börsenkotierter Unternehmen existiert und sie auch nicht per se direkt miteinander vergleichbar sind, spielen Erfahrung und Fingerspitzengefühl in der Bestimmung der Kapitalkosten immer eine wesentliche Rolle.[364]

---

[361] Helbling, 1995, S. 102.

[362] Copeland/Koller/Murrin (1995, S. 277) sprechen von einem „normalized level of free cash flow".

[363] Hebling vom 7.5.96, S. 2.

[364] Vgl. Bjordal, 2000, S. 29.

Formal berechnet wird der Kapitalkostensatz, also den *Weighted Average Cost of Capital (WACC)*[365], mit dem *Capital Asset Pricing Model (CAPM)*[366]. Die Opportunitätskosten des Eigenkapitals entsprechen dabei der Rendite risikofreier Wertpapiere (= risikoloser Zinssatz) plus dem Marktpreis des Risikos (= Risikoprämie), multipliziert mit dem systematischen Risiko (= Beta) des Unternehmens.[367] Folglich steigen die Eigenkapitalkosten mit dem Beta.[368]

$$WACC = k_{GK} = \frac{FK \cdot k_{FK} \cdot (1-s) + EK \cdot k_{EK}}{FK + EK}$$

wobei:

k_{FK} Opportunitätskostensatz des Fremdkapitals, also der Marktzinssatz für das FK
k_{EK} Opportunitätskostensatz des Eigenkapitals, also die geforderte EK-Rendite
s Grenzsteuersatz

Mit anderen Worten handelt es sich bei dem WACC um die anteilsgebundenen Opportunitätskosten aller Kapitalgeber. Folglich müssen die FCF auf Gesamtkapital-Ebene (und nicht auf Eigenkapital-Ebene) berechnet werden[369], wenn die FCF mit dem WACC diskontiert werden sollen.

Gemäss Umfragen[370] wird weltweit in weit über der Hälfte aller Fälle der WACC als Kapitalisierungszinsfuss gewählt, gefolgt vom „Cost of equity" mit einem Drittel aller Fälle.

---

[365] Siehe beispielsweise Copeland/Koller/Murrin, 1995, S. 240.

[366] Siehe beispielsweise Volkart, 1994/1995, S. 8/1 oder Brealey/Myers, 1991, S. 161.

[367] Siehe beispielsweise Rappaport, 1986, S. 58.

[368] Siehe beispielsweise Volkart, 1995, vom 18.5.95.

[369] Köpe, 1996, vom 7.5.96.

[370] Beispielsweise die Umfrage von Coopers & Lybrand 1994. Es wurden die 199 weltweit grössten Unternehmen in neuen Ländern befragt. Ergebnis: WACC wurde in 58% der Fälle angewandt.

Für die Berechnung des Endwertes nach der expliziten Planungsperiode, dem sogenannten „Terminal Value" (auch Continuing oder Residual Value, siehe oben), wird in der Praxis zumeist die ewige FCF-Wachstumsformel angewandt:[371]

$$TV = \frac{FCF_{t+1}}{WACC - g}$$

wobei:

TV	Terminal Value
FCF_{t+1}	normalisiertes FCF Niveau im ersten Jahr nach der expliziten Planungsperiode
$WACC$	anteilsgewichtete Opportunitätskosten für alle Kapitalgeber
g	erwartete Wachstumsrate des ewigen FCF

Neben der oben gezeigten Methode der Anwendung der ewigen FCF-Wachstums-Formel, gibt es noch eine weitere Technik zur Berechnung des Terminal Value - die *Werttreiber*-Formel[372]:

$$TV = \frac{NOPLAT_{t+1} \cdot (1 - g \,/\, ROIC)}{WACC - g}$$

wobei:

TV	Terminal Value
$NOPLAT_{t+1}$	Gewinn vor Zinsen nach Steuern im ersten Jahr nach der expliziten Planungsperiode
$ROIC$	Eigenkapitalrendite (return on invested capital)
$WACC$	Diskontrate
g	erwartete Wachstumsrate des ewigen NOPLAT

---

[371] Siehe beispielsweise Copeland/Koller/Murrin, 1995, S. 277. Vgl. Kapitel 7.5.2 Anteil des Terminal Value am Unternehmenswert auf Seite 175ff.
[372] Siehe beispielsweise Volkart, 1995, vom 18.5.95 oder Copeland/Koller/Murrin, 1995, S. 278.

Eine Dritte Technik zur Bestimmung des Residualwertes ist das *Übergewinnverfahren* (auch „economic profit"-Methode genannt):[373]

$$CV = \frac{EP_{t+1}}{WACC} + \frac{NOPLAT_{t+1} \cdot (g / ROIC) \cdot (ROIC - WACC)}{WACC \cdot (WACC - g)}$$

wobei:

EP_{t+1} vereinheitlichter Übergewinn im ersten Jahr nach der expliziten Planungsperiode

Gemäss Umfragen[374] ist die DCF-Methode zur weltweit mit Abstand am häufigsten angewandten Methode (vor allem bei grösseren Unternehmen) aufgestiegen. In der Schweiz steht sie jedoch erst am Anfang. Die ertragsorientierten Methoden werden nur in 18 % aller Fällen angewendet, und 83 % davon verwenden den Gewinn, lediglich 16 % den Cash Flow (insgesamt also unter 3 %).[375]

Zusammenfassend ermittelt diese Methode den Barwert aller künftigen, den Investoren zur Verfügung stehenden Zahlungsüberschüsse, die das Unternehmen erwirtschaftet. Die Ermittlung dieser Zahlungsüberschüsse setzt voraus, dass eine fundierte Finanzplanung erstellt worden ist, die alle künftigen Einnahmen und Ausgaben umfasst.

Diese Voraussetzung ist in den meisten Jungunternehmen zumindest in ihrer Frühphase nicht erfüllt. Wesentliche Ursache hiefür sind fehlende Erfahrungswerte, die Intransparenz der Marktsituation und insbesondere fehlende Erlöskonzepte auf der Einnahmenseite. So steht am Anfang der Bewertung meist eine völlige Neukonzipierung der Geschäftsplanung. Ist diese erfolgt, kann im nächsten Schritt ein integriertes Modell aufgebaut werden.[376] Ausgehend von zehn bis zwanzig Schlüsselvariablen, wie zum Beispiel Marktgrösse und -wachstum, Kundenakquisitions- und Kundenbindungskosten usw., werden die künftigen Finanzkennzahlen prognostiziert. Sie werden dann mit marktbekannten Benchmarks verglichen, um deren Plausibilität zu überprüfen.[377]

---

[373] Siehe beispielsweise Volkart, 1995, vom 18.5.95 oder Copeland/Koller/Murrrin, 1995, S. 280.

[374] Beispielsweise die Umfrage von Coopers & Lybrand 1994. Es wurden die 199 weltweit grössten Unternehmen in neuen Ländern befragt. Ergebnis: DCF wurde in 75% der Fälle (Mehrfachnennungen zulässig) angewandt.

[375] Knüsel, 1994, S. 26 f.

[376] Siehe Kapitel 5.10 Excel-Modelle auf Seite 92.

[377] Vgl. Bjordal, 2000, S. 29.

Exkurs: Kapitalmarkttheorie

Das Discounted Cash Flow Verfahren baut auf der Kapitalmarkttheorie auf. Dieser Tatbestand wird von gewissen Autoren als Grund genug angesehen, diese Methode als ungeeignet für nicht-börsenkotierte Unternehmen zu bezeichnen. Die Argumentation ist die folgende:[378]

Die Prämissen der Kapitalmarkttheorie, die sich mit börsenkotierten Unternehmen beschäftigt, werden von kleinen und mittleren Unternehmen nicht erfüllt. Die Kapitalmarkttheorie geht davon aus, dass Investoren ein wohldiversifiziertes Portefeuille haben. Während dies am Kapitalmarkt durch die Mischung von Aktien verschiedener Branchen, Nationalitäten etc. eine durchaus realistische Annahme ist, haben Eigentümer-Unternehmer zumeist ihr Geld- und Humankapital in starkem Masse in ihrem Unternehmen gebunden.

Zum zweiten geht die Kapitalmarkttheorie von der ständigen Liquidierbarkeit der Anlagen aus, was dazu führt, dass die Preise für diese Anlagen sich auf dem gleichgewichtigen Risiko-Rendite-Niveau einpendeln. Dies passiert bei kleinen und mittleren Unternehmen jedoch nicht. Diese Schwierigkeiten werden durch erhebliche Transaktionskosten beim Verkauf unkotierter Unternehmen und schwierige Käufersuche noch verstärkt. Damit funktionieren die von der Kapitalmarkttheorie vorgegebenen Mechanismen bei kleinen und mittleren Unternehmen nicht. Dies führt dazu, dass die Bewertungsverfahren, die aus der theoretischen Wurzel der Kapitalmarkttheorie kommen, nur schwer auf nicht kotierte Unternehmen übertragbar sind.[379]

Zusammenfassende Beurteilung der Discounted Cash Flow-Methode (DCF):

Vorteile:

- Guter Argumentations- und Entscheidungswert (für Management und VC).
- Näher bei der theoretisch richtigen Methode als die Ertragswertmethode oder gar die Praktikerverfahren, wie z.B. die Mittelwertmethode.
- Zahlen gelten als aussagefähiger als einfache Grössen wie Erfolg, Buchwert oder Preis/Gewinn-Verhältnis, weil durch die Inflation die Buchwerte in heutiger Kaufkraft ausgedrückt stark unterbewertet sind.
- Die traditionellen Bewertungsmassstäbe berücksichtigen weder die Kosten des Eigenkapitals noch die wirtschaftlichen Ungewissheiten oder den zeitlichen Anfall der CF.
- Störende Abschreibungen (wie etwa die Abschreibungen eines Goodwills aus Unternehmensakquisitionen oder die auf historischen Kosten beruhenden Abschreibungen von Anlagen) können eliminiert bzw. umgangen werden.

---

[378] Siehe beispielsweise Behringer, welche die Diskussion zu diesem Thema von Drukarczyk 1998, Kirsch/Krause 1996 und Schildbach 1998 zusammenfasst.
[379] Zur Kompensation erhebt die Praxis Zuschläge zum WACC, welche nicht theoretisch begründet sind. Vgl. Kapitel 8.8.2 Kapitalkostensatz auf Seite 194ff.

- Keine Annahme einer unendlichen Unternehmensdauer.
- Hervorragend geeignet für neue Ventures ohne Vergangenheitszahlen.

Nachteile, bzw. kritische Elemente:

- Schlechter Schiedswert[380] (schiedsrichterliche Bewertung durch Experten), weil er sich stark auf subjektive Erwartungen stützt.
- Rechnungen sind nur so gut, wie die (subjektiven) Projektionen/Annahmen, die sie zur Grundlage haben. M.a.W. liegen die Hauptschwierigkeiten bei der Anwendung der DCF-Methode in den zu erstellenden Prognosen.
- Die budgetierten FCF sind von den Investitionen zufallsbeeinflusst. Dies führt zu „fetten" und „mageren" FCF-Jahren, die für einen daraus abgeleiteten langfristigen Durchschnitt häufig weniger repräsentativ sind als Gewinne, welche durch die Aktivierung und anschliessende Abschreibungen auf mehrere Jahre geglättet sind.[381]
- Der Unternehmenswert hängt zu stark vom Terminal Value ab, der je nach Zinsfuss 50-150%[382] des Gesamtwertes ausmachen kann.[383] Rappaport[384] konstatiert: „The residual value often constitutes the largest portion of the value of the firm." Zudem zeigen Beispiele aus der Praxis, dass das heute geschätzte Ergebnis am Ende des Planungshorizontes häufig aus der Luft gegriffen ist.
- Es bleibt unberücksichtigt, dass die Eintreffenswahrscheinlichkeiten der Zahlungsströme mit zunehmender Entfernung von der Gegenwart abnehmen, m.a.W. die Unsicherheit von Jahr zu Jahr stark zunimmt. Darum sollten die Zahlungsströme mit Wahrscheinlichkeitsfaktoren gewichtet werden.[385]
- Die Ermittlung der Gewinne ist wegen der nötigen Berechnung der Steuerbelastung (welche sich auf den Gewinn abstützt) gleichwohl notwendig.
- Wichtige Trümpfe einer Unternehmung wie die Asset Option und der Wert der Flexibilität (darunter versteht man die Fähigkeit - oder Unfähigkeit - der Unternehmung, sich an ändernde Rahmenbedingungen anzupassen) werden vernachlässigt.[386]

---

[380] Siehe beispielsweise Helbling, 1995, S. 46f oder Thommen, Bd. 2, 1992, S. 350f.

[381] Helbling, 1995, S. 104.

[382] Bei Jungunternehmen, welche während der gesamten Dauer der Planungsperiode (z.B. die ersten fünf Jahre nach der Gründung) gemäss Finanzplanung negative FCF ausweisen, werden zur Berechnung des Unternehmenswertes diese kumulierten Cash Drains vom Terminal Value abgezogen. Dann ist der Terminal Value höher (und damit mehr als 100%) als der netto resultierende Unternehmenswert. Dies geschieht relativ häufig bei Biotechnologie-Gesellschaften.

[383] Knüsel, 1994, S. 219.

[384] Rappaport, 1986, S. 59.

[385] In der Regel wird diese Adjustierung des Wahrscheinlichkeitsfaktors (p^r) jedoch schon in der Schätzung der Zukunftsgewinnprognosen (R_t) mit berücksichtigt.

[386] NZZ vom 4.10.95: Birchler/Spremann: Die Eigenmittelrendite als falsche Fährte?

6.3.4   Barwert künftiger Ausschüttungen

Bei dieser Methode werden die Zahlungsströme, also die Nettoeinnahmen, direkt beim Investor (und nicht bei der Unternehmung) erfasst und diskontiert.[387]
Dabei machen die Ausschüttungen (also die Dividenden) aus der Investition nur einen Teil der Zahlungsströme aus. Zu berücksichtigen sind auch alle Einnahmen und Ausgaben des Investors dank oder wegen des Investments, ohne dass dies Ausschüttungen des Unternehmens zu sein brauchen (z.B. bei Steuerrückvergütungen, Verkauf von Bezugsrechten, Synergieeffekten).[388]
Mit anderen Worten entspricht der Unternehmenswert dem Barwert aller dem Investor in Zukunft zufliessenden Nettoeinnahmen *dank* der Investition.[389]

$$W_0 = \sum_{t=0}^{\infty} AU_t \cdot p^t \cdot \upsilon^t - \sum_{t=0}^{\infty} KE_t \cdot p^t \cdot \upsilon^t + \sum_{t=0}^{\infty} KR_t \cdot p^t \cdot \upsilon^t \pm \sum_{t=0}^{\infty} EI_t \cdot p^t \cdot \upsilon^t$$

wobei:

W_0 Gesamtwert des Betriebes

AU_t Ausschüttung des Unternehmens im Jahre t (= R_t ./. thesaurierter Teil des Gewinnes, inkl. etwaiger Liquidationsnettoauszahlungen)

p^t Wahrscheinlichkeitsfaktor (subjektiv erwartete Eintreffenswahrscheinlichkeit)

υ^t Barwertfaktor

KE_t Kapitaleinlage im Jahr t

KR_t Kapitalrückzahlung im Jahr t

EI_t Weitere Nettoeinnahmen (Einnahmen ./. Ausgaben) des Investors im Jahr t als Folge der Investition (wie z.B. Steuerrückvergütungen, Erlöse aus verkauften Bezugsrechten, Synergieeffekte usw.)

oder vereinfacht:[390]

$$W_0 = \sum_{t=0}^{\infty} KNI_t \cdot \upsilon_t$$

wobei:

KNI_t künftige Nettoeinnahmen (Einnahmenüberschuss) des Investors im Jahre t

---

[387] Siehe beispielsweise Oehler, 1984, S. 9 oder Thommen, Bd. 2, 1992, S. 358.

[388] Helbling, 1995, S. 93 und S. 145.

[389] Helbling, 1995, S. 106.

[390] Helbling, 1995, S. 107.

Der Planungshorizont beträgt in der Regel drei bis höchstens sieben Jahre.

Zusammenfassend kann der Unternehmenswert somit definiert werden als Barwert aller dem Unternehmen künftig entziehbaren Gewinne sowie weitere Einnahmen des Investors dank der Investition (v.a. dem erzielten Verkaufspreis beim Exit), zuzüglich des Barwerts aller Vermögensteile, die zur Erzielung dieser Gewinne nicht absolut notwendig sind (gewissermassen maximales Asset-Stripping).

Dies ist die theoretisch einzig korrekte Methode. Es ist aber in der Praxis unmöglich oder zumindest ausserordentlich schwierig, alle möglichen Zahlungen in die Kasse des Investors zu prognostizieren und in Zahlenwerte umzusetzen, die mit einer genügenden Sicherheit erwartet werden können.[391] Weil die Ungewissheit aller Daten also zu keiner befriedigenden praktikablen Lösung führt, muss auf vereinfachte Verfahren zurückgegriffen werden.

Zusammenfassende Beurteilung der Methode der Barwertberechnung künftiger Netto-Einnahmen des Investors (KNI):

Vorteil:

- Einzig richtige Methode, denn die Unternehmensbewertung ist eine Teilmenge der Investitionsrechenverfahren. Folglich muss die Bewertung aus der Sicht des Investors, nicht aus der Sicht des Unternehmens durchgeführt werden.
- Theoretisch ideales Verfahren für Venture Capital-Investoren.

Nachteil, bzw. kritisches Element:

- In der Praxis nicht durchführbar, wegen der unbekannten und unsicheren Faktoren, denen auch mit „mehrwertigen Erwartungen" nicht beizukommen ist.[392]

---

[391] Helbling, 1995, S. 145.
[392] Vgl. Punkt 5.5.1.4 auf Seite 74.

6.4   Kombination aus Substanz- und Ertragswert

Gemäss Umfragen[393] werden die Praktikerverfahren (Mischrechnungen aus EW und SW, Hochrechnungen aufgrund von Kennzahlen wie Umsatz usw.) bei der Bewertung von KMU am häufigsten angewandt (SW: 7 %, EW: 18 %, Mittelwert: 68 %).

Bei der Bewertung von Jungunternehmen spielt der Substanzwert eine unbedeutende Rolle. Daher sind die folgenden Angaben nur der Vollständigkeit halber aufgeführt. Für den Venture Capitalisten interessant ist hauptsächlich das bisher allenfalls schon investierte Kapital. Haben andere VC oder Business Angels bereits hohe Geldsummen investiert, wirkt das vertrauensfördernd, wenn auch andere Leute an das Projekt glauben (oder zumindest geglaubt haben). I.d.R. spielen die physisch messbaren Assets bei heutigen Jungunternehmen jedoch keine Rolle mehr.

6.4.1   Mittelwertmethode (Praktikerverfahren)

Alle Praktikerverfahren sind reine Kompromisslösungen, die folglich nicht theoretisch begründet werden können. Dies trifft insbesondere für die überholte Mittelwertmethode zu.

Wenn der Ertragswert grösser als der Substanzwert ist, errechnet sich der Unternehmenswert durch die Bildung des arithmetischen Mittels.[394]

$$W_0 = \frac{E_0 + S_0}{2}$$

wobei:

E_0 $= {}^m R \div i$

S_0 Reproduktionskostenwert

Falls der Ertragswert tiefer liegt als der Substanzwert, so sollte gemäss Theorie alleine der Ertragswert massgebend sein (Wertuntergrenze bildet aber dennoch der Liquidationswert). In der Praxis sieht man aber auch hier häufig die Mittelwertmethode.[395]

Die Mittelwertmethode wird gemäss Umfragen[396] in 68 % aller Fälle der klassischen Bewertung von alteingesessenen Unternehmen angewendet und ist dadurch das mit

---

[393] Beispielsweise die Umfrage von Knüsel 1992, wiedergegeben in: Knüsel, 1994, S. 26-31.

[394] Siehe beispielsweise Thommen, Bd. 2, 1992, S. 360.

[395] Helbling, 1995, S. 122.

[396] Knüsel, 1994, S. 26.

Abstand am weitesten verbreitete Verfahren. Dies gilt allerdings nicht für die Bewertung von Jungunternehmen durch Venture Capital-Gesellschaften. Dem Autor ist keine VC-Gesellschaft bekannt, welche jemals diese Methode angewandt hätte.

Zusammenfassende Beurteilung der Mittelwertmethode (MW):

Vorteile:

- Einfachheit der Methode
- Breite Akzeptanz in der Praxis
- Substanzwert wirkt als Korrektiv zum Kapitalisierungszinsfuss (beim Ertragswert).

Nachteil, bzw. kritisches Element:

- Willkürliche Gewichtung von Substanz- und Ertragswert
- Für neue Ventures vollkommen ungeeignet (nicht messbarer immaterieller Substanzwert)

6.4.2   Schweizer-Methode

Der einzige Unterschied zu obigem Verfahren liegt bei der anderen Gewichtung. Üblicherweise wird der Ertragswert doppelt gewichtet.[397]

$$W_0 = \frac{2E_0 + S_0}{3}$$

Obwohl dieses Verfahren in der Theorie heute nicht mehr vertreten wird, kommt es in der Praxis der Bewertung von herkömmlichen KMU sehr häufig zur Anwendung.[398] Dies ist auf die hohe Akzeptanz zurückzuführen, welche diese Methode bei der Bewertung von Liegenschaften bereits geniesst und auf die Tatsache, dass die Steuerbehörden dieses Verfahren akzeptieren.

---

[397] Siehe beispielsweise Helbling, 1995, S. 123 oder Meyer, 1994, S. 2/5.
[398] Knüsel, 1994, S. 26.

Zusammenfassende Beurteilung der Schweizer-Methode (CH):

Vorteile:

- Grosse Akzeptanz in der Praxis bei Käufer und Verkäufer
- Für die Bewertung von KMU der DCF-Methode vorzuziehen
- Der Substanzwert wirkt als Korrektiv zum Kapitalisierungszinsfuss (beim Ertragswert).

Nachteil, bzw. kritisches Element:

- Willkürliche Gewichtung von Substanz- und Ertragswert
- Für die Bewertung von neuen Ventures nicht anwendbar

6.4.3   Goodwillberechnungsmethoden

Im Gegensatz zu obigen Methoden, wo der Goodwill indirekt berechnet wird (Goodwill verstanden als die Differenz zwischen Ertrags- und Substanzwert)[399], gibt es auch Verfahren, welche direkt zum Goodwill führen.

Dann wird Goodwill definiert als der kapitalisierte Übergewinn (im Vergleich zur Normalrendite auf dem investierten Vermögen). Dabei entspricht der Substanzwert dem Unternehmenswert ohne Goodwill.

6.4.3.1   Übergewinnverfahren (Economic Profit Model)

Bei der sogenannten Jahrkaufmethode wird der ökonomische Übergewinn mit einer mehr oder weniger willkürlich bestimmten Anzahl Jahre multipliziert und das Resultat zum Substanzwert addiert.[400]

$$W_0 = S_0 + n(^m R - i \cdot S_0)$$

wobei:

S_0	Substanzwert
n	Anzahl Jahre (Übergewinndauer)
$^m R$	durchschnittlicher Zukunftsreingewinn, ewige Rente

---

[399] Siehe beispielsweise Meyer, 1994, S. 2/4.

[400] Siehe beispielsweise Thommen, Bd. 2, 1992, S. 360.

Dabei entspricht dieses Verfahren der Mittelwertmethode, wenn als Multiplikator $n = 1/2i$ gewählt wird.[401]

Mit „Economic Profit" ist derjenige Teil des Gewinns gemeint, der die vom Markt geforderte Rendite für entsprechendes Eigenkapital bzw. Fremdkapital mit gleichem Risiko übersteigt.[402]

> *Economic Profit = Invested Capital x (ROI - WACC)*

oder einfacher:[403]

> *Übergewinn = Reingewinn vor Zinsen ./. Kapitalkosten*

Der Gesamtwert errechnet sich demnach wie folgt:

> W_0 = *Substanzwert + Barwert der zukünftigen ökonomischen Übergewinne*

Eigentlich könnte diese Methode für Jungunternehmen gar nicht angewandt werden, da i.d.R. Start-ups noch nicht über einen Substanzwert verfügen. Diesen Mangel könnte damit zu beheben versucht werden, indem stattdessen die Grösse „investiertes Kapital" verwendet wird. Dann wird aber die Tatsache vernachlässigt, dass der Unternehmenswert von neu gegründeten Unternehmen mehrheitlich aus immateriellen Werten besteht. Dieser spiegelt sich aber weder in der klassischen Berechnung des Substanzwertes noch in der Höhe des bereits investierten Kapitals nieder.

Zusammenfassende Beurteilung der Economic Profit-Methode:

Vorteil:

- Der ökonomische Gewinn ist ein Mass, um die Leistung einer Unternehmung in einer einzigen Periode zu beurteilen, was z.B. mit einer CF Grösse allein nicht möglich wäre.

---

[401] Helbling, 1995, S. 112.
[402] Siehe beispielsweise Volkart, 1995, vom 18.5.95 oder Copeland/Koller/Murrin, 1995, S. 145.
[403] Volkart, 1995, vom 18.5.95.

Nachteile, bzw. kritische Elemente:

- Willkürliche Wahl der Übergewinndauer (n)
- Nicht aussagekräftig für neue Ventures (Substanzwert ≠ investiertes Kapital)

6.4.3.2   *Verkürzte Goodwillrentendauer*

Die einzige Änderung zu vorigem Verfahren liegt darin, dass anstelle einer Anzahl Jahre (n) mit einem Rentenbarwertfaktor (a_n) multipliziert wird. Die Übergewinne werden also diskontiert. Der Gesamtwert ergibt sich demzufolge als die Summe von dem Substanzwert und dem Barwert von n Übergewinnen.[404]

$$W_0 = S_0 + a_n \left({}^m R - i \cdot S_0 \right)$$

wobei:

a_n Rentenbarwertfaktor

Die Goodwillrentendauer beträgt in der Regel drei bis acht Jahre. Dabei sollte die Zeitspanne um so kürzer gewählt werden, je subjektgebundener der Goodwill ist.

In der Regel wird der Kapitalisierungszinsfuss (i) bestimmt, indem dem marktüblichen Zinssatz für risikofreie Kapitalanlagen ein 50%-iger Zuschlag[405] (Prämie für die langfristige Kapitalbindung) erhoben wird. Um das allgemeine wirtschaftliche Risiko zu berücksichtigen, wird der mittlere Zukunftserfolg (${}^m R$) üblicherweise mit einem Abschlag in der Grössenordnung von 30% versehen.[406] Diese groben Faustregeln geben aber nur Anhaltspunkte. Der Investor sollte unbedingt das für den zu bewertenden Betrieb geltende Risiko individuell berücksichtigen.

Ferner gilt es zu beachten, dass diese Methode ausschliesslich bei einem rentablen Betrieb, bei dem der Ertragswert über dem Substanzwert liegt, angewandt werden kann. Bei unrentablen Unternehmen, bei denen der Ertragswert kleiner ist als der Substanzwert, darf die Formel nicht einfach abgeändert werden, indem dem Substanzwert die diskontierte „verkürzte Badwillrentendauer" abgezogen wird.

---

[404] Helbling, 1995, S. 117.
[405] Zur Zuschlagsmethode siehe beispielsweise Helbling, vom 7.5.96, S. 1.
[406] Helbling, 1995, S. 115.

Zusammenfassende Beurteilung der verkürzten Goodwillrentendauer-Methode:

Vorteil:

- Der Economic Profit wird auf einen Stichtag diskontiert

Nachteile, bzw. kritische Elemente:

- Kann nur bei rentablen Unternehmen angewandt werden
- Willkürliche Wahl der Goodwillrentendauer (n)
- Nicht anwendbar für neue Ventures (nicht aussagekräftiger Substanzwert)

6.4.3.3   Berücksichtigung der Goodwillabschreibung

Dieses Verfahren kann nur bei ertragsstarken Unternehmen angewandt werden und es geht davon aus, dass sich der Goodwill eines Betriebes langsam verflüchtige bzw. ständig neu erarbeitet werden muss. Darum wird der Goodwill nach betriebswirtschaftlichen Kriterien (unabhängig von handels- oder steuerrechtlichen Vorschriften) abgeschrieben.[407]

$$W_0 = \frac{{}^m R - \dfrac{W - S}{n}}{i}$$

wobei:

W_0	Gesamtwert des Betriebes
S	Substanzwert
n	Anzahl Jahre (Übergewinndauer)
${}^m R$	durchschnittlicher Zukunftsreingewinn, ewige Rente

Zusammenfassende Beurteilung der Goodwillabschreibungs-Methode:

Vorteil:

- Berücksichtigung der Tatsache, dass Stillstand oft Rückschritt bedeutet

---

[407] Helbling, 1995, S. 120.

Nachteile, bzw. kritische Elemente:

- Kann nur bei rentablen Unternehmen angewandt werden
- Willkürliche Wahl der Übergewinndauer (n)
- Für neue Ventures nicht anwendbar

6.4.4   Zusammenhang

Alle drei der oben behandelten Verfahren können auf eine gemeinsame Grundformel zurückgeführt werden.[408]

Gesamtwert	=	Substanzwert	+	Goodwill
W	=	S	+	x (E − S)

Dabei unterscheiden sich die Methoden nur durch die Wahl des Faktors x.

Bei der reinen Ertragswertmethode wird x = 1 gesetzt, so dass der Substanzwert aus der Formel herausfällt (W = S + E − S = E).

Bei der Mittelwert- oder Praktikermethode wird x = ½ gesetzt, so dass eine gleich starke Gewichtung von Substanz- und Ertragswert erzielt wird [(2S + E − S) ÷ 2 = (S+E) ÷ 2].

Bei den Goodwillberechnungsmethoden kann dem Faktor x ebenfalls ein Term zugewiesen werden.[409] Da dieser jedoch nicht so anschaulich ist, wird hier auf die Darlegung verzichtet.

6.4.5   Konzept des Economic Value Added (EVA) als Kompromisslösung

Wie die drei oben gezeigten klassischen Methoden der gleichzeitigen Berücksichtigung von Ertrags- und Substanzwert, versucht auch der als EVA-Ansatz bekannt gewordene *Economic Value Added-Approach* die Verbindung der Cash Flow-basierten Bewertung mit dem laufenden Rechnungswesen anzustreben.

Hinter dem EVA-Ansatz steht die Idee, dass eine Wertsteigerung stets auf einem über dem WACC liegenden ROIC basiert. Wäre dem nicht so, würde sich die Substanz nur gerade kapitalkostendeckend verzinsen und kein Mehrwert würde geschaffen.[410]

---

[408] Helbling, 1995, S. 134.
[409] Siehe Helbling, 1995, S. 134.
[410] Mehr dazu in: Volkart, 1999, S. 97-99 und ibidem, 1998, S. 126-128.

Der Economic Value Added (EVA) berechnet sich anhand des Übergewinnverfahrens (Economic Profit Model).[411]

Mit „Übergewinn" bzw. „Economic Profit" ist derjenige Teil des Gewinns gemeint, der die vom Markt geforderte Rendite für entsprechendes Eigenkapital bzw. Fremdkapital mit gleichem Risiko übersteigt.[412]

> *Economic Profit = Invested Capital · (ROI – WACC)*

oder einfacher:[413]

> *Übergewinn = Reingewinn vor Zinsen und Steuern – Kapitalkosten*

In der Praxis werden die Daten aus den Plan-Erfolgsrechnungen und –Bilanzen der künftigen fünf Jahre verwendet, um die Übergewinne der verschiedenen Jahre zu ermitteln, welche wie bei der DCF-Methode auf den heutigen Zeitpunkt diskontiert und addiert werden. Ein Beispiel dazu liefert Abbildung 17. Dieser Barwert wird *Market Value Added (MVA)* bezeichnet.
Der EVA-Wert des Eigenkapitals errechnet sich schliesslich als MVA plus aktuellem Substanzwert des investierten Kapitals minus den zu verzinsenden Anteilen des Fremdkapitals.

> MVA
> + Investiertes Kapital
> = Unternehmenswert (brutto)
> - verzinsliches Fremdkapital
> = EVA-Wert des Eigenkapitals

Dieser theoretisch ermittelte MVA darf nicht verwechselt werden mit der Differenz zur aktuellen Börsenkapitalisierung des Unternehmens, falls es schon kotiert sein sollte. Diese Abweichungen werden von gewissen Autoren ebenfalls als *Market Value Added (MVA)* bezeichnet.[414]

---

[411] Vgl. Kapitel 6.4.3.1 Übergewinnverfahren (Economic Profit Model) auf Seite 137. Die Begriffe Economic Profit und EVA sind fast deckungsgleich. Der Economic Profit geht auf Copland/Koller/Murrin zurück, der EVA auf die Arbeiten von Stern/Steward. Vgl. Volkart, 1998, S. 147.

[412] Siehe beispielsweise Volkart, 1995, vom 18.5.95 oder Copeland/Koller/Murrin, 1995, S. 145.

[413] Volkart, 1995, vom 18.5.95.

[414] Rutishauser, 1997, S. 15.

Theoretisch sollten sich EVA und MVA eigentlich entsprechen. Die jedoch in der Praxis zu beobachtende Differenz widerspiegelt die Markteinschätzung der zukünftigen Gewinnaussichten. Dabei können zwei Effekte unterschieden werden.
Einerseits geht jeder Bewerter von anderen Annahmen aus. Dies äussert sich besonders bei der Beurteilung der Zukunftsaussichten der Unternehmung unter dem gegenwärtigen Management, sowie bei der Schätzung des unternehmensspezifischen Risikos. Dabei können natürlich auch Informationsasymmetrien zwischen Management und Investoren eine entscheidende Rolle spielen.
Andererseits kommt der Börsenkurs durch ein Angebots- und Nachfrageprozess zustande, der auch von unternehmensunabhängigen Faktoren (wie z.b. Marktliquidität, Gesetzgebung)[415] beeinflusst wird.[416]

Abbildung 17: Beispiel einer EVA-Methode zur Unternehmensbewertung

Economic Value Added - EVA Methode:					
Bilanzsumme	100'000	150'000	200'000	300'000	400'000
+ Korrektur F&E	200'000	200'000	200'000	200'000	200'000
- Nicht zinstragende kfr. Verbindlichkeiten	50'000	100'000	150'000	200'000	250'000
NOA (Ende des Jahres)	250'000	250'000	250'000	300'000	350'000
NOA (Beginn des Jahres)	100'000	250'000	250'000	250'000	300'000
NOA (Durchschnitt)	175'000	250'000	250'000	275'000	325'000
WACC	49%	43%	37%	31%	25%
EBIT	-708'000	-850'000	-792'000	530'000	2'135'000
+ Korrektur F&E	200'000	200'000	200'000	200'000	200'000
- Steuern (betrieblich)	0	0	0	0	22'750
- kalkulatorischer Zins auf NOA	85'750	122'500	122'500	134'750	159'250
EVA (NOA)	-593'750	-772'500	-714'500	595'250	2'153'000
Present Value EVA	-398'490	-362'557	-244'771	155'663	450'422
Terminal Value Multiple	5.9 x				
Terminal Value (TV)	12'664'706				
PV TV	2'649'543				
Market Value Added (MVA)	**2'249'810**				
+ NOA	100'000				
- Fremdkapital	0				
Market Value (MV)	**2'349'810**				

Quelle: eigene Darstellung.

Da dieses Verfahren jedoch mit Gewinngrössen (EBIT) arbeitet, kommen alle Nachteile, die sich mit der Verwendung von buchhalterischen Grössen ergeben, auch hier zum Tragen.
Trotzdem konnte sich die Methode aufgrund der Akzeptanz bei Unternehmensberatern auch in der Praxis durchsetzen und ist heute ein Standardverfaren - zumindest als Ergänzung zur DCF-Methode, nicht zu dessen Ersatz.[417]

---

[415] Z.B.: lässt der Gesetzgeber zu, dass Pensionskassen in Aktien investieren dürfen, wird dies eine zusätzliche Nachfrage generieren.

[416] Siehe dazu mehr in Kapitel 9.2 Angebot und Nachfrage (Einfluss der Konkurrenz) auf Seite 203.

[417] Gemäss Untersuchung von Superina, 2000, S. 194f.

Zusammenfassende Beurteilung der Economic Value Added-Methode (EVA):

Vorteile:

- Bilanz-Daten werden ebenfalls berücksichtigt
- Weit verbreitet und akzeptiert
- Konsequente Aktivierung und Abschreibung von F&E Investitionen[418]
- Elimination von Goodwillabschreibungen für die Wertrechnung[419]
- Periodengerechte Erfassung der Unternehmenssteuern

Nachteile, bzw. kritische Elemente:

- Verwendung von buchhalterischen Gewinn statt Cash Flow Grössen[420]
- Vom Ansatz her vergangenheitsorientiert[421]
- Bewertungsabhängige Buchungen notwendig (sog. „Conversions")[422]

6.5   Anwendung der Optionstheorie zur Unternehmensbewertung

Wie oben[423] erwähnt ist die Unternehmensbewertung thematisch der Investitionslehre zuzuordnen. Standardverfahren der Investitionsrechnung ist die Anwendung der Netto-Barwert-Methode („Net Present Value Rule", kurz „NPV"). Den geschätzten und diskontierten vom Projekt in Zukunft generierten Cash Flow-Strömen werden das Initialinvestment und bereits zum Entscheidungszeitpunkt bekannte Erweiterungsinvestitionen (ebenfalls diskontiert) gegenübergestellt. Die Differenz ist der Netto-Barwert, der „Net Present Value" (NPV), des Projektes. Ist der NPV grösser als Null, soll der Manager in das Unterfangen investieren.[424]

Auch wenn die NPV-Regel weite Verbreitung findet, so gründet sie doch auf falschen Annahmen. Entweder muss das Projekt reversibel sein, d.h. es muss rückgängig gemacht werden können.[425] Oder wenn diese Bedingung nicht erfüllt ist, dann muss eine „jetzt-oder-nie" Situation vorliegen, um die NPV-Regel korrekt anwenden zu können.[426]

---

[418] Volkart, 1989, S. 127.

[419] Dazu sind etliche sogenannte „Conversions" notwendig. Volkart, 1999, S. 99 nennt Beispiele hierzu.

[420] Dieser Mangel kann allerdings behoben werden. So hat z. B. die Boston Consulting Group (BCG) ein Konzept entwickelt, das die CFROI-Grösse (Cash Flow Return on Investment) verwendet. Siehe dazu Volkart, 1998, S. 128.

[421] Volkart, 1989, S. 133 zeigt jedoch, dass auch die Anwendung auf Budgetdaten möglich ist.

[422] In der Praxis wird es bei 5 bis 10 Conversions bleiben. Siehe dazu beispielsweise Hostetter, 1997 und 1995, zit. nach Volkart, 1989, S. 127.

[423] Vgl. Kapitel 6.1.1 Theoretische Einordnung der Unternehmensbewertung auf Seite 110.

[424] Vgl. Dixit/Pindyck, 1995, S. 106.

[425] Das Projekt sollte irgendwie rückgängig gemacht und die investierten Gelder zurückerstattet werden können, falls die Marktgegebenheiten sich anders als geplant erweisen würden.

[426] Wenn das Investment nicht sofort gemacht wird, dann geht die Chance für immer und ewig verloren.

Auch wenn gewisse Investitionen eine dieser beiden Bedingungen erfüllen mögen – die meisten Investments sind irreversibel und können in der Realität bis zu einem gewissen Grad zumindest teilweise aufgeschoben werden. Ein Investor, welcher die Chance bekommt, mit einem Minimalinvestment heute trotzdem beim Projekt mitmachen und im Erfolgsfalle später bei weiteren Finanzierungsrunden mitziehen zu können, hält eine Option in den Händen. Eine Option, welche ihm das Recht verleiht, nicht aber die Pflicht aufbürdet, in der Zukunft in einer gewissen Weise handeln zu dürfen. Folglich können die in den letzten beiden Jahrzehnten gewonnenen Erkenntnisse auf dem Gebiet der Optionstheorie auch auf die Investitionstätigkeit in reale Projekte angewandt werden.[427] In diesem Zusammenhang werden sie *Realoptionen* genannt.[428]

Realoptionen sind äusserst hilfreich bei der Wertbestimmung von sogenannten „multistage" Projekten, wo mehrere Finanzierungsrunden vorgesehen sind, wie es für Startups üblich ist. Kann beispielsweise die Investition auf zwei Finanzierungsrunden aufgeteilt werden, und würde ein Verzicht auf die Teilnahme in der zweiten Runde den sicheren Totalverlust des Investments bedeuten, dann kann das Investment in der ersten Runde als sogenannte „Call" Option auf einen Eigenkapital-Anteil am Unternehmen gesehen werden. Sind die proportionalen Änderungen der Investitionen sogenannt „lognormal" verteilt, kann die Formel von Black/Scholes zur Berechnung von Optionswerten angewandt werden.[429]

$$\boxed{\textit{Wert einer Call-Option} = SN(d_1) - X \cdot e^{-rt} \cdot N(d_2)}$$

wobei:

$$d_1 = \frac{\ln\left(\dfrac{S}{X}\right) + \left(r + \dfrac{\sigma^2}{2}\right) \cdot t}{\sigma \cdot \sqrt{t}} \quad \text{und} \quad d_2 = d_1 \cdot \sigma \cdot \sqrt{t}$$

---

[427] Siehe beispielsweise Brealey/Myers, 1991, S. 513f., Cox/Rubinstein, 1985, Hull, 1989, Stoll/Whaley, 1993, zit. nach Dixit/Pindyck, 1995, S. 106 oder Brendle, 1999, S. 15-17.

[428] Siehe beispielsweise die Arbeiten von Prof. Aswath Damodaran der Stern Business School der New York University zu diesem Thema, z.B. Option Pricing Theory and Applications, zu finden unter: http://www.stern.nyu.edu/~adamodar/, Stichwort „Valuation" und „Option Pricing Approaches in Valuation" (Stand: 1.11.2000).

[429] Vgl. Gompers, 1999, S. 9.

wobei:

X   Investitionssumme, die aufgeschoben werden kann[430]
S   Barwert der erwarteten Free Cash Flow (FCF)[431]
t   Zeit, welche die Investitionssumme hinausgezögert werden kann[432]
σ   Risiko des Projektes, gemessen an der Standardabweichung der FCF
r   risikoloser Zinssatz

„X" ist die geschätzte Höhe der Investition der zweiten Finanzierungsrunde. „S" steht
für den aktuellen Wert der Unternehmung, wenn das Projekt bis zum Ende vollständig
durchgezogen wird. Dafür wird wie bei der DCF-Methode[433] der Netto-Barwert der
Unternehmung berechnet. Da jedoch die Unsicherheit der FCF durch den Optionspreis
bereits berücksichtigt wird, wendet die Praxis Diskontierungsraten ohne Zuschläge für
die CF-Adjustierung an.[434] Folglich fällt S höher aus als bei der DCF-Methode und kann
nicht 1 : 1 von dieser Rechnung übernommen werden.

Der Paramter „σ" (Sigma) gibt schliesslich die Standardabweichung als Indikator für
das Projektrisiko wieder. Zu dessen Herleitung gibt es zwei Möglichkeiten.
Einerseits können wie bei der Relative Valuation Methode zur Unternehmensbewertung
die Werte von vergleichbaren Unternehmen übernommen werden.[435] Für börsenkotierte
Unternehmen sind solche Daten öffentlich zugänglich.
Andererseits können die verschiedenen Free Cash Flows auch mittels unterschiedlichen
Szenarien in einer Sensitivitätsanalyse ermittelt und gemäss deren Verteilung die Stan-
dardabweichung berechnet werden.[436]
Für High-Tech Unternehmen sind Standardabweichungen von 20-50% nicht aussserge-
wöhnlich.[437]

Aufgrund der anspruchsvollen Theorie, welche diesem Modell zugrunde liegt, wird
dieses Verfahren in der Praxis kaum verstanden und daher auch nicht verwendet. Nur
ein einziger aus über 100 Interviewpartner wandte dieses Verfahren tatsächlich an.[438]

---

[430] entspricht dem Ausübungspreis bei der Bewertung von Aktien (strike price).

[431] entspricht dem Aktienpreis bei der Bewertung von finanziellen Optionen.

[432] entspricht der Zeit bis zum Ablauf der Option bei herkömmlicher Anwendung der Optionstheorie.

[433] Vgl. Kapitel 6.3.3 Discounted Cash Flow-Methode auf Seite 125ff.

[434] Vgl. Kapitel 8.8.4 Zuschläge für die Adjustierung der (Free) Cash Flow-Ströme auf Seite 197.

[435] Vgl. Gompers, 1999, S. 9 und Kapitel 6.7 Relative Valuation (Vergleich mit anderen Unternehmen) auf
Seite 150.

[436] Vgl. Frei, 1999, S. 33.

[437] Gemäss eigene Berechnungen. Quelle: Bloomberg.

Zusammenfassende Beurteilung der Optionspreis-Methode (OPT):

Vorteile:

- Theoretisch fundiert
- Einbezug der Flexibilität und anderen Optionen (z.B. Assets)

Nachteile, bzw. kritische Elemente:

- Findet wenig Verwendung in der Praxis
- Annahmen äusserst subjektiv (Standardabweichung, Zeit, aufgeschobene Investitionen)
- Reduktion des Universums von Möglichkeiten auf ein einfaches Modell in der Praxis schwierig

6.6   Venture Capital-Methode

Wie oben erwähnt wäre der Ansatz der Betrachtung der künftigen Netto-Einnahmen des Investors aus seinem finanziellen Engagement (KNI-Ansatz) das theoretisch korrekte Verfahren zur Unternehmensbewertung im Sinne eines Spezialfalles der Investitionsrechnung.[439]

Die Praxis hat im Laufe der Zeit ihre eigene Methode entwickelt hierzu. Weil die (Free) Cash Flows von Unternehmen in der frühen Wachstumsphase in der Regel negativ ausfallen, kann der Venture Capitalist realistischerweise keine jährlichen „Dividenden" aus seinem Investment erwarten. Folglich stützen sich die ganzen Renditeüberlegungen auf das Liquiditätsereignis am Ende der Zusammenarbeit: dem Exit.

Bei der Venture Capital-Methode rechnet der Investor zurück vom geschätzten Exit-Wert mit seiner erwarteten Rendite und hat bei gegebener Höhe des Kapitalbedarfs bereits eine erste Vorstellung von der Höhe seiner Beteiligung. Im Detail sehen die einzelnen Rechenschritte wie folgt aus.

---

[438] Dabei handelte es sich um einen Universitäts-St. Gallen-Abgänger, der sich direkt nach dem Studium auf die Bewertung von Unternehmen spezialisiert hatte. P. Frei von Venture Valuation (www.venturevaluation.ch) hat schon seine Diplomarbeit über die Bewertung von Unternehmen geschrieben.

[439] Vgl. Kapitel 6.3.4 Barwert künftiger Ausschüttungen auf Seite 133.

Bekannt sind beim Zeitpunkt der Investition der Kapitalbedarf (z.B. CHF 1 Mio.) und die vom VC geforderte Rendite (in der Praxis zwischen 35-100%,[440] im Beispiel seien 50% angenommen). Als erster Schritt gilt es zu schätzen, wann der Exit stattfinden soll (z.B. in 5 Jahren). Mit diesen Annahmen lässt sich der Zielwert des Investments beim Exit errechnen mit folgender Formel:[441]

$$Zukunftswert\ des\ Investments = (1 + geforderte\ Rendite)^{Jahre} \times Investitionssumme$$

In unserem Beispiel müsste die heutige Investition von CHF 1 Mio. bei 50% p.a. geforderter Rendite in 5 Jahren CHF 7.5 Mio. wert sein

Als nächsten Schritt gilt es den Unternehmenswert zum Zeitpunkt des Ausstiegs zu schätzen. Dies kann theoretisch auch mittels DCF-Methode vorgenommen werden. Allerdings hat sich in der Praxis der Vergleich mit anderen Unternehmen derselben Branche durchgesetzt (price-to-earnings ratio, EBIT- und EBITDA-Multiples).[442] Da Jungunternehmen in aller Regel Verluste schreiben, eignet sich eine P/E-Ratio weniger für Start-ups. Daher sei hier auf den EBITDA abgestützt, derjenigen Grösse aus der Erfolgsrechnung, welche noch am ehesten mit dem FCF aus der Mittelflussrechnung verglichen werden könnte. Die Formel lautet dann:

$$Zukünftiger\ Unternehmenswert = EBITDA\text{-}Multiple \times zukünftiger\ EBITDA$$

Die Bestimmung der Multiplikatoren ist reine Erfahrungssache des VC und nur höchst subjektiv durchführbar. Bei einem EBITDA-Multiple von beispielsweise 5.0 und einem EBITDA von CHF 3 Mio. im fünften Jahr, resultiert ein Unternehmenswert von CHF 15 Mio.

Die aufgrund diesen Annahmen geforderte Höhe der Beteilung am Unternehmen seitens des Investors lässt sich wie folgt errechnen:

$$Zukünftige\ Beteiligung = \frac{Zukünftiger\ Wert\ des\ Investments}{Zukünftiger\ Unternehmenswert}$$

---

[440] Gompers, 1999, S. 10 spricht beispielsweise von 50-100%. Scherlis/Sahlman, 1989, S. 1 erwähnen 35-80%.

[441] Siehe beispielsweise Scherlis/Sahlman, 1989, S. 2.

[442] Siehe Kapitel 6.7 Relative Valuation (Vergleich mit anderen Unternehmen) auf Seite 150.

Eine Variante der Berechnung wäre die Diskontierung des zukünftigen Wertes (Terminal Value)[443] auf den heutigen Tag. In der Praxis benutzen VC Diskontierungsraten von 50-100%.[444] Diese Grösse muss dann konsequenterweise mit der heutigen Investitionssumme (gemäss Kapitalbedarfsplanung) ins Verhältnis gesetzt werden:

$$Zukünftige\ Beteiligung = \frac{Heutige\ Investitionssumme}{Barwert\ des\ zukünftigen\ Unternehmenswertes}$$

Ist das Unternehmen in fünf Jahren CHF 15 Mio. wert, und soll der Anteil des VC CHF 7.5 Mio. sein, so muss seine Beteiligung 50% betragen. Geht man einfachheitshalber zur Illustration in den nächsten fünf Jahren von keinen weiteren Finanzierungsrunden aus, dann wird der Investor zum heutigen Zeitpunkt ebenfalls 50% Anteil am Unternehmen fordern. Da seine Investition CHF 1 Mio. beträgt, resultiert ein impliziter Unternehmenswert heute von CHF 2 Mio. Weil in diesem Betrag die Mittel des Geldgebers bereits enthalten sind, spricht man auch von einem post-Finanzierungs-Wert (post-financing valuation oder post-money valuation).[445]

$$post\text{-}money\ valuation = \frac{Heutiger\ Wert\ des\ Investments}{Heutige\ prozentuale\ Beteiligung}$$

Der Unternehmenswert als reine Vorleistung *vor* der Finanzierungsrunde (pre-financing bzw. pre-money valuation) errechnet sich schliesslich durch die Substraktion der Investitionssumme (in obigem Beispiel CHF 2 Mio. – CHF 1 Mio. = CHF 1 Mio.):[446]

$$pre\text{-}money\ valuation = (post\text{-}money\ valuation) - Investitionssumme$$

Die Venture Capital-Methode wird aufgrund des Überschusses, welcher bis zum Exitzeitpunkt ensteht, im Englischen auch als „Excess Earning Model" bezeichnet.[447]

---

[443] Siehe Kapitel 6.3.3 Discounted Cash Flow-Methode auf Seite 125ff., sowie 7.4 Zeitwert des Geldes auf Seite 168ff.

[444] Vgl. Gompers, 1999, S. 10.

[445] Siehe beispielsweise Frei, 1999, S. 30 oder Gompers, 1999, S. 10.

[446] Vgl. Kapitel 7.5.1 Verteilung des Anstiegs des Unternehmenswertes über die Zeit auf Seite 170.

[447] Vgl. Willinge, 1996, S. 7, zit. nach Frei, 1999, S. 30.

Die Venture Capital-Methode hat ihren Namen zu Recht und ist aus der Praxis nicht wegzudenken. Gerade bei VC-Projekten, die über mehrere Finanzierungsrunden laufen, lässt sich der Überblick über die erforderlichen Beteiligungshöhen in jeder Runde relativ einfach wahren.[448]

Zusammenfassende Beurteilung der Venture Capital-Methode (VC):

Vorteile:

- Einfach zu verstehen
- In der Praxis weit verbreitet und akzeptiert
- Schnell in der Anwendung
- Bei mehreren Finanzierungsrunden einfach anzuwenden

Nachteile, bzw. kritische Elemente:

- Stützt sich auf andere Methoden für Exit-Preis
- Starke Vereinfachung

6.7   Relative Valuation (Vergleich mit anderen Unternehmen)

6.7.1   Einleitung zum Market Approach

Bislang wurde das Augenmerk nach innen auf das Unternehmen selbst gerichtet. Bei der sogenannten „Relative Valuation" wird der Blick nach aussen auf andere Unternehmen ausgeweitet.[449]

Beim Market Approach handelt es sich um einen Comparative Company Approach, in dem nur effektiv bezahlte Marktpreise für andere ähnliche Unternehmen als Massstab verwendet werden (z.B. Daten öffentlich kotierter vergleichbarer Gesellschaften, Preise für kürzlich abgeschlossene Akquisitionen oder Preise für erstmalige Börsenplatzierungen). Es ist darum ein objektiver Weg, den Unternehmenswert zu bestimmen.[450]

---

[448] Siehe dazu mehr in Kapitel 7.5.1 Verteilung des Anstiegs des Unternehmenswertes über die Zeit auf Seite 170.

[449] Zur Motivation dieses Vorgehens vgl. auch Kapitel 7.1 Kompensation der mangelnden historischen Datenlage auf Seite 164ff.

[450] Helbling, 1995, S. 131.

In den USA wird der Market Approach am häufigsten angewandt. Bei kotierten Gesellschaften wird nebst dem Börsenkurs zusätzlich ein Takeoverzuschlag (Premium) offeriert. Dieser beträgt je nach Fall zwischen 20% und 80%.[451]

Diese Methode funktioniert aber nur, wenn genügend vergleichbare Gesellschaften vorhanden sind. In den USA stellt dies mit über 13'000 kotierten Gesellschaften kein Problem dar. Da aber in Deutschland nur etwa 600, in der Schweiz sogar nur 220 Gesellschaften an der Börse kotiert sind, hat dieses Verfahren in der Schweiz keine praktische Bedeutung - bzw. es wird auch in der Schweiz mit Daten aus USA und Deutschland gearbeitet.[452]

6.7.2   Bewertung anhand vergleichbarer börsenkotierter Unternehmen

Die Bewertung anhand vergleichbarer börsenkotierter Unternehmen basiert auf der Ermittlung bezugsgrössenspezifischer Multiplikatoren. Dabei wird der „Preis" eines Unternehmens im Verhältnis zu einer anderen Grösse betrachtet, zum Beispiel zum Gewinn. Für etablierte Unternehmen ist es üblich, hierfür den EBIT (Gewinn vor Zinsen und Steuern) und EBITDA (ER-Pendant zum Cash Flow) zu verwenden. Da jedoch nahezu alle Internet-Unternehmen defizitär sind, wird als Hilfskonstrukt nicht das Ergebnis, sondern der Umsatz oder die Anzahl Kunden als Bezugsgrösse herangezogen.[453] Im Anhang[454] finden sich die im Rahmen dieser Arbeit verwendeten Multiplikatoren für zehn verschiedene Branchen: BioTech, MedTech, Software, e-commerce, HighTech, Industrial, Internet, Media, Telekommunikation und HealthCare.[455]

Multiplikatoren können jedoch nur den relativen Wert einer Firma im Vergleich mit dem von Konkurrenten ermitteln. Informationen darüber, ob ein Markt insgesamt über- oder unterbewertet ist, liefern sie natürlich keine. Die Höhe des Multiplikators ist vom aktuellen Börsenkurs abhängig. Betrachtet man die grossen Kursschwankungen der Internet-Aktien, wird die Problematik der Anwendung von Multiplikatoren erkennbar, zumal diese oft durch spekulative Einflussfaktoren oder technische Umstände (zum

---

[451] Helbling, 1995, S. 130.

[452] Helbling vom 7.5.96, S. 2.

[453] So berechnete man zum Beispiel die Bewertung eines neuen Internet-Portals wie folgt: Yahoo als Referenzportal hat eine Marktkapitalisierung von x Millionen und y Usern. Somit kann eine Marktkapitalisierung pro User ermittelt werden: x/y Millionen. Nimmt man nun die User-Schätzungen des neuen Portals und multipliziert sie mit der Marktkapitalisierung pro User von Yahoo, erhält man den mittels Relative Valuation ermittelten Unternehmenswert des neuen Portals. Auf diese Weise konnte sich eine ganze Gruppe von New Economy Unternehmen gegenseitig in der Bewertung bestätigen, ohne dass diese Bewertungen ernsthaft hinterfragt worden wären. Vgl. Arnold, 2000, S. 31.

[454] Siehe Anhang auf Seite 353ff.

[455] Geordnet nach Häufigkeit der Vertretung im Datensample von 74 untersuchten Jungunternehmen. Siehe Abbildung 34 auf Seite 229.

Beispiel geringer Anteil im Streubesitz) verursacht werden. Dieses Problem kann dadurch entschärft werden, dass die Durchschnittskurse über einen angemessenen Zeitraum betrachtet werden, um die Schwankungen zu nivellieren.

Es ist insbesondere zu beachten, dass Internet-Unternehmen zumeist über sehr hohe Wachstumsraten verfügen. Somit besitzt der Umsatz eines vergangenen Geschäftsjahres wenig Aussagekraft über künftige Entwicklungen. Deshalb sollte man erwartete, künftige Umsätze oder allenfalls die auf ein Jahr hochgerechneten Umsätze des letzten Quartals als Bezugsgrösse benützen. Da Internet-Unternehmen ausserdem sehr unterschiedliche Aussichten haben, wird versucht, die Wachstumsraten und die Marktanteile in der Bewertung zu berücksichtigen. Höheres Wachstum und höhere Marktanteile rechtfertigen somit höhere Multiplikatoren.

Ein auffälliges Phänomen ist die Tatsache, dass die laufenden Verluste der meisten Internet-Unternehmen keinen Einfluss auf ihre Kurse zu haben scheinen. Traditionelle Gesellschaften müssen für ihre Verluste aus ihren hauseigenen Internet-Startups aber sehr wohl Kursrückschläge hinnehmen. Dieses Bewertungsparadox bedeutet, dass reine Internet-Unternehmen viel günstigeres Kapital für ihre Investitionen zur Verfügung gestellt bekommen als traditionelle Unternehmen. Neben dem Wunsch, eine eigene "Transaktionswährung" (für Mergers & Acquisitions) zu schaffen, ist dieses Phänomen mit dafür verantwortlich, dass derzeit viele Unternehmen beabsichtigen, ihre Internet-Aktivitäten durch einen Spin-off auszugliedern (vgl. zum Beispiel TerraNetworks, The Blue Window, T-Online usw.).[456]

Die Bewertung von Internet-Unternehmen auf Basis börsenkotierter Vergleichsunternehmen ist eine beliebte, da relativ einfache Methode. Sie liefert meistens grosse Wertbandbreiten, weshalb sie für strategische Zwecke immer in Kombination mit einer DCF-Bewertung durchgeführt werden sollte. Die Problematik dieses Verfahrens und mehrheitlich auch schwer wiegende Bedenken der Theorie ihm gegenüber erfordern für die Interpretation äusserste Vorsicht.

Zusammenfassende Beurteilung der Comparable Traded Companies-Methode:

Vorteil:

- Objektive Methode

---

[456] Vgl. Bjordal, 2000, S. 29.

Nachteile, bzw. kritische Elemente:

- Nur anwendbar, wenn viele vergleichbare Gesellschaften existieren
- Die individuellen Stärken und Schwächen eines Unternehmens werden zu wenig berücksichtigt.
- Der Preis des zu bewertenden Unternehmens wird durch den bezahlten Preis für ein vergleichbares Unternehmen bestimmt. Aber wie wurde jenes Unternehmen bewertet? Es ergeben sich folglich Zirkelschlussprobleme.
- Für neue Ventures nur bedingt anwendbar, da oft kein vergleichbares Unternehmen vorhanden ist.
- Börsenkotierte Unternehmen sind viel liquider als Start-up-Unternehmen. Folglich kann kein direkter Vergleich zwischen gelisteten und nicht-kotierten Unternehmen stattfinden. Jungunternehmen wird eine „Illiquiditätsprämie" zur Last gelegt, was den Unternehmenswert senkt.
- Über- bzw. Unterbewertungen des Marktes als Ganzes lassen sich nicht erkennen.

6.7.3   Bewertung anhand M&A-Transaktionen vergleichbarer Unternehmen

Die Bewertung anhand von Übernahmetransaktionen vergleichbarer Unternehmen erfolgt nach einer sehr ähnlichen Methode wie der anhand von vergleichbaren, börsennotierten Unternehmen. Der Unterschied besteht darin, dass man nicht den Börsenkurs, sondern den Preis für eine Mehrheitsübernahme heranzieht. Diese Methode zielt in der Regel primär darauf ab, die Kontrollprämie bei Unternehmensübernahmen zu quantifizieren. Grundsätzliches Problem dieses Verfahrens sind der Umfang und die Qualität der Datenbanken. Zum einen wurden bis heute nur wenige Übernahmetransaktionen im Internet-Bereich durchgeführt, und nur für eine geringe Anzahl dieser Transaktionen wurde der Kaufpreis veröffentlicht. Des weiteren wird im Internet-Umfeld sehr häufig der Kaufpreis mit Aktien allein oder in Kombination mit Barmitteln bezahlt. Das erschwert zusätzlich die Ermittlung entsprechender Relationen. Wichtig ist, dass nicht nur die implizierten Preise mit der Bekanntgabe des Kaufs, sondern auch nach dem definitiven Abschluss des Geschäfts (Closing) für den Vergleich herangezogen werden.

Eine Alternative bietet der Vergleich mit Unternehmen aus ähnlich wachstumsstarken und zukunftsträchtigen Branchen wie z. B. gewissen Mobilfunkgesellschaften oder lokalen Telefonnetzwerkbetreibern Anfang und Mitte der Neunzigerjahre in den USA.[457]

---

[457] Vgl. Bjordal, 2000, S. 29.

Zusammenfassende Beurteilung der Comparable Transactions-Methode:

Vorteil:

- Objektive Methode

Nachteile, bzw. kritische Elemente:

- Nur anwendbar, wenn vergleichbare Transaktionen stattgefunden haben und dessen Daten publik gemacht wurden.
- Zufällige Auswahl des Vergleichssets möglich, was das Ergebnis verfälscht.
- Die individuellen Stärken und Schwächen eines Unternehmens werden zu wenig berücksichtigt.
- Strategische Käufer sind bereit zur Zahlung einer „Kontrollprämie", welche den Preis höher erscheinen lässt als der effektive „Stand-alone" Unternehmenswert. M.a.W. ist diese Grösse abhängig vom subjektiven Nutzen des Käufers (Synergie-Effekte etc.)
- Häufig komplizierte Berechnung[458]

6.8   Verzögerte Kaufpreisbestimmung (Earn Out-Verfahren)

Oft ist die Zukunft dermassen ungewiss, dass in den Prognosen keine schlüssigen Werte für den erwarteten Zukunftserfolg genannt werden können.[459] In einem solchen Fall empfiehlt sich die Anwendung der „verzögerten Kaufpreisbestimmung", auch „Nachbewertung" genannt. Mit „Earn out", „Contingent payout" oder „Contingency payment" wird das Verfahren bezeichnet, bei dem der Verkäufer zusätzlich zum Grundbetrag während einer Anzahl Jahre noch gewinnabhängige Beträge erhält.

In einem ersten Schritt wird aufgrund der bekannten oder voraussehbaren Daten ein Basiswert X ermittelt, der später in einem zweiten Schritt eine Korrektur ± Y erfährt, entsprechend der in den Folgejahren tatsächlich eingetretenen Entwicklung.[460]

---

[458] i.d.R. werden die Deals zum Teil mit eigenen Aktien bezahlt (Aktientausch). Dann muss die übernehmende Gesellschaft ebenfalls bewertet werden.

[459] Helbling, 1995, S. 165.

[460] Helbling, 1995, S. 166f.

$$W = X \pm Y$$

wobei:

X *Basiswert*, berechnet zum Zeitpunkt t_0 als Ertragswert (Basis sind die Angaben im Finanzteil des Businessplans [Soll])

Y *Korrekturwert*, berechnet zum Zeitpunkt t_{+1} als Ertragswert (Basis sind die effektiven Zahlen aus der Buchhaltung [Ist])

Zur Absicherung kann der Käufer einen Teil des Kaufpreises auf ein Sperrkonto einbezahlen. Nach Massgabe der eingetretenen tatsächlichen Verhältnisse (Erreichen von definierten Meilensteinen), spätestens jedoch in einem im voraus vereinbarten Zeitpunkt (ein bis ca. fünf Jahre nach dem Kauf), wird der gesperrte Betrag entweder zugunsten des Verkäufers frei oder er fällt an den Käufer zurück.[461]

Diese Art der Lösung schwieriger Bewertungs- und Budgetfragen kommt in der Schweiz relativ häufig vor.[462]

Zusammenfassende Beurteilung der Earn Out-Methode:

Vorteile:

- Fairste Art, schwierige Bewertungsprobleme zu lösen.
- Möglich, auch bloss Abhängigkeit vom Umsatz festzulegen (anstatt vom Gewinn).
- Einzige Möglichkeit, das Risiko von Prognosefehlern zu senken.
- Der Vertrag kann so ausgestaltet werden, dass der Unternehmer durch eine Koppelung des Kaufpreises an die zukünftigen Erfolge einen zusätzlichen monetären Anreiz erhält, möglichst hohe Gewinne zu erzielen. (Dies bewirkt Gleichschaltung der Interessen des Agenten/Unternehmer und des Prinzipals/Investor.)
- Diese Methode ist äusserst flexibel und kann an die Bedürfnisse unterschiedlichster Branchen, Betriebsführer und Person des Käufers und Verkäufers angepasst werden.
- Gerade für neue Ventures das Mittel der Wahl, da dort der Prognosefehler am höchsten ist.

---

[461] Vgl. Helbling, 1995, S. 167.

[462] Vgl. E. Bernath der Firma Valcor AG, Interview vom 13.9.2000 in Zürich.

Nachteile, bzw. kritische Elemente:

- Nur anwendbar, wenn keine, nicht oder nur schwer nachweisbare Synergieeffekte durch Konzernnähe auftreten können.
- Nicht anwendbar bei Fusionen oder massgebenden Umorganisationen.
- Rechnerisch aufwendig, wenn Kaufpreis nicht bar, sondern in Aktien der Käuferin abgegolten wird (Hebelwirkung des guten Ertrages der neuen Tochtergesellschaft auf den Wert der Aktien der Muttergesellschaft).
- Bei der Erstfinanzierung angewendet erhält der Investor einen Anreiz, während der Bemessungsperiode möglichst *wenig* zum Erfolg des Unternehmens beizutragen, um so den Kaufpreis zu drücken.
- Beim Exit angewendet hat der Verkäufer keinerlei Einfluss mehr auf den Zukunftserfolg und ist daher völlig abhängig vom Geschick des Käufers.[463]

> Lösungen hierzu hat die Praxis insofern erarbeitet, als z.B. der Verkäufer in einigen Fällen CEO bleibt und einen Vertrag bekommt, dass er die Steuerkontrolle über das Unternehmen behält und der Käufer keine Änderungen der Organisation ohne Zustimmung des Verkäufers vornehmen darf. Weitere Verträge können ausgearbeitet werden, so dass z.B. der Verkäufer seine Unternehmung wieder zurückkaufen darf, wenn das Earn-Out-Szenario um X% unterschritten wird – oder der Käufer die Gesellschaft zu einem Abschlag gegenüber dem Earn-Out-Szenario erwerben kann.

---

[463] Vgl. Weisskopf/Bernath, 2000, S. 5.

6.9 Zusammenfassende Würdigung aller Bewertungsmethoden

Tabelle 7: Übersicht der Methoden zur Unternehmensbewertung

Kriterium: Methode:	SW	EW	MW	DCF	KNI	VC	OPT	Market Comp.	Earn Out
Zeithorizont									
- vergangenheitsbezogen	x		x						
- zukunftsbezogen		x	x	x	x	x	x	X	x
Art der Rente	-								
- Gewinn		x	x						x
- Free Cash Flow				x					
- Ausschüttungen									
- Einnahmen des Investors					x	x	x	X	
Genauigkeit									
- gleichbleibend (ewige Rente)	x	x	x						
- erste Jahre variable, dann gleichbleibende Rente				x		x			x
- immer variable Rente					x		x	X	
Definition des Zinssatzes				-					
- Kapitalisierungszinsfuss	x	x	x						x
- Kapitalkostensatz				x		x	x		
- Multiplikator (x times)								X	
Qualität (gemäss Theorie)					-		-		-
1. Rang					x	x			
2. Rang				x					
3. Rang	x	x	x						
Anwendungshäufigkeit in der Praxis					-				-
1. Rang				x				X	
2. Rang		x	x			x			
3. Rang	x						x		
Eignung für neue Ventures									
- prädestiniert					x	x			x
- geeignet		x		x			x	x	
- nicht anwendbar	x		x						

Quelle: eigene Darstellung.[464]

---

[464] Aufbauend auf Helbling, 1995, S. 154.

Tabelle 8: Vor- und Nachteile der verschiedenen Bewertungsmethoden (I)

Methode	Vorteile	Nachteile
Substanzwert *(SW)*	• Einfach zu verstehen • Sehr exakt bestimmbar • Daten sind in der Bilanz bereits vorhanden	• Für Preisbestimmung irrelevant, da vergangenheitsbezogen • Unfair, da immaterielle Tatbestände nur schwierig oder gar nicht berücksichtig werden können
Ertragswert *(EW)*	• Einfachheit der Methode • Keine aufwendig erstellten Detailbudgets für die nächsten Jahre nötig	• Statische Betrachtungsweise (in Zukunft wird alles gleich bleiben) wird dem heutigen dynamischen Umfeld nicht mehr gerecht • Zunehmende Unsicherheit in fernerer Zukunft nicht berücksichtigt
Mittelwerte aus *SW & EW*	• Einfachheit der Methode • breite Akzeptanz in der Praxis (z.B. Steuerbehörde)	• willkürliche Gewichtungen von Substanz- und Ertragswert • für Start-ups ohne Assets unbrauchbar wegen schwieriger Berücksichtigung der immateriellen Faktoren
Discounted *Cash Flow* *(DCF)*	• Guter Argumentations- und Entscheidungswert • auf Portfoliotheorie aufbauend und daher theoretisch fundiert • zukunftsbezogen: Planprozess erzwingt Auseinandersetzung mit Zukunftsszenarien • kann spezifische Eigenschaften von Jungunternehmen berücksichtigen	• sehr stark abhängig von subjektiven Erwartungen und Annahmen • Diskontierungsrate schwierig zu bestimmen (betas fehlen) • Sehr sensitiv hinsichtlich Terminal Value (v.a. Wachstumsrate g) • Berechnung kann im Detail äusserst kompliziert werden • Eindruck falscher Genauigkeit • Ermittlung und Begründung der Wahrscheinlichkeitsfaktoren schwierig • Keine Berücksichtigung von Optionen (Assets, Flexibilität)
Ausschüttungen *an den* *Investor* *(KNI)*	• Einzig theoretisch richtige Methode, da Perspektive des Investors eingenommen wird • Unternehmensbewertung als Investitionsrechenverfahren	• In der Praxis nicht durchführbar aufgrund zu umfangreicher Annahmen und unsicherer subjektiver Faktoren, denen auch mit mehrwertigen Erwartungen nicht beizukommen ist.

Quelle: eigene Darstellung.

Tabelle 9: Vor- und Nachteile der verschiedenen Bewertungsmethoden (II)

Methode	Vorteile	Nachteile
Goodwill-Methoden	• Immaterielle Assets werden mit der Zeit abgeschrieben • Economic Profit erlaubt Beurteilung einer einzigen Periode	• Willkürliche Wahl der Übergewinndauer • Kann nur bei Unternehmen mit Gewinn angewandt werden
Economic Value Added (EVA)	• Bilanz-Daten werden ebenfalls berücksichtigt • Weit verbreitet und akzeptiert • Konsequente Aktivierung und Abschreibung von F&E Investitionen • Elimination von Goodwillabschreibungen für die Wertrechnung • Periodengerechte Erfassung der Unternehmenssteuern	• Verwendung von buchhalterischen Gewinn- statt Cash Flow-Grössen • Vom Ansatz her vergangenheitsorientiert • Bewertungsabhängige Buchungen notwendig (sog. „Conversions")
Optionspreis (OPT)	• Theoretisch fundiert • Einbezug der Flexibilität und anderer Optionen (z.B. Assets)	• Findet wenig Verwendung in der Praxis • Annahmen äusserst subjektiv (Standardabweichung, Zeit, hinausschiebbare Investitionen) • Reduktion auf ein einfaches Modell
Venture Capital (VC)	• Einfach zu verstehen • Häufig verwendet • Schnell in der Anwendung • Bei mehreren Finanzierungsrunden einfach anzuwenden	• Stützt sich auf andere Methoden für Exit-Preis • Starke Vereinfachung

Quelle: eigene Darstellung.

Tabelle 10: Vor- und Nachteile der verschiedenen Bewertungsmethoden (III)

Methode	Vorteile	Nachteile
Market Comparables (Traded)	• Auf dem Markt basierend und daher objektiv • Einfach zu verstehen • Häufig verwendet	• Gute Vergleichswerte schwierig zu finden • Anpassungen notwendig bei ungenügender Übereinstimmung • Branchenüberbewertungen wirken sich auf Bewertung aus
Comparable Mergers & Acquisitions Transactions (M&A)	• Objektive Methode • Sehr glaubwürdige Grösse • Illiquiditätsprämie zeigt sich im Gegensatz zum Vergleich mit börsenkotierten Gesellschaften (Anteile von nicht gelisteten Unternehmen sind schwerer zu verkaufen)	• Vergleichbarkeit der Transaktionen ungewiss • Individuelle Stärken/Schwächen der Unternehmung nicht berücksichtigt • Im Falle von Aktientausch kompliziert zu berechnen • Kontrollprämie erhöht den Unternehmenspreis, nicht aber dessen Wert
Earn Out	• Faire Art, schwierige Bewertungsprobleme zu lösen • Risiko von Prognosefehlern kann gesenkt werden, daher für Start-ups ideal geeignet	• Rechnerisch aufwendig, wenn Kaufpreis mittels Aktientausch abgegolten wird • Heikle Vertragsausgestaltung, damit Interessen gleichgeschaltet sind (Prinzipal-Agenten-Problem)

Quelle: eigene Darstellung.[465]

---

[465] Inspiriert durch Frei, 1998, S. 35; Pesenti, 1993, S. 11f; Willinge, 1996, S. 12; Helbling, 1995, S. 108ff.

6.10   Möglichkeiten und Grenzen der Wertbestimmung

Eine allgemeine Lösung für die Praxis als Rezept kann und darf nicht gegeben werden. Schliesslich ist Unternehmungsbewertung keine Wissenschaft, sondern eine Kunst.[466] Die Berechnungen des Unternehmenswertes können nur so gut sein, wie die Projektionen, die sie zur Grundlage haben.

Ein Bewertungsmodell soll und kann den Menschen als Träger des Bewertungsvorganges nicht ersetzen, sondern es soll ihm Daten an die Hand geben, die ihn in die Lage versetzen, sein Problem besser zu lösen, als er es ohne theoretische Hilfestellung hätte lösen können.[467] Diese Orientierungshilfe bedingt aber das bewusste Erkennen der Abweichungen zwischen den Bedingungen vom Modell und der Realität.

Der Stellenwert der Investitionsrechnung darf nicht überbewertet, sondern nur als letzten von insgesamt fünf Schritten einer Unternehmensbewertung betrachtet werden.[468]

1. Unternehmensanalyse mit Vorschlägen zur Wertoptimierung durch Restrukturierung der Wertschöpfungskette (In- vs. Outsourcing)

2. Analyse der Märkte, Produkte, Patente, Unternehmer usw. (Due Diligence)

3. Ermittlung der für den Unternehmenswert relevanten Faktoren (Value drivers)

4. Bilanz- und Erfolgsrechnungsprognosen für die nächsten drei bis fünf Jahre

5. Anwendung einer Formel (Investitionsrechnung)

Ausserdem hängt der Wert einer Sache vor allem von den Verwendungsmöglichkeiten ab. Da sich jedoch fast jede Unternehmung nicht nur in einer einzigen Art nutzen lässt, braucht sich die Realisierung der im Unternehmen vorhandenen Möglichkeiten durch den Verkäufer nicht mit derjenigen des Kaufinteressenten zu decken. So können sich auch aus diesem Grunde verschiedene Werte für die Unternehmung ergeben. Ein strategisch interessierter Käufer wird sicherlich mehr zu zahlen bereit sein als ein ausschliesslich finanziell ausgerichteter Investor.[469]

---

[466] Axel, 1985, S. 165.
[467] Bretzke, 1975, S. 39.
[468] In Anlehnung an Helbling, 1995, S. 150.
[469] Vgl. Kapitel 5.5.2 Objektivität auf Seite 74.

Für Jungunternehmen existieren bis dato leider keine aufschlussreichen Studien, aber gemäss einer Umfrage[470] bei der Bewertung von Grossunternehmen haben sich die Unternehmenswerte im nachhinein weltweit in zwei Drittel aller Fälle als angemessen, in einem Viertel als zu hoch und nur in einem Zehntel als zu niedrig erwiesen. Aufgrund der viel höheren Unsicherheit von Start-ups wird deren Statistik sicherlich einiges schlechter aussehen.

---

[470] Umfrage von Coopers & Lybrand 1994. Es wurden die 199 weltweit grössten Unternehmen in neuen Ländern befragt.

7 ZEIT

Abbildung 7: Zentrale Einflussfaktoren auf den Unternehmenswert von Start-ups

Management

- Qualität und Erfahrung des Managements
- Rollenaufteilung mit VC
- Motivation:
  - ESOP
  - prozentuale Beteiligung VC
- Überwindung Agency Problem
- Bedeutung Humankapital
- Verhandlungsgeschick
- Vorstellung Unternehmenswert
- Allianzen und Kooperationen

Risiko

- Systematisches vs. unsystematisches Risiko
- Dynamische vs. statische Modelle: Real Options
- Sicherheiten / Patente
- USP / Konkurrenz
- Rendite-Risiko-Verhältnis
- Diskontierungssatz vs. WACC: Zuschläge
- Eigenfinanzierungsgrad

Zeit

- Prognosehorizont
- Time-to- … :
  - Market
  - Break Even
  - IPO
  - Exit
- Verteilung des Unternehmenswertes über die Zeit
- Anteil Terminal Value
- Zeitwert des Geldes
- Valuation based on future performance (Earn-out)

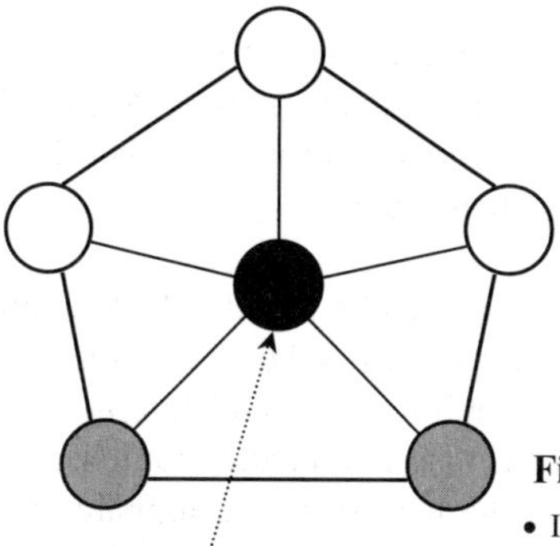

Absatzprognosen

- Marktforschung und Marketingplanung
- Zeitreihenanalysen
- Regressionsanalysen
- Heuristische Verfahren:
  - Szenarienanalysen
  - Expertenbefragungen
- Simulationen
- Struktur und Annahmen Ertragsmodelle (Excel):
  - Preise
  - Mengen
  - Kosten ⇒ Margen
- Plausibilitätsprüfungen

Bewertungsmethoden

- Substanzwert
- Ertragswert
- Discounted Cash Flow
- Economic Value Added
- Traded Multiples
- Transaction Multiples
- Venture Capital Methode
- Real Optionen
- Investitionsrechnung

Finanzmarktumfeld

- Implizite Unternehmenswertbestimmung
- Angebot und Nachfrage:
  - Preis ≠ Wert
  - Konkurrenzdruck
- Liquiditätsüberhang von VC-Fonds
- Trends
- Exit-Szenarien
- Analysten-Deckung der Investment Banken
- Allgemeine Verfassung der Finanzmärkte

Quelle: eigene Darstellung.[471]

---

[471] Original ist diese zentrale Übersichtsgraphik zu finden auf Seite 29 in Kapitel 3.1 Herleitung zentraler Einflussfaktoren auf den Unternehmenswert auf Seite 27ff. Zur leserfreundlicheren Einordnung des Kapitels in den Gesamtzusammenhang wird diese Abbildung zu Beginn jedes der sechs Einflussfaktoren als Erinnerung aufgeführt.

7.1   Kompensation der mangelnden historischen Datenlage

Hauptproblem bei der Bewertung von neu gegründeteten Unternehmen ist, dass diese per definitionem noch keine Vergangenheitszahlen haben, welche die Zukunftsprognose erleichtern würden.[472]

Die Praxis löst dieses Problem, indem Analogieschlüsse mit anderen vergleichbaren Unternehmen gemacht werden. Es wird unterstellt, dass die zu bewertende Gesellschaft in Zukunft dieselbe Entwicklung machen wird, wie eine Auswahl von ähnlichen Unternehmen es in der Vergangenheit auch getan hat. Insofern werden die Daten von aktuellen Unternehmen als Substitut für die mangelnde Datenlage der zu bewertenden Gesellschaft verwendet. Damit stellt sich die Frage nach der Vergleichbarkeit von Unternehmen und der Situation bzw. Entwicklungsphase, in der sich diese befinden. Die Qualität des Vergleichs hängt von drei Dimensionen ab: Vergleichbarkeit der Geschäftstätigkeit, Umfang der Informationen und Phase der Entwicklung des Unternehmens.[473]

Die *Vergleichbarkeit der Geschäftstätigkei*t ist in der Praxis nicht so trivial zu bestimmen, wie es auf den ersten Blick erscheinen mag. Nicht alle Unternehmen derselben Branche produzieren dieselben Produkte oder bieten dieselben Dienstleistungen an. Und die wenigsten bearbeiten dieselben Märkte.

Der *Umfang der Informationen*, welche für die Unternehmen der Vergleichsgruppe öffentlich erhältlich sind, variiert von Branche zu Branche sehr stark. Zur Illustration sei der Vergleich zwischen Automobilindustrie und Internet-Firmen genannt. Obwohl die Anzahl Autos produzierender Unternehmungen deutlich geringer ist als die Anzahl im Internet-Sektor tätigen Gesellschaften, ist das verfügbare Datenmaterial über den Automobilsektor viel höher als über den Internet-Bereich.[474]

Die *Phase der Entwicklung*, in der sich die zu untersuchenden Unternehmen befinden, bildet schliesslich die dritte Dimension der Qualität des Vergleichs. Idealerweise sind für eine Branche Unternehmen zu finden, die sich in allen möglichen Phasen befinden (Seed, Start-up, First – Third Stage, Devesting).[475] So lässt sich die Entwicklung der Unternehmenswerte innerhalb der Branche nachvollziehen. Leider sind bestimmte Industrie-Zweige wie z.B. der ganze Internet-Sektor noch zu jung, als es möglich wäre,

---

[472] Vgl. Kapitel 5 Absatzprognose auf Seite 67.

[473] Vgl. Damodaran, 1998, S. 23 und vgl. Kapitel 6.7 Relative Valuation (Vergleich mit anderen Unternehmen) auf Seite 150ff.

[474] Dies sei an einem Beispiel illustriert. Betrachtet man z.B. fünf Kennzahlen wie Umsatz, EBIT, EBITDA, P/E und Marktkapitalisierung und möchte man zehn Unternehmen in der Vergleichsgruppe haben, dann genügt es, zehn Unternehmen aus der Automobilbranche auszuwählen, denn für alle Unternehmen werden diese Kennzahlen öffentlich verfügbar sein. Im Internet-Sektor braucht man eine Liste mit hundert Unternehmen, weil bei 90% der Unternehmen die Daten nicht lückenlos sind und am Schluss nur 10% übrig bleiben.

[475] Vgl. Kapitel 1.4.3 Venture Capital-Phasen auf Seite 13.

Unternehmen in der Reifephase ihrer Entwicklung zu finden. Alle Internet-Gesellschaften befinden sich noch in der initialen Wachstumsphase.

7.2   Time-to: Market, Break Even, IPO und Exit

7.2.1   Time-to-Market

Aufgrund der zunehmenden Globalisierung wird der Wettbewerbskampf immer härter. Viele Ideen werden parallel auf verschiedenen Kontinenten entwickelt. Daher vergeht zwischen dem Markteintritt der ersten innovativen Unternehmung und dem Markteintritt der zweiten („First Follower") immer weniger Zeit. Damit reduziert sich auch der vielgepriesene Gewinn des „First Mover Advantage".[476]

Angesichts dieser Umstände wird es für das Jungunternehmen immer wichtiger, so früh als nur irgendwie möglich an den Markt zu treten. Dies kann mit zwei Strategien erreicht werden:

Einerseits muss das Management die Fähigkeiten zur schnellstmöglichen Umsetzung des Businessplans besitzen. Diese Eignung wird auch von Venture Capitalisten geprüft. Dabei gilt zu erwähnen, dass im aufkommenden „B2B"-Geschäft („business-to-business", also dem Verkauf an Gesellschaften im Gegensatz zu Privatkunden, „business-to-consumers", kurz „B2C") Branchenerfahrung mehr zählt als theoretische Kenntnisse. Darum wird ein Venture Capitalist in aller Regel einem erfahrenen Manager gegenüber dem frischen Universitäts-Abgänger den Vorzug geben.

Andererseits lagern Jungunternehmen möglichst viele Prozesse aus („Outsourcing") und bilden mit bereits etablierten Grossunternehmen strategische Allianzen, um so schneller am Markt zu sein.[477]

7.2.2   Time-to-Break Even

Der zunehmende technologische Fortschritt sorgt auch dafür, dass die Produktlebenszyklen immer kürzer werden. Folglich bleibt den Unternehmen immer weniger Zeit, um ihre Entwicklungskosten mit den Verkäufen der Produkte zu amortisieren. Dies zwingt die Jungunternehmen, den „Break Even-Point" (BEP) möglichst früh zu erreichen.

---

[476] Zur Bedeutung des „First Mover Advantage" und dessen Einbettung in den grösseren strategischen Rahmen der Unternehmenspolitik siehe beispielsweise D'Aveni, 1994, S. 84ff.

[477] Mehr dazu im Kapitel 4.7 Strategische Allianzen und Kooperationen auf Seite 63.

Klassischerweise wird der BEP definiert als denjenigen Zeitpunkt, wo die Gewinn-
schwelle durchbrochen wird. Folglich ist die Dimension des BEP Anzahl Jahre. Im
weiteren Sinne lässt sich die Schwellenidee auch mit anderen Grössen als dem Gewinn
umsetzen. So kann z.B. berechnet werden, nach wie viel Monaten die Cash Drain Ströme zu Cash Flows werden, oder wann der FCF den Nullpunkt überschreitet. In der
Praxis liegen diese Werte in der Regel innerhalb eines Jahres beieinander. Abbildung 18
zeigt den Verlauf von EBIT, CF und FCF über die ersten fünf Jahre der Geschäftstätigkeit einer Jungunternehmung gemäss optimistischer Planung im Businessplan.

Abbildung 18: EBIT, CF und FCF eines Start-ups zur Break Even-Point Analyse

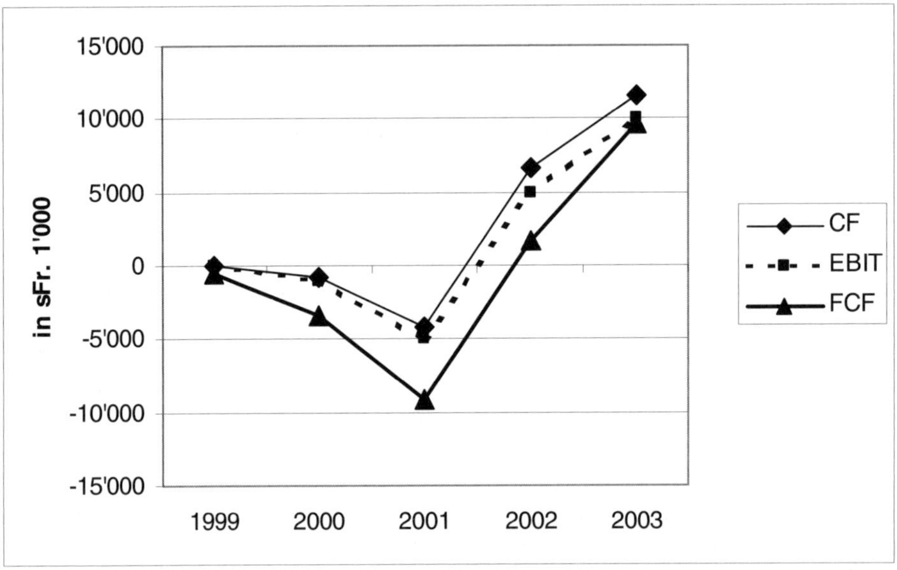

Quelle: eigene Darstellung. Daten eines Jungunternehmens.

Es zeigt sich, dass die BEP mit 33, 36 und 40 Monaten relativ eng beieinander liegen.
Der erfahrene VC wird sich auf die FCF-Ströme abzustützen wissen, da sie diejenige
Zahl hervorbringen, die letztendlich entscheidend für die Liquidität ist.

7.2.3   Time-to-IPO

Dieselbe rasante Entwicklung ist auch bei den Finanzierungsrunden zu beobachten. So
betrug z.B. 1998 die durchschnittliche Zeitspanne zwischen der ersten Finanzierungsrunde mit Venture Capital und dem IPO lediglich 2.4 Jahre. Hierzu gilt allerdings anzu-

fügen, dass dieser Zeitpunkt nicht mit einem Geldsegen für alle Beteiligten gleichzuset-
zen ist. Bei einem IPO von Jungunternehmen werden nämlich in der Regel nur zwischen 10% und 30% aller Aktien an die Börse gebracht. Bei einer typischen Verteilung
der Beteiligungsverhältnisse von 50% Venture Capitalist(en), 30% Mitarbeiter und 20%
Gründer wird sich keine Gruppe vollständig ausbezahlen können. Von „Lock-up" Klau-
seln und anderen Börsenvorschriften ganz abgesehen.[478] Daher darf IPO nicht mit Exit
gleich gesetzt werden.[479]

7.2.4 Time-to-Exit

Die Bedeutung des Exits, also der Desinvestition, ist für den Investor absolut zentral. Je
kürzer die Zeitspanne zwischen dem Investment und dem Rückfluss der Mittel infolge
des Exits, desto früher vermag der Venture Capitalist einen Erfolgsausweis vorzuzeigen,
desto geringer ist sein eingegangenes Risiko und desto früher kann er wieder neue Investments tätigen.[480]

Daher verwundert es nicht, dass sogar in Büchern über Venture Capital dem Jungunternehmer empfohlen wird, bei seiner Präsentation vor dem potentiellen Investor möglichst
oft sogenannte „buzz words" wie „Exit" oder „ROI" zu benutzen.[481]

7.3   Verzögerungen des Zeitplans

Die Erfahrung lehrt, dass alles zwei bis drei Mal so lange dauert und wegen der für
Jungunternehmen typischen hohen Burn-Rate folglich auch zwei bis drei Mal soviel
kostet, wie ursprünglich im Businessplan angenommen.[482]

Folglich ist der VC gut beraten, die Sensitivität des Unternehmenswertes auf zeitliche
Verzögerungen rechnerisch zu ermitteln und dementsprechende Konsequenzen zu ziehen.[483] Oft würde eine zeitliche Verzögerung von einem Jahr den Unternehmenswert je
nach Berechnungsmethode mehr oder weniger drastisch senken.

---

[478] Vgl. Thum, 2000, S. 3.

[479] Mehr zum Thema IPO in Kapitel 9.5 Exit-Szenario auf Seite 210.

[480] Zur Bedeutung des Exits bei der Unternehmensbewertung siehe Kapitel 6.6 Venture Capital-Methode auf
Seite 147ff.

[481] Vgl. beispielsweise Amis, 2000, S. 11, der diese Strategie als „Magic Words – Tool" bezeichnet.

[482] Diese altbekannte Faustregel von Venture Capitalisten wurde auch von H. van den Berg, Gründungsmitglied von Venture Partners, im persönlichen Gespräch bestätigt.

[483] Zur Sensitivitätsanalyse siehe Kapitel 5.8.2.3 Szenario-Technik auf Seite 84 und Kapitel 5.13
Plausibilitätsprüfungen auf Seite 106.

Grundsätzlich stehen der Jungunternehmung und damit auch dem VC zwei Strategien offen, um die Gefahr von Projektverzögerungen abzuschwächen: die Diversifikation der Produktepalette sowie der Entwurf von Notfallszenarien.

Bei der ersten Strategie geht es darum auszuloten, ob die Produktepalette im Sinne einer Diversifikation[484] erweitert werden kann. Mehrprodukte-Unternehmen unterliegen insofern einem geringeren Risiko, als sich zeitliche Verzögerungen bei einem Produkt nicht unbedingt auf alle anderen Produkte negativ auszuwirken brauchen. Folglich kann der geplante Umsatz zumindest teilweise noch realisiert werden. Problematisch wird es hingegen für ein Einprodukt-Unternehmen, das bei einer Verzögerung des Marktauftritts auch zwangsläufig einer Verzögerung der Einnahmen und damit dringend benötigter Liquidität gegenübersteht.

Bei der zweiten Strategie geht es darum, Handlungsoptionen für den Fall auszuloten, dass sich zeitliche Verzögerungen einstellen. Dies kann Modifikationen in der Organisations- und Vertriebsstruktur nach sich ziehen, welche das unternehmerische Risiko zu senken vermögen. Beispielsweise kann der Vertrieb der Produkte anstelle des Aufbaus eines eigenen Netzwerkes von Verkäufern, Repräsentanten und Filialen über einen Distributor abgewickelt werden. Dabei fallen bei einer Verzögerung des Markteintrittes sicherlich weniger hohe Fixkosten an.[485]

7.4   Zeitwert des Geldes

Oben[486] beschriebene Verzögerungen können sich auf vielfache Weise auf die Unternehmensbewertung auswirken. Gewisse Verzögerungen betreffen nur die Einnahmen, die Ausgaben fallen trotzdem weiterhin in derselben Höhe aus. Andere Ursachen verzögern das gesamte Projekt um mehrere Monate, so dass Einnahmen und Ausgaben einfach früher einzusetzen beginnen. Dieser Sachverhalt würde den Projektwert dann nicht negativ beeinflussen, wenn die Investoren keine Zeitpräferenz zugunsten der Gegenwart hätten. Da jedoch eine Diskontierung der zukünftigen Ein- und Ausgabenströme auf den heutigen Zeitpunkt erfolgt, wirkt sich jede Verzögerung automatisch negativ auf den Unternehmenswert aus. Dies alleine aufgrund der Tatsache, dass der aktuelle Barwert abnimmt.

---

[484] Gemeint ist damit eine „related diversification" zur Multiplizierung der Kernkompetenzen („Leveraging"), und nicht etwa eine Diversifikation zur Risikostreuung i.S. eines „Gemischtwarenladens". Siehe Prahalad/Hamel, 1994, S. 149ff.

[485] Zur Bewertung von Flexibilitäts- und anderen Optionen siehe Kapitel 6.5 Anwendung der Optionstheorie zur Unternehmensbewertung auf Seite 144.

[486] Kapitel 7.3 Verzögerungen des Zeitplans auf Seite 167.

Dieses Problem der tieferen Bewertung haben auch alle Unternehmen, die Geschäftsmodelle fahren (müssen), welche erst in ferner Zukunft hohe Einnahmenüberschüsse
erzielen. Start-ups mit solchen Zukunftsaussichten werden allein wegen des geringeren
Zeitwertes des Geldes tiefer bewertet als Unternehmen, welche in frühen Jahren Gewinne erzielen. Dies sei an zwei Beispielen demonstriert:

Unternehmung 1 hat ein Geschäftsmodell, das relativ wenige Investitionen erforderlich
macht, dafür aber sehr schnell einen (bescheidenen) Gewinn ermöglicht. Unternehmung
2 braucht hohe Investitionen und die Gewinne fahren langsam an, dafür ist das Potential
sehr hoch. Abbildung 19 zeigt diese beiden Businesskonzepte graphisch.

Abbildung 19: Zeitliche Verteilung von FCF-Strömen zweier Geschäftsmodelle

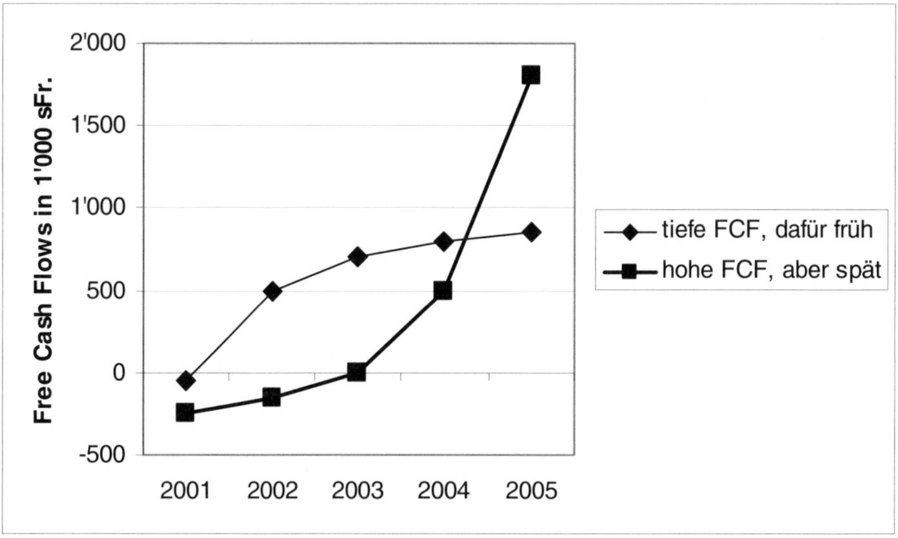

Quelle: eigene Darstellung.

Welches Unternehmen ist gemäss DCF-Methode mehr wert? Interessant ist, dass der
Wert beim Unternehmen, welches früher einen moderaten Erfolg erzielt, höher ist.[487]
Dies allein aufgrund des tieferen aktuellen Zeitwertes der zukünftigen FCF-Ströme.

---

[487] Annahmen: Diskontierungsrate sei 35% und die Terminal Value Berechnung erfolgt nach der einfachen
ewigen Renten-Formel (ohne Berücksichtigung von FCF-Wachstumsraten).

7.5   Zeitliche Entwicklung des Unternehmenswertes

7.5.1   Verteilung des Anstiegs des Unternehmenswertes über die Zeit

Nicht immer ist der Unternehmenswert über die Zeit kontinuierlich ansteigend. Im Gegenteil. Oft können sich auch relativ erratisch aussehende Muster ergeben. Siehe dazu ein Beispiel in Abbildung 20, wo die bei den jeweiligen Finanzierungsrunden implizierten Unternehmenswerte über die Zeit abgetragen sind.

Abbildung 20: Beispiel eines Verlaufs der Entwicklung des Unternehmenswertes

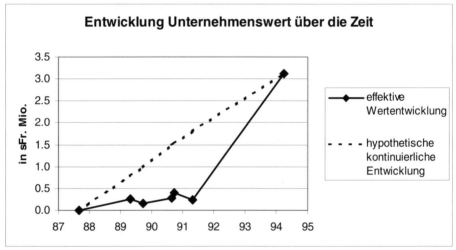

Quelle: Amis, 2000, S. 11.

Dieses Unternehmen stammte aus der Software-Branche und schaffte erst beim Exit (Verkauf des Unternehmens an die Distributionsgesellschaft ihrer Produkte) Mitte 1994 den Durchbruch. Vorher waren die Aktien zu den unterschiedlichsten Preisen abgegeben worden.

Ein anderer Effekt, den es unbedingt zu beachten gilt, ist die täuschende Wertentwicklung bei mehreren Finanzierungsrunden. Abbildung 21 zeigt die Entwicklung des Unternehmenswertes im Verlaufe von vier Finanzierungsrunden.

Abbildung 21: Wertentwicklung bei verschiedenen Finanzierungsrunden

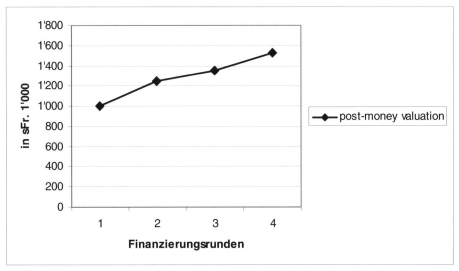

Quelle: eigene Darstellung.

Dieses Bild vermittelt den Eindruck einer kontinuierlichen Steigerung des Unternehmenswertes. Das Problem liegt allerdings darin, dass hier nur die „post-money valuation"[488] abgetragen ist, also der Wert der Unternehmung nach erfolgter Finanzierungsrunde. Diese Grösse ist folglich beeinflusst von zwei Faktoren: dem effektiven Unternehmenswert auf Basis „pre-money valuation" und der Höhe der aufgenommenen liquiden Mittel. Tabelle 11 vermittelt die nötigen Informationen.

Tabelle 11: Täuschende Wertentwicklung bei mehreren Finanzierungsrunden

	Finanzierungsrunden	1	2	3	4
(1)	pre-money valuation	750			
(2)	Kapitaleinzahlungen	250	250	100	360
(1) + (2) = (3)	Zwischentotal	1'000	1'250	1'350	1'710
(4)	Wertvermehrung/-vernichtung	0	0	1	-185
(3) + (4) = (5)	post-money valuation	1'000	1'250	1'351	1'525

Quelle: In Anlehnung an Johnson, 1997, S. 13.

---

[488] Zur Erklärung der Unterscheidung von pre- und post-money valuation siehe Kapitel 6.6 Venture Capital-Methode auf Seite 147ff. und für ein Beispiel siehe 6.2.3 Exkurs: Agio auf Seite 115.

In den ersten zwei Finanzierungsrunden ist die Steigerung des Unternehmenswertes einzig und allein auf die zusätzlichen Kapitaleinlagen zurückzuführen. Im dritten Jahr ist eine marginale Wertsteigerung zu sehen, welche jedoch im vierten Jahr von einem massiven Wertzerfall mehr als kompensiert wird. Schlussendlich hat diese Firma in der Zeit zwischen der dritten und vierten Finanzierungsrunde effektiv *Wert vernichtet*. Dies ist allerdings nicht auf den ersten Blick ersichtlich (v.a. bei alleiniger Betrachtung der Entwicklung des Aktienpreises) und sollte daher in der Praxis beachtet werden.

Bei der Verteilung des Unternehmenswertes über die Zeit ist zu beachten, dass diese durchaus beeinflussbar ist. Jungunternehmer können den Wert der Beteiligung am Anfang der Unternehmensentwicklung tief oder hoch ansetzen (siehe Abbildung 22).

Abbildung 22: Wertentwicklung anfänglich hoher oder tiefer Wertansätze

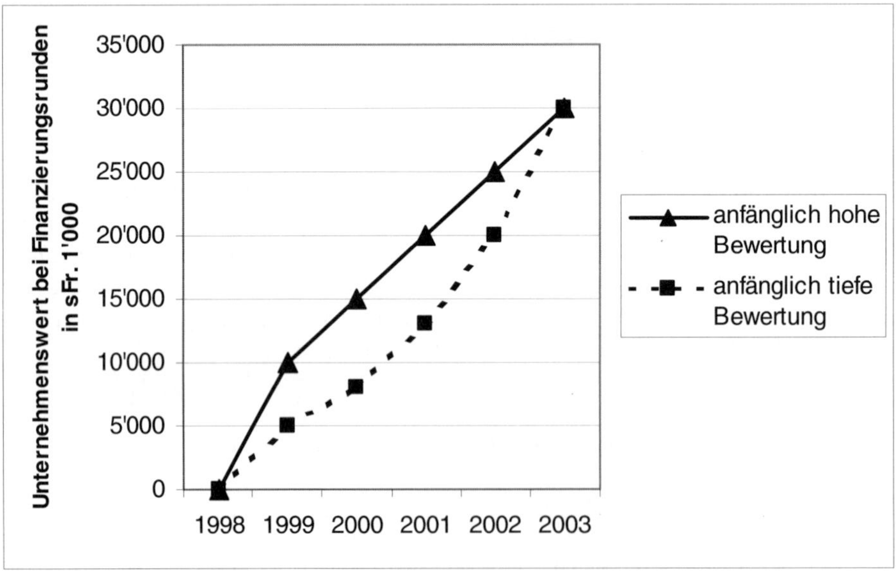

Quelle: eigene Darstellung.

Was in der Praxis beobachtet werden kann ist, dass Gründer rasch möglichst hohe Bewertungen erzielen möchten. Dies mag auf den ersten Blick sinnvoll erscheinen – zumindest aus der Perspektive des Unternehmers. Für den Investor bedeutet dies aber, dass seine Rendite auf dem Investment tiefer ausfällt. Schliesslich ist der Wert der Unternehmung beim Exit Jahre nach dem Erstinvestment Ceteris-paribus unbeeinflusst von der initialen Bewertung. Demzufolge erzielt der Investor eine umso höhere Rendite, je tiefer die ursprüngliche Bewertung am Anfang der Unternehmensentwicklung war. Interessant wird es v.a. bei der Betrachtung von mehreren Finanzierungsrunden über die Zeit. Verlangt der Unternehmer für die Anteile an seinem Start-up in der Anfangsphase einen recht hohen Preis, dann fällt nicht nur die Rendite des Investors dieser aktuellen Finanzierungsrunde geringer aus, sondern alle anderen Investoren aller weiterer Finanzierungsrunden leiden ebenfalls unter dem geringeren Wertsteigerungspotential. In der Praxis bedeutet dies, dass die Kapitalsuche aufgrund der abnehmenden Renditechancen immer schwieriger wird. Daher ist ein Jungunternehmer besser beraten, in der frühen Phase der Unternehmensentwicklung den Preis für seine Anteile tief anzusetzen, um so noch Raum für Steigerungen für die nächsten Finanzierungsrunden zu haben und damit die zukünftige Kapitalbeschaffung sicherzustellen.[489]

Dies sei am selben Beispiel illustriert wie oben in Abbildung 22 graphisch dargestellt. Tabelle 12 zeigt die Renditen von Investoren von vier verschiedenen Finanzierungsrunden plus die Rendite der Gründer von der Zeit der Gründung 1998 bis zum Exit 2003.

Tabelle 12: Renditen von Investoren unterschiedlicher Finanzierungsrunden (I)

	1998	1999	2000	2001	2002	2003
Finanzierungsrunde	Gründung	1st	2nd	3rd	4th	EXIT
pre-money valuation	*0*	*5'000*	*8'000*	*13'000*	*20'000*	*30'000*
Kapitaleinzahlung	100	1'000	1'000	1'000	1'000	
post-money valuation	100	6'000	9'000	14'000	21'000	
AK bei Gründung	100					
Kapitalzahlung	1'000 für		17%			
Aktienkapital 1	120 Investor hat		20			
Kapitalzahlung	1'000 für		11%			
Aktiekapital 2	135 Investor hat		15			
Kapitalzahlung	1'000 für		7%			
Aktienkapital 3	145 Investor hat		10			
Kapitalzahlung	1'000 für		5%			
Aktienkapital 4	153 Investor hat		7			

Situation beim EXIT:	Anteile	Wert	ROI
Gründer	66%	19'652	188%
Investor 1. Runde	13%	3'930	41%
Investor 2. Runde	10%	2'948	43%
Investor 3. Runde	7%	2'041	43%
Investor 4. Runde	5%	1'429	43%
Alle VCs zusammen	34%	10'348	42% Ø
TOTAL	100%	30'000	71% Ø

Quelle: eigene Darstellung.

---

[489] Zustimmend Dr. J. Meier, Geschäftsführer Novartis Venture Fund, Interview vom 10.2.2000.

Der Unternehmenswert wurde anfänglich relativ tief angesetzt und kontinuierlich gesteigert. Darum ergaben sich für die Investoren Renditen, welche bei dieser angenommenen Wertentwicklung mit knapp über 40% im branchenüblichen Rahmen liegen.

Wird der Unternehmenswert jedoch bereits zu Beginn der Unternehmensentwicklung
hoch angesetzt, fallen die Renditen der Investoren deutlich tiefer aus. Tabelle 13 veran-
schaulicht ein Beispiel, wo selbst bei linearer Wertzunahme von jährlich CHF 5 Mio.
trotzdem aufgrund der unter 20% liegenden Rendite auf dem Investment kein Investor
für die späteren Finanzierungsphasen gefunden werden könnte.

Tabelle 13: Renditen von Investoren unterschiedlicher Finanzierungsrunden (II)

	1998	1999	2000	2001	2002	2003
Finanzierungsrunde	Gründung	1st	2nd	3rd	4th	EXIT
pre-money valuation	*0*	*10'000*	*15'000*	*20'000*	*25'000*	*30'000*
Kapitaleinzahlung	100	1'000	1'000	1'000	1'000	EXIT
post-money valuation	100	11'000	16'000	21'000	26'000	
Situation beim EXIT:	Anteile	Wert	ROI			
Gründer	78%	23'414	198%			
Investor 1. Runde	8%	2'341	24%			
Investor 2. Runde	6%	1'717	20%			
Investor 3. Runde	5%	1'374	17%			
Investor 4. Runde	4%	1'154	15%			
Alle VCs zusammen	22%	6'586	19% Ø			
TOTAL	100%	30'000	55% Ø			

Quelle: eigene Darstellung.

Selbst wenn die Unternehmung die erste Million Finanzmittel auf dem Kapitalmarkt
bekommen könnte, so wäre dieses Vorgehen in Anbetracht der schlechten Zukunftsaussichten, die sich dem Investor der späteren Runden offenbaren, mehr als fahrlässig.

7.5.2   Anteil des Terminal Value am Unternehmenswert

7.5.2.1   *Berechnung des Terminal Values*

> *„The bulk of the value will generally be in the terminal value."*[490]

Das grösste Problem in der Praxis der zukunftsgerichteten Unternehmensbewertung ist der hohe Anteil des Endwertes am Gesamtwert der Unternehmung, welcher bei Start-up-Unternehmen im High-Tech Sektor häufig sogar über 100% des mittels DCF-Methode ermittelten Unternehmenswertes ausmacht.[491] Gerade im High-Tech-Sektor sind Unternehmensgründungen in aller Regel mit hohen Investitionen und/oder langen Durststrecken verbunden, was die Free Cash Flows (FCF) für die ersten zwei bis drei Jahre negativ werden lässt. Häufig vermögen die verbleibenden Jahre bis zum Ende der expliziten Planungsperiode diese negativen kumulierten FCF nicht wieder ins Positive zu kehren, so dass die ersten z.B. fünf Jahre einen negativen Nettobarwert darstellen und sogar vom Barwert des Endwertes in Abzug gebracht werden müssen.

Prinzipiell kann der Endwert auf verschiedene Arten berechnet werden. In der Praxis am meisten verbreitet sind gemäss Untersuchungen die Anwendung von Multiplikatoren und die Anwendung einer Wachstumsformel.[492]

Theoretisch korrekt wäre die Verlängerung des detaillierten Prognoseintervalls, was aber in der Praxis unrealistisch erscheint. Für Jungunternehmen ist es schon schwierig, den Umsatz des nächsten Jahres zu schätzen – da erscheint eine Planung über zehn und mehr Jahre ohnehin willkürlich. Daher hat sich die Anwendung einer Wachstumsformel unter Offenlegung der getroffenen Annahmen als die am meisten verwendete Methodik durchgesetzt. Zur Berechnung des Endwertes sei auf Kapitel 6.3.3 Discounted Cash Flow-Methode auf Seite 125ff. verwiesen. An dieser Stelle sei zusammengefasst nur folgende Formel erwähnt:

$$Terminal\ Value = \frac{Free\ Cash\ Flow\ im\ letzten\ Jahr\ der\ expliziten\ Planungsperiode}{Diskontierungsrate\ des\ letzten\ Jahres - Wachstumsrate\ der\ FCF}$$

Geht man von einer jährlichen FCF-Wachstumsrate von Null Prozent aus, und wählt man die Länge des Prognoseintervalls dermassen, dass sie einem Investitionszyklus

---

[490] Damodaran, 1999, S. 35.

[491] Copeland/Koller/Murrin, 1995, S. 275 sprechen von 125% Anteil des Terminal Value (TV) am Unternehmenswert in der High-Tech Branche.

[492] Weilenmann, 1999, S. 206. In seiner Untersuchung benutzten zur Berechnung des Terminal Values über die Hälfte der befragten Experten Multiples und über vier Fünftel die Methode des ewigen Wachstums.

entspricht,[493] dann unterscheidet sich dieser Ansatz nur noch im Detail von der traditionellen Ertragswertmethode.[494]

7.5.2.2   Free Cash Flow-Wachstumsraten

Die Bedeutung der FCF-Wachstumsrate auf den Unternehmenswert darf keinesfalls unterschätzt werden. Abbildung 23 quantifiziert diesen Wirkungszusammenhang an einem illustrativen Beispiel.

Abbildung 23: Einfluss der FCF-Wachstumsrate auf den Terminal Value

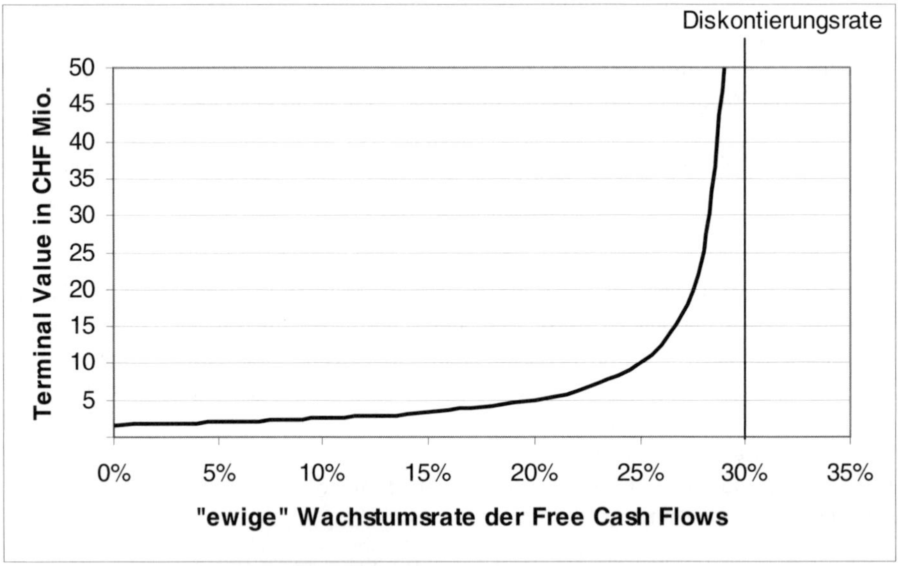

Quelle: eigene Darstellung. Angenommen sind eine Diskontierungsrate von 30% und ein FCF der letzten Periode der expliziten Planung von CHF 0.5 Mio. FCF.

Gemäss der Logik der Formel kann die FCF-Wachstumsrate nicht höher sein als die Diskontierungsrate. Je näher sich die beiden Grössen kommen, desto näher zu Null wird der Nenner und damit konvergiert das Ergebnis der Division asymptotisch Richtung unendlich.

---

[493] Dies ist notwendig, damit die kumulierten Abschreibungen in derselben Periode den Investitionen entsprechen. Dann lassen sich auch die Reingewinne eher mit den FCF vergleichen.

[494] Siehe Kapitel 6.3.2 Ertragswertmethode auf Seite 122.

Zur besseren Anschaulichkeit sei derselbe Sachverhalt nochmals in anderer Form dargestellt. Geht man z.B. von einer Diskontierungsrate von 30% aus, dann erhöht die Annahme eines 10%-igen Wachstums der FCF-Ströme den Unternehmenswert um 50%.[495]
Abbildung 24 zeigt den Einfluss auf logarithmischer Skala.[496]

Abbildung 24: Erhöhung des TV durch Variation der FCF-Wachstumsrate

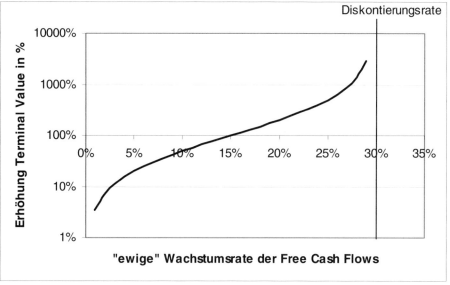

Quelle: eigene Darstellung.

Trotz Internet und High-Tech-Euphorie sollte jedoch mit dem Stellhebel FCF-
Wachstumsrate vorsichtig umgegangen werden in der Unternehmensbewertung von
Start-ups. Nur wenn die Unternehmung aufgrund innovativer Vorteile eigentliche
Marktnischen-Leistungen erbringen kann, darf eine über der Diskontierungsrate liegen-
de Investitionsrendite erwartet werden.[497]

---

[495] Das zeigt sich anschaulich am Kehrwert der Diskontierungsrate, dem Multiple. 30% Diskontierungsrate
entspricht einem Multiple von knapp über 3. (30% - 10%) = 20% entspricht jedoch bereits einem Multiple von
5. Dies entspricht einer Steigerung um +50% des Multiples und im Falle von Jungunternehmen, wo der Terminal Value mehr als 100% des Unternehmenswertes ausmacht, damit auch +50% des Unternehmenswertes.

[496] Logarithmische Skalen haben den Vorteil, dass konstante Wachstumsraten linear abgebildet werden.

[497] Vgl. Volkart, 1999, S. 66.

Weitere theoretische Lösungsansätze zum beschriebenen Problem sind in der Praxis wenig brauchbar.

So schlägt beispielsweise die verfeinerte DCF-Methode vor, sich nicht auf den letzten FCF der Planungsperiode abzustützen, sondern auf den ersten. Der erste FCF ist einfacher zu prognostizieren als der letzte und damit sicherer.[498] Aber bei Jungunternehmen ist diese Methode nicht anwendbar, da diese Unternehmen in den ersten Jahren keine Freie Cash Flows erwirtschaften, die repräsentativ für ihr zukünftiges Erfolgspotential sind.

Jedoch erscheint der Gedanke interessant, die Zukunftserfolge mit Wahrscheinlichkeitsfaktoren zu gewichten.[499] Dies erfolgt in der Praxis im Rahmen vom Entscheidungsbaum-Verfahren oder der Szenario-Analyse.[500]

Schliesslich kann die Anwendung von verschiedenen Kapitalisierungszinssätzen vorgeschlagen werden. Dem Kapitalisierungszinssatz vom Endwert wird aufgrund der stärkeren Unsicherheit ein Risikozuschlag[501] zugerechnet, um so dem höheren Risiko aufgrund der weiteren zeitlichen Entfernung Rechnung zu tragen. Damit wird das relative Gewicht des Terminal Value am gesamten Unternehmenswert vermindert.[502]

So wird z.B. in der Praxis durchaus der errechnete Future Terminal Value einfach halbiert und dann mit einem Diskontierungssatz von 50% diskontiert, um schliesslich als Barwert zu der Summe der FCF des expliziten Prognoseintervalles addiert werden zu können. Dieses drastische Verfahren reduziert den Barwert des Terminal Value um einen Viertel (im Vergleich zum Verzicht auf Abschläge und einer Diskontierungsrate von 30%).[503]

Abbildung 25 zeigt, wie weit der Prognosehorizont durch die Annahme eines „ewigen" FCF-Wachstums hinausgeschoben wird, bis der Terminal Value sich asymptotisch seinem Maximalwert nähert.

---

[498] Vgl. Helbling, 1998, S. 116ff.

[499] Vgl. Brendle, 1999, S. 43.

[500] Vgl. Kapitel 5.8.2.2 Relevanzbaumverfahren auf Seite 84 sowie 5.8.2.3 Szenario-Technik auf Seite 84.

[501] Zu den Zuschlägen auf den WACC siehe Kapitel 8.8.2 Kapitalkostensatz auf Seite 194ff.

[502] Vgl. Brendle, 1999, S. 44.

[503] Vgl. Aussage von H. van den Berg von Venture Partners, Interview vom 26.10.2000.

Abbildung 25: Auswirkungen der FCF-Wachstumsrate auf den Zeithorizont

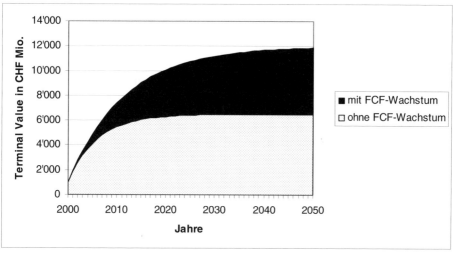

Quelle: eigene Darstellung. Angenommen sind ein Prognosehorizont von fünfzig Jahren, eine Diskontierungsrate von 30% und eine FCF-Wachstumsrate von 10%.

7.6   Zeitdruck durch konkurrierende Venture Capital-Gesellschaften

Zeit ist in der heutigen schnell-lebigen Gesellschaft sehr bedeutend. Gerade im Internet
ist Zeit bzw. der „First Mover Advantage" zentral für die schnelle Eroberung von
Marktanteilen und damit für den Geschäftserfolg.

Wie beurteilt nun ein Venture Capitalist die Fähigkeiten des Managements zur schnellen Realisierung des geplanten Projektes? Ein Indikator stellt sicherlich dar, wie schnell
das Unternehmenskonzept erstellt werden konnte. Oliver Samwer, der Gründer von
Alando.de, welches nach nur 94 Tagen Geschäftstätigkeit für US$43 Mio. von
Ebay.com gekauft wurde, hatte den Businessplan innerhalb von nur zwei Wochen erstellt und in der Woche darauf bereits Gespräche mit fünf Venture Capitalisten geführt.[504] Diese Schnelligkeit beeindruckt Venture Capitalisten und dient als Indikator für
die Schnelligkeit der Umsetzung des Geschäftsmodelles.

Angesichts dieser Schnelligkeit der Jungunternehmer im Internet-Sektor müssen auch
die Investoren schneller entscheiden können. Bei diesem enormen Zeitdruck besteht
allerdings die Gefahr von Fehlentscheidungen bzw. überhöhten Angeboten, weil einfach

---

[504] Vgl. Interview mit O. Samwer vom 31.1.2000.

keine Zeit für seriöse Marktabklärungen und Unternehmensbewertungen vorhanden ist. Der gewiefte Unternehmer wird diesen Effekt zu seinem Vorteil auszunutzen wissen, indem er bei mehreren VC gleichzeitig präsentiert und allen sagt, er hätte schon ein paar Angebote und müsste sich bis Ende Woche entscheiden. Geht der VC auf dieses gefährliche Pokerspiel ein, lässt er sich zu der Abgabe eines undurchdachten Angebotes ein. So sind Fälle bekannt, wo Jungunternehmer auf richtige „VC-Shopping-Tour" gegangen sind und dadurch täglich steigende Unternehmensbewertungen erzielen konnten.[505]

So gross der Konkurrenzdruck unter den VC-Gesellschaften sein mag, so gut funktioniert allerdings auch die gegenseitige Information. Seriöse Venture Capitalisten vermögen so dieses Spiel sofort zu durchschauen und werden auf den künstlich erzeugten Zeitdruck gar nicht eingehen. Erst nach einer professionellen Due Diligence kann nach mehreren Wochen bis Monaten ein seriöser Entscheid gefällt werden.

Der allzu schnelle Abschluss von Finanzierungsrunden ist folglich aus oben beschriebenen Gründen nicht zu empfehlen. Der gegenteilige Effekt ist allerdings in der Praxis auch zu beobachten. Lässt sich eine Unternehmung mit der Kapitalsuche allzu viel Zeit, kann dies ebenfalls kontraproduktiv sein. Finanzgeber vermuten dann, dass es sich beim Projekt um nichts interessantes handeln könne, wenn es nicht schon lange ein anderer Kapitalgeber weggeschnappt hat. Folglich existiert für den Unternehmenswert eine optimale Zeitspanne für die Kapitalsuche.

Die Zeit, welche VCs in die Abklärungen über ein Jungunternehmen investieren, ist zudem davon abhängig, ob schon andere Investoren diese Prüfungen durchgeführt haben. Wenn bereits ein sogenannter „Lead Investor" gefunden werden konnte, der nach sechsmonatiger Due Diligence-Prüfung den Grossteil der benötigten finanziellen Mittel zur Verfügung stellt, dann haben in der Praxis alle weiteren Investoren keinen Einfluss mehr auf die Bedingungen der Vertragsausgestaltung.[506] Für diese nachfolgenden VC-Gesellschaften ist es daher keine Frage der Unternehmensbewertung mehr, sondern es geht nur noch um das „dabei sein"-wollen oder nicht. Viele Investoren sind überzeugt, dass es nur darauf an kommt, ob man „aufs richtige Pferd gesetzt" hat. Der Preis für die Beteiligung spiele dabei gar keine Rolle, solange das Ertragspotential genügend hoch angenommen wird. So mag ein Venture Capitalist die Bewertung eines Unternehmens mit US$100 Mio. als absolut übertrieben empfinden – sich aber trotzdem an der Finanzierungsrunde beteiligen wollen, weil ihm die Analysten der an der Transaktion beteiligten Investment Bank versichern, dass sie die Unternehmung in 12 Monaten an die Börse bringen und mindestens US$250 Mio. dafür zu lösen gedenken.[507] Insofern

---

[505] Vgl. Interview mit O. Samwer vom 31.1.2000.
[506] Vgl. Interview mit M. Münchbach, Investment Associate bei New Medical Technologies, Basel 6.11.2000.

Börse bringen und mindestens US$250 Mio. dafür zu lösen gedenken.[507] Insofern stellt sich das Problem der Unternehmensbewertung für viele VC-Gesellschaften in der Praxis gar nicht.

7.7   Bewertungszeitpunkt

„Beim Venture Capital ist das Timing sehr wichtig."[508]

Unternehmensbewertung bedeutet immer auch ein Abwägen von Interessengegensätzen. Jungunternehmer sind natürlich an möglichst hohen und Investoren an möglichst tiefen Bewertungen interessiert. Hier ist der Venture Capitalist in einer Zwickmühle. Einerseits glaubt er an den Erfolg des Projektes – sonst würde er nicht investieren wollen. Andererseits versucht er den Unternehmer davon zu überzeugen, dass seine hohen Ertragserwartungen nicht eintreffen werden, um so den Unternehmenswert zu drücken.[509]

Hier hat die Praxis eine Methode entwickelt, um diesem Problem insofern Abhilfe zu schaffen, als dass der Zeitpunkt der Bewertung in die Zukunft verschoben wird. Zum Zeitpunkt des Investments wird nur der grobe Rahmen abgesteckt, aber die definitive Festsetzung der Unternehmensanteile erfolgt erst in 1-2 Jahren, je nach bis dahin erzielter Unternehmensentwicklung und erreichter Meilensteine.

Zur Illustration sei ein Beispiel aus der Praxis geschildert:[510]

> Eine Unternehmung wurde zwei Jahre nach der Gründung verkauft. Die Gründer waren gleichzeitig das Top Management und die Haupt-Aktionäre. Der Käufer war eine Grossunternehmung. Aufgrund der hohen Sensitivität des Unternehmenswertes gegenüber den Annahmen über die zukünftigen Umsätze entschied man sich für folgendes Vorgehen: Die Hälfte des Kaufpreises wurde sofort bezahlt, die andere Hälfte hingegen wurde aufgeschoben und an Meilensteine gekoppelt. Zwei Jahre später hat man ex post die vergangene Entwicklung der Unternehmung analysiert und mit den ex ante erstellten Prognosen verglichen. Je nach Erfüllungsgrad der Meilensteine wurde dann die Höhe der Restzahlung festgelegt.

---

[507] Vgl. Interview mit B. Merz, Investment Associate bei New Medical Technologies, Basel 6.11.2000.

[508] U. Geilinger, in: Hertig, 2000, S. 117. U. Geilinger ist Investment Advisor der Private Equity Holding, eine an der Schweizer Börse kotierte Beteiligungsgesellschaft der Bank Vontobel, die in professionell geführte Private Equity Funds sowie direkt in über 1'000 nicht kotierte Unternehmen investiert. Die aktuelle Marktkapitalisierung beträgt CHF 2.3 Milliarden. U. Geilinger ist ausserdem Co-Autor des Swiss Venture Capital Guide 2000/01 und Vorstandsmitglied der European Venture Capital Association (EVCA).

[509] Vgl. Interview mit A. Bachman (3-facher Unternehmensgründer) vom 26.10.2000.

[510] Inspiriert durch ein Beispiel von E. Bernath der Firma Valcor AG, Interview vom 13.9.2000 in Zürich.

Auf die Beschreibung dieser Methode der Performance-orientierten Bewertung sei auf Kapitel 6.8 Verzögerte Kaufpreisbestimmung (Earn Out-Verfahren) auf Seite 154ff. verwiesen.

Mithilfe dieser Methode bekommt der Unternehmensgründer die Chance, seine im Businessplan festgehaltenen (Umsatz-)Prognosen in der Realität zu beweisen und Meilensteine werden operationalisiert und schriftlich festgehalten.[511] Der Venture Capitalist verliert bei einer möglichen späteren Nachzahlung bei höher als ursprünglich erwartetem Unternehmenswert ein wenig an Performance – dafür hat er im Gegenzug aber weniger Risiken zu tragen. Der Venture Capitalist kann nur gewinnen. Im Falle einer Nachzahlung bedeutet das nämlich immer auch, dass sich das Projekt besser als geplant entwickelt hat. In einem solchen Fall, wo der Investor seine Renditevorstellungen auf dem bisher eingesetzten Kapital sogar übertroffen hat, wird er sich über die erzielte Rendite freuen – und nicht daran denken, dass diese ohne eine Nachzahlung sogar noch ein bisschen höher ausgefallen wäre. Im umgekehrten Fall wird der VC bei einem Konkurs der Portfolio-Gesellschaft froh sein darüber, nicht noch mehr verloren zu haben.

In diesem Sinne kann eine verzögerte Kaufpreisbestimmung auch als eine Realoption verstanden werden. Der Ausübungspreis entspricht dem höheren Unternehmenswert im Erfolgsfalle und der Optionspreis entspricht der bei besser als geplanter Geschäftsentwicklung notwendigen Nachzahlung des Kaufpreises bzw. Senkung der Beteiligungsquote.[512]

Diese Methode ist ideal, wenn der Gründer Geschäftsführer seines Unternehmens bleibt. Wird das Verfahren jedoch beim Verkauf der Anteile des Gründers angewendet, oder hat der Gründer nur noch eine Minderheitsbeteiligung, oder wird das Geschäft von einer Vertrauensperson des Venture Capitalisten interimsmässig geführt, dann hat der Gründer bzw. Verkäufer keinen Einfluss mehr auf den Geschäftsgang und kann daher den Zukunftserfolg nicht mehr beeinflussen.

---

[511] Peter Friedli von New Venturetec anlässlich der 8. Informationsveranstaltung von Venture 2000, ETH Zürich 27.4.00.

[512] Zu den Realoptionen siehe Kapitel 6.5 Anwendung der Optionstheorie zur Unternehmensbewertung auf Seite 144.

8 RISIKO

Abbildung 7: Zentrale Einflussfaktoren auf den Unternehmenswert von Start-ups

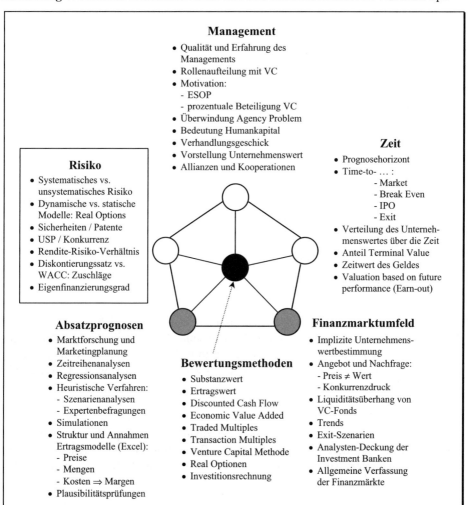

Management
- Qualität und Erfahrung des Managements
- Rollenaufteilung mit VC
- Motivation:
  - ESOP
  - prozentuale Beteiligung VC
- Überwindung Agency Problem
- Bedeutung Humankapital
- Verhandlungsgeschick
- Vorstellung Unternehmenswert
- Allianzen und Kooperationen

Risiko
- Systematisches vs. unsystematisches Risiko
- Dynamische vs. statische Modelle: Real Options
- Sicherheiten / Patente
- USP / Konkurrenz
- Rendite-Risiko-Verhältnis
- Diskontierungssatz vs. WACC: Zuschläge
- Eigenfinanzierungsgrad

Zeit
- Prognosehorizont
- Time-to- … :
  - Market
  - Break Even
  - IPO
  - Exit
- Verteilung des Unternehmenswertes über die Zeit
- Anteil Terminal Value
- Zeitwert des Geldes
- Valuation based on future performance (Earn-out)

Absatzprognosen
- Marktforschung und Marketingplanung
- Zeitreihenanalysen
- Regressionsanalysen
- Heuristische Verfahren:
  - Szenarienanalysen
  - Expertenbefragungen
- Simulationen
- Struktur und Annahmen Ertragsmodelle (Excel):
  - Preise
  - Mengen
  - Kosten ⇒ Margen
- Plausibilitätsprüfungen

Bewertungsmethoden
- Substanzwert
- Ertragswert
- Discounted Cash Flow
- Economic Value Added
- Traded Multiples
- Transaction Multiples
- Venture Capital Methode
- Real Optionen
- Investitionsrechnung

Finanzmarktumfeld
- Implizite Unternehmenswertbestimmung
- Angebot und Nachfrage:
  - Preis ≠ Wert
  - Konkurrenzdruck
- Liquiditätsüberhang von VC-Fonds
- Trends
- Exit-Szenarien
- Analysten-Deckung der Investment Banken
- Allgemeine Verfassung der Finanzmärkte

Quelle: eigene Darstellung.[513]

---

[513] Original ist diese zentrale Übersichtsgraphik zu finden auf Seite 29 in Kapitel 3.1 Herleitung zentraler Einflussfaktoren auf den Unternehmenswert auf Seite 27ff. Zur leserfreundlicheren Einordnung des Kapitels in den Gesamtzusammenhang wird diese Abbildung zu Beginn jedes der sechs Einflussfaktoren als Erinnerung aufgeführt.

8.1   Risikobegriff

„It's venture."[514]

Die allgemeinste Definition des Begriffes bezeichnet Risiko als die Gefahr eines Ausei-
nanderfallens von ex ante unterstellten und ex post gemessenen Daten.[515]
Dieser Risikobegriff umfasst folglich sowohl die Möglichkeit einer positiven als auch
einer negativen Abweichung der ex ante unterstellten von der ex post festgestellten
Entwicklung der Unternehmenserfolge. Dies erscheint jedoch unzweckmässig, denn die
eigentliche Gefahr für den Bewerter besteht nicht darin, dass er sich irrt per se, sondern
darin, dass er sich zu seinen Ungunsten irrt (und infolgedessen einen überhöhten Kaufpreis bezahlt). Es wäre daher sinnvoll, den Risikobegriff auf eine negative Abweichung
des ex ante errechneten und dem ex post gemessenen Preis zu begrenzen und für die
positive Abweichung den Begriff *Chance* zu verwenden.[516]

Der Risikobegriff ist abzugrenzen vom Begriff der Unsicherheit.[517] „Unsicherheit"
unterscheidet sich dadurch, dass es nicht möglich erscheint, den einzelnen Prognosewer-
ten eine Eintretenswahrscheinlichkeit zuzuordnen.[518]

8.2   Preis des Unternehmens

Die alternativ möglichen Erfolgs- und Zinsentwicklungen, die sich als Resultate der
Prognose ergeben, lassen sich zu einer Wahrscheinlichkeitsverteilung alternativ möglicher Grenzpreise zusammenfassen (Abbildung 26 und Die persönliche Risikopräferenz
des Bewerters bestimmt die maximale Höhe des Risikos, das er gewillt ist zu übernehmen. Das Risiko wiederum bestimmt den Preis.

Abbildung 27). Jeder der Grenzpreise einer solchen Verteilung ist das gegenwärtige
Äquivalent einer spezifischen Entwicklung der zukünftigen Erfolge der zu bewertenden
Unternehmung, d.h. der Grenzpreis misst den Geldbetrag, dessen Hergabe gegen die
Unternehmung weder von Vorteil noch von Nachteil wäre (bzw. dessen Besitz den

---

[514] Ausspruch von Peter Friedli von NewVenturetec zum Thema, dass in der Praxis immer ein Risiko bei jungen Wachstumsunternehmen bleibe. In: Neue Zürcher Zeitung, Nr. 200, 29.8.2000, S. 33.

[515] Siehe beispielsweise Bitz, in: Dichtl/Issing, 1993, S. 1826 oder Koch, in: Szyperski, 1989, Sp. 2062.

[516] Bretzke, 1975, S. 96.

[517] Vgl. Kapitel 5.5.1.1 Arten von Informationen auf Seite 71.

[518] Weilenmann, 1994, S. 35.

gleichen Nutzen stiften würde wie der Besitz der Unternehmung).[519] Beim Preis für eine Unternehmung handelt es sich folglich um einen *Indifferenzpreis*.[520]

Abbildung 26: Unternehmenspreise in Abhängigkeit der zukünftigen Entwicklung

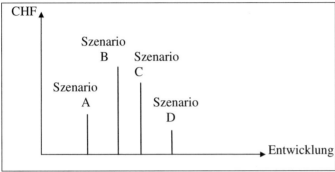

Quelle: eigene Darstellung.

Die persönliche Risikopräferenz des Bewerters bestimmt die maximale Höhe des Risikos, das er gewillt ist zu übernehmen. Das Risiko wiederum bestimmt den Preis.

Abbildung 27: Wahrscheinlichkeiten von Preisen für ein Unternehmen

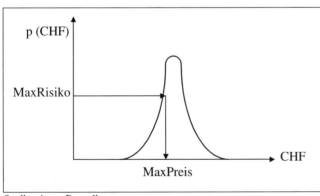

Quelle: eigene Darstellung.

Eine Einigung über den Preis eines Unternehmens kommt nur dann zustande, wenn der MaxPreis des Investors grösser ist als der MinPreis des Verkäufers. Wie oben erwähnt

---

[519] Bretzke, 1975, S. 53.
[520] Vgl. dazu Helbling, 1995, S. 52 und Bretzke, 1975, S. 210.

handelt es sich bei diesen Preisen um Indifferenzpreise. Dem Investor gelingt erst dann ein gutes Geschäft, wenn er bei den Verhandlungen den Verkaufspreis unter seinen MaxPreis drücken kann. Dabei fungiert die Differenz zwischen Max- und MinPreis als Verhandlungsspielraum der Parteien.

Es gilt unbedingt zu beachten, dass das mit dem Erwerb einer Unternehmung verbundene Risiko von dem für die Unternehmung zu zahlenden Preis (Investitionssumme) abhängt. Das Risiko ist insofern nicht Determinante, sondern Ergebnis der Bewertung.[521] Dies ist keineswegs selbstverständlich, unterstellt man doch in der Literatur zur Unternehmensbewertung im allgemeinen, dass der Wert einer Unternehmung eine Funktion ihres Risikos ist (und nicht umgekehrt).[522]

8.3   Systematisches vs. unsystematisches Risiko

Die Risikoberücksichtigung in der Unternehmensbewertung drängt sich auf, um die Vergleichbarkeit von errechneten Unternehmenswerten sicherzustellen. Dies kann auf zwei Arten geschehen:

> ➢ Die Free Cash Flows können in Sicherheitsäquivalente (also risikolose Grössen) umgewandelt werden

> ➢ Zum Kalkulationszinssatz wird ein Risikozuschlag erhoben

Letzteres ist in der Praxis die am häufigsten angewandte Methode, die auch hier weiter verfolgt werden soll.[523]

Die moderne Finanzierungstheorie teilt das Risiko in die zwei Komponenten des *systematischen* (ausgelöst durch die Investition in risikobehaftete Märkte) und des unsystematischen Risikos (ausgelöst durch spezifische Risiken des betrachteten Unternehmens).
Das *unsystematische* Risiko kann theoretisch durch Diversifikation in verschiedene Anlagen ausgeglichen werden.[524] Jungunternehmer haben in der Regel jedoch nicht genügend Mittel für ein diversifiziertes Portefeuille. Sie haben ihr Finanzkapital und

---

[521] Bretzke, 1975, S. 95.
[522] Bretzke, 1975, S. 100.
[523] Siehe dazu Kapitel 8.8 Diskontierungssatz auf Seite 193.
[524] Vgl. beispielsweise Brealey/Myers, 1991, S. 129ff.

auch ihr Humankapital im Start-up gebunden und sind damit dem unsystematischen Risiko voll ausgesetzt.[525]

Kritisch zur Methode der Risikozuschläge ist zu vermerken, dass intersubjektiv nicht nachvollziehbare Resultate ermittelt werden. Die Bemessung des Risikozuschlages hängt allein von den subjektiven Einschätzungen des Entscheidungsträgers ab. Daher kommt dem verantwortungsvollen Umgang des Bewerters mit dem Risikozuschlag und der eingehenden Beratung des Entscheidungsträgers besondere Bedeutung zu.

8.4   Risikopräferenz

Wie oben gezeigt, impliziert der Bewertungsvorgang eine Entscheidung zwischen verschiedenen, unterschiedlich risikobehafteten Grenzpreisen. Aus dieser Erkenntnis folgt unmittelbar, dass die Ableitung eines präferenzgerechten Grenzpreises nur unter expliziter Berücksichtigung der spezifischen Einstellung des jeweiligen Käufers zu Risiko und Chance erfolgen kann. Darum kann der ermittelte Preis für eine Unternehmung als Resultat des Bewertungsprozesses niemals den Anspruch auf Objektivität erheben.

Das Problem der Ermittlung des maximal zahlbaren Preises entspricht strukturell dem Problem der Bestimmung des maximalen Einsatzes für die Teilnahme an einem Glücksspiel, welches durch eine Wahrscheinlichkeitsverteilung alternativ möglicher „Gewinne" (Auszahlungsschema) gekennzeichnet ist.[526] Die Frage nach dem Preis, den ein Individuum vernünftigerweise höchstens zahlen sollte, um an einem Glücksspiel mit einer bestimmten „Gewinn"-Verteilung teilzunehmen, kann nur unter expliziter Berücksichtigung seiner Risikopräferenz beantwortet werden.

Mit *Risikoaversion* wird die Bereitschaft bezeichnet, eine Unternehmung nur für einen Preis zu kaufen, bei dem die Chance das Risiko überwiegt. *Risikofreude* dagegen heisst die Bereitschaft, eine Unternehmung auch für einen Preis zu kaufen, bei dem das Risiko die Chance überwiegt. Die Bereitschaft, für eine Unternehmung höchstens einen Preis zu zahlen, bei dem sich Risiko und Chance gerade die Waage halten, nennt man *Risikoneutralität.*[527]

---

[525] Vgl. Geilinger, in: Hertig, 2000, S. 117, welcher dem Publikum empfiehlt, nur 5-10% des Vermögens in Private Equity anzulegen. Geilinger rät davon ab, so risikofreudig zu sein wie Universitäten oder Stiftungen in den USA, welche 30-40% in diese Anlagekategorie investieren und stellt fest, dass Unternehmer am risikofreudigsten sind, weil sie fast ihr gesamtes Vermögen in Private Equity anlegen – und dann erst noch in nur eine einzige Unternehmung, nämlich ihre eigene.

[526] Bretzke, 1975, S. 210.

[527] Siehe beispielsweise Bitz, in: Dichtl/Issing, 1993, S. 1824 oder Bretzke, 1975, S. 101.

Betrachtet man die Verfahren der Unternehmensbewertungspraxis, bei der die Zukunftserfolge um Risikoabschläge gekürzt und mit einem um den Risikozuschlag erhöh-
ten Kalkulationszinsfuss abgezinst werden, beides mit dem Ziel, den Wert der Unternehmung so tief anzusetzen, dass sich der Kauf der Unternehmung selbst bei einer un-
günstigen Entwicklung der zukünftigen Erfolge ex post nicht als Fehlentscheidung
herausstellt, so kann der durchschnittliche Investor durchaus als risikoavers bezeichnet
werden. Dasselbe gilt für die Anwendung der Mittelwertmethode (falls Substanzwert <
Ertragswert).

Leider konnte bisher kein Modell zur Erfassung der Risikopräferenz eines Individuums
gefunden werden, welches den Beweis seiner empirischen Gültigkeit erbringen konnte.
Dies erstaunt jedoch insofern nicht, als die formale Repräsentation der Risikopräferenz
eines Menschen durch eine präferenzgerechte Bewertungsfunktion letztlich bloss ein
Sonderfall des allgemeinen Problems (v.a. in der Volkswirtschaftslehre) der Messung
von Wert- bzw. Nutzenvorstellungen darstellt.

8.5   Sicherheiten, Patente

In der Aufbauphase von Unternehmen werden Venture Capital-Investitionen ohne
bankübliche Sicherheiten getätigt. Die „Sicherheiten" sind hier das Produkt, der Markt
und auch die Persönlichkeit des Unternehmers. Eine der wesentlichen Aufgaben des
Venture Capitalisten besteht darin, diese zu beurteilen. Dies ist sehr schwierig, weil in
der Regel keine Erfahrungswerte („Vergangenheitsmaterial") zur Verfügung steht.[528]

Die hohe Bedeutung der Absicherung neuer Technologien vor der Konkurrenz zeigt
sich auch an einer Studie von Knight[529], wo 476 Venture Capitalisten in USA, Kanada,
Asien und Europa nach den wichtigsten Kriterien befragt wurden, nach denen sie neue
Projekte beurteilen. In der Kategorie der Charakteristika der Produkte bzw. der Dienstleistungen schwang der Punkt „The product or service is proprietary or can otherwise be
protected" obenaus. Dies interessanterweise obwohl in dieser Studie eine Abneigung
der Venture Capitalisten gegen „High-Tech"-Projekte festgestellt werden konnte. Das
zeigt, dass selbst bei „Low Tech"-Produzenten und -Dienstleistungs-Anbietern das
Argument der Sicherheit vor Nachahmung noch höher eingestuft wird als z.B. eine hohe
Marktakzeptanz (Rang 2). Konsequenterweise wurde das Kriterium „There is little
threat of competition during the first three years" bei der Frage nach den wünschens-
wertesten Markt-Charakteristika als viert wichtigsten Punkt eingestuft. Selbst bei der
Beurteilung der Persönlichkeit des Jungunternehmers wird auf dessen Risikoverhalten

---

[528] Vgl. Jenny, 1987, S. 6.
[529] Vgl. Knight, 1994, S. 30-32.

geschaut: in dieser Kategorie erzielte das Kriterium „The entrepreneur must be able to evaluate and react to risk well" den zweiten Rang.

Die einzigen „Sicherheiten" i.w.S., die selbst Jungunternehmen aufweisen können, sind allenfalls *Patente* – soweit solche überhaupt vorhanden sind.

Patente können sich tatsächlich unter gewissen Umständen als Rettungsanker erweisen, wie folgendes Beispiel aus der Praxis illustriert:

> Ein Doktorand der ETH Zürich hat während seiner langjährigen Assistenten-Tätigkeit drei Entdeckungen zum Patent angemeldet und gestattet bekommen, bevor er sich entschloss, Unternehmer zu werden und einen Start-up gründete.[530] VC-Gelder wurden gefunden im bescheidenen Early-Stage Rahmen. Leider verlief die Unternehmensentwicklung nicht so, wie es sich alle Beteiligten erhofft hatten. Die angegangenen Grossunternehmen hatten kein Interesse daran, Kunde zu werden, sondern wollten lieber das Patent selber verwerten können. So entschloss man sich, diesen Weg zu beschreiten und verhandelte erfolgreich über den Verkauf dieser Patente.

In obigem Beispiel war zwar das Geschäftsmodell, wie es ursprünglich geplant gewesen war, nicht realisierbar, aber wenigstens konnte das Patent mehr als kostendeckend verkauft werden.

Die Bedeutung von Patenten darf jedoch aus zwei Gründen nicht überschätzt werden. Erstens sind Umgehungen von Patenten fast ausnahmslos möglich. Viele Geschäftsideen von Jungunternehmen im High-Tech Bereich gründen gerade auf einer Idee, welche letztlich nur eine Variante eines patentgeschützten Verfahrens darstellt, welche jedoch vom Patentgesetz knapp nicht mehr als eine Patentverletzung betrachtet wird. Wenn Jungunternehmen die Umgehung von Patenten selber vornehmen, dann sollte sich der VC bewusst darüber sein, dass dies auch als „Waffe" gegen ein Patent eines seiner Portfoliogesellschaften eingesetzt werden kann. Darum ist der Schutz durch Patente nicht garantiert.
Zweitens ist der Verkauf von Patenten in der Praxis weitaus schwieriger, als sich das Jungunternehmer im Allgemeinen vorstellen. In der Regel dauert es nur schon Monate, bis der richtige Ansprechpartner in einem Grosskonzern gefunden werden kann. Nach der Überzeugung des Wissenschaftlers „vor Ort", welcher das Patent nach dem Kauf auch wirklich einsetzen würde, folgt die Überzeugungsarbeit bei allen anderen involvierten Parteien (Vorgesetzte, deren Entscheidungsträger, Manager und Mitarbeiter der Finanzabteilung wegen des Budgetbedarfs, Patentanwälte, Anwälte des potentiellen Käufers, Berater der Due Diligence Prüfung etc.) Schliesslich folgen die schwierigen

---

[530] Eigentlich gehören die Rechte an den Patenten in so einem Fall der ETH, aber es konnte dank der Zustimmung des Professors eine Lösung mit einer Art „Abfindungs-" bzw. „Linzenzzahlung" gefunden werden, so dass die Patente in das neu gegründete Unternehmen eingebracht werden konnten. Hier soll jedoch nicht näher darauf eingegangen werden.

Verhandlungen über die Preisvorstellungen mit den langwierigen Diskussionen über das Marktpotential der Innovation. Zusammengefasst lässt sich feststellen, dass sich der Verkauf eines Patentes in der Praxis in aller Regel ebenfalls als steiniger Weg entpuppen wird, und sowieso nur dann ins Auge gefasst werden kann, wenn das Patent wirklich einen Kundennutzen im Markt zu erbringen vermag.

Insofern sind also auch Patente keine garantierten Sicherheiten, welche den Venture Capital-Geber im Ernstfall vor dem Totalverlust seines Investments bewahren würden. Allenfalls können sie im „Schönwetter-Szenario" als zusätzliche Exit-Option betrachtet werden.

8.6   Unique Selling Proposition und Konkurrenz

Im Allgemeinen kann festgestellt werden, dass VC-Geber das Risiko eines Investments umso geringer einschätzen, je stärker ausgeprägt die „Unique Selling Proposition" ist (USP, also die Überlegenheit bei der Verkaufsargumentation infolge eindeutiger Vorteile im Kundennutzen gegenüber Konkurrenzprodukten) und je geringer die Anzahl Konkurrenten im Markt sind (bzw. desto geringer der Konkurrenzkampf innerhalb der Branche tobt). Daher sollte das Produkt sich durch eine neue Technologie oder durch andere, den Konkurrenten überlegene Eigenschaft auszeichnen.[531]

8.7   Rendite-Risiko-Verhältnis

Neben dem Risiko des Totalausfalles des Investments gilt es aber auch, die Höhe der durchschnittlich erwarteten Rendite im Sinne einer Rendite-Risiko-Abwägung zu berücksichtigen. So hat sich gezeigt, dass die risikoreicheren Investitionen insbesondere in der Frühphase der Unternehmensentwicklung durchschnittlich höhere Erträge erzielen (siehe Abbildung 28).

---

[531] Vgl. Jenny, 1987, S. 7.

Abbildung 28: Early Stage Venture Capital erzielt die höchsten Renditen

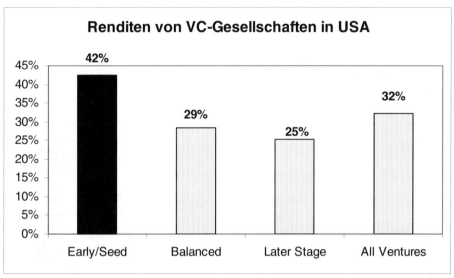

Quelle: Jähne, 2000, S. 41.

Angesichts diesem „Track Record"[532] von US-Venture Capital-Gesellschaften erscheint dieses Anlageinstrument „gar nicht so risikoreich, wie es auf den ersten Blick meistens vermutet wird"[533].

Die von solchen Renditen in der Vergangenheit verwöhnten Venture Capitalisten stellen natürlich auch in Zukunft enorme Anforderungen an die Rendite eines Projektes. So sind dem Autor VC bekannt, welche einerseits die Prognosen der Jungunternehmer im Businessplan gleich um die Hälfte reduzieren, um dem hohen Risiko gerecht zu werden, und andererseits mit einer Diskontierungsrate von 50% rechnen, um trotz unweigerlich auftretenden Ausfällen im Durchschnitt doch noch die angepeilte Rendite von 30% p.a. auf dem Gesamtportfolio zu erreichen.[534]

Diese Entwicklung der immer höher geforderten Rendite lässt sich aufzeigen, indem obige Abbildung 28 mit Zahlen aus den späten Neunziger-Jahren (über 30% Rendite

---

[532] Unter dem Begriff „Track Record" versteht man die Erfahrungsgeschichte und den erzielten Erfolg einer Beteiligungsgesellschaft und ihren Managern, gemessen an der Rendite und der „überlebenden" Unternehmen des Beteiligungsportfolios.

[533] Broschinski, 2000, S. 159.

[534] Geilinger bestätigt in Hertig, 2000, S. 117, dass Renditen in guten Zeiten 30-40% und sogar 50% p.a. betragen können. Andererseits mag die Rendite in anderen Jahren auch bloss 10% sein. Gesamthaft schätzt er daher für Europa langfristig bloss 15-20%.

p.a.) verglichen wird mit untenstehender Abbildung 29, wo die Jahre 1965 bis 1985 untersucht wurden („nur" 20% Rendite p.a.).

Abbildung 29: Venture Capital erzielte langfristig die höchste Rendite

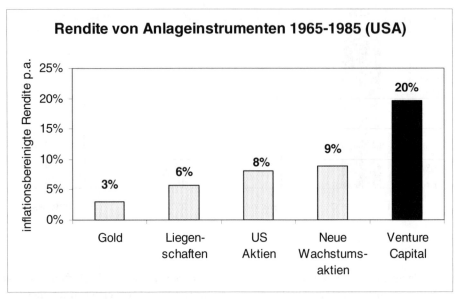

Quelle: Morgan Stanley & Co., in: Jenny, 1987, S. 7.

Untersuchungen in Europa haben zudem gezeigt, dass bei den rund 400 Venture-Vehikeln die besten 100 eine um fast 20% über dem Durchschnitt liegende Performance ausweisen.[535] Folglich spielt der Investment-Manager eines Venture Capital-Fonds bei der Auswahl von Top-Firmen, welche ins Portfolio aufgenommen werden, eine bedeutende Rolle.

Schliesslich sollen noch zwei weitere Punkte erwähnt werden, weshalb sich VC-Investments bei der Investorenschaft zunehmender Beliebtheit erfreuen.
Erstens ist die Rendite in diesem Geschäft weniger abhängig vom Gesamtmarkt als jene der kotierten Aktien.[536] Aufgrund dieser negativen Korrelation vermag ein geschicktes Beimischen von VC-Titeln sogar die Volatilität des Gesamt-Portfolios zu senken. Inso-

---

[535] Vgl. Geilinger, in: Hertig, 2000, S. 117.
[536] Vgl. Geilinger, in: Hertig, 2000, S. 117.

fern lohnt sich aus Sicht des Investors eine Diversifikation in andere Anlage-Vehikel als bloss börsenkotierte Finanz-Titel.

Zweitens gewinnen einige Investoren zusätzlichen Nutzen aus einem Investment in junge, aufstrebende Wachstumsunternehmen durch die immaterielle Komponente, dass junge Firmen und damit der Finanzplatz Schweiz bzw. sogar die Wirtschaft als Ganzes gefördert werden.[537]

8.8   Diskontierungssatz

8.8.1   Übersicht

Es versteht sich, dass für die Anlageform des Venture Capital nur Investoren in Frage kommen, welche sich langfristig zu binden bereit sind und die Risiken des Engagements tragen können. Dieses Risiko will mit einer entsprechenden Risikoprämie, also einer höheren Rendite der Anlage abgegolten werden. Die Rendite ergibt sich aus der Differenz zwischen dem Einstandspreis (ursprüngliche Kapitalanlage) und dem Verkaufspreis (beim Exit). Den gerade bei Neugründungen doch recht hohen Risiken stehen überdurchschnittliche Gewinnchancen gegenüber.

Der Diskontierungssatz bei der Bewertung von Jungunternehmen besteht in der Praxis aus vier Komponenten, worauf im folgenden eingegangen werden soll:

> ➤ Kapitalkostensatz (Weighted Average Cost of Capital, WACC)
> ➤ Zuschläge für erschwerte Verkäuflichkeit (Illiquiditätsprämie)
> ➤ Zuschläge für die Adjustierung der (Free) Cash Flow-Ströme
> ➤ Zuschläge für den Beitrag des VC zur Wertsteigerung (Value Added-Premium)

---

[537] So wurde beispielsweise die Venture Capital Finance AG (VCF) in Zug mit dem Ziel gegründet, Jungunternehmer zu fördern und Arbeitsplätze zu schaffen in der Schweiz. Dies natürlich neben der Erzielung einer finanziellen Rendite.

Dies läss sich an folgender Graphik veranschaulichen:

Abbildung 30: Komponenten der Diskontierungsrate

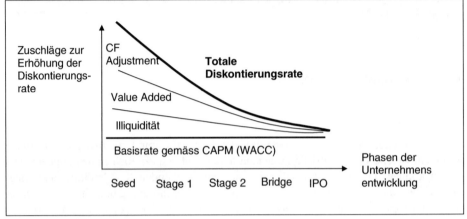

Quelle: Scherlis/Sahlman, 1989, S. 14.

8.8.2   Kapitalkostensatz

Auf den *Kapitalkostensatz (Weighted Average Cost of Capital, WACC)*, wie er nach heutiger Lehrmeinung gemäss dem „Capital Asset Pricing Model" (CAPM) berechnet wird, soll hier nicht weiter eingegangen werden.[538] Es sei auf Kapitel 6.3.3 Discounted Cash Flow-Methode auf Seite 125ff. bzw. die umfangreiche Literatur[539] zu diesem Thema verwiesen.

Abbildung 31 zeigt das Vorgehen zur Berechnung des WACC an einem Beispiel aus der Praxis.

---

[538] Siehe dazu Kapitel 6.3.3 Discounted Cash Flow-Methode auf Seite 131: Exkurs Kapitalmarkttheorie.

[539] Siehe beispielsweise Copeland/Koller/Murrin, 1995, S. 240, Volkart, 1994/1995, S. 8/1, Brealey/Myers, 1991, S. 161 oder Rappaport, 1986, S. 58.

Abbildung 31: Herleitung der Berechnungsschritte des WACC an einem Beispiel

Buckingham	WACC	

$WACC = k(b)*(1-t)*B/V + k(p)*P/V + k(s)*S/V$

$k(b)$ = the pretax market expected yield to maturity on non-callable, nonconvertible debt
    : interest rate for the long term debt of Buckingham [1]   **6.2%**

t = the marginal tax rate for the entity being valued
    : tax rate of Buckingham (LTM)   37.4%

B = the market value of interest-bearing debt
    : book value of long-term debt of Buckingham per 6/30/99 (in Mio.) [1] $79.853

V = the market value of the entity being valued
    : B + P + S $213.664

$k(p)$ = the after-tax cost of capital for noncallable, nonconvertible preferred stock
    : dividends paid LTM by Buckingham per $ preferred stock   1.7%

P = the market value of the preferred stock
    : book value of preferred stock of Buckinham's subsidiaries (in Mio.) [2] $1.933

$k(s)$ = the market-demanded opportunity cost of equity capital
    : according to Capital Asset Pricing Model:

        $k(s) = r(f) + [r(m) - r(f)] \times beta$

    $[r(m) - r(f)]$ = the market risk premium
        : long-term risk premium for stocks of US companies [3]   7.1%   5.0% (3)
    $beta$ = the systematic risk of the equity
        : Beta of Buckingham   1.59
        => risk premium for Buckingham   11.29%
    $r(f)$ = risk free rate of return
        : long-term US Government Bond interest rate   6.1%
        => opportunity cost of equity capital for Buckingham   **17.4%**

S = the market value of equity
    : stock market price of Buckingham per share (9/29/99) $13.75
    : number of shares Outstanding of Buckingham (in Mio.) [4]   9.59
    => market value of equity of Buckingham $131.878

$WACC$ = weighted average cost of capital
    : WACC of Buckingham

Footnotes:
[1] including current maturities of long-term debt, Notes payable and Junior subordinated notes
[2] including Redeemable preferred stock
[3] 5% = geometric average return of S&P 500 vs. long-term government bonds for the period 1929-1992
  7.1% = Gemetric mean of returns based on historical small company returns over an intermediate-term government bond. Source: Ibbotson Associates.
[4] assumed that all convertible subordinated debentures have been converted

Quelle: eigene Darstellung. Die Daten stammen von einer echten Transaktion, so wie sie schliesslich am Markt durchgeführt wurde. (Der Name der Unternehmung ist ein Codename.)

Aufgrund des hohen Anteils an objektiven Marktdaten und mathematischen Formeln ist
der WACC eine relativ objektive Grösse. Dies ganz im Gegensatz zu den drei Arten von
Zuschlägen, welche die Praxis dem WACC auferlegt. Sie sind alle rein subjektiv und
wissenschaftlich kaum nachvollziehbar. Trotzdem werden sie in der Praxis täglich eingesetzt. Darum sollen sie im folgenden näher erläutert werden.

8.8.3   Zuschläge für erschwerte Verkäuflichkeit (Illiquidität)

Die *Zuschläge für erschwerte Verkäuflichkeit* werden aufgrund der geringen Liquidität
von Anteilscheinen an Jungunternehmen erhoben. Finanzielle Engagements in börsenkotierte Unternehmen kann der Investor innert Tagen äusserst kurzfristig liquidieren.
Der Verkauf von Anteilen an Start-up-Unternehmen ist in den meisten Fällen schwierig
bis unmöglich. Venture Capital-Investitionen haben daher immer einen langfristigen
Charakter. Dieser Verlust der Flexibilität ist der Investor nur bereit zu akzeptieren,
wenn sein Engagement als Gegenleistung mit einer höheren Rendite kompensiert wird.
Darum wird die „hurlde rate"[540] (die minimal geforderte Rendite des Investments)
künstlich angehoben, indem Zuschläge in der Höhe von 5% bis 15% auf den WACC
erhoben werden. Die Höhe dieser Zuschläge ist rein subjektiv und entzieht sich der
wissenschaftlichen Herleitung. Dessen sind sich die VC voll bewusst.

Rein theoretisch könnte der Wert des Verlustes einer „Flexibilitätsoption" (im Sinne
einer Realoption) auf der Grundlage der Optionstheorie (Options Price Theory, OPT)
bestimmt werden.[541] Allerdings sind dafür wieder andere Parameter zu schätzen wie
z.B. die Standardabweichung oder der Wert des Basistitels („Underlying", Formelsym-
bol X) im Ausübungsfalle der Option.
Keiner der über hundert Interviewpartner aus der Venture Capital-Szene hat dieses
jedoch in der Praxis je versucht. Darum soll auch hier nicht weiter darauf eingegangen
werden. Im Rahmen dieser Arbeit wurde dagegen versucht, den Optionstheorie-Ansatz
zur Unternehmensbewertung anzuwenden, indem alle im empirischen Teil untersuchten
Unternehmen auch mit dieser Methode bewertet wurden.[542]

---

[540] Siehe beispielsweise Brealey/Myers, 1991, S. 13.
[541] Siehe Kapitel 6.7 Relative Valuation (Vergleich mit anderen Unternehmen) auf Seite 141.
[542] Siehe Kapitel 10.5 Datenfile auf Seite 232ff..

8.8.4 Zuschläge für die Adjustierung der (Free) Cash Flow-Ströme

Wie oben bereits ausgeführt,[543] hat die Diskontierungsrate nicht nur die Aufgabe der Diskontierung der zukünftigen Beträge auf einen Stichtag, damit sie addiert werden können, sondern auch die Berücksichtigung des generellen Risikos. Theoretisch sollte dies bereits durch den Weighted Average Cost of Capital (WACC) erfolgt sein. Trotzdem werden in der Praxis Zuschläge erhoben, die darüber hinaus gehen. In der Theorie werden solche Zuschläge „Fudge Factors" genannt und streng von deren Gebrauch abgeraten.[544]

Erklären lässt sich der weitverbreitete Gebrauch von solchen Zuschlägen in der Praxis nur aufgrund zweier Phänomene.

Erstens scheinen die Venture Capitalisten unbeeindruckt von der wissenschaftlichen Forderung zu sein, nur das generelle Risiko berücksichtigen zu müssen. Investoren fordern in der Praxis auch eine Abgeltung für das *unternehmensspezifische* (und damit diversifizierbare) Risiko. Insofern stellen VC keine Portfolio-Überlegungen an, sondern betrachten jedes Investment, als wäre es das einzige. Dies sei an einem Beispiel illustriert, welches auch gleich überleitet zum zweiten Phänomen:

> Der Erfolg eines Start-ups in der Medizinal-Technik hängt von dem positiven Verlauf der klinischen Studien ab. Dieser Sachverhalt stellt ein spezifisches Risiko für das Unternehmen dar. Ermittelt nun ein VC den Unternehmenswert, wird er versuchen, dieses Risiko zu berücksichtigen. Eine theoretisch unkorrekte, aber in der Praxis weit verbreitete Möglichkeit ist es, einfach die Diskontierungsrate um z.B. 10% pauschal zu erhöhen. Theoretisch einwandfrei hingegen wäre es, die Cash Flow-Ströme direkt mit Wahrscheinlichkeiten zu versehen.

Zweitens versäumen es Venture Capitalisten oft, die Cash Flow-Ströme direkt mit *Wahrscheinlichkeiten* zu versehen. Denn anstelle der in der Praxis üblichen Methode der pauschalen Zuschläge auf den WACC, sollten theoretisch korrekt besser die Eintreffenswahrscheinlichkeiten der (Free) Cash Flow-Ströme geschätzt werden. Für obiges Beispiel würde dies bedeuten, dass zwei Szenarien geplant werden, je nachdem, ob die klinischen Studien zu einem positiven Ergebnis kommen oder nicht. Dann werden die Unternehmenswerte für jedes Szenario separat ermittelt (am besten mittels DCF-Methode) und mit den geschätzten jeweiligen Eintretenswahrscheinlichkeiten multipliziert. Aufgrund des Prinzips der Wertaddierung (Value Additivity Principle)[545] der DCF-Methode können diese Teilwerte addiert werden und bilden als Summe den theoretisch korrekt hergeleiteten Unternehmenswert.

---

[543] Siehe Kapitel 6.3.1.3 Kapitalisierungszinsfuss auf Seite 120f. und v.a. Kapitel 8.3 Systematisches vs. unsystematisches Risiko auf Seite 186.

[544] Siehe beispielsweise Brealey/Myers, 1991, S. 197f.

[545] Siehe beispielsweise Brealey/Myers, 1991, S. 824 und vergleiche Kapitel 5.5.3 Planung und Prognose auf Seite 75.

8.8.5   Zuschläge für Wertbeiträge des Investors (Value Added-Premium)

Ein weiterer Grund für die erhöhte Diskontierung ist die sogenannte „Value Added-Premium".[546] Der Venture Capitalist hält sich selber für zu einem Teil mit verantwortlich am Unternehmenserfolg durch die Zurverfügungstellung seines Netzwerkes und seines wertvollen strategischen Inputs. Manchen VC gelingt es aufgrund ihrer Kontakte sogar, die Erstkunden oder attraktive Grosskunden für ihre Portfoliogesellschaften zu gewinnen. Wenn der VC wirklich zu einem massgebenden Teil am Erfolg des Unternehmens beteiligt ist, wäre es unfair, ihn auch noch für seine eigenen Dienste bezahlen zu lassen. Darum wird die Unternehmensbewertung reduziert. Technisch gesehen gelingt dies durch die Erhöhung des Zuschlags für die Adjustierung der (Free) Cash Flows um einen mehr oder weniger willkürlich gewählten Betrag. In der Praxis betragen diese Zuschläge fünf bis maximal zehn Prozentpunkte.

Es versteht sich von selbst, dass die Theorie sich klar gegen solche Zuschläge ausspricht. Der Wert der Unternehmung ist nicht geringer, weil der VC wertvolle Dienste erbringt, sondern höher. Der Zuschlag auf den Diskontsatz zielt über den in Folge geringeren Unternehmenswert schlussendlich nur auf einen höheren Anteil des VC an dem Start-up. Dies erscheint ein umständliches und intransparentes Vorgehen zu sein. Direkter wäre es, offen über eine sinnvolle Höhe der Beteiligung des VC zu sprechen, um ihn so für seine Dienste fair zu entschädigen. Theoretisch korrekt wäre daher die Bewertung des Unternehmens ohne Zuschläge und die separate Bewertung der Dienste des VC.[547]

8.9   Weitere Einflussfaktoren

An dieser Stelle seien noch weitere Effekte genannt, welche entweder ihren Ursprung im Risiko oder Auswirkungen auf das Risiko einer Unternehmung haben.

8.9.1   Dynamische vs. statische Modelle

Das heutige Umfeld jeder Unternehmung muss als hochdynamisch betrachtet werden – insbesondere bei Jungunternehmen. Alte Risiken verschwinden und neue Risiken entstehen. Die klassischen Ansätze der Unternehmensbewertung sind jedoch insofern statisch, als dass die aktive Rolle des Managements und der Einfluss des VC-Gebers in einem dynamischen Umfeld gar nicht berücksichtigt werden. Hier sind Realoptions-Modelle mit ihrer Berücksichtigung von Handlungsoptionen im Falle von unerwartet eintretenden Zukunftszuständen besser geeignet als statische Barwert-Modelle.

---

[546] Siehe beispielsweise Scherlis/Sahlman, 1989, S. 25; Gompers, 1999, S. 10 oder Scherlis/Sahlman, 1989, S. 11.

[547] Vgl. Gompers, 1999, S. 10.

An dieser Stelle sei nicht nochmals auf die Optionspreistheorie eingegangen sondern auf Kapitel 6.5 Anwendung der Optionstheorie zur Unternehmensbewertung auf Seite 141 verwiesen.

8.9.2   Eigenfinanzierungsgrad

Nicht nur Marktrisiken beschäftigen den Venture Capitalisten, vor allem auch die finanziellen Risiken dürfen nicht aus den Augen verloren werden. In der Anfangsphase der Unternehmensentwicklung lauern viele unvorhersehbare Gefahren, weshalb Jungunternehmer zu 100% mit Eigenkapital finanziert sein sollten. Nur so lässt sich vermeiden, dass dem früher oder später an knappen finanziellen Mitteln leidenden Start-up noch wertvolle Liquidität für Zinszahlungen abhanden kommt oder die frühzeitige Überschuldung zur Geschäftsaufgabe zwingt.

> Artikel 725 Absatz 2 des Schweizerischen Obligationenrechts besagt für Aktiengesellschaften, dass bei begründeter Besorgnis einer Überschuldung eine Zwischenbilanz erstellt werden muss. Ergibt diese, dass die Forderungen der Gesellschaftsgläubiger weder zu Fortführungs- noch zu Veräusserungswerten gedeckt sind, so hat der Verwaltungsrat den Richter zu benachrichtigen, sofern nicht Gesellschaftsgläubiger im Ausmass dieser Unterdeckung im Rang hinter alle anderen Gesellschaftsgläubiger zurücktreten. Art. 725a Abs. 1 OR besagt, dass der Richter auf die Benachrichtigung hin den Konkurs eröffnet. Dieses Risiko der Überschuldung besteht und sollte niemals vernachlässigt werden. Daher empfiehlt sich eine möglichst hohe Eigenkapitalbasis, um die kumulierten Verluste in den ersten Geschäftsjahren abfangen zu können.

Auch wird sich in den meisten Fällen keine Bank finden lassen, welche bereit wäre, sich mit einem nicht-effizienten Ort im Rendite-Risiko-Diagramm abzufinden. Dem Totalverlust als grösstmögliches Risiko stünde nämlich ein Zins von maximal 15% als grösstmögliche Chance gegenüber.[548] Dies ist insofern ungerecht, als der VC auch nicht mehr als 100% seines Investments verlieren kann wie der Fremdkapitalgeber auch. Jedoch ist das Ertragspotential des Eigenkapitalgebers um Faktoren höher.

---

[548] In den meisten Kantonen in der Schweiz sind 15% die Obergrenze für verzinsliche Darlehen. Höhere Zinsforderungen von Gläubigern werden als Wucher qualifiziert.

8.9.3   Steuern

Viele Jungunternehmen bezeichnen es auch als Risiko, Steuern zahlen zu müssen. Vielfach werden die Steuern im Budgetierungsprozess in ihrer Beachtung vernachlässigt oder sogar völlig ignoriert. In den allermeisten Fällen mag dies gut gehen, denn i.d.R. schreiben die Jungunternehmen tatsächlich Verluste in der Anfangsphase – sogar mehr, als ihnen aus steuerlicher Sicht lieb wäre...

Wenn allerdings überraschenderweise doch irgendwann Steuerforderungen ins Haus stehen, kann dies unter Umständen für den Jungunternehmer zur finanziellen Bedrohung werden, wenn dies ungeplant und zur Unzeit geschieht.

9   FINANZMARKTUMFELD

Abbildung 7: Zentrale Einflussfaktoren auf den Unternehmenswert von Start-ups

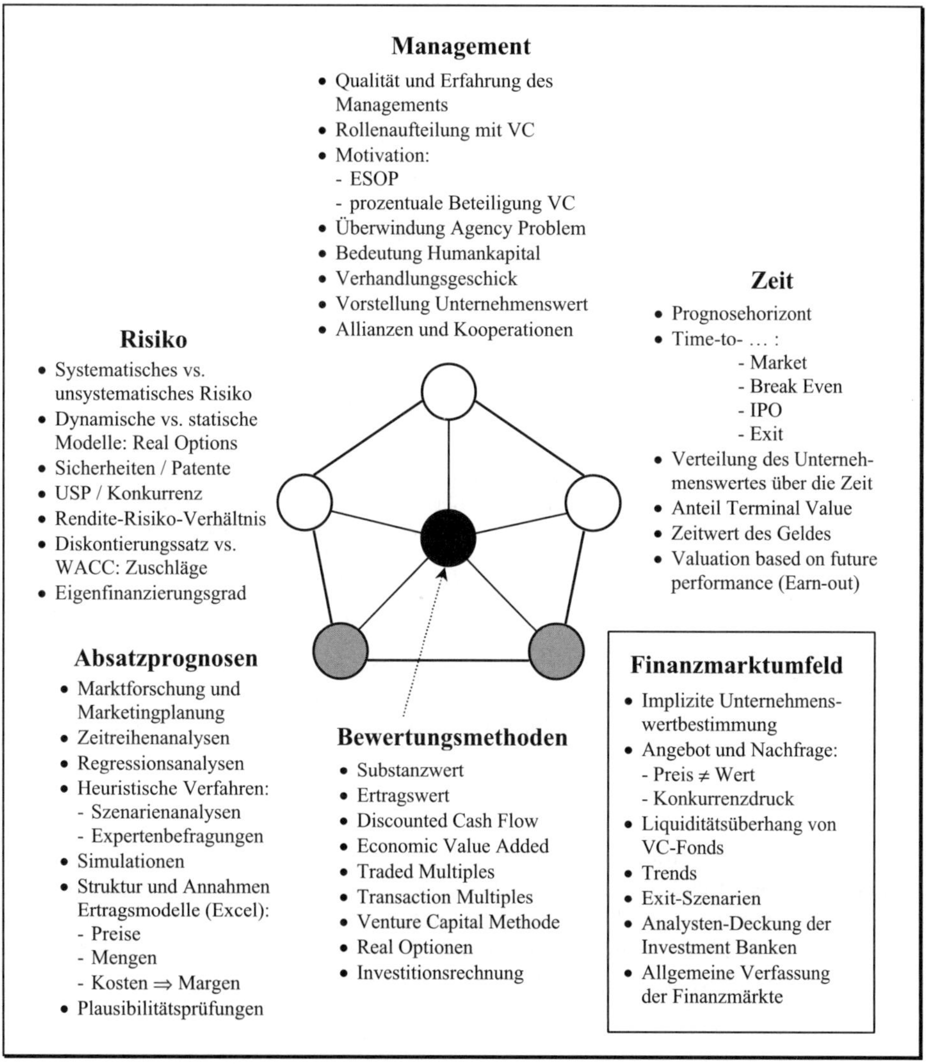

Management
- Qualität und Erfahrung des Managements
- Rollenaufteilung mit VC
- Motivation:
  - ESOP
  - prozentuale Beteiligung VC
- Überwindung Agency Problem
- Bedeutung Humankapital
- Verhandlungsgeschick
- Vorstellung Unternehmenswert
- Allianzen und Kooperationen

Risiko
- Systematisches vs. unsystematisches Risiko
- Dynamische vs. statische Modelle: Real Options
- Sicherheiten / Patente
- USP / Konkurrenz
- Rendite-Risiko-Verhältnis
- Diskontierungssatz vs. WACC: Zuschläge
- Eigenfinanzierungsgrad

Zeit
- Prognosehorizont
- Time-to- … :
  - Market
  - Break Even
  - IPO
  - Exit
- Verteilung des Unternehmenswertes über die Zeit
- Anteil Terminal Value
- Zeitwert des Geldes
- Valuation based on future performance (Earn-out)

Absatzprognosen
- Marktforschung und Marketingplanung
- Zeitreihenanalysen
- Regressionsanalysen
- Heuristische Verfahren:
  - Szenarienanalysen
  - Expertenbefragungen
- Simulationen
- Struktur und Annahmen Ertragsmodelle (Excel):
  - Preise
  - Mengen
  - Kosten ⇒ Margen
- Plausibilitätsprüfungen

Bewertungsmethoden
- Substanzwert
- Ertragswert
- Discounted Cash Flow
- Economic Value Added
- Traded Multiples
- Transaction Multiples
- Venture Capital Methode
- Real Optionen
- Investitionsrechnung

Finanzmarktumfeld
- Implizite Unternehmenswertbestimmung
- Angebot und Nachfrage:
  - Preis ≠ Wert
  - Konkurrenzdruck
- Liquiditätsüberhang von VC-Fonds
- Trends
- Exit-Szenarien
- Analysten-Deckung der Investment Banken
- Allgemeine Verfassung der Finanzmärkte

Quelle: eigene Darstellung.[549]

---

[549] Original ist diese zentrale Übersichtsgraphik zu finden auf Seite 29 in Kapitel 3.1 Herleitung zentraler Einflussfaktoren auf den Unternehmenswert auf Seite 27ff. Zur leserfreundlicheren Einordnung des Kapitels in den Gesamtzusammenhang wird diese Abbildung zu Beginn jedes der sechs Einflussfaktoren als Erinnerung aufgeführt.

9.1   Implizite Unternehmenswertbestimmung

„Valuation is an art and not a science. "[550]

Ein Phänomen in der Praxis des Venture Capital-Geschäftes erstaunt gerade den Fachmann immer wieder: die Investition „ohne" bzw. mittels impliziter Unternehmensbewertung.

Gemeint ist damit folgender Sachverhalt, an einem Beispiel aus der Praxis illustriert:[551]

> Ein frisch gegründetes Unternehmen bestand aus einem Team von drei Leuten. Bevor ein Venture Capitalist überhaupt angefragt worden war, beschloss das Team (Wissenschaftler der ETH ohne spezielle Fachkenntnisse in Unternehmensbewertung im Speziellen oder überhaupt Finanzierung im Allgemeinen), die Aktien wie folgt aufzuteilen: Jedem vom Kernteam sollten je 20% zustehen und den restlichen Mitarbeitern 10% im Rahmen eines „Employee Stock Option Plan" (ESOP, davon hatten die Gründer von einem Bekannten gehört, der selber schon eine Unternehmung gegründet hatte). Gemäss dieser Planung verblieben für den Venture Capitalisten noch 30% der Unternehmensanteile. Der Kapitalbedarf betrug in der Erstfinanzierungsrunde eine knappe halbe Million CHF.
> Hätte der Venture Capitalist dieses Angebot der Gründer akzeptiert, so hätte er für CHF 0.5 Mio. 30% der Anteile des Start-ups erworben, was einer impliziten Unternehmensbewertung von CHF 1.67 Mio. (post-money: 0.5/30%) bzw. CHF 1.17 Mio. (pre-money valuation: 0.5/30%-0.5) entsprochen hätte. Der Unternehmenswert gemäss DCF-Modellen des Venture Capitalisten wurde jedoch auf ca. CHF 4 Mio. geschätzt. Die Unternehmensgründer selber hatten gar nie eine Unternehmensbewertung angestellt. Unter solchen Umständen von einem Unternehmens"wert" von CHF 1.67 Mio. zu sprechen, weil dieser im Markt hätte realisiert werden können, ist mehr als fragwürdig, wenn die Berechnungen des VC einen deutlich höheren Betrag ergeben.

Zusammengefasst zeigt obiges Beispiel, dass, nur weil ein Unternehmen X% der Aktien zu einem Preis von CHF Y anbietet, dies noch lange nicht bedeutet, dass der Unternehmens*wert* mit der Grösse Y dividiert durch X% identisch ist, sondern oft vehement davon abweicht.

In obigem Beispiel wurde den Jungunternehmern ein fehlerhaftes Verhalten unterstellt. In der Praxis lässt sich auch der umgekehrte Fall finden, wo der Investor es „unterlässt", eine korrekte Unternehmensbewertung vorzunehmen. Dies ist z.B. dann der Fall, wenn der Venture Capitalist persönlich begeistert und 100%-ig überzeugt ist vom Erfolg des Unternehmens. So kann es geschehen, dass zuerst die Eigentümerstruktur festgelegt wird, bevor die Kapitalbedarfsplanung überarbeitet wird. In einem solchen Fall geht es

---

[550] B. Brown, Director of AIM Equities, anlässlich eines eintägigen Seminars zum Thema Valuation Techniques for High Tech Companies in London. Zustimmend Scherlis/Sahlman, 1989, S. 1: „Valuation is part art and part science."

[551] Das Beispiel stammt aus der praktischen Tätigkeit des Autors bei einer Venture Capital-Gesellschaft. Aus verständlichen Gründen verbleibt die Jungunternehmung anonym.

dem Investor nur darum, beim Projekt „dabei zu sein". Aber auch hier erfolgt die umgekehrte Logik, dass der sich implizit durch die getroffenen Annahmen (Finanzierungsbedarf und Unternehmensanteil) ergebende Unternehmens"wert", nichts gemein hat mit dem Ergebnis einer klassischen Unternehmensbewertungsmethode.

9.2 Angebot und Nachfrage (Einfluss der Konkurrenz)

„Only a fool believes price and value are the same."[552]

Der Prozess der Unternehmenswertfindung ist nicht mit der Abgabe des Berichtes des Finanzanalysten an den Investment Manager der VC-Gesellschaft beendet. Die so ermittelte Zahl kann höchstens als theoretische Annäherung an den korrekten Unternehmenswert betrachtet werden, für den Fall, dass sämtliche Annahmen der verantwortlichen Analysten in der Zukunft zutreffen werden.

Der für den erfahrenen VC spannendste Teil liegt jedoch in der *Preisverhandlung* mit dem Jungunternehmer. Hier zeigt sich das ökonomische Prinzip von Angebot und Nachfrage. Was nützt dem VC seine Unternehmensbewertung, wenn der Unternehmer von zwei anderen VCs bereits Offerten vorliegen hat, welche beide höher sind? Theoretisch konsequent wäre es in einem solchen Fall, sich von den Verhandlungen zurückzuziehen, um so den anderen VC mit ihren überhöhten Angeboten Platz zu schaffen. Spieltheoretisch gesehen ist dies in einem „one-shot-game" sicherlich die optimale Lösung.[553] Wird der VC jedoch ständig in solchen Situationen auf diese Weise verfahren, so verliert er die Möglichkeit, in Projekte zu investieren und wird aus dem Markt gedrängt. Folglich haben die anderen VC-Gesellschaften – die Konkurrenz – einen bedeutenden Einfluss auf die Bewertung bzw. den Preis von Unternehmen. Demnach beeinflusst nicht nur die Nachfrage nach Kapital seitens der Jungunternehmen den Transaktionspreis, sondern auch das Angebot von Kapital seitens der Investorenschaft.

Erschwerend für die Erhöhung des Angebots an VC-Geldern kommt die in den Jahren 1999 und 2000 *stark gestiegene Anzahl an Venture Capitalisten* hinzu. Das renommierte Venture Economics Journal[554] schätzt, dass zur Zeit weltweit über 3'000 VC-Gesellschaften ein Fondvolumen von US$ 48 Mrd. verwalten. 30% dieses Kapitals soll von sogenannten „high networth individuals", also vermögenden Privatpersonen und

---

[552] David de Lanoy Meijer, Vice President für European Technology Equity Capital Markets bei Credit Suisse First Boston (CSFB), anlässlich eines Seminars zum Thema Valuation Techniques for High Tech Companies, London, 26.9.2000.

[553] Zur Spieltheorie siehe beispielsweise Frey/Kirchgässner, 1994, S. 39ff.

[554] Zit. nach Kasdon-Sidell, 2000, S. 25.

70% von institutionellen Anlegern stammen. Folglich sind v.a. institutionelle Investoren verantwortlich für das grössere Angebot an Venture Capital. So legten Pensionskassen noch vor wenigen Jahren ca. 20% in Aktien an - heute können es bis zu 50% sein, die in Direktanlagen oder Fondsprodukte (darunter eben auch VC-Fonds) investiert werden.[555]

Soviel Licht gibt natürlich auch Schatten. Zur Zeit gibt es viel mehr VC-Gesellschaften als erfahrene Portfolio-Manager, die fähig sind, diese Mittel erfolgreich zu verwalten. Im Herbst 1999 war ein eigentlicher Boom zu verzeichnen. An allen Ecken und Enden schossen VCs aus dem Boden. Angesichts der hohen Renditeerwartungen hielt sich plötzlich jedermann für kompetent, ein VC oder Incubator zu sein.[556] Im Branchenjargon wird dies auch als *„dummes Geld"* bezeichnet - im Gegensatz zum etablierten Begriff des „smart money". Smart Money meint, dass Jungunternehmer vom VC eben nicht nur Geld erhalten, sondern auch von dessen Branchen-Know-How profitieren können.[557] Aber dieses Wissen und die dazu notwendige Erfahrung bringen nur wenige VCs mit. Daher wird sich nicht nur bei den Jungunternehmen an Börsenplätzen wie der NASDAQ[558] u.a., sondern auch bei den VC-Gesellschaften langsam die Spreu vom Weizen trennen.[559]

Ein weiterer Faktor, welcher im Goldrausch des Internet-Zeitalters (der sogenannten „New Economy") zur Erhöhung des Angebotes an Kapitalmärkten beigetragen hat (wenn auch nur in bescheidenem Masse), ist die neu entstandene Möglichkeit des *Direct Public Offering (DPO)* bzw. *Electronic Public Offering (EPO)*.

Dabei handelt es sich um elektronische Börsenplätze, die prinzipiell jeder Person mit Internet-Anschluss zur Zeichnung von Anteilsscheinen beim Going Public sowie beim späteren Handel von Titeln zur Verfügung stehen.

Anfänglich von der Computer-Fachpresse als demokratischste Form des Austausches von Angebot und Nachfrage gepriesen, haben sich diese Börsenplätze in der Zwischenzeit als Flop erwiesen.
Dies nicht wegen der anfangs befürchteten Schwierigkeiten, weil es die Unternehmung bei einem DPO nicht mehr wie bei einem herkömmlichen Börsengang ausschliesslich mit Fachleuten (Investment Banker, Institutionelle Anleger, Venture Capitalisten, Finanzanalysten etc.) zu tun hat, sondern mit Leuten aus dem ganzen Universum von Persönlichkeiten des allgemeinen Volkes.

---

[555] Vgl. Interview mit H. van den Berg, Zürich, 26.10.2000.

[556] Vgl. Interview mit G. Schmidt, Zürich, 26.10.2000.

[557] Siehe Kapitel 4.2 Rolle des Venture Capitalisten auf Seite 53.

[558] Zur Geschichte der NASDAQ siehe Fussnote 601 auf Seite 216.

[559] Vgl. Andrin Bachmann, Gründer von Operandi (Lösungen für E-Business Operations) und GlocalNet (Telecom Services), anlässlich der Podiumsdiskussion zum Thema Venture Capital and E-Commerce, ETH Zürich, 26.10.2000.

Vielmehr liegt der Grund für das Versagen dieser Märkte vermutlich darin verborgen, dass die Unternehmung sie zur Aufnahme von liquiden Mitteln am Kapitalmarkt nur nutzen kann, wenn sie es gar nicht nötig hat. Erfüllt nämlich ein Unternehmen alle Anforderungen, um selbst alle nötigen Vorbereitungen für ein Going Public zu treffen, und hat sie eine genügend attraktive „Story", also Geschäftsidee und Zukunftsaussichten für den Investor vorzuweisen, dass sie diese direkt der Öffentlichkeit kommunizieren kann, dann wird die Unternehmung erst recht in der Lage sein, professionelle Venture Capitalisten und Investment Banken zu überzeugen. Der Vorteil von herkömmlichen Handelsplätzen ist hauptsächlich deren massiv höhere Liquidität und daher bessere Analysten-Deckung von Investment Banken.[560]
Umgekehrt wird eine Unternehmung auch keinen DPO wagen, wenn alle vorher angefragten Venture Capitalisten oder Investment Banken schon von einem IPO abgeraten haben.

Ein weiterer Grund für die geringe Bedeutung von DPOs mag darin liegen, dass die ersten Unternehmen, welche DOPs wagten, diese Lösung nur als letzte mögliche Alternative gewählt haben, nachdem kein VC oder keine Investment Bank bereit war, einen herkömmlichen IPO durchzuführen.[561] Gemäss obiger Argumentation waren die Unternehmen folglich noch nicht so weit und die Performance war auch dementsprechend schlecht. Seither geniessen DPOs in Fachkreisen einen schlechten Ruf, auch wenn sich die Verhältnisse in der Zwischenzeit gebessert haben mögen.[562]

9.3   Liquiditätsüberhang der Venture Capital-Fonds

„VCs want to put a lot of money in fast."[563]

In der Vergangenheit konnte ein Jungunternehmer sein Geschäft nur langsam wachsen lassen, weil er die Erweiterungsinvestitionen aus dem eigenen betrieblichen Cash Flow decken musste. Dies dauerte Jahrzehnte. Solche Kapitalmarktgegebenheiten favorisierten die bereits seit Jahren am Markt etablierten Grossunternehmen.

Heutzutage braucht der Unternehmer nur eine gute Idee, ein solides Management Team, eine überzeugende Marketing-Strategie – und den richtigen VC hinter ihm, und schon

---

[560] Zur Liquidität von Börsenplätzen siehe Kapitel 9.3 auf Seite 205 und zur Rolle der Analysten von Investment Banken siehe Kapitel 9.6 Analysten-Deckung der Investment Banken auf Seite 213.

[561] Vgl. Interview mit H. van den Berg, Zürich, 26.10.2000.

[562] Vgl. Podiumsdiskussion zum Thema Venture Capital und E-Commerce, ETH Zürich, 26.10.2000.

[563] A. Razdow, Chief Technology Officer and Chairman of www.acallto.com, zit. nach Kasdon-Sidell, 2000, S. 27. Allerdings muss fairerweise erwähnt werden, dass A. Razdow auch gesagt hat, dass dies nicht gut sei für die Jungunternehmen.

kann die Unternehmung innert weniger Jahre (oder in Ausnahmefällen sogar nur Monate) den Markt aufrollen und so zu einem bedeutenden Player werden.[564]

Heute gibt es alleine in den USA zwischen 5 und 15 VC-Gesellschaften, welche mehr
als US$ 1 Mrd. unter Management haben.[565] Je grösser der Fonds, desto grösser die
Motivation der Portfolio-Manager, grosse Investments zu finden, wo schnell viel Geld
investiert werden kann. Leider gibt es aber nur eine begrenzte Anzahl talentierter und
erfahrener Unternehmer auf dieser Welt. Um wertvolle Zeit zu sparen, investiert das
Management daher lieber in ein Dutzend grosse Projekte als in hundert kleine.

Dies bedeutet einerseits, dass gewiefte Jungunternehmer ständig höhere Kapitalbedürf-
nisse bei Venture Capitalisten anmelden, weil sie inzwischen gelernt haben, dass 5 Mio.
„einfacher" zu bekommen sind als „nur" 1 Mio. In aller Regel lässt sich für jedes Projekt eine Variante „minimaler" und „maximaler" Kapitalbedarf fahren. So werden die
Unternehmensgründer mit der Zeit stärker die Luxus-Variante vorziehen und dem VC
präsentieren.

Aufgrund des oben beschriebenen Effektes der impliziten Unternehmenswertbestimmung steigt in der Folge auch der Unternehmenswert, weil der für den VC zur Verfügung stehende Anteil am Unternehmen aus verschiedenen Gründen nicht beliebig hoch
ausfallen kann.[566]

Andererseits erhöhen diese hohen investierten Mittel den Druck auf die Jungunternehmung, erfolgreich zu sein und möglichst schnell zu wachsen. Bei fünf Mal höherem
eingesetztem Kapital (gemäss obigem Beispiel) müssen die Gewinne der Unternehmung
auch fünf Mal höher ausfallen, um die Rendite auf dem Investment auf demselben Niveau halten zu können. Diese Erwartungshaltung ist unrealistisch. Früher oder später
wird eine unter solchen Umständen gegründete Unternehmung den Finanzmarkt
zwangsläufig enttäuschen müssen.

Dieser beschriebene Effekt der übertriebenen Erwartungshaltung der Kapitalmärkte und
der dadurch überhöhten Unternehmenswerte mag auch der Grund für den schweren
Kurseinbruch der NASDAQ Börse in den USA im April 2000 gewesen sein. Der
Kurseinbruch betrug innerhalb zwei Wochen ziemlich genau einen Drittel.[567] Die nächsten sechs Monate verharrte der Index relativ konstant auf diesem Niveau – ein Zeichen,

---

[564] Vgl. S. Marshall, Managing Director of Axxon Capital, zit. nach Kasdon-Sidell, 2000, S. 27.

[565] Vgl. C. W. Dick, Managing Partner of Ascent Venture Partners, zit. nach Kasdon-Sidell, 2000, S. 27.

[566] Siehe Kapitel 9.1 Implizite Unternehmenswertbestimmung auf Seite 202.

[567] Quelle: Bloomberg.

dass die tieferen Unternehmenswerte vom Markt schliesslich als neue Tatsache akzeptiert wurden.[568]

Auf diese Phänomene des gleichgeschalteten Verhaltens von Teilnehmern der Kapitalmärkte soll im folgenden näher eingegangen werden.

9.4   Trends

„Venture Capitalisten sind nicht gerne allein – VC sind Herdentiere."[569]

Böse Zungen behaupten, Venture Capitalisten seien wie eine Schafherde: wo der eine hingehe, da würden gleich alle hin wollen.[570]

Auch wenn die Realität anders aussieht, so fällt doch auf, dass sich Venture Capitalisten stets bestimmten Trends unterordnen.[571]

Im Herbst 1999 war beispielsweise im europäischen VC-Sektor das Internet-Fieber so richtig ausgebrochen. Vermutlich versuchten die europäischen Venture Capitalisten nachzuholen, was sie die zwei Jahre zuvor im Vergleich zur USA verschlafen hatten. Auf jeden Fall waren „Business-to-Consumer" (kurz „B-to-C" bzw. „B2C") Projekte in der Szene heiss geliebt. Das Marktpotential mit Millionen von Endkunden schien gewaltig. Unzählige mehr oder weniger zweifelhafte Geschäftsideen wurden finanziert. „Leute haben in Konzepte auf dem Papier investiert und nicht in Unternehmen."[572] Über den ganzen Kontinent verteilt wurden sogenannte „Incubators" ins Leben gerufen, welche den Start der neu gegründeten Jungunternehmen erleichtern helfen sollten.

Ein halbes Jahr später, im Frühling 2000, wollten die in Inkubatoren gereiften Projekte das Geld der VC-Branche ernten. Inzwischen hatte sich der ganze Sektor jedoch schon wieder gewandelt. Seither sind B2C Lösungen völlig out. Schätzungen zufolge investieren 80-90% aller VC-Gesellschaften im Internet-Sektor nicht mehr in B2C Projekte.[573]

---

[568] Auch per Ende 2000 notieren die Indizes des SWX New Market und der NASDAQ 100 einen Schwund von über 40% gegenüber dem Höchststand vom März. (Wicks, 2000, S. 3.)

[569] Scherzhafter Ausspruch von G. Schmidt, Gründungsmitglied von European Web Group, formuliert auf die Frage nach den Gründen der „Massenhysterie" von Venture Capitalisten, anlässlich der Podiumsdiskussion zum Thema Venture Capital und E-Commerce, ETH Zürich, 26.10.2000.

[570] Scherzhafte Bemerkung von M. Wechsler, Unternehmensberater im Business Technology Office von McKinsey & Co., Zürich, 26.10.2000.

[571] Zustimmend Geilinger, in: Hertig, 2000, S. 117, welcher das rasch ändernde Umfeld und die hohe Flexibilität der Branche attestiert und feststellt, das derzeit beispielsweise das Internet „out" sei.

[572] G. Schmidt, Zürich, 26.10.2000.

[573] H. van den Berg, Zürich, 26.10.2000.

Die Schwierigkeiten (v.a. die notwendigen Marketinganstrengungen, um Millionen von Endkunden zu erreichen und Marken aus dem Nichts aufzubauen) haben inzwischen gezeigt, dass früher geschätzte Marktpotentiale weit aufwendiger zu erschliessen sind als angenommen.[574] Ende 2000 werden nur noch B2B, also „Business-to-Business"[575] - Projekte finanziert von professionellen Venture Capital-Gesellschaften – und niemand weiss, was der nächste grosse Trend sein wird.

Folglich ist beim Venture Capital das Timing sehr wichtig. Es gibt nun mal Sektoren wie derzeit optische Netzwerke und Biotechnologie, die bei den Investoren je nach Phase en vogue sind.[576]

Ganz allgemein beschäftigen sich VC prinzipiell fast ausschliesslich mit Projekten der Hochtechnologieindustrie, den sogenannten „Tech"-Branchen: Bio-Tech,[577] Med-Tech, High-Tech (i.e.S.: Magneto-Optik, Chipfertigung, Laser, Sensoren etc.) oder Internet (E-Commerce bzw. allgemeiner E-Business Projekten sowie den „Enablern" der Branche wie Netzwerkkomponentenhersteller etc.).[578] Vielfach werden alle diese Branchen unter dem allgemein zu verstehenden Begriff „High-Tech" (i.w.S.) zusammengefasst. Wieso eigentlich investieren Venture Capitalisten lediglich in High-Tech-Branchen? Der Grund für die beinahe hysterische Suche nach Geschäftsideen in oben genannten Bereichen liegt wohl in der Aussicht auf sagenhafte Renditen. Keine andere Branche vermag Gewinnaussichten in derselben Grössenordnung anzubieten. Wo vor zehn Jahren noch eine Verdoppelung oder Verdreifachung des Investments als „gute" Rendite bezeichnet wurde, so sind heute Rückflüsse in Höhe bis zu Hundert Mal die ursprüngliche Investition möglich.[579] Diese Aussicht auf phänomenale Gewinnpotentiale erklärt die Nachfrage nach High-Tech-Projekten.

Dies allein genügt jedoch nicht als Begründung. Bei der Investition des Venture Capitalisten ist der Prozess nämlich nicht beendet – im Gegenteil. Das ist erst der Anfang. Jeder Investor in dieser schnell-lebigen Szene denkt schon vor dem Investment bereits

---

[574] Heute werden diese Märkte von der Investorengemeinschaft totgesagt. Selbst etablierte Unternehmen wie Amazon oder Yahoo haben Schwierigkeiten, frisches Geld aufzunehmen. Siehe Arnold, 2000, S. 28.

[575] Siehe beispielsweise Analysten-Report von Goldman Sachs zum Thema E-Commerce/Internet mit dem Titel „B2B: 2B or not 2B?", New York, 14.9.1999.

[576] Zitat U. Geilinger, Investment Advisor der Private Equity Holding, eine an der Schweizer Börse kotierte Beteiligungsgesellschaft der Bank Vontobel, die in professionell geführte Private Equity Funds sowie direkt in über 1'000 nicht kotierte Unternehmen investiert. Die aktuelle Marktkapitalisierung beträgt CHF 2.3 Milliarden. In: Hertig, 2000, S. 177. U. Geilinger ist ausserdem Co-Autor des Swiss Venture Capital Guide 2000/01 und Vorstandsmitglied der European Venture Capital Association (EVCA).

[577] Zur Bio-Tech im Speziellen siehe beispielsweise McNeil, 1999, S. 42-45.

[578] Es gibt allerdings tatsächlich auch VC-Gesellschaften, welche in die Konsumgüterindustrie investieren. Hierbei handelt es sich jedoch um Ausnahmen. Siehe hierzu beispielsweise Neidorf, 1998, S. 43-46.

[579] C. W. Dick, Managing Partner von Ascent Venture Partners, zit. nach Kasdon-Sidell, 2000, S. 26.

wieder an den Exit.[580] Existiert ein Trend, dann wollen alle Investoren (vom VC über die Investment Banken und institutionellen Investoren bis zu den vermögenden Privatpersonen) auf diesen Zug aufspringen und am Gewinnpotential partizipieren. So ist automatisch im Markt genügend Liquidität vorhanden, dass der Investor jederzeit wieder aussteigen kann, weil er sofort einen Käufer für seinen Anteil am Unternehmen findet. Dieses Exit-Szenario zu haben ist existentielle Vorbedingung für jedes finanzielle Engagement eines professionellen Venture Capitalisten. Je stärker der Trend, desto grösser die Chance eines liquiden Marktes und damit eines attraktiven Exits.

Neben dem reinen Exit-Gedanken ist eine hohe Marktliquidität ausserdem äusserst hilfreich, wenn die „Burn-Rate" der Unternehmung einmal mehr höher ausfällt als in der ursprünglichen Finanzplanung angenommen und zusätzliche Mittel am Kapitalmarkt aufgenommen werden müssen.[581] Aber auch im gegenteiligen Fall, wo die Umsatzentwicklung des Unternehmens rasanter vonstatten geht, als es selbst das optimistische Szenario vorgesehen hat, ist die Liquidität des Marktes für die Beschaffung von neuen Mitteln für Erweiterungsinvestitionen zentral. Dasselbe gilt natürlich für unerwartete Gelegenheiten von Unternehmensübernahmen (Mergers & Acquisitions), wo in den meisten Fällen trotz mehrheitlichem Aktientausch die restlichen liquiden Mittel für den erfolgreichen Abschluss der Transaktion fehlen.[582]

Eine weitere Ursache für die High-Tech-Lastigkeit der VC-Branche liegt in der Infrastruktur der Finanzmärkte, dem sogenannten „Back-Office". Die oben angesprochene Liquidität des Marktes ist lediglich das Ergebnis einer ganzen Maschinerie. Investiert nämlich der VC in ein Internet-Projekt, so gibt es unzählige Personen und Datenquellen, die ihn im gesamten Prozess unterstützen. Marktforschungsstudien von Forrester sind genauso vorhanden wie Zukunftsschätzungen von Gartner. Alle Fachkollegen wissen über diese Branche Bescheid und können konsultiert werden. Die Börsenplätze selbst oder Institutionen haben Indizes geschaffen, so dass die Entwicklung des ganzen Sektors als Benchmark für das eigene Unternehmen angeschaut werden kann. Hunderte von vergleichbaren Unternehmen lassen sich finden, die entweder in der pre-IPO-Phase ihre zweite oder dritte Finanzierungsrunde hinter sich gebracht, einen IPO durchgeführt oder einen Unternehmensverkauf an eine Grossunternehmung durchgemacht haben. Alle diese Vergleichswerte erleichtern die Unternehmensbewertungen als solche genauso wie die Preisverhandlungen mit den Jungunternehmern. Ist ein Internet-Projekt an der

---

[580] Siehe oben Kapitel 9.5 Exit-Szenario auf Seite 210.

[581] So geschehen beispielsweise im Falle der Boo.com, einem Internet-Start-up, der trotz US$ 100 Mio. zuwenig komfortabel finanziert war, um den für die Investorenschaft unerwarteten Konkurs abzuwenden. Siehe Arnold, 2000, S. 28.

[582] Der Autor arbeitete selber an der Unternehmensbewertung eines solchen Deal in New York, als kurz vor Abschluss der Verhandlungen völlig unerwartet die Transaktion abgesagt werden musste, weil es dem Käufer nicht gelang, die notwendigen finanziellen Mittel für die Restzahlung in Bargeld sicherzustellen. Dies, obwohl deutlich mehr als die Hälfte des Kaufpreises mit eigenen Aktien hätten abgegolten werden können.

Börse kotiert, verfolgen Hunderte von qualifizierten Analysten von Dutzenden von Investment-Banken dessen Entwicklung und schreiben Berichte und publizieren Ertragsprognosen. Nur wenn solche „estimated earnings" von I/B/E/S etc. von Analysten mit Rang und Namen vorhanden sind, wagen sich institutionelle Investoren, in solche Titel zu investieren.

Würde ein VC in ein völlig exotisches Projekt investieren (wie z.B. ein weltweites Franchising-Konzept eines Frisör-Salons oder ein Reiseunternehmen, welches Ferien auf dem Meeresgrund anbietet), dann existierte keine einzige aller oben angesprochenen Komponenten der Finanzwirtschaft und er wäre ganz auf sich alleine gestellt.[583]

Der letzte Grund für die Erklärung der Vorliebe von VC-Gebern für bestimmte Branchen und Trends gründet auf Marketingüberlegungen. Venture Capitalisten gehen davon aus, dass keine Idee dermassen einzigartig ist, dass sie nicht innert kürzester Zeit Nachahmer anziehen würde, welche dieselben Produkte oder Dienstleistungen am Markt anzubieten bereit sind. Gemäss diesem Weltbild gibt es keinen Markt, der konkurrenzlos wäre. Im Gegenteil. Die Argumentation muss lauten: Wo keine Konkurrenz ist, ist vielleicht auch kein Markt. Aufgrund dieser Logik ist ein hart umkämpfter Markt – eben eine „trendige" Branche – der Indikator für einen attraktiven Markt. Darum investieren VC hauptsächlich in Branchen, welche in der Finanzwelt gerade „in" sind.

9.5   Exit-Szenario

Die wichtigste Phase im ganzen Venture Capital-Prozess ist die Desinvestitionsphase, kurz „Exit" genannt. Hier wird der Rückfluss des investierten Kapitals plus ein möglichst hoher Gewinn erzielt. Beim Exit entscheidet sich endgültig, ob sich ein Investment als lohnenswert erwiesen hat oder nicht. Der Zeitpunkt dieser Realisation kann nicht im Voraus exakt bestimmt werden. Er ist von der jeweiligen Entwicklung des Unternehmens und den Desinvestitionsmöglichkeiten abhängig.

Die typischen Exit-Strategien sind:[584]

> ➤ Verkauf an strategische Investoren („Trade Sale")
> ➤ Verkauf an andere Venture Capital-Gesellschaften („Secondary Purchase")[585]
> ➤ Rückkauf der Anteile durch das Unternehmen („Buy Back")
> ➤ Gang an die Börse („Initial Public Offering", kurz „IPO")

---

[583] Für eine Liste von exotischen Innovationen, die der Finanzierung harren, siehe Kaltenheuser, 1997, S. 46f., der Erfindungen wie den „Schlüssel-Loch-Finder" oder den motorbetriebenen „Bett-Separierer" erwähnt, welche offiziell als Patent zugelassen worden sind.

[584] Siehe z.B. Jähne, 2000, S. 23.

[585] Zu den VC-Secondaries siehe Gannon, 1998, S. 39-42.

Die Häufung der Börsengänge der letzten Zeit zeigte, dass diese Form der Exitstrategie enorm an Bedeutung gewonnen hat. (Siehe Abbildung 32.) Dazu beigetragen haben sicherlich die Etablierung von neuen Börsenplätzen wie z.B. der „Neue Markt" in Deutschland, der „Nouveau Marché" in Frankreich, der „SWX New Market" in der Schweiz etc.

Abbildung 32: Zunahme der Bedeutung von Going Public als Exitstrategie

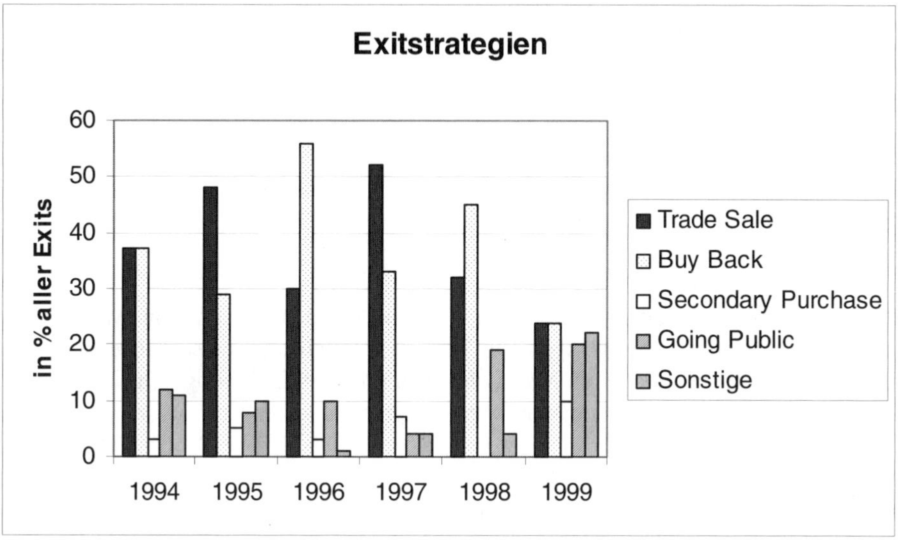

Quelle: Jähne, 2000, S. 24.

Folgende Gründe haben sich in der Praxis als treibende Kräfte für IPOs von Jungunternehmen herauskristallisiert:

- Kapitalbeschaffung
- Schaffung von handelbaren Wertpapieren mit klar bestimmbaren Marktpreisen für künftige Aktientauschgeschäfte bei M&A-Transaktionen (sogenannte „Deal Currency")
- Werbeeffekt nach aussen: Public Relation[586]
- Werbeeffekt nach innen: Motivation der Mitarbeiter[587]

---

[586] Dies wird im Branchenjargon auch „Hype Creation" genannt.

[587] Jeder Jungunternehmer, der einen Börsengang durchgemacht hat, schildert den Einfluss des IPO auf die Motivation der Belegschaft sehr eindrücklich. So, wie ein nahender Konkurs auf die Stimmung drückt, so kann das Betriebsklima alleine durch die Aussicht auf einen Börsengang verbessert werden. Ein IPO symboli-

- Erleichterung von Mitarbeiterbeteiligungsprogrammen (ESOP)[588]
- Chance zur Verbesserung des Geschäftssystems aufgrund der intensiven Gespräche mit VCs, Banken, Analysten, Kommunikations-Spezialisten etc.[589]

Allerdings gilt es darauf hinzuweisen, dass selbst ein Börsengang die Liquidität des Titels nicht garantiert. Dies aus zwei Gründen:

Erstens sind Unterschiede in der Liquidität von Börsenplätzen vorhanden. Je weniger Titel und je weniger Volumen an einer Börse gehandelt werden, desto geringer ist dessen Liquidität. Was nützt es, einen exotischen Titel an einer kleinen Börse zu kotieren, wenn der Verkauf aller Anteile des Investors wegen des tiefen täglichen Handelsvolumens über ein Jahr dauern würde? Dies kann nicht gerade als liquides finanzielles Engagement bezeichnet werden. Daher wird ein Venture Capitalist es vorziehen, seine Portfolio-Gesellschaften an weltweit bedeutenden Börsenplätzen kotieren zu lassen.[590] Dies bedeutet nach Liquidität geordnet: lieber NASDAQ als NEMAX und schon gar nicht SNMI.[591]

Zweitens unterliegen selbst die grössten Börsenplätze dem Gesetz von Angebot und Nachfrage. Es wäre naiv zu glauben, ein Venture Capitalist könne sein Investment von einem Tag auf den anderen vom Markt abziehen und den am Vortag gehandelten Kurs realisieren. Das zusätzliche Angebot würde bei gleichbleibender Nachfrage den Preis drücken. Daher ist jeder Investor gut beraten, niemals höhere Börsenaufträge aufzugeben als z.B. ein Drittel des durchschnittlichen Handelsvolumens, um so nicht allzustark kursbeeinflussend zu sein. Ein weiterer Effekt kommt erschwerend dazu. Aufgrund von Insider-Gesetzen müssen gewisse Aktienhalter alle ihre Käufe und Verkäufe von Anteilsscheinen veröffentlichen. Solche Meldungen von Verkäufen von Insidern werden vielfach vom Markt als Zeichen gewertet, der Insider habe neuere Informationen als die übrigen Marktteilnehmer und würde daher denken, der Marktpreis wäre überbewertet. Folglich verkaufen andere institutionelle Anleger in solchen Situationen

---

siert Erfolg und Macht. („Wir sind die besten!"-Gefühle kommen auf.) Dies spornt die Mitarbeiter zu neuen Höchstleistungen an.

[588] Employee Stock Option Plans. Allerdings: Was nützen Mitarbeiteroptionen, wenn für die Aktien kein Markt besteht? Daher sind ESOP für die Belegschaft erst dann interessant, wenn die Titel auch wirklich liquide sind.

[589] Im Verlaufe des Prozesses, den jede Unternehmung vor dem Börsengang durchlaufen muss, wird das Geschäftsmodell der Unternehmung von den verschiedensten Leuten aus unterschiedlichsten Blickwinkeln auf Herz und Nieren geprüft. Jeder VC, Investment Banker, Finanzanalyst und Rechtsanwalt bringt sich ein und macht Verbesserungsvorschläge. Dies eliminiert allfällige letzte Schwächen des Business Models und stärkt die Unternehmung.

[590] Vgl. Interview mit G. Schmidt von European Web Group, Zürich, 26.10.2000.

[591] NEMAX ist die Bezeichnung für den Neuen Markt in Deutschland, SNMI das Kürzel für den Neuen Markt in der Schweiz (SWX New Markets). Zur NASDAQ siehe Fussnote 601 auf Seite 216.

gleich mit, was infolge des zusätzlichen Angebotes einen weiteren Preisdruck auf den Titel auslöst.

Als Konsequenz kann festgehalten werden, dass bei der Berechnung des Wertes eines Unternehmensanteils der VC unbedingt einen Abschlag auf den errechneten Wert von Börsenkurs mal Anzahl gehaltener Aktien erheben sollte.

Nebst dem Börsengang ist derzeit ein neuer Trend in die umgekehrte Richtung zu verzeichnen: das *Going Private.* Darunter wird der Rückkauf der Anteilscheine des Unternehmens verstanden mit der Folge, dass die Aktien dieser Gesellschaft nicht mehr an der Börse gehandelt werden. Dieses Verfahren ist v.a. für kleinere Unternehmen interessant, die erfolglos versucht haben, Beachtung von Analysten der grossen Investment Banken zu finden. Die meisten institutionellen Anleger investieren nämlich nur in Titel, welche von Analysten verfolgt werden. Als Folge davon werden Titeln ohne Analystendeckung keine Beachtung geschenkt und die Preise der vernachlässigten Aktien fallen ins Bodenlose und verbleiben auf tiefstem Niveau. Solche Unternehmen werden im Brachenjargon auch als „living dead" bezeichnet.[592] Wenn also eine börsenkotierte Gesellschaft feststellt, dass ihre gehandelte P/E-Ratio deutlich tiefer ist als strategische Investoren eigentlich bereit wären zu zahlen, dann lohnt sich ein Going Private für alle Beteiligten.

Mehr zu der Rolle der Investment Banken bei Börsengängen von Jungunternehmen im folgenden Kapitel.

9.6   Analysten-Deckung der Investment Banken

Mitverantwortlich für die Zunahme der Going Privates sind sicherlich auch die Investment Banken. Nicht die grossen Häuser von gutem Ruf (wie z.B. Goldman Sachs, Morgan Stanley, Credit Suisse First Boston etc.), denn diese sind an kleinen Deals von Start-up-Unternehmen gar nicht interessiert. Aber eine unüberschaubare Zahl von kleinen aufstrebenden Investment Banken sind sehr daran interessiert, junge Unternehmen an der Börse kotiert zu bekommen – und sie dann auch beim Verlassen der Börse nochmals begleiten zu dürfen. Deren Strategie ist es schliesslich, möglichst viele Unternehmen in möglichst kurzer Zeit an die Börse zu bringen, um so von den Wertsteigerungen zu profitieren. Weil aber diese kleinen Investment Banken nur über eine relativ geringe Anzahl Kunden und damit über limitierte Mittel verfügen, sind sie gezwungen, ihre Ressourcen mehrmals einzusetzen. Dies ist natürlich hoch-illegal, kommt aber

---

[592] Siehe beispielsweise Joury, 1988, S. 49.

dennoch häufig genug vor, dass selbst Artikel in renommierten Journals zu diesem Thema erscheinen.[593] Die Technik funktioniert folgendermassen:[594]

Eine Investment Bank verfügt über Analysten, welche Schätzungen über den zukünftigen Erfolg von Unternehmen abgeben. Wie oben erwähnt, brauchen institutionelle Investoren solche Analysten-Reports, um ihre Investitionsentscheidungen vor deren Entscheidungsgremien plausibilisieren zu können. (Mitinvolviert ist sicherlich auch eine Portion Verantwortungsabgabe an die Analysten-Schar zur Vermeidung von Fehlentscheidungen.) Diese Analysten sind es also, die Unternehmen zwingen, bei einem IPO eine Investment Bank zu konsultieren. Selbstverständlich ist eine zentrale Aufgabe der Investment Banken auch die Beschaffung von genügend Mitteln für die Transaktion – aber diese Aufgabe könnte prinzipiell auch von jedem „Underwriter" mit Geld und/oder Beziehungen erfüllt werden. Der wahre Grund für den Beizug einer Investment Bank sind die Analysten, welche für den reibungslosen Post-IPO-Handel unabdingbar sind.[595]

Ist nun ein IPO-Kandidat an den Investment Banker getreten, schreiben die Analysten einen wohlwollenden Bericht, der die Zukunftsaussichten als blendend erscheinen lässt. (Falls dies aufgrund der Geschäftslage des IPO-Kandidaten nicht möglich wäre, dann hätte die Investment Bank das Mandat erst gar nicht angenommen.)
Daraufhin kommt die zweite Macht einer Investment Bank zum Tragen: deren „Sales Force" mit Zugang zu allen Kundengeldern. Wenn sie es schaffen, ihren Kunden den IPO-Kandidaten schmackhaft zu machen, dann sind die notwendigen Mittel bereitgestellt. Selbstverständlich gibt es auch hier Tricks, wie man den Kurs manipulieren kann. Strengstens verboten, aber in der Branche bekannt, ist beispielsweise das sogenannte „boxing the stock" oder das „crossing the stock".[596] Beim *crossing the stock* verkauft ein Händler dem andern Händler innerhalb derselben Bank denselben Titel zu einem immer höheren Preis. Mithilfe dieser künstlich erzeugten Angebot-und-Nachfrage-Situation kann der Preis prinzipiell beliebig festgesetzt werden. Die Preise steigen kontinuierlich – und alle Beteiligten (Verkäufer, Analyst, Unternehmer und Investor) sind zufrieden über ihre Kursgewinne bzw. erzielten Kommissions-Einnahmen.
Ist die „Lock-up" Periode vorüber, dürfen die Bank-eigenen Aktien endlich verkauft werden. Nun kann ein *boxing the stock* gespielt werden, indem die von der Bank und deren Kunden gehaltenen Aktien vorsichtig an Nicht-Kunden der Bank verkauft werden. Angesichts der hohen Preissteigerungen in der Vergangenheit und des damit verbundenen hervorragenden „Track Rekord" der Rendite-Performance des Titels fällt

---

[593] Siehe z.B. Mustafa, 1999, S. 1ff.

[594] Die folgenden Erkenntnisse stammen aus Interviews aus der Zeit des Autors als Analyst einer Investment Bank in New York. Zahlreiche Interviews mit Investment Bankern aus anderen Unternehmen rundeten das Bild der Praxis ab. Keines dieser Finanzinstitute hat sich jedoch solcher illegalen Methoden bedient.

[595] Vgl. auch Schönauer, 2000, S. 5, der ebenfalls bemängelt, dass viele frisch börsenkotierte Gesellschaften zu klein sind und sich darum kein Analyst mit ihnen beschäftigt, sowie Jähne, 2000, S. 44.

[596] Mehr dazu in: Mustafa, 1999, S. 1ff.

dessen Verkauf relativ leicht. Sind alle Aktien der Bank, deren Kunden und der Angestellten der Bank verkauft an Nicht-„Insider", wird die Analysten-Deckung für den Titel
zurückgezogen. Schliesslich müssen die Analysten sich wieder den neuen IPO-
Kandidaten widmen.

Der Wegfall der Analysten-Deckung veranlasst jedoch zahlreiche institutionelle Investoren zu einem Abzug ihrer Gelder aus diesem Titel, was einen Kurssturz zur Folge hat.
Das Interesse am Titel schrumpft, die Käufer werden weniger, so dass jeder Verkauf
den Preis noch mehr sinken lässt. Nach einer Weile ist der Titel am Boden – völlig
unabhängig vom operativen Ergebnis.

Wenn nun ein strategischer Investor das Unternehmen unabhängig bewertet, wird er
zum Schluss kommen, dass eine krasse Unterbewertung durch den Markt vorherrscht.
Er bietet einen höheren Kaufpreis für die Aktien als der Börsenkurs und schon ist ein
weiteres Going Private vollzogen.

Die Überwachungsbehörden der Börsen haben diese Techniken allerdings schon längst
durchschaut. Z.B. hat die „Security and Exchange Commission" (SEC) zusammen mit
der „National Association of Security Dealers" (NASD) unlängst in den USA Regeln
zur Kontrolle und Machtbeschränkung der Investment Banken eingeführt mit dem Ziel,
die neuen Angebote breiter im Markt zu streuen als bisher. Dies wurde mit einer Limi-
tierung der Anzahl Aktien erreicht, welche eine Investment Bank maximal kontrollieren
darf.

9.7   Allgemeine Verfassung der Finanzmärkte

Wie bereits erwähnt, spielen Trends und das Verhalten von anderen Marktteilnehmer
eine bedeutende Rolle für den Venture Capitalisten.[597]

Häufigste Methode der Unternehmenswertbestimmung ist daher der Vergleich mit anderen Unternehmen (sogenannte „Relative Valuation", kurz RV).[598] So lässt sich zumindest der grobe Rahmen abschätzen, in dem sich alle weiteren detaillierteren Rechnungen (wie z.B. DCF-Methode) bewegen sollten.

Zentral hierbei ist folglich die allgemeine Verfassung der Finanzmärkte. Ist der Markt
„Bullish" (rosige Zukunftsaussichten, Investoren sind optimistisch, Börsenkurse steigen), werden vergleichbare Unternehmen zu höheren Preisen gehandelt, als wenn sich
der Markt in einer „Bearish" gedrückten Verfassung befindet (trübe Aussichten, Investoren sind pessimistisch, Kurskorrekturen setzen ein). Je nach Niveau der Börsenkurse

---

[597] Siehe oben Kapitel 9.4 Trends auf Seite 207.
[598] Näheres dazu in Kapitel 6.7 Relative Valuation (Vergleich mit anderen Unternehmen) auf Seite 150.

fallen logischerweise natürlich auch die stark beachteten Kennzahlen höher oder tiefer aus wie z.B. alle „Multiples" (Sales-, EBIT- und EBITDA-Multiples).[599]

Weil Venture Capitalisten diese Methode der Relative Valuation gerne und häufig anwenden, wirken sich Börsenkursschwankungen von ganzen Märkten 1 : 1 auf die Unternehmensbewertungen aus.[600] Dies soll kurz näher illustriert werden:

> Aufgrund der hohen Anzahl kotierter Unternehmen, dem langjährigen Track Record sowie der überragenden Liquidität spielt die NASDAQ[601] eine ganz spezielle Rolle im VC-Geschäft. Die NASDAQ dient als Quelle aller objektiven Unternehmenswerte und widerspiegelt damit sozusagen den Puls der Branche.
>
> Nun ist der NASDAQ als Markt als Ganzes gesehen im April 2000 um einen Drittel gefallen. In nur zwei Wochen sanken in der Folge alle Unternehmenswerte von Start-ups weltweit um einen Drittel bis die Hälfte.[602] Das Ereignis war dermassen prägend für die VC-Szene, dass selbst ein halbes Jahr später bei zweiten und dritten Finanzierungsrunden von Jungunternehmen stets gefragt wird, wann die vorangegangene Runde stattgefunden habe.[603] Der Markt unterscheidet in der Praxis tatsächlich zwischen der Zeit vor und nach dem Börsencrash im April. Finanzierungsrunden pre-April und post-April bedeuten einen Unterschied in der Unternehmensbewertung von Faktor 1.5 bis 2. Hat ein Unternehmen beispielsweise im Januar 2000 bei einer Bewertung von 30 Mio. 5 Mio. Kapital aufgenommen, dann ist ein halbes Jahr später die Aufnahme von weiteren 5 Mio. nur noch bei einer Bewertung von 15 – 20 Mio. am Markt realisierbar.
>
> Dies erscheint insofern besonders dramatisch, wenn man den Zeithorizont ein bisschen weiter fasst. Scheinbar haben die Marktteilnehmer aus den Augen verloren, dass der NASDAQ-Index per 1.November 2000 bei 3'333 Punkten liegt und damit 11% über dem Niveau vor 12 Monaten (3'000 Punkte). Von November 1998 bis November 2000 hat sich der NASDAQ sogar verdoppelt, was einer annualisierten Rendite von 44% entspricht. Dies wohlgemerkt *trotz* des Crashs vom April 2000. Die langfristigen Perspektiven sind also beileibe gewahrt geblieben. Insofern bestünde kein Grund zu massiven Bewertungskorrekturen der Portfolio-Gesellschaften.

---

599 Bei diesen Kennzahlen wird der Wert des Eigenkapitals (Marktkapitalisierung minus Wert des Fremdkapitals) dividiert durch verschiedene Grössen wie z.B. den Umsatz (engl. Sales), den Gewinn vor Zinsen und Steuern (engl. Earnigs before Interests and Taxes, kurz EBIT, dem Äquivalent der Erfolgsrechnung zum Free Cash Flow der Mittelflussrechnung) oder den Gewinn vor Zinsen und Steuern und Abschreibungen (engl. Earnings before Interests, Taxes, Depreciation and Amortization, kurz EBITDA, dem Äquivalent der Erfolgsrechnung zum Cash Flow der Mittelflussrechnung). Die sich daraus ergebenden Multiplikatoren können mit den entsprechenden Grössen der zu bewertenden Unternehmung multipliziert werden und ergeben so den Unternehmenswert (sogenannte „Relative Valuation").

600 Dasselbe gilt natürlich für die angenommene Renditeforderung bei der Venture Capital-Methode zur Unternehmensbewertung sowie für die Terminal Value-Schätzung bei der DCF-Methode. Diese wird ebenfalls von in der Vergangenheit erzielten und in Zukunft erwarteten Renditen beeinflusst. Zur Venture Capital-Methode siehe Kapitel 6.6 Venture Capital-Methode auf Seite 147ff. Zur DCF-Methode siehe Kapitel 6.3.3 Discounted Cash Flow-Methode auf Seite 125ff.

601 1963 erkannte die Security and Exchange Commission (SEC) in den USA, dass der over-the-counter (OTC) - Handel automatisiert werden musste und beauftragte die National Association of Securities Dealers (NASD) mit der Implementierung dieser Aufgabe. Am 8.2.1971 war der erste Handelstag dieses Systems, welches National Association of Securities Dealers Automated Quotation (NASDAQ) genannt wurde. Seither hat sich die NASDAQ als die wichtigste Börse weltweit für Jungunternehmen etabliert.

602 Vgl. Interview mit H. van den Berg, Zürich, 26.10.2000.

603 Vgl. Interview mit G. Schmidt, Zürich, 26.10.2000.

Wie lässt sich dieses Phänomen erklären?

Ausgehend von den USA war das Motto vieler Venture Capitalisten „spray [money] and pray"[604]. Damit gemeint war das Einnehmen einer passiven Haltung (hands-off Management)[605] im Sinne eines Portfolio-Management-Ansatzes. Investoren wollten möglichst viele Opportunitäten nutzen, so viele Projekte ins Rennen schicken und das Kapital so breit wie nur irgendwie möglich streuen. Unter solchen Umständen spielte die Börse verrückt. VCs investierten in Businesspläne – in Papier, in gedankliche Spielereien – aber nicht in richtige Unternehmen. Irgendwie wusste jeder Marktteilnehmer, dass die Unternehmen an der Börse überbewertet waren. Es war nur eine Frage der Zeit, bis die Korrektur einsetzte.[606]
Seit dem Crash der NASDAQ im April 2000 ist nun wieder echtes „hands-on Management"[607] gefragt. Venture Capitalisten versuchen, die Unternehmen äusserst sorgfältig unter die Lupe zu nehmen und sie soviel wie möglich zu unterstützen.

Als positive Folge der Kurseinbrüche des Aktienmarktes haben sich die Aussichten auf Kurssteigerungen wieder normalisiert, sodass selbst bei Internet-Projekten neu auf die „bottom-line", also die Gewinne oder (Free) Cash Flows, geschaut wird. Somit gelten endlich auch für die sogenannte „New Economy" wieder dieselben Gesetze wie für alle anderen Gesellschaften auch.[608]

---

[604] G. Schmidt, Gründungsmitglied der European Web Group, anlässlich der Podiumsdiskussion zum Thema Venture Capital und E-Commerce, ETH Zürich, 26.10.2000.

[605] Vgl. Kapitel 4.7 Strategische Allianzen und Kooperationen auf Seite 63, speziell Fussnote 138.

[606] So erhielten unerfahrene Teams mit nicht viel mehr als einer Geschäftsidee vor dem Crash noch eine durchschnittliche Bewertung von zwölf Millionen Euro. Danach waren es bestenfalls noch drei. Die Investorengemeinde war schlagartig zurückhaltender geworden. Vgl. Arnold, 2000, S. 29.

[607] Vgl. Kapitel 4.7 Strategische Allianzen und Kooperationen auf Seite 63, speziell Fussnote 138.

[608] Zustimmend Arnold, 2000, S. 32.

TEIL III:

ANALYSE VON UNTERNEHMENSBEWERTUNGEN IN DER PRAXIS

TEIL III: ANALYSE VON UNTERNEHMENSBEWERTUNGEN IN DER PRAXIS

10   UNTERSUCHUNGSDESIGN

10.1   Überblick

Bei der eigenen empirischen, quantitativen Untersuchung wurde wie folgt vorgegangen.

In einem ersten Schritt wurde das Forschungsproblem genau definiert (10.2 Forschungsleitende Fragestellung, S. 222). Die forschungsleitende Fragestellung will die Quantifizierung des Einflusses der (Methode der) Unternehmensbewertung im Vergleich zu anderen Einflussfaktoren auf den schlussendlich am Markt erzielten Transaktionspreis ergründen. Dazu mussten die Einflussfaktoren zuerst operationalisiert werden (10.3 Operationalisierung der Einflussfaktoren auf Seite 225f.).

In einem zweiten Schritt wurde das Erhebungsinstrument konstruiert und die Untersuchungsform festgelegt (10.4 Datenerhebung, S. 227f.). Es wurden die Daten der Erstfinanzierungsrunde von 74 Jungunternehmen mittels Analyse der Dokumente bei Venture Capitalisten und bei im Finanzierungsprozess involvierten Berater erhoben.[609]

In einem dritten Schritt folgte der Aufbau eines analysefähigen Datenfiles (10.5 Datenfile, S. 232ff.). Die Daten wurden in ein Excel-Tabellenblatt eingegeben, wo zu jedem Einflussfaktor diverse Kennzahlen ausgerechnet werden. Insgesamt werden über 60 Kennzahlen analysiert.

Im vierten Schritt wurden die erhobenen statistischen Daten analysiert. Dies geschah, indem die Durchschnittswerte (Mediane und Mittelwerte) der jeweiligen Kennzahlen aller Unternehmen erhoben wurden. Ziel der Bemühungen ist schlussendlich das als Vorgriff in Abbildung 87 graphisch dargestellte Resultat, nämlich die Quantifizierung der Einflüsse der wichtigsten 60 Kennzahlen auf den Unternehmenswert mittels Sensitivitäts- und Korrelationsanalysen.[610]

---

[609] Mehr zur Datenerhebung im Kapitel 1.6 Schwierigkeiten / Datenlage auf Seite 20.

[610] Abbildung 87 ist original auf Seite 323 zu finden.

Abbildung 87: Einfluss der zentralen Einflussfaktoren auf den Unternehmenswert

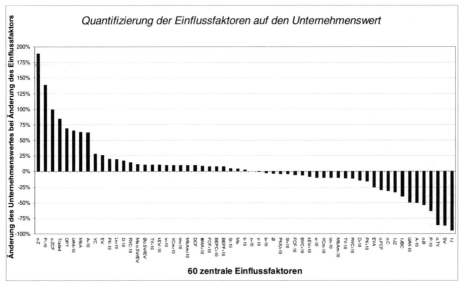

Quelle: eigene Darstellung.

Im letzten Schritt wurden die Forschungsergebnisse mit den vor dem Beginn der Daten-erhebung erstellten Hypothesen (11 Hypothesen zu den Einflussfaktoren, S. 241ff.) verglichen, um diese verifizieren oder falsifizieren zu können (12 Ergebnisse der eige-nen empirischen Untersuchung, S. 263ff.).

10.2   Forschungsleitende Fragestellung

In einem ersten Schritt wurde das Forschungsproblem genau definiert. Wie bereits in Kapitel 1.2 Problemstellung und Zielsetzung der Arbeit auf Seite 7f. erläutert, ist das Ziel dieser Arbeit, Ansatzpunkte zu finden für die Bewertung von jungen Wachstums-unternehmen ohne Vergangenheitswerte durch die theoretische Herleitung von Einfluss-faktoren und deren empirische Überprüfung in der Praxis des Venture Capital-Geschäftes. Mit der Berücksichtigung von weiteren Einflussfaktoren auf den Unterneh-menswert - nebst der Wahl einer Methode zur Unternehmensbewertung und deren kor-rekten Durchführung im Detail – wird die *Relativierung* des Einflusses der Unterneh-mensbewertungsmethode auf den schlussendlich bezahlten Preis für die Transaktion erreicht.

Wie in Kapitel 2 Einordnung der Thematik auf Seite 23ff. ausgeführt, ist in der Literaturrecherche zudem die Tatsache aufgefallen, dass sich die veröffentlichten empirischen wissenschaftlichen Arbeiten zum Thema Unternehmensbewertung und/oder Venture Capital ausnahmslos auf Daten von Unternehmen im later-stage Bereich abstützen, also börsenkotierte Gesellschaften oder publik gemachte Mergers & Acquisitions (M&A) - Transaktionen. Darum wollte diese Arbeit einen anderen Weg einschlagen: Weg von der Analyse der later-stage-Phasen hin zur Exploration der noch wenig erforschten early-stage-Phase der Unternehmensentwicklung.

Folglich geht es in der empirischen Untersuchung darum, die in Abbildung 7 qualitativ und theoretisch hergeleiteten Einflussfaktoren auf den Wert von Jungunternehmen im Venture Capital-Geschäft bei deren ersten professionellen Finanzierungsrunde zu *quantifizieren*.[611]

---

[611] Zu den Schwierigkeiten bei der Datenerhebung sei auf Kapitel 1.6 Schwierigkeiten / Datenlage auf Seite 20f. verwiesen.

Abbildung 7: Zentrale Einflussfaktoren auf den Unternehmenswert von Start-ups

Management
- Qualität und Erfahrung des Managements
- Rollenaufteilung mit VC
- Motivation:
  - ESOP
  - prozentuale Beteiligung VC
- Überwindung Agency Problem
- Bedeutung Humankapital
- Verhandlungsgeschick
- Vorstellung Unternehmenswert
- Allianzen und Kooperationen

Risiko
- Systematisches vs. unsystematisches Risiko
- Dynamische vs. statische Modelle: Real Options
- Sicherheiten / Patente
- USP / Konkurrenz
- Rendite-Risiko-Verhältnis
- Diskontierungssatz vs. WACC: Zuschläge
- Eigenfinanzierungsgrad

Zeit
- Prognosehorizont
- Time-to- ... :
  - Market
  - Break Even
  - IPO
  - Exit
- Verteilung des Unternehmenswertes über die Zeit
- Anteil Terminal Value
- Zeitwert des Geldes
- Valuation based on future performance (Earn-out)

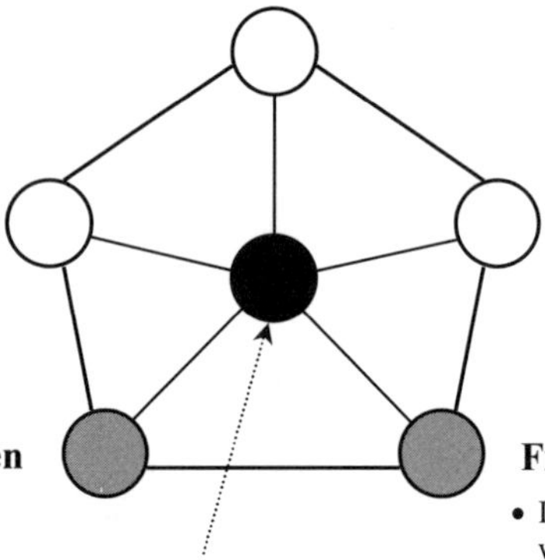

Absatzprognosen
- Marktforschung und Marketingplanung
- Zeitreihenanalysen
- Regressionsanalysen
- Heuristische Verfahren:
  - Szenarienanalysen
  - Expertenbefragungen
- Simulationen
- Struktur und Annahmen Ertragsmodelle (Excel):
  - Preise
  - Mengen
  - Kosten ⇒ Margen
- Plausibilitätsprüfungen

Bewertungsmethoden
- Substanzwert
- Ertragswert
- Discounted Cash Flow
- Economic Value Added
- Traded Multiples
- Transaction Multiples
- Venture Capital Methode
- Real Optionen
- Investitionsrechnung

Finanzmarktumfeld
- Implizite Unternehmenswertbestimmung
- Angebot und Nachfrage:
  - Preis ≠ Wert
  - Konkurrenzdruck
- Liquiditätsüberhang von VC-Fonds
- Trends
- Exit-Szenarien
- Analysten-Deckung der Investment Banken
- Allgemeine Verfassung der Finanzmärkte

Quelle: eigene Darstellung.

10.3   Operationalisierung der Einflussfaktoren

Ausgehend von in den in Abbildung 7 auf Seite 29 (Original) und oben (Reproduktion) überblicksartig gezeigten Einflussfaktoren auf den Unternehmenswert von jungen Wachstumsunternehmen, wird die Operationalisierung dieser Faktoren für die quantitative empirische Untersuchung anhand der Indikatoren in Abbildung 33 auf Seite 226 vorgenommen.

Diese Operationalisierung geschah nicht willkürlich, sondern es wurde versucht, möglichst viele quantitative Indikatoren für die zumeist qualitativen Sachverhalte zu finden. Es kann nicht auf jeden einzelnen der Punkte eingegangen werden, aber im folgenden sollen kurz ein paar wenige Quantifizierungen beispielhaft erklärt werden.
Beim Einflussfaktor *Zeit* wurde der Prognosehorizont gleichgesetzt mit der expliziten Planungsperiode bei der Discounted Cash Flow (DCF) – Methode. Als Indikator für die Verteilung des Unternehmenswertes über die Zeit diente der Anteil der ersten fünf Jahre am Wert gemäss DCF-Methode (m.a.W. ohne Terminal Value) in Kombination mit der FCF-Wachstumsrate. Der Zeitwert des Geldes wurde mit der Berechnung der Barwerteinbusse bei einer einjährigen Verzögerung des Projektes ermittelt (getrennte Analyse bei Aufschub der Einnahmen und/oder Ausgaben um ein Jahr). Die Time-to-Break Even wurde schliesslich 1:1 gleichgesetzt mit den Anzahl Jahren, bis die CF- bzw. FCF-Ströme den Break Even-Point durchschreiten gemäss Annahmen im Businessplan.

Beim Themenbereich *Risiko* musste für den Eigenfinanzierungsgrad wie auch den Kapitalkostensatz und die erhobenen Zuschläge (welche addiert die Diskontierungsrate ergeben) keine Approximationsgrössen gesucht werden, sondern die entsprechenden Therme konnten 1:1 verwendet werden in der empirischen Untersuchung. Als Indikator für den Einfluss der Realoptionen wurde die Standardabweichung genommen, weil der Einfluss der Zeit sowie der Diskontierungsrate schon anderweitig analysiert wurde.[612]

Beim Einflussfaktor *Absatzprognosen* wurde die Struktur und die Annahmen des Ertragsmodells operationalisiert durch die Preise und die Absatzzahlen. Um Simulationen nachzubilden wurden die Auswirkungen auf den Unternehmenswert bei einem Ausfall (Flop) der Produkte „B" und „C" (zweit- und drittwichtigste Produkte bzw. Dienstleistungen neben dem Hauptprodukt „A" bzw. der Hauptdienstleistung „A") ermittelt.

---

[612] Der Einfluss einer Aufschiebung des Projektes um ein Jahr wurde im Themenkreis *Zeit* behandelt. Der Einfluss einer Variation der Diskontierungsrate bei Verzicht von diversen Arten von Zuschlägen etc. erfolgte beim Themenbereich *Risiko*.

Abbildung 33: Operationalisierung der Einflussfaktoren des Unternehmenswerts

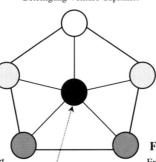

Management

Erhöhung Unternehmenswert bei:
- – 10% Personalkosten
- + 10% Umsatz pro Mitarbeiter

Senkung Unternehmenswert bei:
- + 10% Personalkosten
- – 10% Umsatz pro Mitarbeiter

Kennzahlen:
- Anzahl Mitarbeiter
- Anzahl Kaderleute
- Ø Lohn pro Mitarbeiter
- Ø Lohn pro Kadermitglied
- Ø Personalkosten
- Anteil Personalkosten am Umsatz
- Ø Umsatz pro Mitarbeiter
- Beteiligung Venture Capitalist

Risiko

Erhöhung Unternehmenswert bei:
- – 10% beta
- Verzicht auf Zuschläge für CF-Adjustierung
- Verzicht auf jegliche Zuschläge zum WACC
- – 10% Diskontierungsrate
- + 10% Standardabweichung

Senkung Unternehmens-wert bei:
- + 10% beta
- + 10% Diskontierungsrate
- – 10% Standardabweichung

Kennzahlen:
- WACC gemäss CAPM
- Zuschläge für CF-Adjust.
- Zuschläge für Illiquidität und spezifisches Risiko
- Diskontierungsrate
- Anteil des Steuereffektes via WACC bzw. CF
- Eigenkapitalanteil zum Zeitpunkt des Investments
- Ø Eigenkapitalanteil

Zeit

Erhöhung Unternehmenswert bei:
- + 10% FCF-Wachstumsrate

Senkung Unternehmenswert bei:
- – 10% FCF-Wachstumsrate
- Verzicht auf FCF-Wachstumsrate
- Verzicht auf Berücksichtigung Terminal Value
- 1 J. Verzögerung der Markteinführung aller Produkte
- Verlust 1 J. Zeitwert
- 1 J. Verzögerung der Produkte B&C

Kennzahlen:
- Zeit bis CF-Break-Even
- Zeit bis FCF-Break-Even
- Anteil der ersten 5 J. am Wert gemäss DCF bzw. Anteil Terminal Value
- FCF Wachstumsrate für Berechnung Terminal Value

Absatzprognosen

Erhöhung Unternehmenswert bei:
- + 10% Absatzzahlen
- + 10% Preisen

Senkung Unternehmens-wert bei:
- – 10% Absatzzahlen
- – 10% Preisen
- wenn Produkt B keinen Umsatz erzielt
- wenn Produkt C keinen Umsatz erzielt

Kennzahlen:
- Anteil Produkt A/B/C am Umsatz
- Anteil Produkt A/B/C am Brutto-Gewinn

Bewertungsmethoden

Unternehmenswerte:
- effektiv gemäss realer Finanztransaktion
- Substanzwert
- Ertragswert
- Net Present Value gemäss DCF-Methode
- Wert gemäss Venture Capital-Methode
- Wert gemäss Traded Multiples-Methode
- Wert gemäss Transaction Multiples-Methode
- Wert der Real Option
- Economic Value Added
- Behandlung der Steuern

Finanzmarktumfeld

Erhöhung Unternehmenswert bei:
- + 10% Terminal Value Multiple
- – 10% Steuersatz
- + 10% Fremdwährungskurs

Senkung Unternehmenswert bei:
- – 10% Terminal Value Multiple
- + 10% Steuersatz
- – 10% Fremdwährungskurs

Kennzahlen:
- Terminal Value Multiple
- Traded Multiples (börsenkotiert)
- Transaction Multiples (M&A)
- Kapitalisierungszinssatz für die Terminal Value Berechnung
- Renditeforderung der Investoren

Quelle: eigene Darstellung.

Beim Themenbereich *Finanzmarktumfeld* wurden die Exit-Szenarien quantifiziert mit den Multiplikatoren zur Berechnung des Endwertes des Investments. Trends wurden erfasst über die Höhe der branchenspezifischen Sales-, EBITDA- und EBIT-Multiples (Traded and Transaction Multiples)[613]. Ein Aspekt der allgemeinen Stimmung der Finanzmärkte wurde mit der Höhe der geforderten Rendite der Investoren herausgegriffen. Bei den weiteren Eigenschaften der Finanzmärkten wurde die Höhe des Steuersatzes als quantitatives Kriterium ausgewählt.

Der Einfluss des *Managements* war weitaus am schwierigsten zu quantifizieren. Welche Grössen aus dem Universum von Einflussfaktoren schlagen sich quantitativ nieder im Finanzteil des Businessplans von Jungunternehmen? Leider können nur die Personalkosten, die Höhe von Löhnen und Aktienanteilen, die Anzahl Angestellten und die Umsatzproduktivität der Belegschaft ermittelt werden. Dies vermag jedoch bloss einen äusserst beschränkten Einblick in die tatsächlichen Fähigkeiten (Stärken und Schwächen) des Managements zu vermitteln.

Ohne Probleme verlief dagegen die Operationalisierung der *Bewertungsmethoden*. Hier konnten die verschiedenen Methoden zur Unternehmensbewertung 1:1 übernommen werden.
Soweit möglich, wurden für diese Kennzahlen Sensitivitätsanalysen zur Quantifizierung deren Einflüsse auf den Unternehmenswert durchgeführt.[614] Wo jedoch keine im Rechenmodell nachvollziehbaren quantitativen Auswirkungen einer Variation der untersuchten Kennzahl möglich war, musste auf Korrelationsanalysen zurückgegriffen werden.[615] Mehr dazu in anschliessendem Kapitel 10.6 Datenauswertung auf Seite 238.

10.4 Datenerhebung

In einem zweiten Schritt wurde das Erhebungsinstrument konstruiert und die Untersuchungsform festgelegt.

---

[613] Multiplikatoren für die Methode des Vergleichs mit anderen börsenkotierten Unternehmen werden im Branchenjargon als „Traded Multiples" bezeichnet. Multiplikatoren für die Methode des Vergleichs mit M&A-Transaktionen von vergleichbaren Unternehmen gelten im VC-Geschäft und Investment Banking dagegen als „Transaction Multiples".

[614] Siehe alle Variablen in Abbildung 33: Operationalisierung der Einflussfaktoren des Unternehmenswerts auf Seite 226 unter „Erhöhung Unternehmenswert bei: ..." bzw. „Senkung Unternehmenswert bei: ...". Der Einfluss all dieser Variablen wurde durch Sensitivitätsanalysen im Rechenmodell der Unternehmensbewertungsverfahren quantifiziert.

[615] Siehe die meisten Variablen in Abbildung 33: Operationalisierung der Einflussfaktoren des Unternehmenswerts auf Seite 226 unter „Kennzahlen". Hier war eine Quantifizierung des Einflusses auf den Unternehmenswert vielfach nicht rechnerisch modellierbar. Daher mussten zum Teil Korrelationsanalysen angewendet werden.

Als Datenerhebungsinstrument kam angesichts der Fragestellung nur die persönliche Befragung bzw. das Studium von zur Verfügung gestellten Dokumenten in Frage. Wie jedoch bereits zuvor in Kapitel 1.6 Schwierigkeiten / Datenlage auf Seite 20f. näher ausgeführt, ist Venture Capital ein Vertrauens-Geschäft. Daher wäre ein anonymes Anschreiben in Form eines Fragebogens für die Erhebung von hoch-sensiblen und geheimen Unternehmensdaten chancenlos. Die Angst vor einer ungewollten Veröffentlichung von internen Dokumenten war denn auch bei den angefragten Gesellschaften grösser als der Nutzen des wissenschaftlichen Erkenntnisgewinnes, den sie sich aus einer Herausgabe von Akten versprachen. Daher liessen sich leider trotz zweijähriger intensiver Suche und Dutzenden von Anfragen an Venture Capital-Gesellschaften im In- und Ausland leider nur wenige kommerzielle Gesellschaften finden, welche im Rahmen von universitären Forschungsarbeiten in deren abgelegten Businesspläne und deren Eintrittskonditionen Einblick gewähren.

Diese schwierige Datenlage vereitelt eine korrekte Überprüfung der Hypothesen im strengen statistischen Sinne. Dies mag auch eine Erklärung für den Mangel an wissenschaftlichen Arbeiten in diesem höchst interessanten und aktuellem Gebiet sein.[616] Trotzdem vermag vorliegende Untersuchung bessere quantitative Einblicke zu gewähren, als blosse verbale Umschreibungen von Wirkungszusammenhängen und das Zitieren von Anekdoten der „New Economy".

Trotz allen Schwierigkeiten konnten folgende Unternehmen zu einer Mitarbeit am empirischen Teil der Forschungsarbeit gewonnen werden:

- **Initiative Start-up!** der Kommission für Technologie und Innovation (KTI) des Bundesamtes für Berufsbildung und Technolgie (BBT), Bern
- **ETH Zürich**, Venture 98 und 2000 Wettbewerbe, Zürich
- **McKinsey & Co.**, Accelerator@McKinsey, Venture Incubator Fonds, Zürich
- **Partners Group**, VC, Zug
- **Venture Partners**, VC, Zürich
- **New Medical Technologies**, VC, Basel
- **Venture Capital Finance**, VC, Zug
- **Bank Vontobel**, VC/Private Equity, Investment Bank, Zürich
- **BlueStone Capital Partners**, Merchant and Investment Bank, New York
- **Valcor AG**, Unternehmensbewertungen für KMU, Zürich
- **Venture Valuation**, Unternehmensbewertungen für KMU, Oberkirch
- **P. Wyss & Partner**, Unternehmensberatung für KMU, Zug
- **Atkinson Stuart**, Executive Search und Business Development, Zürich
- diverse **Jungunternehmen**, in Zug, Zürich, Genf, Sion und Oberwald

---

[616] Vgl. Kapitel 2 Einordnung der Thematik auf Seite 23ff. sowie 1.6 Schwierigkeiten / Datenlage auf Seite 20f.

Durch die Mithilfe dieser Organisationen konnten die Daten der Erstfinanzierungsrunde von 74 Jungunternehmen erhoben werden. An dieser Stelle sei allen für ihr Vertrauen und ihre Mithilfe herzlichst gedankt.

Die 74 Jungunternehmen rekrutierten sich aus folgenden Branchen (Abbildung 34):

Abbildung 34: Branchenherkunft der untersuchten Unternehmen

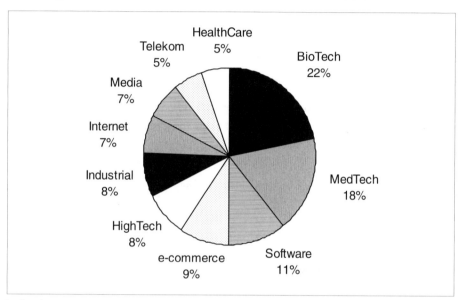

Quelle: eigene Darstellung. Eine Beschreibung der Branchen findet sich in Kapitel 9.4 Trends, S. 207f.

Dieser Branchenmix von jungen Märkten lässt sich aufgrund des untersuchten Zeitraumes erklären. Untersucht wurden Finanzierungsrunden, welche hauptsächlich in den Jahren 1998 bis 2000 stattgefunden haben (90% aller untersuchten Unternehmen, siehe Abbildung 35).

Abbildung 35: Zeitpunkt der Erstfinanzierung der untersuchten Unternehmen

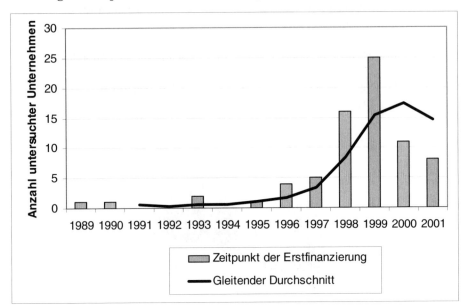

Quelle: eigene Darstellung.

Für die einzelnen Branchen wurden folgende Börsenindizes verwendet für die Herleitung von Multiples, Standardabweichungen, Betas etc.:[617]

- NEMAX „Industrial and Industrial Services"
- NEMAX „Biotech"
- SNMI „Medical-Biomedical/Gene"
- NEMAX „MedTech and Healthcare"
- NMKX „Medical-Biomedical/Gene"
- NEMAX „Technology"
- NASDAQ New Markets „Networking Products"
- EASDAQ „Telecom Services"
- NASDAQ New Markets „Internet Service Provider"
- NASDAQ New Markets „e-commerce"
- NEMAX „Software"
- NEMAX „Media & Entertainment"

---

[617] Quelle: Bloomberg. Mit freundlicher Unterstützung von Partners Group, Zug. Die Abkürzungen sind vorne im Abbildungsverzeichnis erklärt. Im wesentlichen handelt es sich um Indizes der neuen Märkte in USA, Europa, Deutschland und der Schweiz.

Bezüglich Währungsaufteilung zeigt sich folgendes Bild (siehe Abbildung 36): drei Viertel aller untersuchten Unternehmen benutzen den Schweizer Franken als Referenzwährung und ein Sechstel den US-Dollar. Der Rest teilt sich auf in Euro, Deutsche Mark und Englische Pfund.

Abbildung 36: Referenzwährung der untersuchten Unternehmen

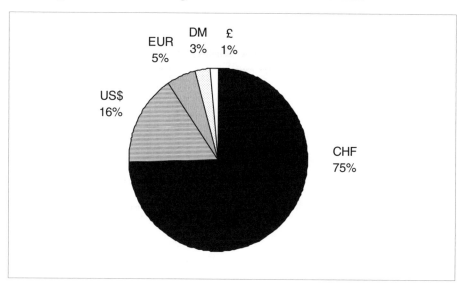

Quelle: eigene Darstellung.

10.5   Datenfile

In einem dritten Schritt folgte der Aufbau eines analysefähigen Datenfiles.

Folgende Daten aus den Plan-Bilanzen, -Erfolgsrechnungen und -Mittelflussrechnungen sowie dem Businessplan wurden in ein Excel-Tabellenblatt eingegeben (siehe Abbildung 37):

Abbildung 37: Datenblatt eines Beispiel-Unternehmens

Name Unternehmung:				Währung: sFr.	
Unternehmensbewertung gemäss DCF	2001	2002	2003	2004	2005
Absatz-Schätzung Produkt A (in Stück)	5'000	10'000	20'000	40'000	80'000
Schätzung VP Produkt A	100	95	95	95	90
Anteil Produkt A am Gesamt-Umsatz	*100%*	*56%*	*56%*	*44%*	*48%*
Absatz-Schätzung Produkt B (in Stück)		5'000	10'000	15'000	30'000
Schätzung VP Produkt B		150	150	150	150
Anteil Produkt B am Gesamt-Umsatz	*0%*	*44%*	*44%*	*26%*	*30%*
Absatz-Schätzung Produkt C (in Stück)				10'000	15'000
Schätzung VP Produkt C				250	225
Anteil Produkt C am Gesamt-Umsatz	*0%*	*0%*	*0%*	*29%*	*22%*
Erlösminderungen	0%				
Einnahmen	**500'000**	**1'700'000**	**3'400'000**	**8'550'000**	**15'075'000**
Materialeinkauf bzw. HeKo Produkt A (pro Stück)	80	75	70	65	60
Materialeinkauf bzw. HeKo Produkt B (pro Stück)		100	100	100	95
Materialeinkauf bzw. HeKo Produkt C (pro Stück)				150	125
Fremdarbeiten					
Brutto-Ergebnis	**100'000**	**450'000**	**1'000'000**	**2'950'000**	**5'550'000**
in % vom Umsatz	*20%*	*26%*	*29%*	*35%*	*37%*
Beitrag Produkt A	*100%*	*44%*	*50%*	*41%*	*43%*
Beitrag Produkt B	*0%*	*56%*	*50%*	*25%*	*30%*
Beitrag Produkt C	*0%*	*0%*	*0%*	*34%*	*27%*
Anzahl Kaderleute	2	3	4	5	6
durchschnittlicher Lohn / Kadermitglied (netto)	100'000	100'000	100'000	120'000	150'000
Anzahl Angestellte	2	7	12	17	25
durchschnittlicher Lohn / Angestellter (netto)	50'000	50'000	50'000	50'000	50'000
Umsatz pro Mitarbeiter	*125'000*	*170'000*	*212'500*	*388'636*	*486'290*
übriger Personalaufwand	0	0	0	0	0
Sozialleistungen (Unterschied netto-brutto in %)	30%				
Personalausgaben	390'000	845'000	1'300'000	1'885'000	2'795'000
in % vom Umsatz	*78%*	*50%*	*38%*	*22%*	*19%*
Miete / Infrastruktur	18'000	30'000	42'000	60'000	120'000
Marketing&Sales/Werbung	50'000	100'000	150'000	200'000	250'000
G&A	100'000	125'000	150'000	175'000	200'000
F&E / Patente	250'000	200'000	150'000	100'000	50'000
Betriebsausgaben (ohne Personalaufwand)	418'000	455'000	492'000	535'000	620'000
in % vom Umsatz	*84%*	*27%*	*14%*	*6%*	*4%*
Betriebsausgaben (inkl. Personalaufwand)	**808'000**	**1'300'000**	**1'792'000**	**2'420'000**	**3'415'000**
in % vom Umsatz	*162%*	*76%*	*53%*	*28%*	*23%*
Cash Flow from Operations	-708'000	-850'000	-792'000	530'000	2'135'000
in % vom Umsatz	*-142%*	*-50%*	*-23%*	*6%*	*14%*
- Abschreibungen	50'000	50'000	50'000	50'000	50'000
Steuersatz	35%	35%	35%	35%	35%
- Steuern	0	0	0	0	22'750
+ Abschreibungen	50'000	50'000	50'000	50'000	50'000
- Finanzausgaben (netto = abzüglich Finanzeinnahmen)	0	1'000	5'000	7'500	1'000
Cash Flow netto	**-708'000**	**-851'000**	**-797'000**	**522'500**	**2'111'250**
in % vom Umsatz		*-50%*	*-23%*	*6%*	*14%*
+/- Veränderungen Netto-Umlaufvermögen					
- Investitionen	500'000				
Free Cash Flow	**-1'208'000**	**-851'000**	**-797'000**	**522'500**	**2'111'250**
kumulierte FCF	-1'208'000	-2'059'000	-2'856'000	-2'333'500	-222'250

Quelle: eigene Darstellung. Name der Unternehmung aus Geheimhaltungsgründen anonym gehalten.

Mithilfe dieser Daten konnte der Unternehmenswert gemäss Discounted Cash Flow-Methode berechnet werden (siehe Abbildung 38):

Abbildung 38: Unternehmenswertberechnung gemäss der DCF-Methode

Discounted Cash Flow Berechnung:					
Risikoloser Zinssatz (lfr. Rendite Staatsobligationen)	4%	4%	4%	4%	4%
Risikoprämie (lfr. Rendite Aktienmärkte)	8%	8%	8%	8%	8%
Beta	2.5	2.3	2.0	1.8	1.5
Eigenkapitalkostensatz	14.0%	13.0%	12.0%	11.0%	10.0%
Fremdkapitalkostensatz (unadjustiert)	10%	8%	8%	8%	8%
Steuersatz (zur Berechnung des Tax Shield)	35%	35%	35%	35%	35%
Anteil Eigenkapital	100%	100%	100%	100%	100%
Finanzierungsverhältnis (FK/EK)	*0.0*	*0.0*	*0.0*	*0.0*	*0.0*
WACC (gemäss CAPM)	**14%**	**13%**	**12%**	**11%**	**10%**
Cash Flow Adjustierungs-Prämie	20%	18%	15%	13%	10%
Zuschläge (erschwerte Verkäuflichkeit, spezifisches Untern	15%	13%	10%	8%	5%
Diskontierungsrate	**49%**	**43%**	**37%**	**31%**	**25%**
FCF-Wachstumsrate					**8%**
Present Value FCF	-975'168	-399'399	-273'033	136'638	441'688
Terminal Value Multiple	5.9 x				
Terminal Value	12'419'118				
Present Value Terminal Value	**2'598'164**				
in % vom Unternehmenswert	*170%*				
Unternehmenswert (gemäss DCF-Methode)	**1'528'890**				

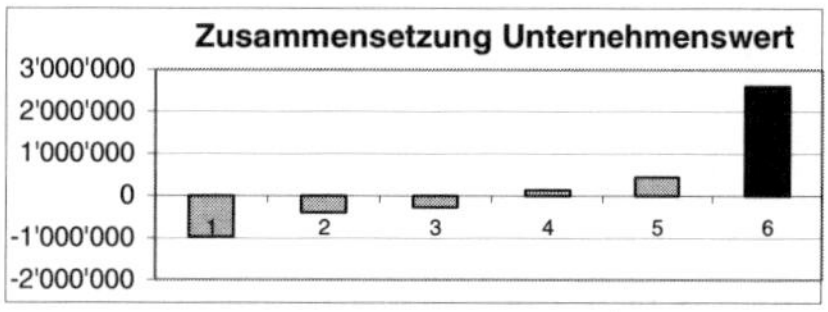

Zusammensetzung Unternehmenswert

Quelle: eigene Darstellung. Berechnung aufgrund der Daten aus Abbildung 37: Datenblatt eines Beispiel-Unternehmens.

Anschliessend wurden zu jedem Einflussfaktor deren Sensitivitäten berechnet (siehe Abbildung 39):

Abbildung 39: Sensitivitätsanalyse der Einflussfaktoren des Unternehmenswerts

Sensitivitätsanalyse für DCF-Methode: *Absatzprognose:*	Unternehmenswert	in % vom DCF Base Case	relativer Hebel	absoluter Hebel	Abweichung zu effektivem Wert
Ug-Wert Base Case	1'528'890	100%			-8%
Ug-Wert bei +20% Absatzzahlen (auf allen Produkten)	3'405'575	223%	6.1 x	123%	104%
Ug-Wert bei +10% Absatzzahlen (auf allen Produkten)	2'467'232	161%	6.1 x	61%	48%
Ug-Wert bei -10% Absatzzahlen (auf allen Produkten)	590'547	39%	-6.1 x	-61%	-65%
Ug-Wert bei -20% Absatzzahlen (auf allen Produkten)	-347'795	-23%	-6.1 x	-123%	-121%
Ug-Wert bei +10% Preisen (auf allen Produkten)	4'152'850	272%	17.2 x	172%	149%
Ug-Wert bei -10% Preisen (auf allen Produkten)	-1'095'070	-72%	-17.2 x	-172%	-166%
Ug-Wert wenn Produkt B keine Einnahmen erzielt	-1'331'590	-87%	-1.9 x	-187%	-180%
Ug-Wert wenn Produkt C keine Einnahmen erzielt	-892'371	-58%	-1.6 x	-158%	-154%
Management:					
Ug-Wert bei +20% Personalkosten	404'698	26%	-3.7 x	-74%	-76%
Ug-Wert bei +10% Personalkosten	966'794	63%	-3.7 x	-37%	-42%
Ug-Wert bei -10% Personalkosten	2'090'986	137%	3.7 x	37%	25%
Ug-Wert bei -20% Personalkosten	2'653'082	174%	3.7 x	74%	59%
Ug-Wert bei +10% Umsatz pro Mitarbeiter	2'467'232	161%	6.1 x	61%	48%
Ug-Wert bei -10% Umsatz pro Mitarbeiter	590'547	39%	-6.1 x	-61%	-65%
Risiko:					
Ug-Wert bei +20% Diskontierungsrate	924'433	60%	-2.0 x	-40%	-45%
Ug-Wert bei +10% Diskontierungsrate	1'201'266	79%	-2.1 x	-21%	-28%
Ug-Wert bei -10% Diskontierungsrate	1'918'041	125%	2.5 x	25%	15%
Ug-Wert bei -20% Diskontierungsrate	2'382'102	156%	2.8 x	56%	43%
Ug-Wert bei Verzicht auf Zuschläge (reines CAPM)	6'240'398	408%	3.1 x	308%	274%
Ug-Wert bei Verzicht auf CF-Adj. Zuschläge bei Diskontieru	3'643'661	238%	1.4 x	138%	119%
Ug-Wert bei +20% Beta	1'378'738	90%	-0.5 x	-10%	-17%
Ug-Wert bei +10% Beta	1'452'423	95%	-0.5 x	-5%	-13%
Ug-Wert bei -10% Beta	1'608'256	105%	0.5 x	5%	-4%
Ug-Wert bei -20% Beta	1'690'645	111%	0.5 x	11%	1%
Anteil des Steuereffektes auf den Ug-Wert via WACC	0%				
Eigenkapitalanteil	100%				
Finanzmarktumfeld:					
Ug-Wert bei +20% Terminal Value Multiple	2'048'523	134%	1.7 x	34%	23%
Ug-Wert bei +10% Terminal Value Multiple	1'788'706	117%	1.7 x	17%	7%
Ug-Wert bei -10% Terminal Value Multiple	1'269'073	83%	-1.7 x	-17%	-24%
Ug-Wert bei -20% Terminal Value Multiple	1'009'257	66%	-1.7 x	-34%	-39%
Ug-Wert bei +20% Steuern	1'522'339	100%	0.0 x	0%	-9%
Ug-Wert bei +10% Steuern	1'525'614	100%	0.0 x	0%	-8%
Ug-Wert bei -10% Steuern	1'532'165	100%	0.0 x	0%	-8%
Ug-Wert bei -20% Steuern	1'535'441	100%	0.0 x	0%	-8%
Anteil des Steuereffektes auf den Ug-Wert via CF	100%				
Zeit:					
Ug-Wert bei 1 Jahr Verzögerung Produkteinführung (alle)	-3'144'419	-206%	-3.1 x	-306%	-289%
Ug-Wert bei 1 Jahr Verzögerung Produkteinführung (B&C)	-1'016'741	-67%	-1.7 x	-167%	-161%
Ug-Wert bei Verzicht auf den Terminal Value	-1'069'274	-70%	-1.7 x	-170%	-164%
CF-Break-Even nach x Jahren	3.6				
FCF-Break-Even nach x Jahren	3.6				
FCF Wachstumsrate	8.0%				
Ug-Wert bei +20% FCF Wachstumsrate	1'798'829	118%	0.2 x	18%	8%
Ug-Wert bei +10% FCF Wachstumsrate	1'657'194	108%	0.1 x	8%	-1%
Ug-Wert bei -10% FCF Wachstumsrate	1'412'118	92%	-0.1 x	-8%	-15%
Ug-Wert bei -20% FCF Wachstumsrate	1'305'392	85%	-0.1 x	-15%	-22%
Ug-Wert bei 0% FCF Wachstumsrate	697'477	46%	-0.5 x	-54%	-58%
Ug-Wert bei 1 J. Verzögerung alle (nur Zeitwert)	980'941	64%	-0.4 x	-36%	-41%
Ug-Wert bei 1 J. Verzögerung nur B&C	-1'016'741	-67%	-1.7 x	-167%	-161%

Quelle: eigene Darstellung. Berechnung aufgrund der Daten aus Abbildung 37: Datenblatt eines Beispiel-Unternehmens.

Neben der Discounted Cash Flow (DCF) - Methode wurden noch sieben andere Verfahren zur Unternehmenswertbestimmung angewandt:

- ➢ Substanzwert
- ➢ Ertragswert
- ➢ Venture Capital-Methode
- ➢ Wert von vergleichbaren börsenkotierten Unternehmen
- ➢ Wert von vergleichbaren M&A-Transaktionen
- ➢ Anwendung der Optionstheorie (Realoptionen)
- ➢ Economic Value Added (EVA)

Der effektiv bezahlte Preis anlässlich der Finanzierungsrunde in der Realität rundet das Bild des Spektrums von Unternehmenswerten ab (siehe Abbildung 40 auf Seite 236):

Abbildung 40: Unternehmenswertberechnungen an einem Beispiel-Unternehmen

Methode zur Unternehmensbewertung	Unternehmenswert	in % vom DCF Base Case	relativer Hebel	absoluter Hebel	Abweichung zum effektivem Wert
Angaben zur effektiven Transaktion:					
Kaufpreis Anteile	500'000				
erhaltener Anteil	30%				
impliziter Unternehmenswert	**1'666'667**	109%	0.1 x	9%	0%
Abweichung von DCF	*9%*				
Substanzwert-Berechnung:					
Eigenkapital gemäss (Plan-) Buchhaltung	1'100'000				
immaterielle Anlagen	250'000				
Eigenkapital (nach Abzug immaterieller Anlagen)	**850'000**	56%	-0.4 x	-44%	-49%
Abweichung von DCF	*-44%*				
Ertragswert-Berechnung:					
Durchschnittlicher EBITDA	63'000				
erwartete Rendite	37%				
Ertragswert mit durchschnittlichem FCF	**170'270**	11%	-0.9 x	-89%	-90%
Abweichung von DCF	*-89%*				
Venture Capital Methode:					
EBITDA in 5 Jahren	2'135'000				
Multiple	**5.0 x**				
Exit-Wert in 5 Jahren gemäss Market Comparable	10'675'000				
Exit-Wert in 5 Jahren gemäss DCF (Terminal Value)	12'419'118				
erwartete Rendite des Investors (hurdle rate)	**35%**				
Ug-Wert bei Anwendung Market Comparable	*2'380'669*	156%	0.6 x	56%	43%
Ug-Wert bei Anwendung DCF Terminal Value	*2'769'631*	181%	0.8 x	81%	66%
Mittelwert des Ug-Wert gemäss VC-Methode	**2'575'150**	168%	0.7 x	68%	55%
Comparable Company Analysis - Implied Valuation:					
Durchschnittliche Net Sales	5'845'000				
Durchschnittliche EBITDA	63'000				
Durchschnittliche EBIT	13'000				
Median Multiple Net Sales	**1.0 x**	**12.6 x**			
Median Multiple EBITDA	**10.4 x**	**1.0 x**			
Median Multiple EBIT	**12.6 x**	**8.0 x**			
Ug-Wert bei Anwendung Sales-Multiple	*5'636'386*	369%	2.7 x	269%	238%
Ug-Wert bei Anwendung EBITDA-Multiple	*653'800*	43%	-0.6 x	-57%	-61%
Ug-Wert bei Anwendung EBIT-Multiple	*164'399*	11%	-0.9 x	-89%	-90%
Mittelwert des Ug-Wertes der drei Multiples:	**2'151'529**	141%	0.4 x	41%	29%
Comparable Transaction Analysis - Implied Valuation:					
Durchschnittliche Net Sales	5'845'000				
Durchschnittliche EBITDA	63'000				
Durchschnittliche EBIT	13'000				
Median Multiple Net Sales	**1.0 x**				
Median Multiple EBITDA	**5.0 x**				
Median Multiple EBIT	**10.0 x**				
Ug-Wert bei Anwendung Sales-Multiple	*6'117'008*	400%	3.0 x	300%	267%
Ug-Wert bei Anwendung EBITDA-Multiple	*315'000*	21%	-0.8 x	-79%	-81%
Ug-Wert bei Anwendung EBIT-Multiple	*130'000*	9%	-0.9 x	-91%	-92%
Mittelwert des Ug-Wertes der drei Multiples:	**2'187'336**	143%	0.4 x	43%	31%
OPT					
hinausgeschobene Investition	800'000				
Zeit bis zur Entscheidung	1				
Standardabweichung	7.49 HighTech				
Diskontierungsrate	49%				
Optionswert	3'307'279				
Anfangsinvestition	1'200'000				
Ug-Wert gemäss Option Pricing Methode:	**2'107'279**	138%	0.4 x	38%	26%
EVA - Economic Value Added					
Present Value EVA kumuliert die ersten 5 Jahre	-399'732				
Present Value Terminal Value	2'649'543				
Market Value Added (MVA)	2'249'810				
+ Net Operating Assets (NOA)	100'000				
Market Value (MV)	**2'349'810**	154%	0.5 x	54%	41%

Quelle: eigene Darstellung. Berechnung aufgrund der Daten aus Abbildung 37.

Als Ergebnis resultiert für jedes der 74 untersuchten Jungunternehmen eine zusammen-fassende Übersicht über die Unternehmenswerte gemäss den verschiedenen angewand-ten Methoden (siehe Abbildung 41).

Abbildung 41: Zusammenfassung der Unternehmenswerte an einem Beispiel

Alle Bewertungen auf einen Blick:	Ug-Wert	Abweichung	Rang			Kürzel
Effektiv bezahlt vom Markt	1'666'667	0%				REAL
Discounted Cash Flow-Methode	1'528'890	-8%	1	von	8	DCF
Option Pricing-Methode	2'107'279	26%	2	von	8	OPT
Ertragswertmethode	170'270	-90%	8	von	8	EW
Substanzwertmethode	850'000	-49%	6	von	8	SW
Venture Capital-Methode	2'575'150	55%	7	von	8	VC
Wert vergleichbarer gehandelter Unternehmen	2'151'529	29%	3	von	8	Traded
Wert vergleichbarer verkaufter Unternehmen (M&A)	2'187'336	31%	4	von	8	M&A
Economic Value Added (EVA)	2'349'810	41%	5	von	8	EVA

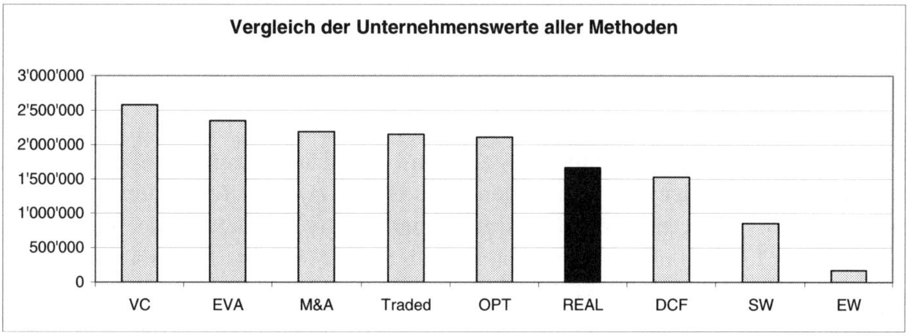

Vergleich der Unternehmenswerte aller Methoden

Durchschnitt aller Methoden	1'740'033	4%	1 von 10	Ø
Median aller Methoden	2'129'404	28%	4 von 10	Med
Durchschnitt ohne SW und ohne EW	2'149'999	29%	5 von 12	Ø (o.S/E)
Median ohne SW und ohne EW	2'169'432	30%	5 von 12	Med (o.S/E)

Quelle: eigene Darstellung. Berechnung aufgrund der Daten aus Abbildung 37.

10.6 Datenauswertung

Wie oben[618] erwähnt, werden für die Datenauswertung einerseits Sensitivitätsberechnungen, andererseits Korrelationsanalysen verwendet.

Wo immer möglich, wurde ein mathematisches Modell des Einflusses erstellt und anhand der realen Unternehmensdaten der Einfluss einer Variation eines Einflussfaktors um +/- 10% errechnet. Dies wird *Sensitivitätsanalyse* genannt.
Zum Beispiel wurde der Einfluss einer Variation des Preises für die Produkte auf den Unternehmenswert bestimmt durch die Änderung des Preises im Datenfile[619] mit allen finanziellen Daten der 74 untersuchten Jungunternehmen. Im Beispiel der Discounted Cash Flow (DCF) – Methode heisst dies, dass höhere Preise sich auf den Umsatz, die Bruttogewinnmarge und damit schlussendlich auf die Free Cash Flows (FCF) auswirken. Dieser Einfluss lässt sich leicht mathematisch modellieren und rechnerisch quantifizieren.

Wo kein mathematisches Modell gefunden werden konnte für die Beschreibung eines Zusammenhanges einer Variablen auf den Unternehmenswert (wie zum Beispiel des Einflusses des Break Even-Zeitpunktes auf den Unternehmenswert), wurden *Korrelationsanalysen* verwendet. Der Koeffizient (die Steigung) der Regressionsgerade gibt Aufschluss über den grundsätzlich positiven oder negativen Charakter der Wechselwirkung. Mittels Logarithmierung der Datenreihen und neuerlicher Berechnung der Regressionsgeraden lässt sich die Elastizität des Einflusses errechnen. Dies geschieht in der Form: 10% Erhöhung eines Einflussfaktors bewirkt eine Erhöhung des Unternehmenswertes um z.B. 5%.

Obiges Verfahren der stochastischen Einfachregression unterstellt implizit, dass jede der betrachteten (endogenen) Variablen nur jeweils von *einer* unabhängigen (exogenen) Variablen beeinflusst wird. Die Realität sieht natürlich anders aus: Der Unternehmenswert wird von einer Vielzahl von Faktoren beeinflusst. Dieser Mangel liesse sich theoretisch beheben, wenn anstelle einer einzigen, mehrere (multiple) unabhängige Variablen in den Regressionsansatz einbezogen würden.[620] Eine multiple Regressionsanalyse ist jedoch in diesem speziellen Fall des Untersuchungsobjektes und –designs aus zwei Gründen nicht sinnvoll.

Erstens stellt die unvollständige Quantifizierbarkeit gewisser Variablen (z.B. „Qualität des Managements", „Zahlungsbereitschaft der Kunden" oder „Marktakzeptanz gegenüber neuen Produkten") ein Problem dar. Zudem berücksichtigt die multiple Regressi-

---

[618] Siehe Kapitel 10.5 Datenfile auf Seite 227.
[619] Siehe Kapitel 10.5 Datenfile auf Seite 232ff.
[620] Siehe dazu die Ausführungen in Kapitel 5.7.3 Mehrfachregression auf Seite 81.

onsanalyse per definitionem mehrere erklärende Variablen, trotzdem ist aber eine manuelle Zusammenstellung der Variablen nötig, welche die zu prognostizierende Grösse (den Unternehmenswert) beeinflussen. Üblicherweise werden in wissenschaftlichen, empirischen Arbeiten lediglich eine Hand voll Variablen untersucht. Eine multiple Regressionsanalyse mit 60 Einflussfaktoren ist nicht praktikabel.

Zweitens ist die wichtigste Voraussetzung zur Anwendung der Mehrfachregression die Unabhängigkeit der erklärenden Variablen (der Einflussfaktoren), d.h. sie dürfen sich nicht wechselseitig beeinflussen. Zudem müssen ihre Wirkungen auf die zu erklärende Variable (der Unternehmenswert) ebenfalls unabhängig voneinander sein. M.a.W. darf sich keine der exogenen Variablen als Linearkombination der übrigen unabhängigen Einflussfaktoren darstellen lassen. Auch wenn diese Bedingung nur annähernd erfüllt ist, kann allerdings die Mehrfachregression zu fehlerhaften Ergebnissen führen. Man spricht deshalb bereits dann von Kollinearität resp. Multikollinearität, wenn die Regressoren annähernd linear abhängig sind.[621] In einem solchen Fall können geringe Variationen der Regressorwerte, u.U. bereits Rundungen, zu beträchtlichen Veränderungen in der Schätzung führen, also keine zuverlässige Resultate bringen.

Diese Bedingungen werden in der Realität von so komplexen Systemen wie Jungunternehmen nicht erfüllt. Z.B. beeinflusst der Preis für die Produkte der Jungunternehmung den Unternehmenswert nicht direkt, sondern indirekt über den Umsatz, die Bruttogewinnmarge, den EBIT, EBITDA, CF und schliesslich auch den FCF. Dies disqualifiziert diese Methode zur Anwendung auf die Analyse von Unternehmensbewertungen in der Praxis des Venture Capital-Geschäfts.

---

[621] Näheres dazu beispielsweise in: Bohley, 1991, S. 715-717.

11   HYPOTHESEN ZU DEN EINFLUSSFAKTOREN

11.1   Quantifizierbarkeit als Beschränkung

Nachdem im ersten Teil der Arbeit die sechs zentralen Einflussfaktoren auf den Wert von jungen Wachstumsunternehmen hergeleitet und im zweiten Teil im Detail beschrieben wurden, können in diesem dritten Teil die Hypothesen generiert werden, welche durch die eigene Untersuchung empirisch überprüft werden. Dabei sollen nur diejenigen Hypothesen hier aufgeführt werden, welche auch anhand der beschriebenen[622] Datenerhebungen im quantitativen, statistischen Sinne verifiziert oder falsifiziert werden können. Folglich stellen die in Abbildung 33 Operationalisierung der Einflussfaktoren des Unternehmenswerts auf Seite 226 zusammengefassten Kennzahlen nur eine Auswahl aus dem Universum von Einflussfaktoren dar, wie sie in Abbildung 7 Zentrale Einflussfaktoren auf den Unternehmenswert von Start-ups auf Seite 29 und 224 aufgeführt sind.

Gerade beim Einflussfaktor „Management" kommt diese Einschränkung sehr deutlich zum Tragen.

11.2   Hypothesen zum Management

11.2.1   Überblick

Das Management bzw. das Humankapital im Allgemeinen beeinflusst den Unternehmenswert auf vielfältige Art und Weise. Siehe dazu Kapitel 4 Management auf Seite 49ff.

Im Rahmen dieser empirischen Untersuchung wurden jedoch nur die finanziellen Daten der Plan-Bilanzen, -Erfolgsrechnungen sowie -Mittelflussrechnungen analysiert. Daher können zahlreiche qualitativen Einflüsse wie z.B. die Eigenschaften des erfolgreichen Unternehmers, dessen Marktkenntnisse oder vorhandene Netzwerke innerhalb der Branche nicht modelliert werden. Diese qualitativen Aspekte entziehen sich per definitionem einer finanziellen Quantifizierung. Folglich können Hypothesen darüber auch nicht empirisch in einem statistischen Sinne verifiziert oder falsifiziert werden.

Daher beschränken sich alle folgenden Hypothesen auf Sachverhalte, die sich anhand von finanziellen Zahlen in Bilanzen oder Erfolgsrechnungen unmittelbar belegen lassen.

---

[622] Siehe Kapitel 10.4 Datenerhebung auf Seite 227f.

Unter dem Punkt „Management" sind das die folgenden Grössen:

- Anzahl Mitarbeiter
- Lohn pro Mitarbeiter
- Umsatz pro Mitarbeiter
- Personalkosten (absolut und relativ zum Umsatz)
- Höhe der Beteiligung des Finanzgebers

Für diese Kennzahlen sollen im folgenden die Hypothesen über deren Auswirkungen auf den Wert von jungen Wachstumsunternehmen formuliert werden.

11.2.2   Humankapital

Wie oben in Kapitel 4.1 Qualität und Erfahrung des Managements auf Seite 50 gezeigt, ist das Humankapital das zentrale „Asset" einer Jungunternehmung. Da sich die Qualität des Humankapitals nicht aus den Zahlen der Finanzbuchhaltung und Budget-Planung herauslesen lässt, wird im folgenden die quantifizierbare Anzahl von Mitarbeitern als Indikator für das Humankapital gewählt. Je weiter die Unternehmung in der Phase ihrer Entwicklung fortgeschritten ist, desto mehr Mitarbeiter werden auch beschäftigt.

These 1:	Das Humankapital ist das einzige „Aktivum", das eine Jungunternehmung in der Start-up-Phase besitzt, daher wird der Unternehmenswert mit der Grösse der Belegschaft positiv korrelieren.

11.2.3   Personalkosten

Für eine Jungunternehmung ist es zentral, alle Aktivitäten auf Wachstum auszurichten. Daher ist die Kultur ertrags- und nicht kostenorientiert. Höhere Kosten wirken sich in der Budgetplanung in einem höheren Kapitalbedarf aus, tragen aber zu keiner signifikanten Beeinflussung des Unternehmenswertes bei.

These 2:	Die Personalkosten sind kein Werttreiber. Daher wird der Unternehmenswert von der Höhe der Personalkosten unbeeinflusst sein.

11.2.4   Umsatz pro Mitarbeiter

Gerade für auf Wachstum ausgerichtete Jungunternehmen ist eine effiziente und effektive Organisation genauso wichtig wie ein attraktives Geschäftsmodell mit hohen Gewinnmargen. Daher ist es erklärtes Ziel von Start-up-Unternehmen, mit möglichst wenig Mitarbeitern einen möglichst hohen Umsatz zu erzielen.

These 3:	*Die Kennzahl Umsatz pro Mitarbeiter dient als Indikator für die Attraktivität des Geschäftsmodells sowie der Effizienz der Organisation. Sie wird daher den Unternehmenswert in der Start-up-Phase stark positiv beeinflussen.*

11.2.5   Lohn pro Mitarbeiter

Die Qualität des Managements sowie der gesamten Belegschaft ist zentral für die erfolgreiche Umsetzung des Businessplans in der Realität. Hoch qualifizierte Mitarbeiter haben jedoch ihren Preis und werden höhere Salärforderungen stellen. Insofern kann der Durchschnittslohn als Indikator für die Qualität des Teams betrachtet werden. Umgekehrt wird eine erfolgreiche Unternehmung als Anreiz für die für das Wachstum dringend benötigten neuen Angestellten höhere Saläre bieten wollen. Gerade im High-Tech-Bereich ist der Markt nach hochqualifizierten Mitarbeitern äusserst hart umkämpft.

These 4:	*Erfolgversprechende Jungunternehmen investieren in ihr Humankapital. Die Kennzahl Lohn pro Mitarbeiter dient als Indikator für die Qualität des Managements und korreliert daher positiv mit dem Unternehmenswert.*

11.2.6   Beteiligung des Finanzgebers

Der in Bargeld ausbezahlte Lohn wird gerade für das Top Management einer Jungunternehmung nicht das zentrale Motivationselement sein. Vielmehr wird die persönliche Beteiligung am Unternehmen geschätzt. Erfolgreiche Unternehmer verstehen die Logik, dass sie besser höhere Kapitalbeträge von externen Investoren aufnehmen, dafür aber schneller wachsen. Lieber 20% Anteil an einer 100 Mio.-Unternehmung als 90% von 10 Mio. sollte die Devise sein. Investoren wollen ein „big is beautiful"-Szenario sehen und dementsprechend auch hohe Summen investieren. Dies erhöht die „post-money valuation" und reduziert die Beteiligung der Gründer. Je kleiner jedoch der Anteil der Ursprungsaktionäre am Unternehmen, desto grösser der Anteil der Investoren.

These 5:	*Erfolgreiche Unternehmer wollen lieber einen kleinen Anteil an einer grossen Unternehmung, als einen grossen Anteil an einer winzigen bzw. nicht-existenten Firma. Daher wird der Unternehmenswert umso höher ausfallen, je höher der Anteil des Venture Capitalisten am Unternehmen ist.*

11.3   Hypothesen zur Absatzprognose

11.3.1   Überblick

Die Absatzprognose ist im Finanzteil des Businessplans sicherlich der wichtigste Bestandteil überhaupt. Folgende Grössen werden unterschieden und sollen im folgenden untersucht werden:

- Absatz in Stückzahlen
- Preise pro Stück
- Anteil Produkte A, B und C am Umsatz
- Anteil Produkte A, B und C am Bruttogewinn
- Auswirkungen bei Ausfall der Produkte A, B oder C

11.3.2   Absatzzahlen

Die Absatzprognose ist die „Mutter" aller Erfolgsgrössen. Sei es EBIT, EBITDA, Reingewinn nach Steuern, CF, FCF oder EVA – alle Erfolgsgrössen hängen vom Umsatz ab.

These 6:	*Der Umsatz ist als Ursprung aller Erfolgsgrössen für die Unternehmensbewertung von grösster Wichtigkeit. Folglich wird der Einfluss der Absatzzahlen auf den Unternehmenswert einer der höchsten überhaupt sein.*

Neu gegründete Unternehmen müssen für ihre Produkte zuerst den Markt öffnen und die Kunden von den Vorzügen ihrer Innovationen überzeugen. Dies braucht Zeit. Sind erste Referenzkunden überzeugt, wird das Wachstum schnell ansteigen.

These 7:	*Weil sich eine absolut gesehen geringe Erhöhung der Absatzzahlen bei einem tiefen Niveau, relativ gesehen in einer sehr hohen Wachstumsrate niederschlägt, wird die von Jungunternehmen in Businessplänen geschätzte Umsatzentwicklung exponentiell verlaufen.*

Dieser Zusammenhang ist für die vorliegende Arbeit insofern von Bedeutung, als sich diese exponentielle Entwicklung der Umsätze natürlich auf die Entwicklung der Free Cash Flows (FCF) und damit auch des Unternehmenswertes auswirkt.[623]

11.3.3   Preise

Was für die Absatzzahlen in Stück gilt, trifft natürlich auch für die Preise zu, denn:

Umsatz = (Absatz in Stück) × (Preise pro Stück)

Wenn also der Umsatz als „Mutter" aller Erfolgsgrössen gilt, dann sind die Preise mindestens genauso wichtig wie die Absatzzahlen.
Während die Absatzzahlen jedoch nur den Umsatz beeinflussen, wirkt sich eine Preisänderung auf den Umsatz und v.a. aber auch auf die Bruttogewinn-Marge aus. Daher ist der Einfluss der Preispolitik auf die „bottom line" (FCF bei der DCF-Methode, EBIT bei der einfachen Ertragswertmethode etc.) noch viel grösser.

These 8:	*Preisänderungen wirken sich nicht nur auf den Umsatz, sondern auch auf die Bruttogewinn-Marge aus. Durch diesen Hebel-Effekt wird der Einfluss von Preisen auf den Unternehmenswert von allen untersuchten Faktoren am höchsten sein.*

11.3.4   Anteil Produkte A, B und C am Umsatz

Unternehmen werden in aller Regel aufgrund einer technischen Erfindung oder einer innovativen Geschäftsidee gegründet. Meistens handelt es sich dabei um eine Plattform(-Technologie), die für verschiedene Anwendungen geeignet ist, jedoch nur für eine bestimmte Anwendung prädestiniert zu sein scheint. Daher wird der Hauptumsatzträger eines Jungunternehmens in Anlehnung an die verbreitete ABC-Analyse[624] als das A-Produkt definiert. Die Produkte B und C sind entweder Zubehörteile von Produkt A oder befriedigen die Nachfrage in Nischenmärkten.

These 9:	*Die meisten Jungunternehmen sind Einprodukte-Unternehmen in dem Sinne, als die Anteile der übrigen Produkte (B und C) am Umsatz marginal ausfallen.*

---

[623] Näheres hierzu in Kapitel 11.5.5 Verzögerungen auf Seite 254, wo der Einfluss untersucht wird, wenn das letzte Jahr in der Unternehmensbewertung aufgrund einer Verzögerung des Marktauftrittes aller Produkte wegfallen würde. Aufgrund der exponentiellen Entwicklung der Absatzzahlen wirkt sich dieser Wegfall des fünften Jahres besonders gravierend auf den Unternehmenswert aus.

[624] Siehe beispielsweise Dichtl/Issing, 1993, S.1.

Diese These wirkt sich zwar nicht direkt auf den Unternehmenswert aus, ist jedoch für weitere Thesen bedeutsam (siehe unten Ausfallrisiko und zeitliche Verzögerung)[625].

11.3.5   Anteil Produkte A, B, und C am Bruttogewinn

Eigentliche Werttreiber sind nicht die Umsätze per se sondern die damit erzielten Bruttogewinn-Margen. Beim Mehrproduktunternehmen braucht jedoch das Produkt mit den höchsten Umsätzen nicht automatisch auch das Produkt mit den höchsten Bruttogewinnmargen-Beiträgen zu sein. Vielfach lässt sich mit Zusatz-Dienstleistungen wie Service-Abonnementen etc. eine höhere Marge erzielen als mit dem eigentlichen Verkauf der Hauptprodukte.[626]

These 10:	*Bei Mehrproduktunternehmen wird das Hauptumsatz-tragende Produkt vielfach nicht den grössten Anteil am Bruttogewinn aufweisen.*

Diese These wirkt sich ebenfalls nicht direkt auf den Unternehmenswert aus, hat jedoch Implikationen, welche für untenstehende Thesen bedeutsam sind (siehe unten Ausfallrisiko).

11.3.6   Auswirkungen bei Ausfall der Produkte A, B oder C

Businesspläne und Budget-Prognosen werden nie der Realität entsprechen. Abweichungen sind stets vorprogrammiert. Gemäss obigen[627] Ausführungen käme ein Ausfall des hauptumsatztragenden Produktes einem totalen Flop des ganzen Projektes gleich, was mit ziemlicher Sicherheit das Ende der Jungunternehmung bedeuten würde. Im Rahmen dieser Arbeit interessant sind daher nur diejenigen Fälle, wo sich das Hauptprodukt zwar plangemäss entwickelt und so der Fortbestand der Unternehmung gewährleistet ist, die restlichen Produkte oder Dienstleistungen sich aber allenfalls als Flop erweisen können.

These 11:	*Aufgrund der geringen Reserven von Start-ups wirken sich bei Mehrproduktunternehmen selbst Ausfälle von weniger wichtigen B- oder C- Produkten bzw. -Dienstleistungen verheerend auf den Unternehmenswert aus.*

---

[625] Vgl. Kapitel 11.3.6 Auswirkungen bei Ausfall der Produkte A, B oder C auf Seite 246 sowie 11.5.5 Verzögerungen auf Seite 254f.

[626] Vergleiche auch das Beispiel mit dem Verkauf von Tintenstrahldruckern und Tintennachfüllpatronen. Siehe Kapitel 3.2.5.7 Produktion / Dienstleistungs-Erbringung auf Seite 37.

[627] Siehe Kapitel 11.3.4 Anteil Produkte A, B und C am Umsatz auf Seite 245.

11.4   Hypothesen zur Bewertungsmethode

11.4.1   Überblick

Im folgenden sollen Thesen zu folgenden Themen abgegeben werden:

- Substanzwert (SW)
- Ertragswert (EW)
- Discounted Cash Flow (DCF) - Methode
- Venture Capital (VC) - Methode
- Wert vergleichbarer börsenkotierter Unternehmen
- Wert vergleichbarer M&A-Transaktionen
- Economic Value Added
- Durchschnitt aller Methoden
- Behandlung der Steuern

Wie mehrfach erwähnt, will die vorliegende Arbeit den Einfluss der Methode der Unternehmensbewertung auf den effektiv am Markt erzielten Transaktionspreis quantifizieren. Durch den Einbezug von fünf weiteren Einflussfaktoren[628] soll der Einfluss der Unternehmensbewertung relativiert werden.

These 12:	*Die Entscheidung, welche Methode zur Unternehmensbewertung gewählt wird hat einen viel geringeren Einfluss auf den Unternehmenswert als die meisten anderen untersuchten Faktoren.*

11.4.2   Substanzwert

Neu gegründete Unternehmen haben per definitionem keine Vergangenheit und können daher auch keine Substanz im buchhalterischen Sinne ausweisen. Auch ist in der heutigen Zeit der Dienstleistungs-Industrie und der „New Economy" das Wertschöpfungspotential der Unternehmung unabhängig von den bilanzierten Aktiva. Für die moderne Unternehmensbewertung relevant sind lediglich die in Zukunft realistischerweise erschliessbaren Erfolgspotentiale.

---

[628] Siehe Kapitel 3.1 Herleitung zentraler Einflussfaktoren auf den Unternehmenswert auf Seite 27ff. und zusammenfassend Abbildung 7: Zentrale Einflussfaktoren auf den Unternehmenswert von Start-ups auf Seite 29.

> *These 13:*   *Jungunternehmen weisen in der Seed- und Start-up-Phase keine materielle Substanz auf, daher wird der Substanzwert nahe Null sein. Folglich wird der Substanzwert am schlechtesten in der Lage sein, den effektiv am Markt realisierten Unternehmenswert bei der Erstfinanzierungsrunde zu schätzen.*

11.4.3   Ertragswert

Theoretisch gesehen ist die reine Ertragswertmethode für die Bewertung von Jungunternehmen abzulehnen. Um diese Methode überhaupt anwenden zu können, bedarf es einer Modifikation, indem nicht der Durchschnittsgewinn in der Vergangenheit kapitalisiert wird, sondern der Durchschnitt aller prognostizierten EBIT. Als Kapitalisierungszinssatz wird die geforderte Verzinsung auf dem Gesamtkapital, oft aber auch nur die von Eigenkapitalgebern geforderte Rendite verwendet. Dies aufgrund der Tatsache, dass die meisten Jungunternehmen in ihrer Seed und Start-up-Phase zu 100% mit Eigenkapital finanziert sind. Insofern ähnelt die so modifizierte Ertragswertmethode der Kapitalisierung des Terminal Values bei der Discounted Cash Flow (DCF) - Methode; u.a. jedoch mit dem Unterschied, dass bei der DCF-Methode der Free Cash Flow (FCF) der letzten Planungsperiode und bei der Ertragswertmethode der durchschnittliche EBIT kapitalisiert wird. Da Jungunternehmen typischerweise in den ersten 2-3 Jahren negative FCF aufweisen, ist der Unternehmenswert gemäss DCF-Methode beinahe identisch mit dem diskontierten Endwert (Terminal Value).

> *These 14:*   *Aufgrund der prinzipiellen Ähnlichkeit der Terminal Value-Berechnung der DCF-Methode mit der Kapitalisierung bei der modifizierten Ertragswertmethode (und der Tatsache, dass bei Jungunternehmen der Anteil des Endwertes nahe 100% beträgt), sollten die beiden Methoden zu ähnlichen Ergebnissen führen.*

11.4.4   Discounted Cash Flow (DCF) - Methode

Die DCF-Methode ist die theoretisch korrekte Lösung des Unternehmensbewertungsproblems und erfreut sich grosser Beliebtheit auch in der Praxis.

> *These 15:*   *Die DCF-Methode ist weit verbreitet und sollte daher in der Lage sein, dem in der Finanzierungsrunde effektiv realisierten Unternehmenswert äusserst nahe zu kommen.*

11.4.5   Venture Capital-Methode

Venture Capitalisten interessieren sich hauptsächlich für das Exit-Szenario und damit für die erzielte Rendite auf dem Investment. Ein Exit bedeutet aber in den allermeisten Fällen den Verkauf der Unternehmung oder den Börsengang. In beiden Fällen zählt der Wert von vergleichbaren Unternehmen, also drängt sich in der Praxis die Anwendung von Multiples auf.

> *These 16:   Die Venture Capital-Methode entspricht der Praxis des VC-Geschäftes und wird daher die genaueste Schätzung für den effektiven Unternehmenswert liefern.*

11.4.6   Wert vergleichbarer börsenkotierter Unternehmen

In der Praxis des Investment Banking und Private Equity am meisten beachtet wird die Unternehmenswertbestimmung anhand von vergleichbaren börsenkotierten Unternehmen. Die grösste Problematik hierbei mag auf den ersten Blick in der richtigen Auswahl der Vergleichsgruppe liegen. Dies stimmt weitgehend, aber die wahre Schwierigkeit liegt in der Bestimmung des angemessenen *Abschlages* auf dem ermittelten Wert. Schliesslich weisen börsenkotierte Unternehmen weit weniger Risiken auf als Unternehmen in der Frühphase ihrer Entwicklung. Insofern dürfen sie nicht 1:1 verglichen werden. In der Praxis wird dieser Abschlag jedoch meist äusserst subjektiv vorgenommen oder überhaupt darauf verzichtet. Zudem lassen sich auch zahlreiche andere Finanzmarkteffekte finden, welche den Börsenkurs beeinflussen, jedoch für nicht-gelistete Jungunternehmen keine Bedeutung haben.[629]

> *These 17:   Werte vergleichbarer börsenkotierter Unternehmen überschätzen systematisch die Bewertungen von Jungunternehmen, da letztere aufgrund des höheren Risikos und der geringeren Liquidität einen Abschlag in Kauf nehmen müssen.*

---

[629] Vgl. Kapitel 6.7.2 Bewertung anhand vergleichbarer börsenkotierter Unternehmen auf Seite 151f. sowie Kapitel auf Seite 201ff.

11.4.7   Wert vergleichbarer M&A-Transaktionen

Dieselbe Aussage gilt natürlich auch für Werte vergleichbarer M&A-Transaktionen. Auch diese Transaktionspreise werden von zahlreichen psychologischen Faktoren beeinflusst, unabhängig vom eigentlichen Unternehmenswert.[630]

These 18:	*Werte vergleichbarer M&A-Transaktionen überschätzen systematisch die Bewertungen von jungen Wachstumsunternehmen, da für Übernahmen hohe Kontrollprämien gezahlt werden müssen.*

11.4.8   Realoptionen

Wie oben[631] beschrieben, ist eine der Input-Variablen (S) der Formel zur Berechnung des Optionswertes der aktuelle Wert der Unternehmung, wenn das Projekt bis zum Ende vollständig realisiert werden kann. Dafür wird wie bei der DCF-Methode[632] der Netto-Barwert der Unternehmung berechnet. Da jedoch die Unsicherheit der FCF durch den Optionspreis bereits berücksichtigt wird, wendet die Praxis Diskontierungsraten ohne Zuschläge für die CF Adjustierung an.[633] Folglich fällt S höher aus als bei der DCF-Methode.

Da bei Erstfinanzierungsrunden der Investitionsbetrag (X) relativ gering ist im Vergleich zum relativ hohen Unternehmenswert (S) aufgrund der rosigen Zukunftsprognosen, besteht der Optionswert gemäss Black/Sholes[634] Formel im wesentlichen aus dem geschätzten Unternehmenswert (S).

These 19:	*Aufgrund des Verzichts auf Zuschläge für die CF Adjustierung wird der Unternehmenswert gemäss Optionstheorie systematisch höher ausfallen als in der Realität beobachtet.*

11.4.9   Economic Value Added (EVA)

Die Idee des Economic Value Added (EVA) entspricht der „Old Economy", wo bilanzielle Aktiva das Wachstum der Unternehmung ermöglichten. So entstand die Idee, vom EBIT die Verzinsung der Net Operating Assets (NOA) zu subtrahieren, um so den

---

[630] Vgl. Kapitel 6.7.3 Bewertung anhand M&A-Transaktionen vergleichbarer Unternehmen auf Seite 153.

[631] Vgl. Kapitel 6.5 Anwendung der Optionstheorie zur Unternehmensbewertung auf Seite 144.

[632] Vgl. Kapitel 6.3.3 Discounted Cash Flow-Methode auf Seite 125ff.

[633] Vgl. Kapitel 8.8.4 Zuschläge für die Adjustierung der (Free) Cash Flow-Ströme auf Seite 197.

[634] Vgl. Kapitel 6.5 Anwendung der Optionstheorie zur Unternehmensbewertung auf Seite 144.

„Übergewinn" zu erhalten.[635] Im Zeitalter der „New Economy" bzw. allgemeiner im Dienstleistungsbereich ist dies nicht mehr der Fall. Biotechnologie-Unternehmen beispielsweise erzielen Umsatzwachstumsraten völlig unabhängig vom buchhalterischen Anlagevermögen. Daher ist der EVA-Ansatz insofern für Start-ups unbrauchbar, als die Verzinsung von den wenigen vorhandenen Aktiven[636] keinen guten Indikator für die geforderte Rendite von Investoren darstellt.

These 20:   *Aufgrund der wenigen Aktiva unterschätzt das Konzept des EVA die geforderte Rendite von Investoren und weist demzufolge zu hohe Übergewinne aus. Das bewirkt eine systematische Überschätzung des Unternehmenswertes in Erstfinanzierungsrunden von Start-ups.*

11.4.10   Durchschnitt aller Methoden

Alle Methoden der Unternehmensbewertung hängen in der einen oder anderen Form zusammen oder beeinflussen einander und variieren um einen gemeinsamen Mittelwert (arithmetisches Mittel, Median). In der Praxis wird niemals auf ein Resultat einer einzigen Unternehmensbewertung abgestützt, sondern es werden stets mehrere Verfahren angewandt. Folglich wird der geglättete Mittelwert am besten in der Lage sein, den realen Unternehmenswert akkurat zu schätzen.

These 21:   *Der Mittelwert oder Median aller Unternehmenswerte der acht verschiedenen Methoden wird im Durchschnitt dem realen Preis der Finanztransaktion näher sein als die meisten individuellen Methoden.*

Dies umso mehr, wenn auf die Berücksichtigung von für Jungunternehmen ungeeignete Methoden wie Substanzwert und Ertragswert verzichtet wird (siehe oben)[637].

These 22:   *Aufgrund der konzeptionellen Unzulänglichkeiten der Substanz- und Ertragswertmethode wird der Mittelwert oder Median ohne Berücksichtigung dieser beiden Methoden dem realen Unternehmenswert näher kommen als mit ihnen.*

---

[635] Vgl. Kapitel 6.4.5 Konzept des Economic Value Added (EVA) als Kompromisslösung auf Seite 141f.

[636] Siehe die Begründung der Irrelevanz des Substanzwerts in Kapitel 11.4.2 Substanzwert auf Seite 247.

[637] Vgl. Kapitel 11.4.2 Substanzwert auf Seite 247 sowie 11.4.3 Ertragswert auf Seite 248.

11.4.11   Behandlung der Steuern

Die korrekte Behandlung der Steuern ist vielleicht in der Theorie von Bedeutung,[638] in der Praxis der Bewertung von Jungunternehmen spielen die Steuern hingegen eine untergeordnete Rolle. Fünf der acht im Rahmen dieser Arbeit vorgestellten Methoden berücksichtigen die Steuern überhaupt nicht: Substanzwert, Ertragswert (EBIT), Venture Capital-Methode (EBITDA), Wert vergleichbarer börsenkotierter Unternehmen, Wert vergleichbarer M&A-Transaktionen. Und selbst bei den verbleibenden drei Methoden (DCF, Realoptionen und EVA) spielt die Steuerausscheidung eine absolut untergeordnete Rolle, da die Gewinne in der Start-up-Phase sowieso am Anfang inexistent sind und später mit den Verlustvorträgen verrechnet werden können. Wenn überhaupt, werden Steuern erst im fünften Jahr nach der Gründung erfolgswirksam.

These 23:   *Steuern spielen bei der Bewertung von Start-ups eine untergeordnete Rolle und haben einen absolut marginalen Einfluss auf den Unternehmenswert.*

11.5   Hypothesen zum Faktor Zeit

11.5.1   Überblick

Der Faktor „Zeit" beeinflusst den Unternehmenswert in vielfältiger Weise. Folgende Themen sollen angesprochen werden:

- Zeitliche Verteilung der FCF-Ströme
- FCF-Wachstumsraten
- Break Even-Point
- Verzögerungen

11.5.2   Zeitliche Verteilung der FCF-Ströme

Die zeitliche Entwicklung des Unternehmenswertes lässt sich am anschaulichsten bei der DCF-Methode beobachten.[639] Der Anteil der FCF-Ströme der ersten fünf Jahre nach der Gründung wird in aller Regel zugunsten des Terminal Value, welcher den Wert bis

---

[638] So widmet beispielsweise Superina in seiner Dissertation zur DCF-Methode ein ganzes Kapitel der Behandlung des Steuersatzes. Vgl. Superina, 1999, S. 285ff.

[639] Vgl. auch Kapitel 7.5 Zeitliche Entwicklung des Unternehmenswertes auf Seite 170ff.

in die Unendlichkeit darstellt, äusserst klein ausfallen.[640] Beim Verzicht auf die Berücksichtigung des Terminal Values werden die Unternehmenswerte von typischen Jungunternehmen auf nahezu Null sinken.

These 24:	*Aufgrund der hohen Investitionen und geringen Einnahmen in der Gründungsphase wird der DCF-Unternehmenswert in den meisten Fällen zu 100% bzw. sogar mehr durch den Terminal Value konstitutiert.*

11.5.3   FCF-Wachstumsraten

Die Wachstumsrate der Free Cash Flows (FCF) ist von zweierlei Interesse. Während der ersten fünf Jahre wird der Break Even-Point bestimmt (siehe unten), und nach der expliziten Planungsperiode wird der Terminal Value massgeblich beeinflusst (siehe oben). Wie in Kapitel 6.3.3 Discounted Cash Flow-Methode auf Seite 125ff. beschrieben, wird der Endwert bei der DCF-Methode aufgrund der folgenden Formel berechnet:

$$TV = \frac{FCF_{t+1}}{WACC - g}$$

Hierbei stellt g (für englisch „growth") die ewige Wachstumsrate der FCF-Ströme dar. Da g auf den Endwert einen bedeutenden Einfluss ausübt, und dieser wiederum gemäss These 24 den grössten Teil des Unternehmenswertes ausmacht, folgt logisch deduktiv:

These 25:	*Die FCF-Wachstumsrate übt bei der DCF-Methode einen der bedeutendsten Einflüsse auf den Unternehmenswert aus.*

11.5.4   Break Even-Point

Der Break Even-Point (BEP) kann als das Überschreiten einer Schwelle definiert werden, wo ein anfänglicher „Verlust" umkippt in einen „Erfolg". Dabei kann es sich bei der Grösse, welche den Nullpunkt durchschreitet, um den Reingewinn, EBIT, EBITDA, CF oder FCF handeln.[641] Aus Investorensicht interessieren vor allem die Geldflüsse und weniger die buchhalterischen Grössen, so dass im folgenden nur auf die CF und FCF eingegangen werden soll.

---

[640] Vgl. Kapitel 6.3.3 Discounted Cash Flow-Methode auf Seite 125ff.

[641] Vgl. Kapitel 7.2.2 Time-to-Break Even auf Seite 165.

Der Unternehmenswert wird beeinflusst durch den zeitlichen Anfall der CF/FCF-Ströme. Je früher dies der Fall ist, desto höher ist deren Barwert und desto höher der durch die Kapitalisierung ermittelte Terminal Value bei der DCF-Methode.

These 26:	*Je früher der Break Even-Point (BEP) erreicht wird, desto höher wird der Unternehmenswert ausfallen.*

These 27:	*Dieser Effekt wird beim FCF-BEP stärker ausgeprägt sein als beim CF-BEP.*

11.5.5   Verzögerungen

Die meisten Venture Capitalisten und Jungunternehmer würden die Aussage unterschreiben, dass sich noch kein Projekt genau so entwickelt hat wie ursprünglich im Businessplan angenommen.[642]

Dabei lassen sich zwei Arten von Verzögerungen unterscheiden. Einerseits können alle Ausgaben und Einnahmen um z.B. ein ganzes Jahr nach hinten verschoben werden. Dies ist dann der Fall, wenn das ganze Projekt „auf Eis" gelegt wird. Der Verlust beschränkt sich dann auf den Zeitwert des Geldes, welcher bei einer Barwertberechnung infolge der Diskontierung abnimmt.[643]

These 28:	*Wenn sich die Gründung des Unternehmens um ein Jahr nach hinten verschiebt, hat dies infolge des Zeitwertverlustes des Geldes nur moderate Auswirkungen auf den Unternehmenswert.*

Meistens jedoch ist dies nicht möglich, und eine Verzögerung der Produktlancierung bedeutet dann eine Verzögerung der Einnahmen, während jedoch die Ausgaben trotzdem anfallen. Dies bewirkt massive Auswirkungen auf den Unternehmenswert, weil in aller Regel der Erfolg des letzten Jahres der Planungsperiode am höchsten ausfällt. Durch den Wegfall dieser Einnahmen werden alle finanziellen Kennzahlen der Unternehmung gesenkt (Umsatz, Marge, EBIT, EBITDA, CF, FCF etc.).[644]

---

[642] Vgl. beispielsweise Aussage von Andrin Bachmann, Interview vom 26.10.2000, welcher bereits die zweite Unternehmung im Internet/Telekom-Bereich erfolgreich gegründet hat. Sowie Kapitel 7.3 Verzögerungen des Zeitplans auf Seite 167.

[643] Vgl. Kapitel 7.4 Zeitwert des Geldes auf Seite 168.

[644] Vgl. Fussnote 623 auf Seite 245.

> *These 29:*   *Wenn sich die Produktlancierung um ein Jahr nach hinten verschiebt, die Kosten jedoch trotzdem in etwa gleicher Höhe anfallen, wirkt sich dies vernichtend auf den Unternehmenswert aus, wenn dadurch die Einnahmen des wichtigsten letzten Jahres der finanziellen Planungsperiode nicht mehr berücksichtigt werden in der Endwertberechnung.*

Schliesslich kann für Mehrprodukte-Unternehmen noch eine dritte Variante von Verzögerungen eingeführt werden. Es handelt sich um denjenigen Fall, wo zwar das Hauptprodukt rechtzeitig lanciert werden kann, sich die restlichen Produkte jedoch in der Entwicklung um ein Jahr nach hinten verschieben.

> *These 30:*   *Verschiebt sich bei einem Mehrproduktunternehmen die Markteinführung der Produkte B und C, wirkt sich dies trotz rechtzeitiger Lancierung des Hauptproduktes aufgrund der geringen Reserven von Jungunternehmen verheerend auf den Unternehmenswert aus.*

11.6   Hypothesen zu Risikoaspekten

11.6.1   Überblick

Bei allen Unternehmensbewertungsmethoden wird dem Einfluss des Risikos durch die Adjustierung des „Zinssatzes" Rechnung getragen. Dabei entspricht der „Zinssatz" je nach Methode dem Gesamtkapitalkostensatz, der Diskontierungsrate oder einem Kapitalisierungszinssatz. Zustande kommt dieser durch einen Gesamtkapitalkostensatz (Weighted Average Cost of Capital, WACC), welcher seinerseits gemäss CAPM von der Kennzahl „beta" abhängt.[645] In der Praxis erhobene Zuschläge für erschwerte Verkäuflichkeit (Illiquiditätsprämie), Adjustierung der FCF-Ströme sowie Berücksichtigung des Wertbeitrages des Investors (Value Added-Premium) resultieren schliesslich im Diskontierungssatz.[646]

Einzig der Ansatz der Realoptionen kennt ein weiteres Risikomass: die Standardabweichung.

---

[645] Vgl. Kapitel 8.8.2 Kapitalkostensatz auf Seite 194.

[646] Vgl. Kapitel 8.8.3 Zuschläge für erschwerte Verkäuflichkeit (Illiquidität) auf Seite 196, 8.8.4 Zuschläge für die Adjustierung der (Free) Cash Flow-Ströme auf Seite 197 sowie 8.8.5 Zuschläge für Wertbeiträge des Investors (Value Added-Premium) auf Seite 198.

Die einzige nicht-quantifizierbare Grösse ist der Einfluss des finanziellen Risikos aufgrund eines veränderten Finanzierungsverhältnisses.

Gemäss obiger Logik werden daher folgende Themen in diesem Kapitel angesprochen:

- Gesamtkapitalkostensatz (WACC)
- Beta
- Zuschläge
- Diskontierungsrate
- Standardabweichung
- Finanzierungsverhältnis

11.6.2   Gesamtkapitalkostensatz

Der Gesamtkapitalkostensatz (Weighted Average Cost of Capital – WACC), wie er gemäss Capital Asset Pricing Model (CAPM) errechnet wird,[647] bildet in der Praxis nur die Ausgangsbasis für die Diskontierungsrate. Daher sei für deren Einflüsse auf den Unternehmenswert auf Kapitel 11.6.5 Diskontierungsrate auf Seite 258 verwiesen.

An dieser Stelle soll jedoch kurz auf den Einfluss des Steuersatzes auf den WACC eingegangen werden. Wie in Kapitel 11.7.3 Höhe der Steuern auf Seite 260 gezeigt wird, beeinflusst der Steuersatz den Unternehmenswert auf zwei Arten.
Einerseits werden durch die Steuerzahlungen die Reingewinne bzw. Free Cash Flows (FCF) reduziert.
Andererseits sinkt jedoch der WACC bei Berücksichtigung des „Tax Shields", also des Steuervorteils von Fremdkapital aufgrund der steuerlichen Abziehbarkeit von Fremdkapitalzinsen im Gegensatz zur vollen Besteuerung allfälliger Dividenden. Da jedoch der Eigenkapitalanteil gemäss These 36 in aller Regel bei Jungunternehmen 100% betragen wird, scheint dieser zweite Einfluss der Steuern vernachlässigbar zu sein. Folglich wird nahezu 100% des Einflusses der Steuern auf den Unternehmenswert auf die in These 38 beschriebene Reduzierung der Free Cash Flow (FCF) Ströme zurückzuführen sein.

---

[647] Vgl. Kapitel 6.3.3 Discounted Cash Flow-Methode auf Seite 125ff. und v.a. 8.8.2 Kapitalkostensatz auf Seite 194ff.

> *These 31:* *Aufgrund der nahezu 100%-igen Eigenkapitalfinanzierung von Jungunternehmen wird der Gesamtkapitalkostensatz (WACC) vernachlässigbar beeinflusst von der Höhe des Steuersatzes. Daher wird der Einfluss der Steuern auf den Unternehmenswert hauptsächlich über die Reduktion der FCF erfolgen.*

11.6.3 Beta

Wird der Gesamtkapitalkostensatz gemäss CAPM berechnet, so ist die Grösse „beta" ein wichtiges Risikomass. Vergleiche dazu die Ausführungen in Kapitel 8.8.2 Kapitalkostensatz auf Seite 194ff. In der Praxis des Venture Capital-Geschäfts werden allerdings Zuschläge erhoben (siehe unten), sodass der Anteil des gemäss CAPM hergeleiteten WACC an der schlussendlich verwendeten Diskontierungsrate nur noch relativ gering ist (Fausregel: ein Drittel bis die Hälfte).

> *These 32:* *Eine Variation von Beta wirkt sich zwar stark auf den Gesamtkapitalkostensatz (WACC) aus. Da in der Praxis des Venture Capital-Geschäfts jedoch Zuschläge in gleicher oder sogar doppelter Höhe erhoben werden, ist der Einfluss auf den Unternehmenswert nur noch marginal.*

11.6.4 Zuschläge

These 32 hat bereits die Anwendung von Zuschlägen unterstellt. Es sei auf die Ausführungen in den Kapiteln 8.8.3 Zuschläge für erschwerte Verkäuflichkeit (Illiquidität) auf Seite 196, 8.8.4 Zuschläge für die Adjustierung der (Free) Cash Flow-Ströme auf Seite 197, sowie 8.8.5 Zuschläge für Wertbeiträge des Investors (Value Added-Premium) auf Seite 198 verwiesen.

> *These 33:* *Aufgrund der in der Praxis sehr verbreiteten Zuschläge zum gemäss CAPM hergeleiteten Gesamtkapitalkostensatz in gleicher oder sogar doppelter Höhe ist der Einfluss dieser Zuschläge auf den Unternehmenswert mit einer der höchsten aller untersuchten Einflussfaktoren.*

11.6.5   Diskontierungsrate

Die schlussendlich resultierende Diskontierungs- bzw. Kapitalisierungsrate wirkt sich zweifach auf den Unternehmenswert aus.

Einerseits wird dadurch der Barwert aller zukünftiger FCF-Ströme durch eine erhöhte Diskontierungsrate reduziert. Dies gilt für die DCF-, Realoptionen-, EVA- und VC-Methode.

Andererseits entsteht durch den Kehrwert der Diskontierungsrate ein Multiple, mit dessen Hilfe eine Erfolgsgrösse kapitalisiert wird. Bei der DCF-Methode entsteht so der Terminal Value, welcher auch beim Realoptionen- und dem EVA-Ansatz als Input-Grösse einfliesst. Bei der Venture Capital-Methode wird so der Exit-Wert bestimmt und schliesslich entsteht der Ertragswert erst durch diese Kapitalisierung einer „ewigen" Grösse.

These 34:	*Aufgrund der zweifachen Wirkung der Diskontierungsrate ist deren Einfluss auf den Unternehmenswert absolut gesehen sehr hoch. Relativ zu anderen Faktoren wie z.B. dem kompletten Verzicht auf jegliche Risikozuschläge wird sich eine Änderung der Diskontierungsrate um +/- 10% oder 20% jedoch weniger auswirken.*

11.6.6   Standardabweichung

Der Realoptionen-Ansatz kennt als einzige Unternehmensbewertungsmethode ein weiteres Risikomass: die Standardabweichung.[648]

Da bei der Realoptionspreis-Methode der Hauptanteil des Unternehmenswertes auf die Input-Variable (S) fällt, ist auch das Hauptaugenmerk darauf zu richten, wie das Risiko bei der Herleitung des Wertes für S berücksichtigt wurde. In der Theorie wird die Anwendung der DCF-Methode vorgeschlagen,[649] was bedeutet, dass die Risikokomponente über den um die Zuschläge für CF-Adjustierungen korrigierten Diskontierungssatz abgegolten wird.

These 35:	*Da bei der Realoptionspreismethode zur Unternehmensbewertung der grösste Teil des Risikos mittels Adjustierung des Diskontierungssatzes abgegolten wird, kann der Einfluss der Standardabweichung als Risikomass vernachlässigt werden.*

---

[648] Vgl. Kapitel 6.5 Anwendung der Optionstheorie zur Unternehmensbewertung auf Seite 144f.

[649] Vgl. beispielsweise Damodaran, 2000c, S. 15.

11.6.7   Finanzierungsverhältnis

Neu gegründete Unternehmen in der Seed- oder Start-up-Phase stellen zu hohe Ausfallrisiken dar, als es Banken verantworten könnten, im Rahmen ihrer normalen Kreditpolitik Fremdfinanzierungen anzubieten. Auch von Rendite-Risiko-Aspekten her macht es betriebswirtschaftlich gar keinen Sinn, Jungunternehmen in der Gründungsphase mit Fremdkapital auszustatten.[650] Aufgrund der geringen Liquidität infolge der hohen Investitionstätigkeit und den nur geringen Einnahmen, würden Zinszahlungen sogar die Existenz von Jungunternehmen gefährden

These 36:	*Aufgrund des hohen Ausfallrisikos werden Jungunternehmer erst in späteren Entwicklungsphasen Fremdkapital aufnehmen können. Zu Beginn während der Seed- und Start-up-Phase wird der Eigenfinanzierungsgrad 100% betragen.*

Der Einfluss dieser These auf die Unternehmensbewertung lässt sich nicht quantifizieren. Trotzdem stellen Menge, Herkunft und Verteilung von Finanzmitteln die wichtigste Komponente dar, um die diversen Unternehmensrisiken abzufedern. Insofern kann ein mangelnder Eigenfinanzierungsgrad zum „Deal Breaker" werden.[651]

11.7   Hypothesen zum Finanzmarktumfeld

11.7.1   Überblick

Der Einfluss des Faktors „Finanzmarktumfeld" auf den Unternehmenswert präsentiert sich auf verschiedenste Art und Weise. Kapitel 9 Finanzmarktumfeld auf Seite 201ff. hat die folgenden Einflüsse identifiziert:

- Implizite Unternehmenswertbestimmung, S. 202
- Angebot und Nachfrage (Einfluss der Konkurrenz), S. 203ff.
- Liquiditätsüberhang der Venture Capital-Fonds, S. 205
- Trends, S. 207ff.
- Exit-Szenario, S. 210ff.
- Analysten-Deckung der Investment Banken, S. 213ff.
- Allgemeine Verfassung der Finanzmärkte, S. 215f.

---

[650] Vgl. Kapitel 8.7 Rendite-Risiko-Verhältnis auf Seite 190.

[651] Dazu ein Beispiel aus der Praxis: Ein Jungunternehmen hatte aufgrund eines Darlehens eines ehemaligen Aktionärs zwei Jahre nach der Gründung bereits über 1 Mio. Fremdkapital in der Bilanz stehen. Bei der nächsten Finanzierungsrunde bestanden die Venture Capital-Geber darauf, dass dieses Darlehen in Aktienkapital gewandelt werden müsse. Der Deal kam erst zustande, als diese Bedingung erfüllt wurde.

Leider entziehen sich die allermeisten dieser Wirkungsbeziehungen einer quantitativen Erfassung, weil sie nirgends separat ausgewiesen werden und sich auch in keiner finanziellen Kennzahl direkt niederschlagen.

Darum kann im folgenden nur auf die Exit-Szenarien eingegangen werden, da diese als einzige finanziell modellierbar sind.

11.7.2   Exit-Szenarien und allgemeine Verfassung der Finanzmärkte

Die Stimmung an den Finanzmärkten wirkt sich wie folgt finanziell messbar aus:

- Bei der DCF-Methode hängt der Terminal Value-Multiple bzw. der Kehrwert des Kapitalisierungszinssatzes von den Markterwartungen ab.
- Bei den Vergleichsmethoden sind die Sales/EBIT/EBITDA-Multiples ein Spiegelbild der aktuellen Situation auf den Märkten.
- Bei den Ertragswert- und Venture Capital-Methoden wird die geforderte annualisierte Eigenkapitalrentabilität durch die Markterwartungen festgelegt.

These 37:	*Der Einfluss der allgemeinen Stimmung der Finanzmärkte hat via Multiples und Renditeforderungen einen stärkeren Einfluss auf den Unternehmenswert als alle anderen Bewertungsmodell-internen Faktoren zusammen.*

11.7.3   Höhe der Steuern

Die methodische Frage nach der korrekten Behandlung der Steuern wurde bereits oben in Kapitel 11.4.11 Behandlung der Steuern auf Seite 252 gestellt. Auch der Einfluss der Steuern auf den Weighted Average Cost of Capital wurde bereits in Kapitel 11.6.2 Gesamtkapitalkostensatz auf Seite 256 behandelt.

Im Zusammenhang der Finanzmärkte und damit auch der geographischen Verankerung des Unternehmens soll im folgenden der Einfluss der Höhe des Steuersatzes auf den Wert des Jungunternehmens eruiert werden. Dabei interessiert in diesem Kontext nur der Einfluss der Steuerzahlungen auf den Free Cash Flow und damit den Unternehmenswert gemäss DCF-Methode.[652]

---

[652] Wie in Kapitel 11.4.11 Behandlung der Steuern auf Seite 252 gezeigt wurde, berücksichtigen von den acht hier untersuchten Methoden der Unternehmensbewertung lediglich der DCF-, Realoptionen- und EVA-Ansatz die Steuern. Da wie in Kapitel 11.4.8 Realoptionen auf Seite 250 erläutert, die wichtigste Input-Grösse (S) beim Realoptionen-Modell auf eine ähnliche Art und Weise berechnet wird wie bei der DCF-Methode, und der EVA-Ansatz wie in Kapitel 11.4.9 Economic Value Added (EVA) auf Seite 250 näher ausgeführt unge-

In Anlehnung an die Argumentation, dass die Berücksichtigung des Steuereinflusses von geringer Bedeutung für die Bewertung von jungen Wachstumsunternehmen ist,[653] soll auch an dieser Stelle davon ausgegangen werden, dass Start-ups keinen signifikant hohen Steuerzahlungen ausgesetzt sind. Typischerweise werden in den ersten drei Jahren noch Verluste ausgewiesen werden müssen, welche mit den anfänglich noch bescheidenen Gewinnen des vierten und fünften Jahres steuerlich verrechnet werden können. Wenn überhaupt, wird das Jungunternehmen somit erst im letzten Jahr der expliziten Planungsperiode überhaupt Steuern zahlen.

These 38:	*Aufgrund der typischerweise hohen anfänglichen Verluste und der steuerlichen Verrechenbarkeit dieser Verlustvortrage während fünf Jahren wird die Höhe des Steuersatzes einen marginalen Einfluss auf den Unternehmenswert zeigen.*

Die Konsequenz dieser These 38 ist, dass zumindest kurzfristig, d.h. während der ersten fünf Lebensjahre einer Jungunternehmung, das Steuerdomizil keine Rolle spielt und daher diesem Aspekt im Sinne einer Komplexitätsreduktion im sonst schon aufwendigen Standortentscheid der Gründungsphase wenig Beachtung geschenkt werden muss.[654]

---

eignet ist für die Bewertung von Start-up-Unternehmen, wird im folgenden nur der Einfluss der Steuern beim DCF-Ansatz untersucht.

[653] Vgl. Kapitel 11.4.11 Behandlung der Steuern auf Seite 252.

[654] Vgl. jedoch Kapitel 12.7.3 Höhe der Steuerbelastung auf Seite 319, wo diese Aussage relativiert wird.

11.8   Zusammenfassung aller Thesen

Tabelle 14: Zusammenfassung aller Hypothesen über den Unternehmenswert

	Thesen zum Einfluss des **Managements** auf den Unternehmenswert:
These 1	Der Unternehmenswert wird mit der Grösse der Belegschaft positiv korrelieren.
These 2	Der Unternehmenswert wird von der Höhe der Personalkosten unbeeinflusst sein.
These 3	Die Kennzahl Umsatz pro Mitarbeiter wird den Unternehmenswert stark positiv beeinflussen.
These 4	Die Kennzahl Lohn pro Mitarbeiter wird positiv korrelieren mit dem Unternehmenswert.
These 5	Je höher der Anteil des Venture Capitalisten am Unternehmen, desto höher dessen Wert.
	Thesen zum Einfluss der **Absatzprognosen** auf den Unternehmenswert:
These 6	Der Einfluss der Absatzzahlen auf den Unternehmenswert wird einer der höchsten sein.
These 7	Die von Jungunternehmen geschätzte Umsatzentwicklung wird exponentiell verlaufen.
These 8	Der Einfluss von Preisen wird am höchsten von allen untersuchten Faktoren sein.
These 9	Die meisten Jungunternehmen sind Einprodukte-Unternehmen.
These 10	Der Hauptumsatzträger wird vielfach nicht den grössten Anteil am Bruttogewinn aufweisen.
These 11	Selbst Ausfälle von weniger wichtigen B&C Produkten/DL werden sich verheerend auswirken.
	Thesen zum Einfluss der **Bewertungsmethode** auf den Unternehmenswert:
These 12	Die Bewertungsmethode hat einen geringeren Einfluss als die anderen untersuchten Faktoren.
These 13	Der Substanzwert wird am schlechtesten in der Lage sein, den effektiven Wert zu schätzen.
These 14	Die modifizierte Ertragswert- und die DCF-Methode sollten zu ähnlichen Ergebnissen führen.
These 15	Die DCF-Methode kommt dem effektiv realisierten Unternehmenswert äusserst nahe.
These 16	Die Venture Capital-Methode wird die genaueste Schätzung liefern.
These 17	Werte vergleichbarer, kotierter Unternehmen überschätzen systematisch die Bewertungen.
These 18	Werte vergleichbarer M&A-Transaktionen überschätzen systematisch die Bewertungen.
These 19	Der Unternehmenswert wird gemäss Optionstheorie systematisch zu hoch ausfallen.
These 20	Der EVA-Ansatz überschätzt den Unternehmenswert systematisch.
These 21	Der Mittelwert aller Methoden wird dem realen Wert näher sein als die einzelnen Methoden.
These 22	Der Mittelwert ohne Substanz- und Ertragswert wird noch näher sein am effektiven Wert.
These 23	Steuern haben einen absolut marginalen Einfluss auf den Unternehmenswert von Start-ups.
	Thesen zum Einfluss des Faktors **Zeit** auf den Unternehmenswert:
These 24	Der DCF-Wert wird in den meisten Fällen zu 100% durch den Terminal Value konstituiert.
These 25	Die FCF-Wachstumsrate übt bei der DCF-Methode einen der bedeutendsten Einflüsse aus.
These 26	Je früher der Break Even-Point erreicht wird, desto höher wird der Unternehmenswert sein.
These 27	Dieser Effekt wird beim FCF-Break Even-Point stärker ausgeprägt sein als beim CF-BEP.
These 28	Eine Verzögerung der Gründung um ein Jahr bewirkt nur moderate Auswirkungen.
These 29	Die Verzögerung der Produktlancierung um ein Jahr wirkt sich hingegen vernichtend aus.
These 30	Die Verzögerung der Lancierung der Produkte B&C wirkt sich verheerend aus.
	Thesen zum Einfluss des **Risikos** auf den Unternehmenswert:
These 31	Der Einfluss der Steuern wird hauptsächlich über die Reduktion der FCF erfolgen.
These 32	Beta ist wichtig für den WACC. Der Einfluss auf den Unternehmenswert ist jedoch marginal.
These 33	Der Einfluss der Zuschläge auf den Diskontierungssatz wird einer der höchsten sein.
These 34	Der Einfluss einer Änderung der Diskontierungsrate wird absolut hoch, relativ jedoch tief sein.
These 35	Der Einfluss der Standardabweichung als Risikomass kann vernachlässigt werden.
These 36	Während der Seed- und Start-up-Phase wird der Eigenfinanzierungsgrad 100% betragen.
	Thesen zum Einfluss des **Finanzmarktumfeldes** auf den Unternehmenswert:
These 37	Der Einfluss der Finanzmärkte ist stärker als alle anderen Modell-internen Faktoren zusammen.
These 38	Die Höhe des Steuersatzes wird einen marginalen Einfluss auf den Unternehmenswert zeigen.

Quelle: eigene Darstellung.

12 Ergebnisse der eigenen empirischen Untersuchung

12.1 Überblick

In diesem Kapitel sollen die Ergebnisse der eigenen empirischen Untersuchung gemäss der Systematik der Hypothesengenerierung wie folgt präsentiert werden:[655]

- Ergebnisse zum Management
- Ergebnisse zu den Absatzprognosen
- Ergebnisse zur Bewertungsmethode
- Ergebnisse zum Faktor Zeit
- Ergebnisse zum Einfluss des Risikos
- Ergebnisse zum Finanzmarktumfeld

Wie im Kapitel über das Forschungsdesign erwähnt,[656] werden zur Datenauswertung einerseits Korrelationsanalysen verwendet, andererseits wird auf Berechnungen von Sensitivitätsanalysen abgestellt.

Bei den *Sensitivitätsanalysen* wurde ein mathematisches Modell des Einflusses erstellt und anhand der realen Unternehmensdaten der Einfluss einer Variation eines Einflussfaktors um +/- 10% errechnet. Folgende Symbole werden zur statistischen Auswertung der Daten verwendet:

$\varnothing$	Mittelwert (arithmetisches Mittel)
x_{Me}	Median
s^2	Varianz der Daten um den Mittelwert (Quadrat der Standardabweichung)
n	Anzahl Datenpunkte in der Stichprobe

Wo für die Beschreibung eines Zusammenhanges einer Variablen auf den Unternehmenswert (wie zum Beispiel des Einflusses des Break Even-Zeitpunktes auf den Unternehmenswert) kein mathematisches Modell gefunden werden konnte, wurden *Korrelationsanalysen* verwendet. Der Koeffizient (die Steigung) der Regressionsgerade gibt Aufschluss über den grundsätzlich positiven oder negativen Charakter der Wechselwirkung. Mittels Logarithmierung der Datenreihen und neuerlicher Berechnung der Regressionsgeraden lässt sich die Elastizität des Einflusses errechnen. Dies geschieht in der Form: 10% Erhöhung eines Einflussfaktors bewirkt eine Erhöhung des Unternehmenswertes um z.B. 5%, also *+ 10% x = + 5% y*.

---

[655] Siehe oben Kapitel auf Seite 241ff.

[656] Siehe Kapitel 10.6 Datenauswertung auf Seite 238f.

Folgende Symbole werden zur statistischen Auswertung der Daten verwendet:

y	Unternehmenswert (beeinflusste Grösse, abhängige Variable)
x	jeweilig untersuchter Einflussfaktor (unabhängige Variable)
$Øx$	Mittelwert (arithmetisches Mittel) der beeinflussenden Grösse
x_{Me}	Median
R^2	Bestimmtheitsmass (Quadrat des Korrelationskoeffizienten)[657]
t	Wert der T-Verteilung (sogenannter t-Wert)[658]
n	Anzahl Datenpunkte in der Stichprobe

In den nachfolgenden Kapiteln 12.2 bis 12.7 werden die Ergebnisse deskriptiv darge-stellt und in Kapitel 12.8 auf Seite 321 übersichtlich zusammengefasst. Die Interpretati-on der gefundenen Elastizitäten erfolgt in Kapitel 12.9 auf Seite 329ff. Das Kapitel 12 schliesst mit den Grenzen der Interpretation der Daten dieser Untersuchung in Kapitel 12.9.6 auf Seite 340f.

12.2   Ergebnisse zum Management

12.2.1   Überblick

Der Systematik der Hypothesengenerierung folgend,[659] wird nachstehend auf die fol-genden Punkte näher eingegangen:

- Anzahl Mitarbeiter
- Lohn pro Mitarbeiter
- Umsatz pro Mitarbeiter
- Personalkosten (absolut und relativ zum Umsatz)
- Höhe der Beteiligung des Finanzgebers

---

[657] Das Bestimmtheitsmass (auch: Determinationskoeffizient genannt) gibt an, welcher Anteil der Streuung der abhängigen Variable y durch die Regressionsgerade „bestimmt" oder „erklärt" werden kann. Näheres in: Bohley, 1991, S. 242ff.

[658] Der t-Wert gilt als wichtigstes Mass der statistischen Signifikanz eines Zusammenhangs zweier Variablen bei Stichproben von relativ geringem Umfang. Der Wert der T-Verteilung ist abhängig von dem Freiheitsgrad, welcher der Anzahl Datenpunkte in der Stichprobe minus die Anzahl erklärender Variablen entspricht. Da im Rahmen dieser Arbeit keine multiplen Korrelationsanalysen durchgeführt werden, entspricht die Anzahl erklärender Variablen stets dem Wert eins. Im Folgenden gelten für zweiseitige Tests und Stichproben in der Grössenordnung von n = 40 - 70 die folgenden Werte für t: 1.671 bedeutet Signifikanz auf dem 95% Vertrau-ensintervall, 2.000 bedeutet Signifikanz auf dem 97.5% Konfidenzniveau und bei einem t-Wert von 2.660 liegt der Mittelwert der Residuen der Regression in 99% aller Fälle innerhalb der Grenzen der angenommenen symmetrischen T-Verteilung. Näheres in: Bohley, 1991, S. 415ff.

[659] Siehe oben Kapitel 11.2 Hypothesen zum Management auf Seite 241ff.

12.2.2   Humankapital

These 1 kann gemäss Abbildung 42 bestätigt werden: Der Unternehmenswert wird in dieser Stichprobe von der Grösse der Belegschaft und damit der Höhe des Humankapitals in einem Jungunternehmen statistisch signifikant positiv beeinflusst.[660] Interessanter als die absolute Veränderung ist die Elastizität. Eine Erhöhung der Anzahl Mitarbeiter um 10% bewirkt in dieser Stichprobe im Durchschnitt eine Erhöhung des Unternehmenswertes um 8%. Die durchschnittliche Anzahl Mitarbeiter beträgt 23, der Median der 46 Unternehmen liegt bei 14 Mitarbeitern.

Beim statistischen Ausreisser links oben handelt es sich um einen Handelsbetrieb. In dieser Branche können hohe Umsätze mit wenigen Mitarbeitern erzielt werden. Daher ist dort die Anzahl Mitarbeiter kein aussagekräftiger Indikator für die Höhe des Unternehmenswertes.

Abbildung 42: Korrelationsanalyse Anzahl Mitarbeiter und Unternehmenswert

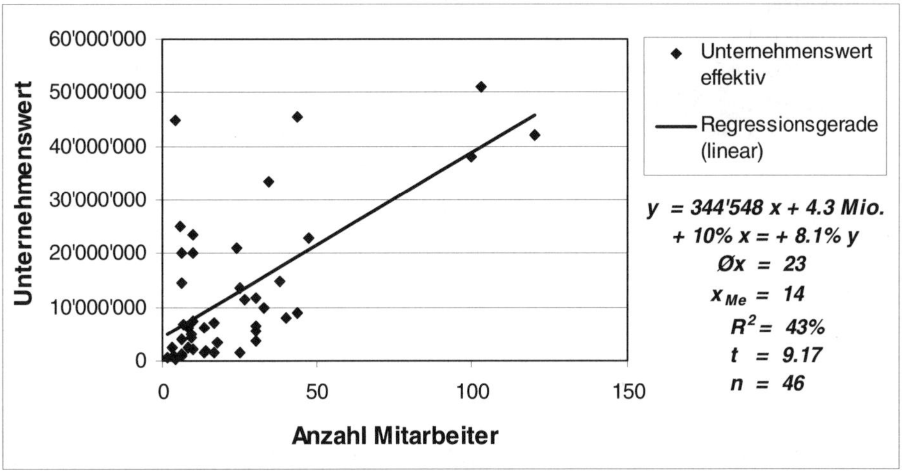

$y = 344'548\,x + 4.3\,Mio.$
$+ 10\%\,x = + 8.1\%\,y$
$Øx = 23$
$x_{Me} = 14$
$R^2 = 43\%$
$t = 9.17$
$n = 46$

Quelle: eigene Untersuchung.

---

[660] Zur genauen Formulierung von These 1 siehe Kapitel 11.2.2 Humankapital auf Seite 242.

12.2.3   Personalkosten

These 2 muss aufgrund dem in Abbildung 43 gezeigten Zusammenhang falsifiziert werden: Der Unternehmenswert ist *nicht* unbeeinflusst von der Höhe der Personalkosten.[661] Im Gegenteil. In der 52 Datenpunkte enthaltenden Stichprobe bewirkt eine Erhöhung der Personalkosten um 10% im Durchschnitt eine Erhöhung des Unternehmenswertes um 8.1%.

Abbildung 43: Korrelationsanalyse Personalkosten und Unternehmenswert

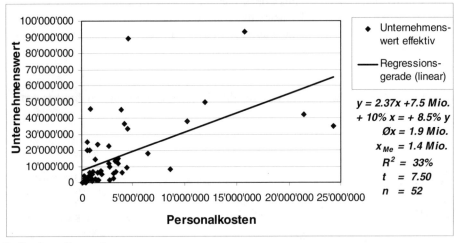

Quelle: eigene Untersuchung.

Nicht immer bedeutet Korrelation jedoch auch Kausalität. Hier mag die Ursache für den eigentlich verkehrten, da positiven, Zusammenhang zwischen einer Kostenposition und dem Unternehmenswert darin liegen, dass die Höhe der Personalkosten einen Indikator für die Anzahl Mitarbeiter geben, und eigentlich letztere positive Auswirkungen auf den Unternehmenswert zeigen (siehe oben Abbildung 42). Zudem gilt der Umkehrschluss, dass grössere Unternehmen tendenziell auch höhere Personalkosten aufweisen. Insofern dürfen die Ursachen und Wirkungen nicht vertauscht werden.

---

[661] Zur genauen Formulierung von These 2 siehe Kapitel 11.2.3 Personalkosten auf Seite 242.

Daher ist es vorzuziehen, das Augenmerk auf die dynamischen Berechnungen des Einflusses der Personalkosten auf den Unternehmenswert zu werfen. Abbildung 44 zeigt, dass sich unter der zugrunde gelegten Ceteris-paribus-Annahme eine Erhöhung der Personalkosten um 10% in einer kalkulatorischen Senkung des Unternehmenswertes um 14% auswirkt. Mit dieser Elastizität von 1.4 muss These 2 verworfen werden.[662]

Abbildung 44: Einfluss Personalkosten auf Unternehmenswert

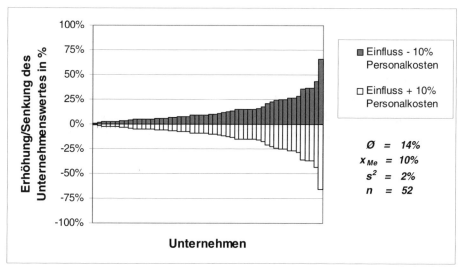

Quelle: eigene Untersuchung.

---

[662] Zur genauen Formulierung von These 2 siehe Kapitel 11.2.3 Personalkosten auf Seite 242.

Betrachtet man schliesslich die Personalkosten nicht absolut, sondern relativ in Prozent vom Umsatz, dann zeigt sich ein weiteres interessantes Bild (siehe Abbildung 45).

Abbildung 45: Korrelationsanalyse Personalkosten/Umsatz und Unternehmenswert

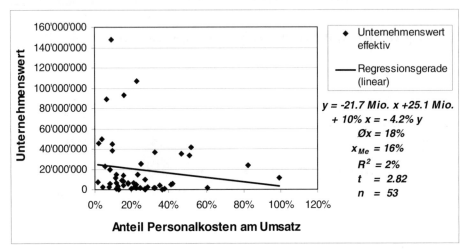

Quelle: eigene Untersuchung.

In dieser Stichprobe von 53 Unternehmen wirkt sich eine Erhöhung des Anteils der Personalkosten am Umsatz in der Nähe des Mittelwertes von 18% mit einer Senkung des Unternehmenswertes von durchschnittlich 4.2% aus. Dieser negative Zusammenhang könnte von der „Abneigung" der Venture Capital-Branche gegenüber Projekten in der Dienstleistungsindustrie herrühren. Investoren bevorzugen üblicherweise Geschäftsmodelle, bei denen irgendwelche Sicherheiten vorhanden sind. Beträgt der Anteil der Löhne am Umsatz beinahe 100%, deutet dies darauf hin, dass die Unternehmung ausschliesslich mit dem Faktor Arbeit ihre Wertschöpfung erbringt und daher ein höheres Risiko aufweist als z.B. durch Patente geschützte Technologien.

12.2.4   Umsatz pro Mitarbeiter

Eine grosse Überraschung zeigt Abbildung 46, welche scheinbar These 3 eindrücklich widerlegt.[663] Erstaunlicherweise zeigt die Grösse Umsatz pro Mitarbeiter in der statistischen Korrelationsanalyse keinerlei Einfluss auf den Unternehmenswert.

Werden die beiden Grössen der x- und y-Achse jedoch logarithmiert, dann zeigt sich im Koeffizienten der resultierenden Regressionsgerade eine positive Elastizität von +1.040. Dies bedeutet, dass in der Nähe des Mittelwertes von 0.4 Mio. eine 10%-ige Steigerung des Umsatzes pro Mitarbeiter eine durchschnittliche Erhöhung des Unternehmenswertes um 4% bewirkt.

Abbildung 46: Korrelationsanalyse Umsatz/Mitarbeiter und Unternehmenswert

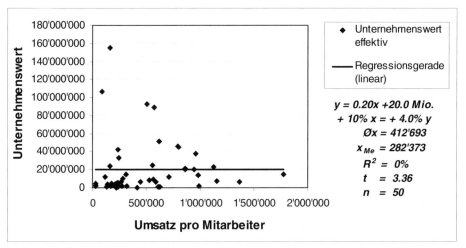

Quelle: eigene Untersuchung.

---

[663] Zur genauen Formulierung von These 3 siehe Kapitel 11.2.4 Umsatz pro Mitarbeiter auf Seite 243.

Interessanter als eine Korrelationsanalyse mit unklaren Kausalitäten ist jedoch die Betrachtung des gerechneten Einflusses einer Erhöhung bzw. Senkung des Umsatzes pro Mitarbeiter um 10% (siehe Abbildung 47).

Abbildung 47: Einfluss Umsatz pro Mitarbeiter auf Unternehmenswert

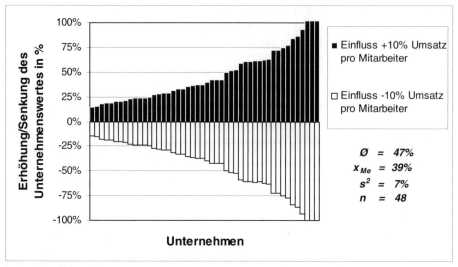

Quelle: eigene Untersuchung.

Im Durchschnitt bewirkt folglich eine Steigerung des Umsatzes pro Mitarbeiter um 10% eine Erhöhung des Unternehmenswertes um 47%. Mit einer Elastizität von 4.7 kann These 3 unmöglich falsifiziert werden.[664] Der Einfluss mag gemäss den Untersuchungsergebnissen vielleicht nicht statistisch signifikant sein, aber der Einfluss ist gemäss den dynamischen Ceteris-paribus-Berechnungen nicht von der Hand zu weisen.

---

[664] Zur genauen Formulierung von These 3 siehe Kapitel 11.2.4 Umsatz pro Mitarbeiter auf Seite 243.

12.2.5   Lohn pro Mitarbeiter

Die in Kapitel 11.2.5 auf Seite 243 angestellten Überlegungen können gemäss Abbildung 48 bestätigt werden: Höhere Löhne treten tatsächlich statistisch signifikant (99% Vertrauensintervall, zweiseitiger Test) gehäuft mit höheren Unternehmenswerten auf. Die Logarithmierung der beiden Achsen offenbart eine Elastizität von 1.190, was bedeutet, dass um den Mittelwert von CHF 123'660 eine 10%-ige Erhöhung des Lohns pro Mitarbeiter eine Erhöhung des Unternehmenswertes um 19% nach sich zieht. Das mediale Einkommen beträgt in dieser Stichprobe von 39 Unternehmen knapp unter CHF 100'000.

Abbildung 48: Korrelationsanalyse Lohn/Mitarbeiter und Unternehmenswert

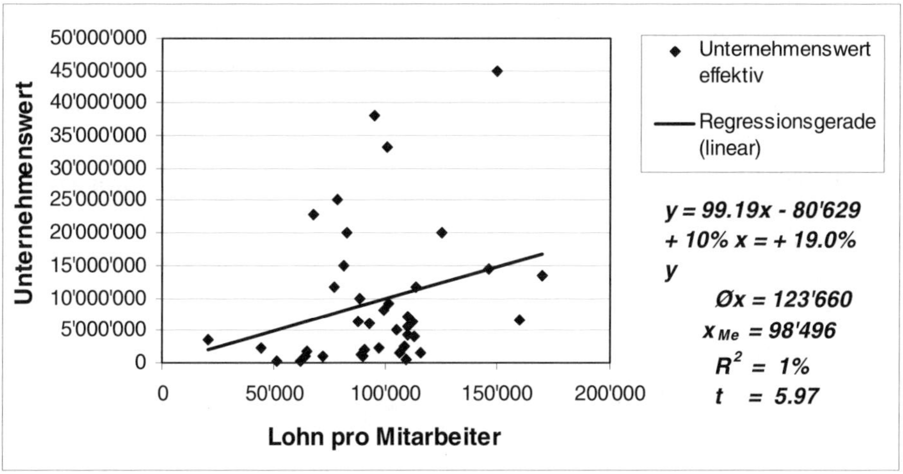

Quelle: eigene Untersuchung.

Auch hier gilt es jedoch, bei der Interpretation der Daten Vorsicht walten zu lassen. Korrelation darf nicht mit Kausalität gleichgesetzt werden. Eine Theorie mag sein wie in These 4 dargelegt, dass diejenigen Unternehmen höher im Wert eingeschätzt werden, welche hoch qualifizierte Mitarbeiter angestellt haben und diese ex ante dementsprechend hohe Salärforderungen stellen.[665] Wahrscheinlicher aber ist die umgekehrte Logik zutreffender: Erfolgreiche Unternehmen zeichnen sich durch höhere Liquidität aus und sind daher eher bereit, ex post höhere Gehälter zu bezahlen.

---

[665] Zur genauen Formulierung von These 4 siehe Kapitel 11.2.5 Lohn pro Mitarbeiter auf Seite 243.

12.2.6   Beteiligung des Finanzgebers

These 5 wird durch das Ergebnis in Abbildung 49 eindrücklich falsifiziert: Die Höhe der Beteiligung des Venture Capitalisten korreliert nicht positiv, sondern deutlich negativ mit dem Unternehmenswert.[666] Bei den 74 untersuchten Unternehmen bedeutet eine Erhöhung der Beteiligung des Kapitalgebers um 10% eine Senkung des Unternehmenswertes um beinahe 7%. Diese Relation stimmt umso exakter, je näher die Beteiligung beim arithmetischen Mittel von 24% ist (der Median beträgt 22%). Trotz des schlechten Bestimmtheitsmasses von 7% der Regressionsgeraden (nur 7% der Streuung der Datenpunkte um die Regressionsgerade kann durch die lineare Schätzfunktion erklärt werden) gilt dieser Zusammenhang aufgrund des t-Wertes von 3.54 auf einem 99% Konfidenzniveau (zweiseitiger Test) als statistisch signifikant.

Abbildung 49: Korrelationsanalyse Beteiligung VC und Unternehmenswert

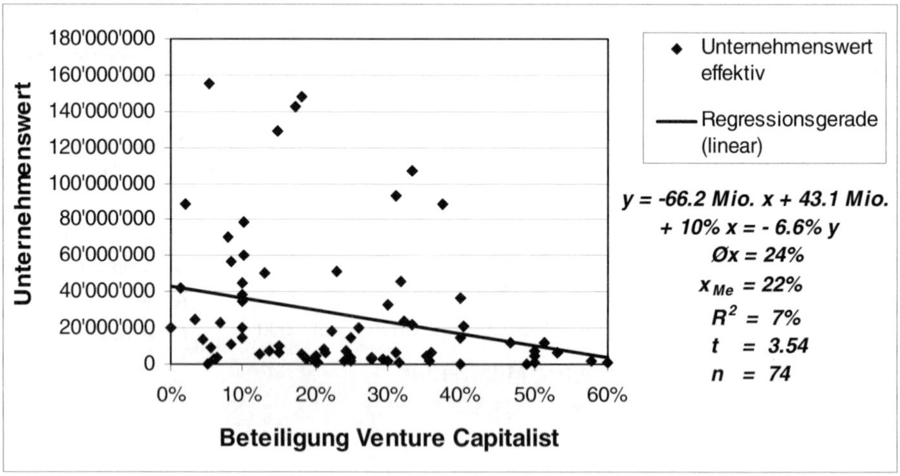

Quelle: eigene Untersuchung.

Die Ursache dieses wider Erwarten negativen Zusammenhanges mag darin liegen, dass erfolgreiche Unternehmer vielleicht tatsächlich ein Szenario mit höherem Kapitalbedarf umsetzen und darum ihr Anteil am Unternehmen stärker verwässert wird. Dieser Effekt scheint jedoch kleiner zu sein als der gegenläufige Effekt, dass die Beteiligung des Venture Capitalisten bei konstant gehaltener Investitionssumme umso höher ausfällt, je kleiner die Unternehmung ist.

---

[666] Zur genauen Formulierung von These 5 siehe Kapitel 11.2.6 Beteiligung des Finanzgebers auf Seite 243.

12.3 Ergebnisse zur Absatzprognose

12.3.1 Überblick

Der Systematik der Hypothesengenerierung folgend,[667] wird nachstehend auf die folgenden Punkte näher eingegangen:

- Absatzzahlen
- Preise
- Anteil der Produkte A, B und C am Umsatz
- Anteil der Produkte A, B und C am Bruttogewinn
- Auswirkungen bei Ausfall der Produkte A, B oder C

12.3.2 Absatzzahlen

Wie in These 6 auf Seite 244 erwartet, erweist sich der Absatz gemäss den in Abbildung 50 dargestellten Ergebnissen der Untersuchung tatsächlich als einer der stärksten Einflussfaktoren überhaupt auf den Unternehmenswert.[668] Eine Erhöhung der Absatzzahlen um 10% bewirkt in der Stichprobe von 66 Unternehmen im Durchschnitt eine Erhöhung des Unternehmenswertes von 49%. Dies ist eine der höchsten gemessenen Elastizitäten in der empirischen Untersuchung.

---

[667] Siehe oben Kapitel 11.3 Hypothesen zur Absatzprognose auf Seite 244ff.

[668] Zur genauen Formulierung von These 6 siehe Kapitel 11.3.2 Absatzzahlen auf Seite 244.

Abbildung 50: Einfluss der Absatzzahlen auf den Unternehmenswert

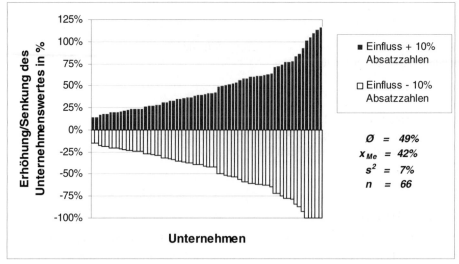

Quelle: eigene Untersuchung.

These 7 auf Seite 244 äussert sich zur erwarteten Umsatzentwicklung und unterstellt ein exponentiell geplantes Wachstum.[669] Abbildung 51 zeigt die medialen Umsätze der ersten fünf Jahre der Stichprobe von 74 untersuchten Unternehmen.

---

[669] Zur genauen Formulierung von These 7 siehe Kapitel 11.3.2 Absatzzahlen auf Seite 244.

Abbildung 51: Durchschnittliche Plan-Umsatzentwicklung der ersten fünf Jahre

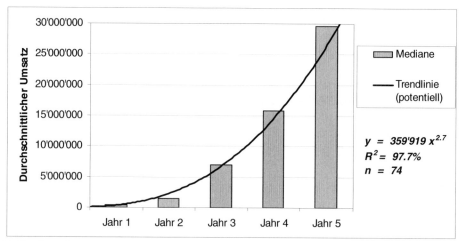

Quelle: eigene Untersuchung.

Deutlich ist eine nicht-lineare Wachstumsrate zu erkennen. Jungunternehmer sind vermutlich aufgrund der hohen Renditeforderungen von Venture Capitalisten versucht, in ihren Businessplänen unrealistisch hohe Umsatzwachstumsraten zu zeigen, um so ihre Chance auf Finanzierung des Vorhabens zu erhöhen.

Schreibt man den Trend noch für eine halbe Periode weiter, so zeigt sich bereits, dass die Annahme eines exponentiellen Umsatzwachstums zu überhöhten Umsatzschätzungen in der fernen Zukunft führt (siehe Abbildung 52). Realistischer scheint daher die Verwendung einer potentiellen Trendlinie. In diesem strengen Sinne muss daher These 7 verworfen werden.

Abbildung 52: Potentielle Trendlinie liefert bessere Prognose als exponentielle

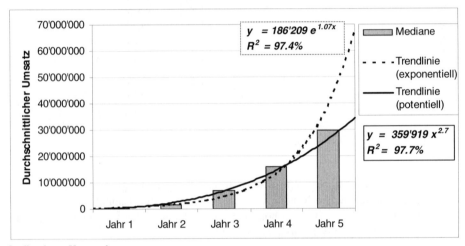

Quelle: eigene Untersuchung.

12.3.3   Preise

Der Umsatz setzt sich zusammen aus der Anzahl abgesetzter Produkte, multipliziert mit den Preisen pro Einheit. Abbildung 50 hat den Effekt der Absatzzahlen auf den Unternehmenswert untersucht. Nun soll auf den Einfluss der Preise eingegangen werden. These 8 auf Seite 245 unterstellt einen noch höheren Einfluss der Preise auf den Unternehmenswert als bei den Absätzen.[670] Dies aufgrund der Tatsache, dass sich Preisänderungen nicht nur indirekt über eine Erhöhung der Umsätze, sondern auch direkt auf die Bruttogewinnmarge auswirken. Abbildung 53 zeigt das Ergebnis der Untersuchung an 68 Unternehmen der Stichprobe.

Abbildung 53: Einfluss der Preise der Produkte/DL auf den Unternehmenswert

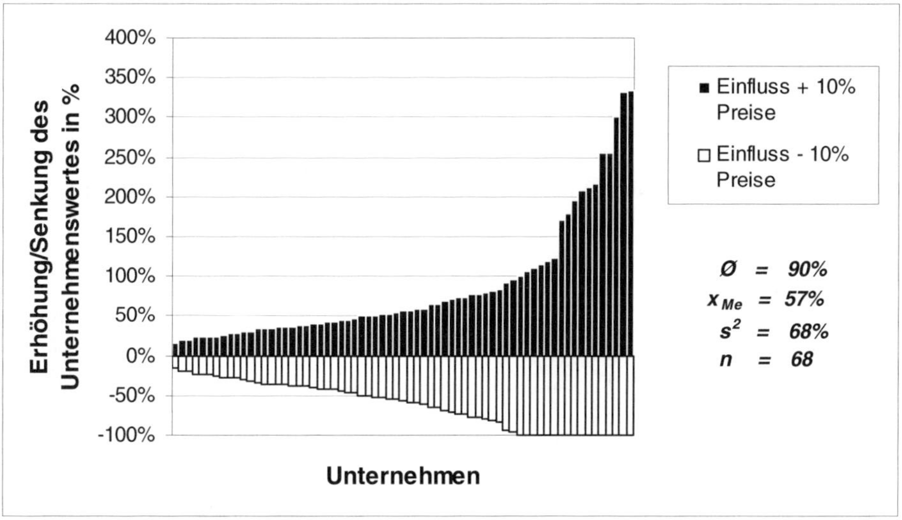

Quelle: eigene Untersuchung.

10% Erhöhung des Preisniveaus bewirken bei den untersuchten Unternehmen im Durchschnitt eine Erhöhung des Unternehmenswertes von 90%, was fast einer Verdoppelung des Wertes entspricht. Der Mittelwert von 90% ist allerdings stark von Extremwerten beeinflusst, was auch der hohen Varianz von 68% zu entnehmen ist. Für die Interpretation der Ergebnisse sicherlich sinnvoller ist die Verwendung des Medians der 68 Datenpunkte, welcher 57% entspricht.

---

[670] Zur genauen Formulierung von These 8 siehe Kapitel 11.3.3 Preise auf Seite 245.

Interessant ist auch die Erkenntnis, dass in 34% aller 74 untersuchten Fälle eine Reduktion des Preisniveaus von lediglich 10% den Unternehmenswert gemäss DCF-Methode auf Null sinken lässt. Dies erstaunt, da schliesslich mit solchen Ereignissen gerechnet werden muss, z.B. infolge eines Preiskampfes mit der reagierenden Konkurrenz.

Trotz des immensen Einflusses der Preise für die Marktleistungen einer Jungunternehmung auf deren Unternehmenswert, haben erstaunlicherweise nur 20% aller untersuchten 74 Unternehmen im Finanzteil ihres Businessplans die Preise explizit ausgewiesen.

12.3.4   Anteil Produkte A, B und C am Umsatz

These 9 auf Seite 245 thematisiert die Abhängigkeit von Jungunternehmen von ihrem Hauptumsatzträger (Produkte oder Dienstleistungen).[671] Tatsächlich sind von den 74 untersuchten Unternehmen knapp die Hälfte Einproduktunternehmen (siehe Abbildung 54).

Abbildung 54: Anteil Haupt-Produkt/Dienstleistung am Umsatz der Unternehmen

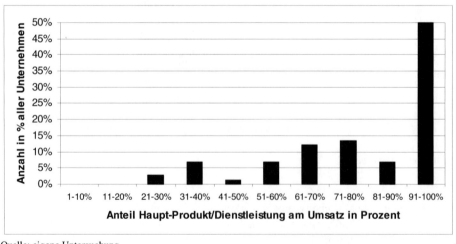

Quelle: eigene Untersuchung.

---

[671] Zur genauen Formulierung von These 9 siehe Kapitel 11.3.4 Anteil Produkte A, B und C am Umsatz auf Seite 245.

Dementsprechend sensibel reagiert der Unternehmenswert, sollte sich die wichtigste Marktleistung der Unternehmung als Flop erweisen. Bei über 75% der untersuchten Jungunternehmen würde der Wert gemäss DCF-Methode auf Null sinken, wenn das Hauptprodukt keinen Beitrag zum Umsatz leisten könnte.

12.3.5 Anteil Produkte A, B und C am Bruttogewinn

Die ABC-Analyse der Umsatzträger kann theoretisch über die wirkliche Bedeutung der Produkte und Dienstleistungen auf den Unternehmenswert täuschen. Diese wird nämlich nicht durch den Umsatzbeitrag, sondern durch den Deckungsbeitrag im Sinne der Bruttogewinnmarge erzielt. These 10 auf Seite 246 vermutet, dass der Hauptumsatzträger nicht zwingend auch den grössten Anteil am Bruttogewinn aufweisen wird.[672] Diese Hypothese wird durch die empirische Untersuchung eindeutig widerlegt. Abbildung 55 zeigt in schwarz gedruckt die Verteilung der 74 Datenpunkte betreffend Anteil von Produkt A am Bruttogewinn. In weisser Farbe ist zum Vergleich nochmals der Anteil von Produkt A am Umsatz abgetragen wie in Abbildung 54. Die beiden Verteilungen sind nahezu deckungsgleich. Folglich ist in der untersuchten Stichprobe der Hauptumsatzträger auch für den grössten Deckungsbeitrag auf Bruttogewinn-Ebene verantwortlich.

Abbildung 55: Anteil Haupt-Produkt/Dienstleistung am Bruttogewinn und Umsatz

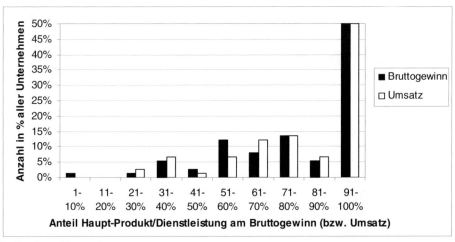

Quelle: eigene Untersuchung.

---

[672] Zur genauen Formulierung von These 10 siehe Kapitel 11.3.5 Anteil Produkte A, B, und C am Bruttogewinn auf Seite 246.

12.3.6   Auswirkungen bei Ausfall der Produkte A, B oder C

Wie in Kapitel 11.3.6 auf Seite 246 beschrieben, würde der Ausfall des Hauptproduktes (Produkt A gemäss der ABC-Analyse nach Bedeutung der Produkte und Dienstleistungen) in der Regel das Aus für die Jungunternehmung bedeuten. Folglich erscheint die Fortführung der betrieblichen Tätigkeit in diesem Falle unrealistisch.

Daher soll an dieser Stelle untersucht werden, welchen Einfluss auf den Unternehmenswert der Ausfall der Produkte bzw. Dienstleistungen B oder C bewirkt.

Abbildung 56 zeigt die Verteilung der untersuchten Unternehmen in der Stichprobe in Bezug auf den Einfluss eines Ausfalls des zweitwichtigsten Produkts bzw. Dienstleistung auf den Unternehmenswert.

Abbildung 56: Senkung des Unternehmenswertes bei Ausfall Produkt/DL Nr. 2 (B)

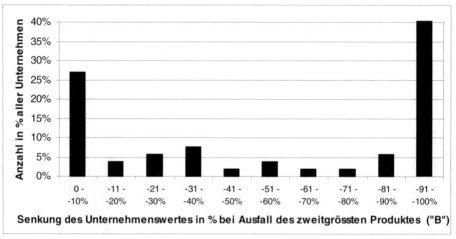

Quelle: eigene Untersuchung.

These 11 auf Seite 246 prognostiziert einen starken Einfluss der Nebenprodukte auf den Unternehmenswert.[673] Dies kann in Anbetracht dieser Ergebnisse durchaus bejaht werden. Zwar bleibt der Unternehmenswert bei 27% der untersuchten Start-ups von einem Totalausfall der zweitwichtigsten Produktlinie des Hauses relativ unbeeinflusst. Allerdings würde der Unternehmenswert in 40% aller Fälle gemäss DCF-Methode auf Null

---

[673] Zur genauen Formulierung von These 11 siehe Kapitel 11.3.6 Auswirkungen bei Ausfall der Produkte A, B oder C auf Seite 246.

sinken, wenn diese Produktlinie keinen Beitrag zum Erfolg des Unternehmens zu leisten imstande wäre.

Abbildung 57 schliesslich zeigt die Resultate im Falle des Marktversagens der dritt-wichtigsten Produktlinie bzw. Art von Dienstleistung. Hier wird der Unternehmenswert nur noch in 21% aller untersuchten Fälle gemäss DCF-Methode auf Null sinken. 58% der Jungunternehmen der Stichprobe könnten den Ausfall dieser Nebenprodukte schad-los überstehen. Diese Aussichten reduzieren das Investitionsrisiko für den Venture Ca-pital-Geber beträchtlich.[674]

Abbildung 57: Senkung des Unternehmenswertes bei Ausfall Produkt/DL Nr. 3 (C)

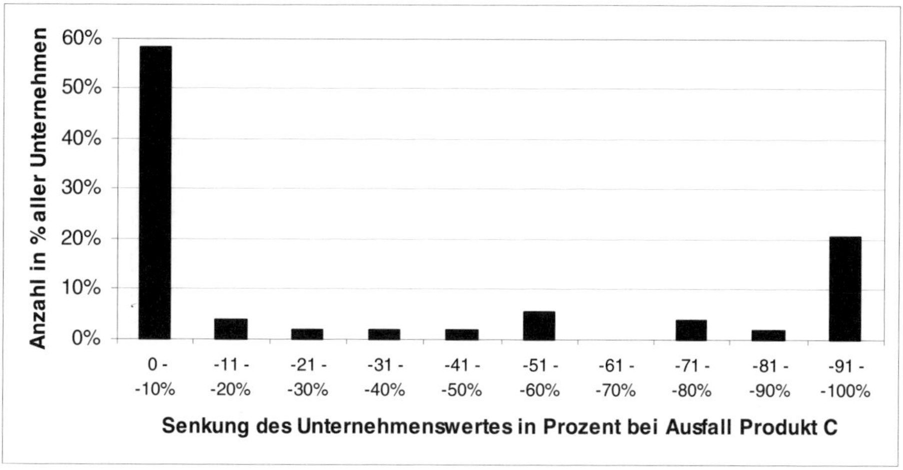

Quelle: eigene Untersuchung.

12.4   Ergebnisse zur Bewertungsmethode

12.4.1   Überblick

Der für den Theoretiker wie auch für den Praktiker sicherlich interessanteste Aspekt der Untersuchung sind die Ergebnisse zu den verschiedenen Methoden zur Unternehmens-bewertung. Schliesslich unterstellt These 12 auf Seite 247 provokativ, dass die Wahl der Bewertungsmethode einen geringeren Einfluss auf den Unternehmenswert haben soll,

---

[674] Siehe mehr dazu in Kapitel 12.6 Ergebnisse zu Risikoaspekten auf Seite 307ff.

als die meisten anderen im Rahmen dieser Arbeit untersuchten Faktoren.[675] Die Beantwortung dieser Frage folgt logisch konsequent, nachdem alle anderen Einflussfaktoren in Kapitel 12.8 Zusammenfassung der Ergebnisse auf Seite 321ff. untersucht worden sind.

Der Systematik der Hypothesengenerierung folgend,[676] wird nachstehend auf die folgenden Methoden und Aspekte näher eingegangen:

- Substanzwert
- Ertragswert
- Discounted Cash Flow (DCF) - Methode
- Wert vergleichbarer börsenkotierter Unternehmen
- Wert vergleichbarer Mergers & Acquisitions - Transaktionen
- Realoptionen
- Durchschnitt aller Methoden
- Behandlung der Steuern

12.4.2   Substanzwert

These 13 besagt auf Seite 248, dass der Substanzwert in der heutigen Zeit nicht mehr in der Lage sein wird, als Indikator für den effektiv am Markt realisierten Unternehmenswert zu dienen.[677] Abbildung 58 bestätigt diese Hypothese. Zwischen Substanzwert und effektiv in der Finanztransaktion bezahltem Preis für das Unternehmen besteht kein sichtlich erkennbarer Zusammenhang.

---

[675] Zur genauen Formulierung von These 12 siehe Kapitel 11.4.1 Überblick auf Seite 247.
[676] Siehe oben Kapitel 11.4 Hypothesen zur Bewertungsmethode auf Seite 247ff.
[677] Zur genauen Formulierung von These 13 siehe Kapitel 11.4.2 Substanzwert auf Seite 247.

Abbildung 58: Substanzwert im Vergleich zum effektiver Unternehmenswert

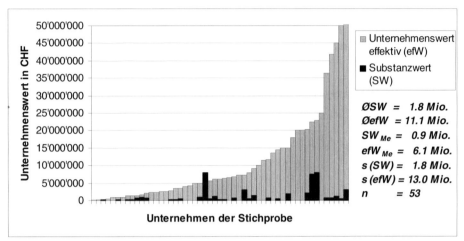

Quelle: eigene Untersuchung.

Mit fast zehn Mal zu tiefem Mittelwert und sechs Mal zu tiefem Median ist der Substanzwert einer Jungunternehmung in dieser Stichprobe von 53 neu gegründeten Unternehmen als Indikator für den realen Wert nicht zu gebrauchen. Im Durchschnitt beträgt die Abweichung 87% (arithmetisches Mittel) bzw. 97% (Median). Das bedeutet den letzten Rang aller acht angewandten Methoden in dieser Arbeit. Folglich konnte These 13 bestätigt werden, da im Rahmen dieser Untersuchung keine Methode noch schlechtere Ergebnisse erzielte als die antiquierte Substanzwertmethode.

12.4.3   Ertragswert

Ein Blick auf die Rohdaten lässt bereits erkennen, dass der Ertragswert in dieser Stichprobe bedeutend besser in der Lage ist, den effektiv am Markt realisierten Unternehmenswert abzubilden als der Substanzwert (siehe Abbildung 59).

Abbildung 59: Ertragswert im Vergleich zum effektiven Unternehmenswert

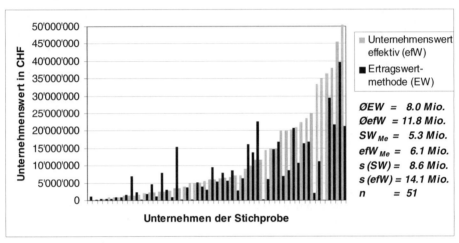

Quelle: eigene Untersuchung.

Ein präziseres Bild des Zusammenhangs dieser zwei Grössen mag jedoch die korrekte statistische Regression zu zeichnen. Abbildung 60 zeigt den mit einem t-Wert von 6.47 hochsignifikanten Zusammenhang. Aufgrund des relativ schlechten Resultates einer Elastizität von lediglich 0.47 reicht dies im Vergleich zu den anderen sieben untersuchten Bewertungsmethoden in Bezug auf die durchschnittliche Nähe der Schätzung zum effektiven Wert nur noch für den fünften Platz.

Abbildung 60: Korrelationsanalyse von Ertragswert und effektivem Wert

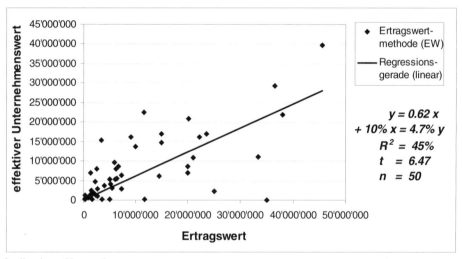

Quelle: eigene Untersuchung.

These 14 auf Seite 248 unterstellte eine Ähnlichkeit zwischen den Ergebnissen der Unternehmensbewertung gemäss Ertragswert- und Discounted Cash Flow (DCF) - Methode.[678] Eine solche Ähnlichkeit könnte auf den ersten Blick, wie in Abbildung 61 gezeigt, zutreffen.

Abbildung 61: Ertragswert im Vergleich zur Discounted Cash Flow-Methode

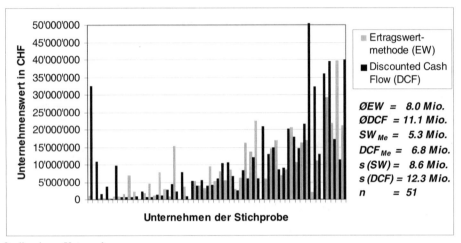

Quelle: eigene Untersuchung.

---

[678] Zur genauen Formulierung von These 14 siehe Kapitel 11.4.3 Ertragswert auf Seite 248.

Bei genauerer Betrachtung fällt jedoch auf, dass die durchschnittliche Abweichung 61% zwischen diesen beiden Methoden beträgt. Untersucht man die Korrelation von Unternehmenswert gemäss Ertragswert- und DCF-Methode, so muss mit einer Elastizität von 0.28, einem bescheidenen t-Wert von 1.62 und einem Bestimmtheitsmass von nahe Null These 14 verworfen werden (siehe Abbildung 62).

Abbildung 62: Korrelationsanalyse von Ertragswert und DCF-Methode

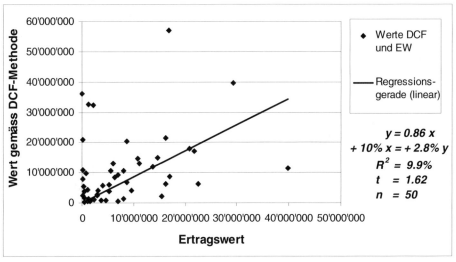

Quelle: eigene Untersuchung.

12.4.4   Discounted Cash Flow (DCF) - Methode

These 15 auf Seite 248 verleiht der DCF-Methode Vorschusslorbeeren und erwartet eine äusserst akkurate Annäherung an den effektiven Unternehmenswert.[679] Wie in Abbildung 63 ersichtlich, kann dies aufgrund der Stichprobe von 72 untersuchten Jungunternehmen bestätigt werden.

Abbildung 63: Abweichung der DCF-Methode vom effektiven Unternehmenswert

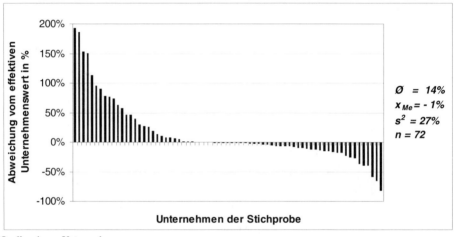

Quelle: eigene Untersuchung.

Die mediale Abweichung von lediglich −1% muss als sensationell bezeichnet werden und übertrifft jegliche Erwartungen. Die im Vergleich dazu relativ schlechte mittlere Abweichung von 14% ist auf fünf statistische Ausreisser zurückzuführen. Ohne diese würde das arithmetische Mittel der verbleibenden 67 Datenpunkte lediglich eine Abweichung von 3% gegenüber dem effektiven Unternehmenswert zeigen. Mit diesem Ergebnis liegt die DCF-Methode deutlich an der Spitze auf dem ersten Rang. Keine andere Methode der insgesamt acht untersuchten Bewertungsmethoden konnte noch präzisere Voraussagen treffen.

---

[679] Zur genauen Formulierung von These 15 siehe Kapitel 11.4.4 Discounted Cash Flow (DCF) - Methode auf Seite 248.

12.4.5   Venture Capital-Methode

These 16 auf Seite 249 erwartet, dass die Venture Capital-Methode, in oben definiertem Sinne,[680] am besten von allen untersuchten Bewertungsmethoden in der Lage sei, dem in der Realität bei Erstfinanzierungsrunden von Jungunternehmen bezahlten Preis möglichst nahe zu kommen.[681] Trotz der weiten Verbreitung dieser Methode im Venture Capital-Geschäft belegt sie jedoch nur Platz zwei nach der oben beschriebenen DCF-Methode.

Abbildung 64 zeigt die Abweichungen des mittels VC-Methode berechneten und effektiven Unternehmenswerts in der Stichprobe von 73 untersuchten Unternehmen.

Abbildung 64: Abweichung der Venture Capital-Methode vom effektiven Wert

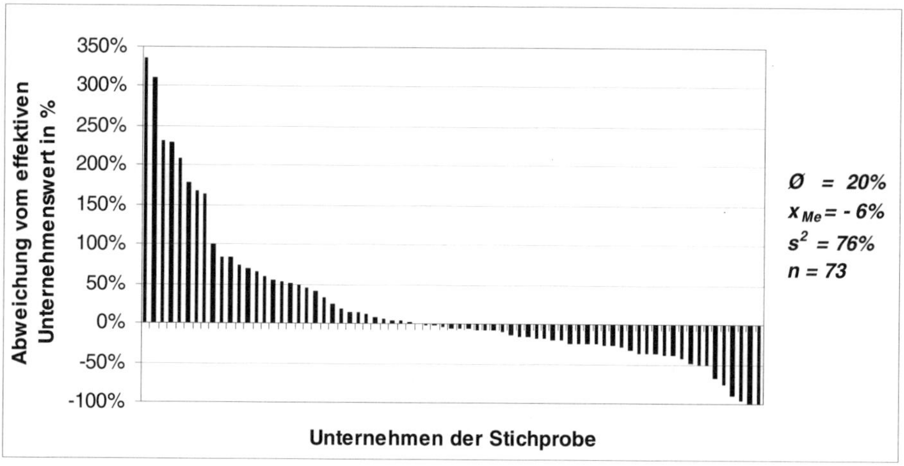

Quelle: eigene Untersuchung.

Die relativ hohe Abweichung des Mittelwertes von 20% ist wie bei der oben beschriebenen DCF-Methode auf fünf statistische Ausreisser zurückzuführen. Ohne Berücksichtigung dieser fünf Datenpunkte würde die VC-Methode eine durchschnittliche Abweichung von lediglich drei Prozent ausweisen.

---

[680] Siehe Kapitel 6.6 Venture Capital-Methode auf Seite 147f.

[681] Zur genauen Formulierung von These 16 siehe Kapitel 11.4.5 Venture Capital-Methode auf Seite 249.

12.4.6   Wert vergleichbarer börsenkotierter Unternehmen

These 17 auf Seite 249 geht davon aus, dass Jungunternehmen nicht mit börsenkotierten Unternehmen verglichen werden dürfen.[682] Aufgrund des höheren Risikos und der geringeren Liquidität von Start-ups, wird der Unternehmenswert bei der Anwendung von Multiples von börsenkotierten Unternehmen systematisch überschätzt.

Abbildung 65 bestätigt diese Vermutung. Bei 83% aller untersuchten Jungunternehmen fiel der resultierende Unternehmenswert *höher* aus als der effektiv am Markt beobachtete Wert. Dies trotz der Achtsamkeit des Autors, tunlichst nur die absolut *tiefsten* Multiples für Sales, EBITDA und EBIT für die Analyse zu verwenden. Verzichtet man auf die stärksten fünf Ausreisser, so reduziert sich die Abweichung auf 39% (arithmetisches Mittel) bzw. 21% (Median).

Abbildung 65: Abweichung des börsenkotierten vom effektiven Unternehmenswert

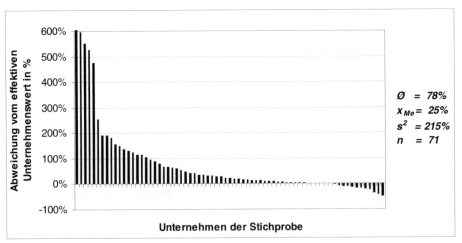

Quelle: eigene Untersuchung.

Obwohl im Durchschnitt die Unternehmenswerte um fast 80% zu hoch geschätzt wurden, ist dieses Verfahren immer noch besser als die Anwendung der Ertragswertmethode und belegt damit den vierten Rang gleich hinter dem Vergleich der zu bewertenden Unternehmung mit Mergers & Acquisitions - Transaktionen.

---

[682] Zur genauen Formulierung von These 17 siehe Kapitel 11.4.6 Wert vergleichbarer börsenkotierter Unternehmen auf Seite 249.

12.4.7   Wert vergleichbarer Mergers & Acquisitions - Transaktionen

Mit hauchdünnem Vorsprung überschätzt die Abstützung auf Referenzwerte aus den
M&A-Deals der jüngsten Vergangenheit den realen Unternehmenswert geringfügig
weniger stark als der Vergleich mit börsenkotierten Unternehmen. Damit belegt diese
Methode mehr oder weniger willkürlich den dritten Platz in dieser Untersuchung von 73
Unternehmen.

Interessanter als der Schlussrang ist die Tatsache, dass wie in These 18 auf Seite 250
vermutet, im Rahmen dieser empirischen Untersuchung eine systematische Überschätzung des Unternehmenswertes von über die Hälfte gemessen werden konnte (siehe
Abbildung 66).[683]

Abbildung 66: Abweichung des M&A-Transaktionspreises vom effektiven Wert

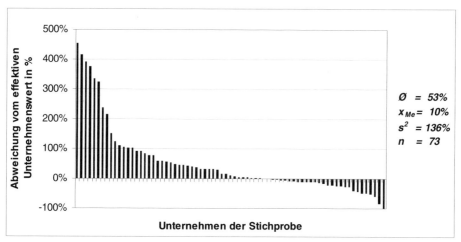

Quelle: eigene Untersuchung.

---

[683] Zur genauen Formulierung von These 18 siehe Kapitel 11.4.7 Wert vergleichbarer M&A-Transaktionen
auf Seite 250.

12.4.8   Realoptionen

Aufgrund der in Kapitel 11.4.8 auf Seite 250 dargelegten Zusammenhänge vermutet These 19 bei Anwendung der Erkenntnisse der Optionstheorie auf die Unternehmensbewertung deutlich höhere Unternehmenswerte als in der Realität beobachtet.[684] Abbildung 67 kann dies zumindest für die untersuchte Stichprobe von 73 Jungunternehmen bestätigen.

Abbildung 67: Abweichung des Realoptionenwertes vom effektiven Wert

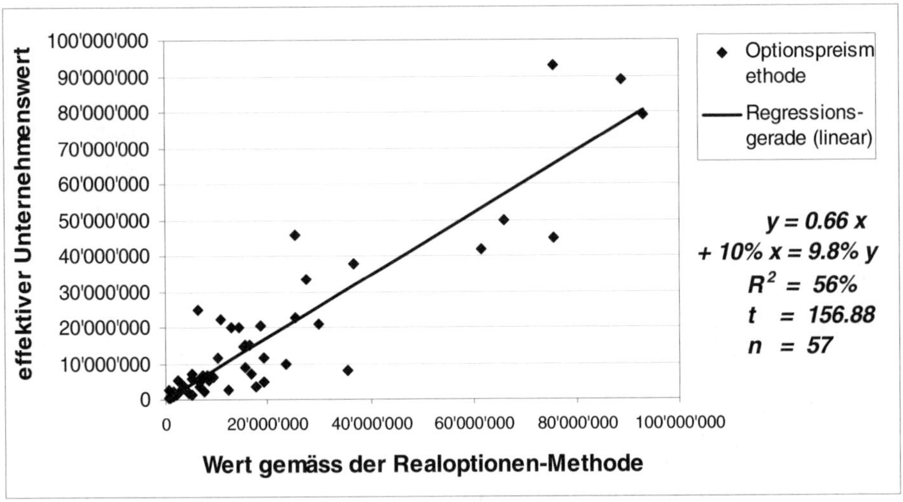

Quelle: eigene Untersuchung.

Mit einer mittleren Abweichung vom realisierten Unternehmenswert von 45% wird die Anwendung der Erkenntnisse der Optionstheorie in der Investitionsrechnung auf den sechsten Platz verwiesen. Das ist zwar nach der modifizierten Ertragswertmethode, jedoch vermag die Realoptionstheorie den Unternehmenswert in der untersuchten Stichprobe immer noch besser vorherzusagen als das Konzept des Economic Value Added (EVA).

---

[684] Zur genauen Formulierung von These 19 siehe Kapitel 11.4.8 Realoptionen auf Seite 250.

12.4.9   Economic Value Added (EVA)

Theoretisch sollten die Resultate gemäss DCF-Methode und EVA-Ansatz einander entsprechen. In der vorliegenden Arbeit waren jedoch Anpassungen an die spezifischen Gegebenheiten von neu gegründeten Unternehmen notwendig, sodass eine modifizierte Economic Value Added Methode zur Anwendung gelangte.[685] So wurden z.B. die Ausgaben für Forschung und Entwicklung künstlich aktiviert, um wenigstens ein bisschen Substanz in der Bilanz zu schaffen, um die EVA-Methode anwenden zu können. Aufgrund solcher Modifikationen unterscheiden sich die beiden Ansätze in ihrem Wert. In 43% der Fälle konnte gar kein Economic Value Added berechnet werden, da die entsprechenden Angaben aus der Bilanz fehlten. Betrachtet man die verbleibenden 42 Datenpunkte als 100%, so ist die DCF-Methode in 86% der Fälle näher am realen Unternehmenswert als der modifizierte EVA-Ansatz (siehe Abbildung 68).

Abbildung 68: Vergleich Realoptions- und DCF-Methode mit effektivem Wert

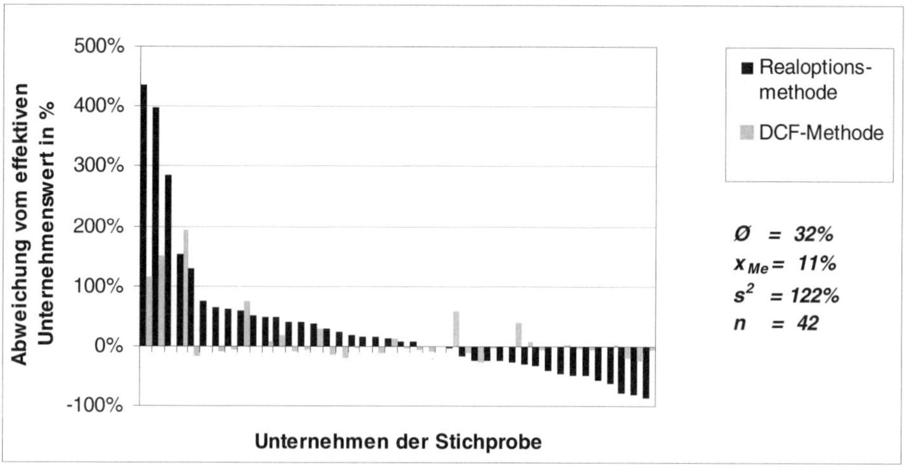

Quelle: eigene Untersuchung.

Mit einer durchschnittlichen Abweichung in der Stichprobe von 42 Unternehmen von +32% belegt die EVA-Methode den zweitletzten Platz und These 20 konnte bestätigt werden (systematische Überschätzung des effektiven Wertes).[686] Nur der Substanzwert vermag noch weniger über den in der Realität zu beobachtenden Unternehmenswert

---

[685] Siehe Kapitel 6.4.5 Konzept des Economic Value Added (EVA) als Kompromisslösung auf Seite 141ff.
[686] Zur genauen Formulierung von These 20 siehe Kapitel 11.4.9 Economic Value Added (EVA) auf Seite 250.

auszusagen als der Economic Value Added im Sinne einer Kompromisslösung zwischen Substanz- und Ertragswert.[687]

12.4.10   Durchschnitt aller Methoden

Erstellt man für jedes der 74 untersuchten Unternehmen eine individuelle Rangliste der Bewertungsmethode in der Reihenfolge der minimalsten Abweichungen zum effektiven Unternehmenswert, dann präsentiert sich die durchschnittliche Rangliste wie folgt (siehe Tabelle 15):

Tabelle 15: Schlussrangliste der genauesten Unternehmensbewertungsmethoden

∅Rang	Methode	∅Abweichung
1	Discounted Cash Flow	+14%
2	Venture Capital	+20%
3	Wert von vergleichbaren M&A-Transaktionen	+53%
4	Wert von vergleichbaren börsenkotierten Unternehmen	+78%
5	Ertragswert (modifiziert)	-32%
6	Optionswert	+45%
7	Economic Value Added (modifiziert)	+32%
8	Substanzwert	-87%

Quelle: eigene Untersuchung.

Interessanterweise gibt diese Methode der Abweichungen *je Unternehmung* und anschliessender Durchschnittsbildung des erzielten Ranges eine andere Reihenfolge (linke Spalte), als wenn nach den Abweichungen über *alle 74 Unternehmen* (rechte Spalte) sortiert würde. Welche Reihenfolge ist nun die richtige zur Bestimmung der besten Methode? Dies sei an einem Beispiel erklärt:

> Weist eine Methode X bei Unternehmung A eine Abweichung von +50% zum effektiven Wert auf, und bei Unternehmung B eine von –50%, dann zeigt die *rechte* Spalte in obiger Tabelle eine durchschnittliche Abweichung von 0%. Weist eine andere Methode Y nun für Unternehmung A +20% Abweichung auf und für Unternehmung B +10%, dann zeigt die *rechte* Spalte in obiger Tabelle eine durchschnittliche Abweichung von +15%. Gemäss diesem Verfahren hätte die Bewertungsmethode X ungerechtfertigterweise gewonnen als genaueste Methode, obwohl die Abweichungen beides Mal deutlich höher waren als bei Bewertungsmethode Y.

---

[687] Siehe dazu Kapitel 6.4.5 Konzept des Economic Value Added (EVA) als Kompromisslösung auf Seite 141ff.

Die *linke* Spalte dagegen vergibt für beide Unternehmen (A und B) den ersten Platz an die zweite Bewertungsmethode Y und verweist die Methode X beides Mal auf den zweiten Rang. Folglich ist auch der Durchschnitt aus diesen zwei Datenpunkten bei der Bewertungsmethode Y gleich eins und bei der Methode X gleich zwei.
Darum ist nicht der Durchschnitt aller Abweichungen aller 74 Bewertungen entscheidend für die Bestimmung der Genauigkeit einer Methode, sondern die Durchschnittsbildung des erzielten Ranges in jeder einzelnen Bewertung.

These 21 auf Seite 251 geht davon aus, dass der Mittelwert aller Methoden aufgrund seiner geglätteten Natur dem realen Unternehmenswert näher sein wird als jede einzelne Methode individuell.[688] These 22 präzisiert, dass bei Ausschluss der Substanz- und Ertragswerte dieser so gebildete Mittelwert noch genauere Schätzungen liefern könne.[689] Tabelle 16 liefert das Ergebnis der Untersuchung.

Tabelle 16: Rangliste inklusive zweier Durchschnittswerte

∅Rang	Methode	∅Abweichung
1	Discounted Cash Flow	+14%
2	Durchschnitt der sechs Methoden ohne SW und EW	+38%
3	Durchschnitt aller acht Methoden	+21%
4	Venture Capital	+20%
5	Wert von vergleichbaren börsenkotierten Unternehmen	+53%
6	Wert von vergleichbaren M&A-Transaktionen	+78%
7	Ertragswert (EW)	-32%
8	Optionswert	+45%
9	Economic Value Added (modifiziert)	+32%
10	Substanzwert (SW)	-87%

Quelle: eigene Untersuchung.

Aus obiger Tabelle wird ersichtlich, dass sich tatsächlich die Durchschnittsbildung ohne Berücksichtigung von Substanz- und Ertragswert positiv auf die mittlere Nähe zum realen Unternehmenswert auswirkt. Damit kann innerhalb der Stichprobe von 74 Erstfinanzierungsrunden von neu gegründeten Unternehmen These 22 bestätigt werden. Allerdings kann selbst mit diesem Trick die DCF-Methode nicht von ihrem Spitzenplatz verdrängt werden, was These 21 widerlegt.

---

[688] Zur genauen Formulierung von These 21 siehe Kapitel 11.4.10 Durchschnitt aller Methoden auf Seite 251.
[689] Zur genauen Formulierung von These 22 siehe Kapitel 11.4.10 Durchschnitt aller Methoden auf Seite 251.

12.4.11   Behandlung der Steuern

Als letzter Punkt soll im Rahmen der Analyse des Einflusses der Bewertungsmethodik auf den Unternehmenswert die Behandlung der Steuern thematisiert werden.

Steuern wirken sich verschiedenartig auf den Unternehmenswert aus.

Einerseits bewirken liquiditätswirksame Steuerzahlungen eine Senkung des verfügbaren Free Cash Flow (FCF). Die Höhe der Steuersätze ist ein Charakteristikum, welches im Rahmen dieser Arbeit dem Einflussfaktor *„Finanzmarktumfeld"* zugeordnet wird.[690]

Andererseits beeinflusst der Steuersatz über den Weighted Average Cost of Capital (WACC) den Kapitalkostensatz und damit die Diskontierungsrate bzw. den Kapitalisierungszinssatz (je nach Methode). Dieser Einfluss wird im Kapitel 12.6.2 Gesamtkapitalkostensatz auf Seite 307 über den Einfluss des *„Risikos"* im weiteren Sinne auf den Unternehmenswert abgehandelt.

These 23 auf Seite 252 vermutet einen marginalen Einfluss der Steuern auf die Unternehmungsbewertung von Start-ups.[691] Nur gerade drei der acht untersuchten Methoden (DCF, Realoptionen und EVA) berücksichtigen die Steuerausscheidung überhaupt. Es wurde vermutet, dass die Gewinne in der Gründungsphase inexistent seien und später mit den Verlustvorträgen verrechnet werden können. Wenn überhaupt, würden Steuern erst im fünften Jahr nach der Gründung erfolgswirksam. Die Stichprobe von 74 Unternehmensgründungen zeigt folgendes Bild:

Alle Jungunternehmer planen in ihren Businessplänen entweder mit Steuersätzen in Höhe von 30-35%, oder die Steuern werden überhaupt nicht berücksichtigt. Im Durchschnitt resultiert so ein geplanter mittlerer Steuersatz von 27% in der Stichprobe. Aufgrund der Verrechnungsmöglichkeit mit vergangenen Verlustvorträgen beträgt die effektive Steuerbelastung (definiert als budgetierte Steuerzahlungen dividiert durch geplante EBIT) bei den untersuchten 74 Jungunternehmen in den ersten fünf Jahren nach der Gründung lediglich 10%. 45% planen während der ersten fünf Jahre aufgrund der hohen Verluste keine Steuern zu bezahlen. Die durchschnittliche Entwicklung der Steuerzahlungen beträgt in den ersten fünf Jahren 8k CHF, 16k CHF, 70k CHF, 364k CHF, 1.1 Mio. CHF. Allerdings sind die Steuerzahlungen bei den grössten Unternehmen konzentriert. Einmal mehr gilt auch hier die berühmte 80:20 Regel, wie Abbildung 69 zeigt: Die grössten 20% der Unternehmen zeichnen sich verantwortlich für 80% des gesamten Steueraufkommens der ersten fünf Jahre.

---

[690] Siehe Kapitel 12.7.3 Höhe der Steuerbelastung auf Seite 319.

[691] Zur genauen Formulierung von These 23 siehe Kapitel 11.4.11 Behandlung der Steuern auf Seite 252.

Abbildung 69: Verteilung des Steueraufkommens auf die einzelnen Unternehmen

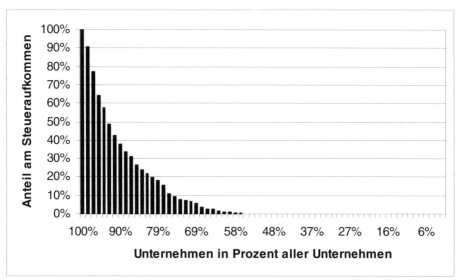

Quelle: eigene Untersuchung.

12.5   Ergebnisse zum Faktor Zeit

12.5.1   Überblick

Wie in Kapitel 7 Zeit auf Seite 163ff. sowie in Kapitel 11.5 Hypothesen zum Faktor Zeit auf Seite 252ff. angesprochen, beeinflusst der Faktor „Zeit" den Unternehmenswert in vielfältiger Weise. Folgende Themen sollen an dieser Stelle angesprochen werden:

- Zeitliche Verteilung der FCF-Ströme
- FCF-Wachstumsraten
- Break Even-Point
- Verzögerungen

12.5.2   Zeitliche Verteilung der Free Cash Flow-Ströme

These 24 auf Seite 253 vermutet, dass aufgrund der anfänglich typischen Verluste von Start-ups nahezu 100% des Wertes der Unternehmung gemäss DCF-Methode *nach* den ersten fünf Jahren anfallen wird.[692]

Abbildung 70 bestätigt diese Hypothese. 45% aller Jungunternehmen weisen negative Nettobarwerte in den ersten fünf Jahren auf. Im Durchschnitt tragen die in der expliziten Planungsperiode geschätzten Einnahmen und Ausgaben lediglich 14% (Mittelwert) bzw. sogar nur 9% (Median) zum Unternehmenswert bei.

Abbildung 70: Anteil erste fünf Jahre am Unternehmenswert gemäss DCF-Methode

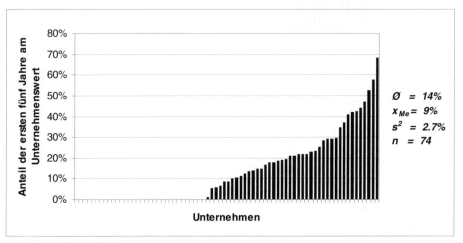

Quelle: eigene Untersuchung.

---

[692] Zur genauen Formulierung von These 24 siehe Kapitel 11.5.2 Zeitliche Verteilung der FCF-Ströme auf Seite 252.

Folglich reagieren Jungunternehmen auf Änderungen der Annahmen über die Zeit *nach* dem expliziten Planungshorizont extrem empfindlich. Stützt ein Investor sich lediglich auf die Zeit der nächsten fünf Jahre ab, so würde dies in 45% aller Fälle in der Stichprobe von 74 Unternehmen den Unternehmenswert gemäss DCF-Methode auf Null zusammenschrumpfen lassen (siehe Abbildung 71). Im Durchschnitt würde der Wert der untersuchten Unternehmen durch eine kurzsichtige Betrachtung des Venture Capitalisten 86% (Mittelwert) bzw. 91% (Median) an Wert einbüssen.

Abbildung 71: Senkung Unternehmenswert bei Beschränkung auf erste fünf Jahre

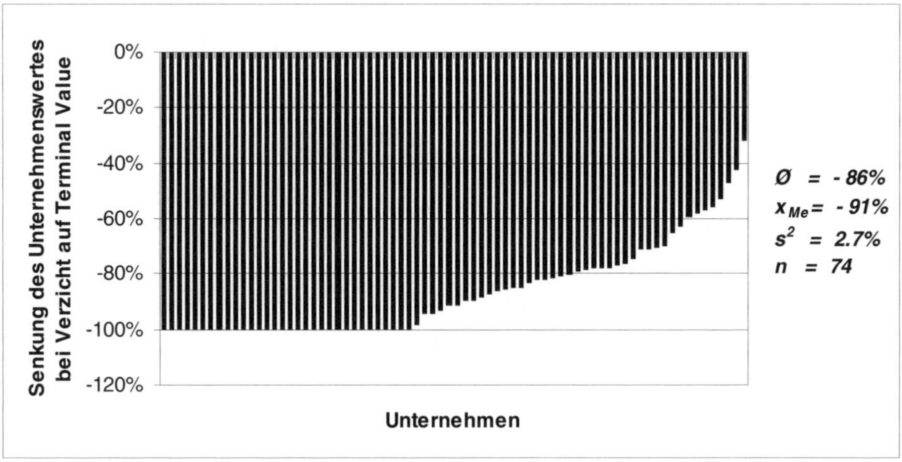

Quelle: eigene Untersuchung.

12.5.3   Free Cash Flow-Wachstumsraten in der ferneren Zukunft

Der Zusammenhang zwischen Wachstumsrate der Free Cash Flows nach dem Ende der expliziten Planungsperiode und dem Terminal Value der DCF-Methode (und damit dem Unternehmenswert gemäss obigen Erkenntnissen) wurde in These 25 auf Seite 253 beschrieben.[693]

In der Stichprobe von 74 Jungunternehmen wurde gemäss Rückrechnung des Autors implizit eine durchschnittliche FCF-Wachstumsrate von 5% zugrunde gelegt (Mittelwert mit Median identisch).

---

[693] Zur genauen Formulierung von These 25 siehe Kapitel 11.5.3 FCF-Wachstumsraten auf Seite 253.

Abbildung 72 zeigt den simulierten Einfluss einer Erhöhung bzw. Senkung des Unternehmenswertes bei einer Variierung der FCF-Wachstumsrate um 10% (relative Änderung, d.h. nicht Prozentpunkte, sondern 1.1 oder 0.9 mal ursprüngliche Annahme).

Abbildung 72: Einfluss der FCF-Wachstumsrate auf den Unternehmenswert

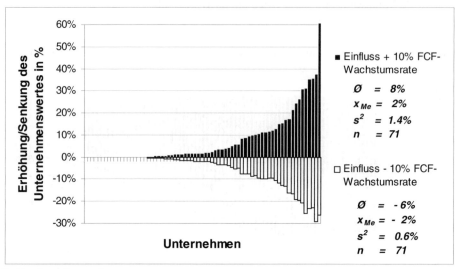

Quelle: eigene Untersuchung.

Die relativen tiefen Mittelwerte von 8% bzw. –6% sind auch eine Folge des Umstandes, dass 31% aller untersuchten Unternehmen Nullwachstum unterstellt haben. In 11% aller Fälle wurde ein FCF-Wachstum von lediglich einem einzigen Prozent angenommen, und bei 13% der Jungunternehmen wurde mit bescheidenen 3% gerechnet. Folglich sind über 55% aller Datenpunkte kleiner oder gleich drei Prozentpunkte. Auf diesem tiefen Niveau bewirkt eine Veränderung von +/- 10% lediglich eine Erhöhung der FCF-Wachstumsrate um maximal 0.3 Prozentpunkte. Dies erklärt die in dieser Stichprobe relativ moderate Wirkung des Einflussfaktors FCF-Wachstumsrate auf den Unternehmenswert.

Dramatischer sieht es daher aus, wenn die Auswirkungen eines Verzichts der Annahme von ewig wachsenden FCF-Strömen untersucht werden. Setzt man alle angenommenen FCF-Wachstumsraten künstlich gleich Null, wirkt sich dies ceteris-paribus wie in Abbildung 73 gezeigt auf den Unternehmenswert der untersuchten Start-ups aus. Hier ist der mächtige Einfluss der mathematischen Unendlichkeit optisch sichtbar gemacht. Alle diejenigen Jungunternehmen, welche in dieser Berechnung stark an Wert verlieren, sind einem starken Risiko ausgesetzt, denn sie *müssen* zwingend in Zukunft wie geplant wachsen, um die Anforderungen der Kapitalgeber zu erfüllen.

Abbildung 73: Senkung Unternehmenswert bei 0% FCF-Wachstumsrate (absolut)

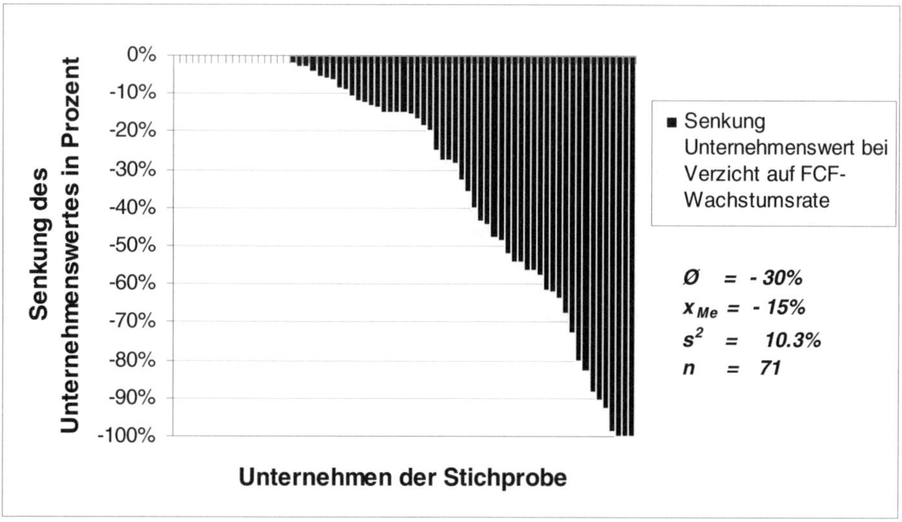

Quelle: eigene Untersuchung.

12.5.4   Cash Flow und Free Cash Flow Break Even-Point

Wie oben gezeigt wird der Unternehmenswert durch den zeitlichen Anfall der CF und FCF-Ströme beeinflusst. Je früher diese anfallen, desto höher ist deren Barwert und desto höher der durch die Kapitalisierung ermittelte Terminal Value bei der DCF-Methode. Darum folgert These 26 auf Seite 254, dass der Unternehmenswert mit der Break Even-Dauer positiv korrelieren sollte.[694]

---

[694] Zur genauen Formulierung von These 26 siehe Kapitel 11.5.4 Break Even-Point auf Seite 253.

In Anbetracht von Abbildung 74 muss diese Hypothese verworfen werden. Rein optisch betrachtet kann kein Zusammenhang ausgemacht werden zwischen Unternehmenswert und dem Zeitpunkt, wann der Break Even-Point auf Cash Flow-Basis durchbrochen wird.

Abbildung 74: Korrelationsanalyse CF-Break Even-Point und Unternehmenswert

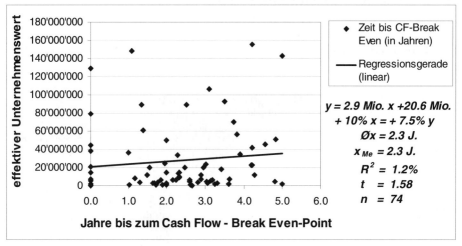

Quelle: eigene Untersuchung.

Erstaunlicherweise zeigt der Koeffizient der Regressionsgerade wider Erwarten eine *positive* Steigung an. Eine Logarithmierung der Parameter offenbart sogar eine relativ hohe Elastizität von 1.75, welche mit einem t-Wert von 1.58 sogar bei einem zweiseitigen Test auf dem 90%-Niveau statistisch signifikant ist. M.a.W. bedeutet in dieser Stichprobe von 74 Jungunternehmen, dass eine Verschiebung des Break Even-Points in die fernere Zukunft um 10%, mit einer *Erhöhung* des Unternehmenswertes um 7.5% einhergeht. Dafür lässt sich keine logische Erklärung finden, weshalb trotz erfolgreich nachgewiesener Korrelation eine Kausalbeziehung zwischen diesen beiden Grössen verneint werden muss.

Konsequenterweise muss daher auch These 27 verworfen werden, welche auf Seite 254 noch einen stärkeren Effekt des FCF-BEP als des CF-BEP auf den Unternehmenswert vermutet.[695] Abbildung 75 zeigt fast das identische Bild wie oben Abbildung 74.

Abbildung 75: Korrelationsanalyse FCF-Break Even-Point und Unternehmenswert

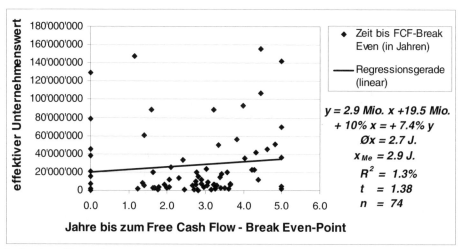

Quelle: eigene Untersuchung.

12.5.5   Zeitliche Verzögerungen

Wie in Kapitel 11.5.5 auf Seite 254 vorgestellt, können drei Arten von zeitlichen Verzögerungen im Zusammenhang mit Start-ups unterschieden werden:

- Das ganze Projekt schiebt sich um x Monate ohne Kostenfolgen nach hinten
- Nur die Einnahmen verzögern sich, aber die Ausgaben fallen trotzdem an
- Beim Mehrprodukt-Unternehmen können sich einzelne Produkte verzögern

---

[695] Zur genauen Formulierung von These 27 siehe Kapitel 11.5.4 Break Even-Point auf Seite 253.

These 28 widmet sich auf Seite 254 der erstgenannten Verschiebung des Projektes um ein volles Jahr und prognostiziert lediglich moderate Auswirkungen auf den Unternehmenswert.[696] Abbildung 76 zeigt die gerechneten Ergebnisse für die untersuchten 74 Jungunternehmen. Eine durchschnittliche Senkung des Unternehmenswertes um mehr als 30% nur infolge der Veränderung des Barwertes des Projektes kann keinesfalls mehr als geringfügig bezeichnet werden.

Abbildung 76: Einfluss des Zeitwertes auf den Unternehmenswert

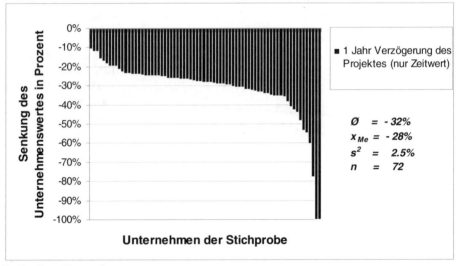

Quelle: eigene Untersuchung.

Noch viel dramatischer verhält sich ein zeitliches Auseinanderfallen von Einnahmen-
und Ausgabenströmen. These 29 auf Seite 255 prophezeit eine vernichtende Wirkung,
falls sich die Einnahmen um ein volles Jahr in die Zukunft verlagern, die Kosten jedoch
trotzdem sofort anfallen.[697] Dies ist in der Praxis ein häufiger Fall, gerade zum Beispiel
im Hochtechnologie-Bereich, wo neue Technologien oft unvorhergesehen weiter entwickelt werden müssen, um auf dem Markt bestehen zu können. Wird in einer solchen
Situation stur der Wert der Jungunternehmung aufgrund der so verzerrten Plan-Erfolgs-
und –mittelflussrechnungen errechnet, würde sich die in Abbildung 77 katastrophale
Auswirkung auf den Unternehmenswert ergeben. 85% der im Rahmen dieser Arbeit
untersuchten Jungunternehmen würden bei dieser Berechnungsart aufgrund der bis ans
Ende des expliziten Planungshorizontes negativ verlaufenden Free Cash Flow-Ströme
gemäss DCF-Methode jeglicher Unternehmenswert abgesprochen.

Abbildung 77: Einfluss der Verzögerung der Einnahmen bei konstanten Ausgaben

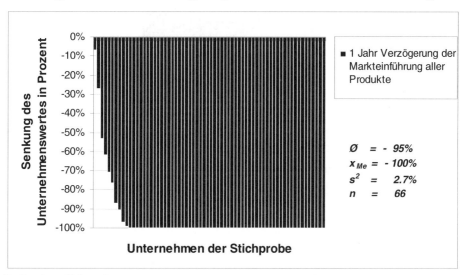

Quelle: eigene Untersuchung.

[697] Zur genauen Formulierung von These 29 siehe Kapitel 11.5.5 Verzögerungen auf Seite 254.

Schliesslich kann im Falle von Mehrprodukt-Unternehmen eine dritte Art der Verzögerung unterschieden werden: Der Hauptumsatzträger kann termingerecht auf den Markt
gebracht werden, aber bei den Nebenprodukten und Zusatzdienstleistungen ergeben sich
Verzögerungen. These 30 auf Seite 255 befürchtet einen starken negativen Einfluss auf
den Unternehmenswert auch im Falle von zeitlichen Verzögerungen von Produkten und
Dienstleistungen geringerer Priorität.[698] Abbildung 78 zeigt diese quantitativen Auswirkungen auf den Unternehmenswert.

Abbildung 78: Einfluss Verzögerungen Nebenprodukten auf Unternehmenswert

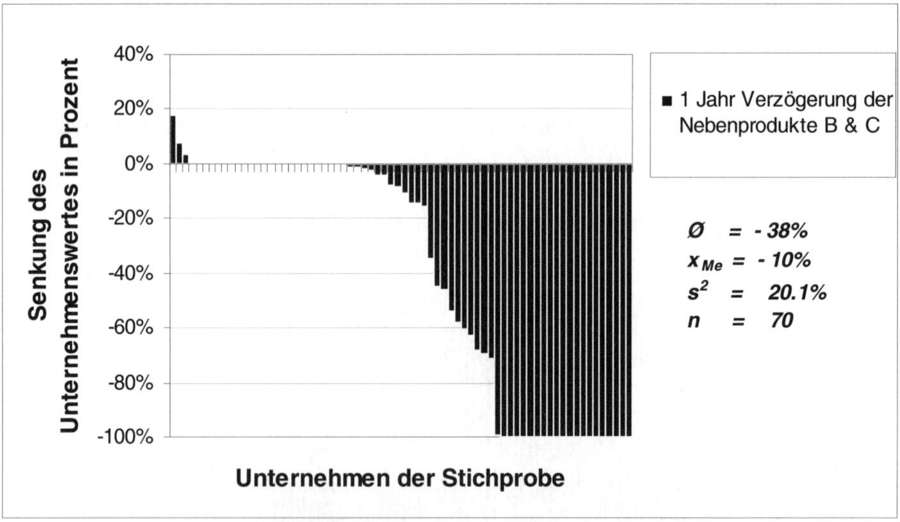

Quelle: eigene Untersuchung.

Die durchschnittliche Senkung des Unternehmenswertes um fast 40% mag tatsächlich
erstaunen, wie auch die mit 30% hohe Zahl von Unternehmen, welche selbst auf die
Umsatzbeiträge der Nebenprodukte in den ersten Jahren angewiesen sind.

Bei den drei Datenpunkten auf der linken Seite handelt es sich nicht etwa um statistische Ausreisser oder Rechenfehler, sondern interessanterweise planten drei der 70 Unternehmen in der Stichprobe die Lancierung von nicht-kostendeckenden Zusatzdienst-

---

[698] Zur genauen Formulierung von These 30 siehe Kapitel 11.5.5 Verzögerungen auf Seite 254.

leistungen bzw. Nebenprodukten.[699] Infolgedessen *erhöht* der spätere Markteintritt dieser Produkte paradoxerweise den Wert der betreffenden Jungunternehmen.

12.6 Ergebnisse zu Risikoaspekten

12.6.1 Überblick

Gemäss der in Kapitel 11.6.1 auf Seite 255 vorgestellten Logik werden folgende Aspekte des Risikos angesprochen:

- Gesamtkapitalkostensatz (Weighted Average Cost of Capital, WACC)
- Beta
- Zuschläge
- Diskontierungsrate
- Standardabweichung
- Finanzierungsverhältnis

12.6.2 Gesamtkapitalkostensatz

Wie in Kapitel 11.6.1 aus Seite 255 erläutert, folgt die Behandlung des Einflusses von Beta auf den Gesamtkapitalkostensatz (Weighted Average Cost of Capital, WACC) im folgenden Kapitel, gefolgt von der Untersuchung der Zuschläge, welche in der Praxis erhoben werden. Schliesslich wird der Einfluss des resultierenden Diskontierungssatzes auf den Unternehmenswert analysiert.

An dieser Stelle sei auf den Ursprung der Berechnung des Gesamtkapitalkostensatzes näher eingegangen. Wie erwähnt setzt sich der WACC aus dem gewichteten arithmetischen Mittel des Eigenkapital- und Fremdkapitalkostensatzes zusammen. Die Behandlung des Finanzierungsverhältnisses folgt ganz am Schluss dieses Kapitels. Hier interessiert hauptsächlich der Einfluss der Steuern (Tax Shield) auf den WACC.

These 31 auf Seite 257 geht auf die zwei gegenläufigen Wirkungsarten des Steuersatzes ein und unterstellt, dass der positive Einfluss der Steuern auf den Unternehmenswert durch Senkung des WACC vernachlässigbar klein ist und überkompensiert wird durch den negativen Einfluss auf den Unternehmenswert infolge der Reduktion der Free Cash

---

[699] Nicht nur der Fixkosten-Anteil war gemäss Finanzteil des Businessplans nicht gedeckt, sondern selbst der Deckungsbeitrag wies ein negatives Vorzeichen auf. Folglich vermochte der Umsatz der geplanten zusätzlichen Marktleistungen nicht einmal deren variable Kosten zu decken. Vermutlich handelte es sich um strategische Entscheide zwecks Kundenbindung o.ä.

Flows aufgrund der liquiditätswirksamen Steuerzahlungen der Unternehmung an den Staat.[700]

Die Ergebnisse der empirischen Untersuchung von Erstfinanzierungsrunden von 74 Jungunternehmen lassen eine Quantifizierung dieser beiden Effekte zu. Wenn der total resultierende Einfluss der beiden Steuereffekte gleich 100% definiert wird, dann erhöht in dieser Stichprobe das Tax Shield infolge des tieferen WACC den Unternehmenswert im Umfange von durchschnittlich 2.7% des im total resultierenden Steuereffektes. Die Senkung des Unternehmenswertes infolge der Steuerzahlungen reduzierte jedoch den Unternehmenswert um durchschnittlich 102.7% des im total resultierenden Steuereffektes. M.a.W.: Wenn die Steuern als Netto-Effekt den Unternehmenswert im Durchschnitt bei den 74 Start-ups um CHF 100 gesenkt haben , dann setzt sich dies zusammen aus einer Erhöhung um CHF 2.65 infolge der Tax Shields und dem resultierendend tieferen WACC, und einer Senkung um CHF 102.65 aufgrund der Steuerzahlungen und den damit verbundenen tieferen Free Cash Flow bei der Discounted Cash Flow-Methode. Als Nettoeffekt ist eine Senkung von CHF 100 zu beobachten.

Damit konnte These 31 aufgrund der Resultate der Stichprobe bestätigt werden. Folglich sind die Steuerwirkungen auf den Unternehmenswert über den WACC bei Jungunternehmen vermutlich zu vernachlässigen. Dies umso mehr, als der Eigenfinanzierungsgrad gemäss These 36 bei neu gegründeten Unternehmen in aller Regel bei 100% vermutet wird und sich daher der Steuervorteil des Fremdkapitals als rein theoretisch herausstellt. Siehe mehr dazu unten in Kapitel 12.6.7 Finanzierungsverhältnis auf Seite 315.

12.6.3   Beta

Wie oben erwähnt spielt die Grösse „Beta" eine wichtige Rolle in der Finanzmarkttheorie. Siehe dazu Kapitel 6.3.3 Discounted Cash Flow-Methode auf Seite 125 ff.

Beta wirkt sich nur indirekt auf den Unternehmenswert durch die Beeinflussung des Kapitalkostensatzes (WACC) aus.

---

[700] Zur genauen Formulierung von These 31 siehe Kapitel 11.6.2 Gesamtkapitalkostensatz auf Seite 256.

Wie in Abbildung 79 ersichtlich bewirkt für die 71 untersuchten Jungunternehmen der Stichprobe eine Erhöhung des Betas von 10% eine durchschnittlich Erhöhung des Kapitalkostensatzes um 1.8% (relativ, und nicht etwa absolute Prozentpunkte, sondern WACC multipliziert mit 1.018).

Abbildung 79: Einfluss von Beta auf den Kapitalkostensatz (WACC)

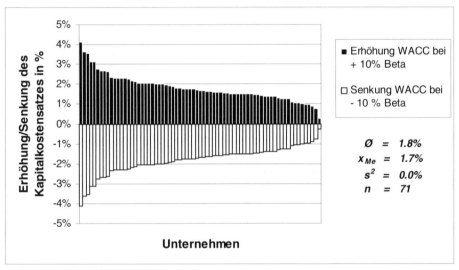

Quelle: eigene Untersuchung.

Interessanter im Rahmen dieser Arbeit ist allerdings der Einfluss von Beta auf den Unternehmenswert. Bei Jungunternehmen scheint Beta kein entscheidender Einflussfaktor zu sein, wie aus Abbildung 80 zu entnehmen ist. Eine Erhöhung von Beta um 10% vermag den Unternehmenswert im Durchschnitt der 70 untersuchten Start-ups lediglich um 2.7% zu senken. Diese Ergebnisse bestätigen These 32 von Seite 257. Die Elastizität zwischen Beta und effektiv realisiertem Unternehmenswert muss im Vergleich zu anderen Faktoren als eher bescheiden angesehen werden.[701]

Abbildung 80: Einfluss von Beta auf den Unternehmenswert

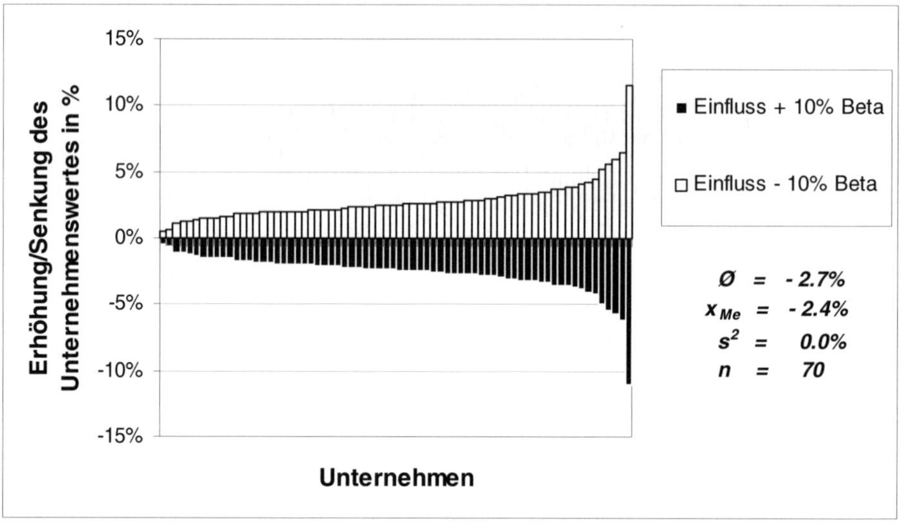

Quelle: eigene Untersuchung.

12.6.4   Zuschläge

Die Rolle der verschiedenen Arten von Zuschlägen wurde erläutert in den Kapiteln 8.8.3 Zuschläge für erschwerte Verkäuflichkeit (Illiquidität) auf Seite 196, 8.8.4 Zuschläge für die Adjustierung der (Free) Cash Flow-Ströme auf Seite 197, sowie 8.8.5 Zuschläge für Wertbeiträge des Investors (Value Added-Premium) auf Seite 198.

---

[701] Zur genauen Formulierung von These 32 siehe Kapitel 11.6.3 Beta auf Seite 257.

These 33 auf Seite 257 traut den Zuschlägen auf den Diskontierungssatz einer der höchste Einflüsse aller untersuchten Faktoren zu.[702] Die folgenden Abbildungen bestätigen dieses Bild.

Abbildung 81 zeigt die Auswirkung auf den Unternehmenswert bei Wegfall der Zuschläge für die Cash Flow-Adjustierung. Die hohe Beeinflussung von beinahe 100% (also eine Verdoppelung des Unternehmenswertes gemäss DCF-Methode) erklärt sich daher, dass in der Stichprobe von 68 Jungunternehmen im Durchschnitt 12.7 Prozentpunkte Zuschläge alleine für die Berücksichtigung der Cash Flow-Adjustierung erhoben wurden. Dies ist mehr als der mittlere Kapitalkostensatz gemäss CAPM von 9.9%.

Abbildung 81: Einfluss der Zuschläge für CF-Adjustierung auf Unternehmenswert

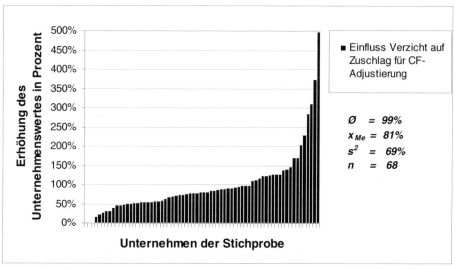

Quelle: eigene Untersuchung.

---

[702] Zur genauen Formulierung von These 33 siehe Kapitel 11.6.4 Zuschläge auf Seite 257.

Die sonstigen Zuschläge für erschwerte Verkäuflichkeit (Illiquiditätsprämie), Value Added-Premium etc. betragen in der Stichprobe im Durchschnitt 9.4 Prozentpunkte. Daher erstaunt es nicht, dass ein Verzicht auf jegliche Zuschläge auf den Kapitalkostensatz eine Erhöhung von durchschnittlich 189% (arithmetisches Mittel) bzw. 150% (Median) bewirkt (Siehe Abbildung 82).

Abbildung 82: Einfluss der Kapitalkostensatz-Zuschläge auf Unternehmenswert

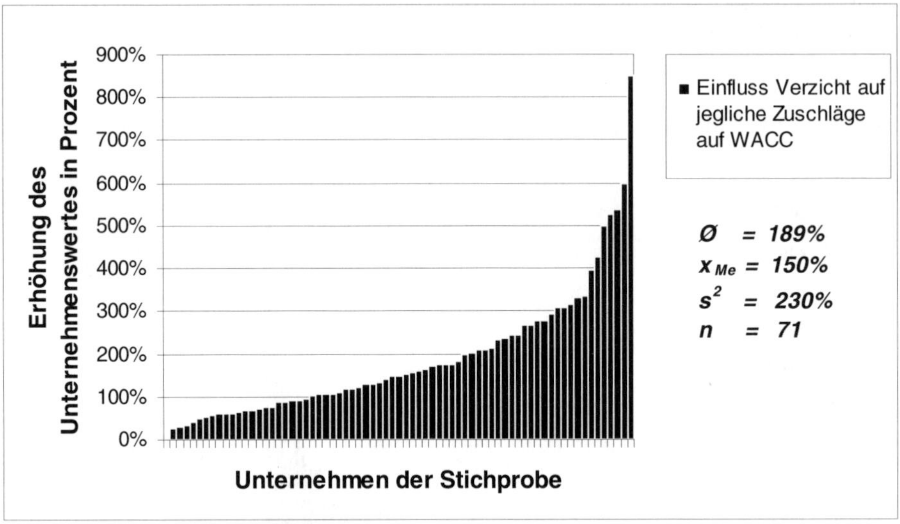

Quelle: eigene Untersuchung.

Aufgrund dieses Datensets kann die These 33 bestätigt werden: Betrachtet man den Verzicht auf alle in der Praxis gängigen Zuschläge auf den Kapitalkostensatz als einen einzelnen Einflussfaktor, dann zeigt dieser die stärkste Wirkung auf den Unternehmenswert von allen im Rahmen dieser Arbeit untersuchten Faktoren.

12.6.5   Diskontierungsrate

Addiert man obige Zuschläge zum mittels Steueradjustierung, Beta und CAPM hergeleiteten Kapitalkostensatz, so erhält man schliesslich den in der Praxis verwendete Diskontierungssatz.

Wie auf Seite 258 in These 34 richtig vermutet, hat der Diskontierungssatz für sich betrachtet einen hohen Einfluss auf den Unternehmenswert.[703] Abbildung 83 zeigt den Einfluss einer 10%-igen Erhöhung bzw. Senkung der Diskontierungsrate auf den Wert der 71 untersuchten Jungunternehmen.

Abbildung 83: Einfluss der Diskontierungsrate auf den Unternehmenswert

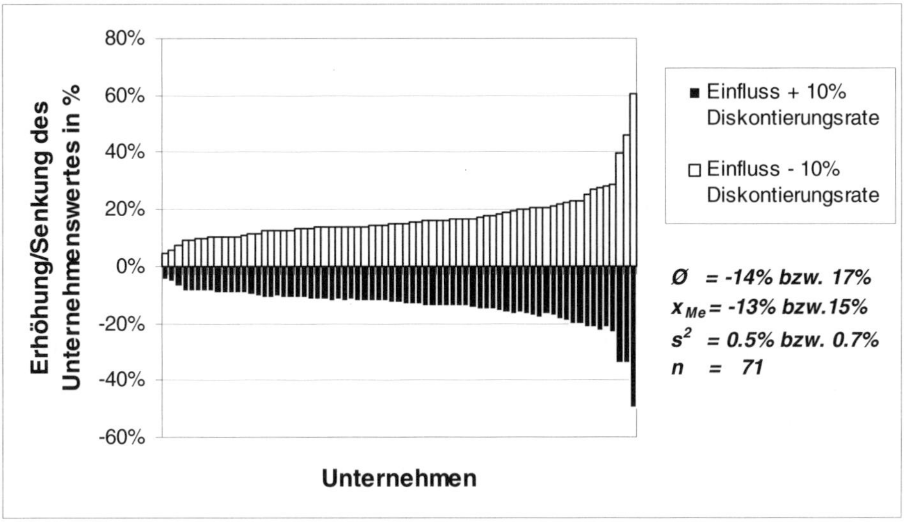

Quelle: eigene Untersuchung.

Elastizitäten von −1.14 bzw. +1.17 können sich separat betrachtet durchaus sehen lassen, erblassen jedoch im Schatten obiger[704] Werte. Dies ist aber nichts als logisch, denn der Verzicht auf alle Zuschläge in Höhe von durchschnittlich 22.2 Prozentpunkten bedeutet bei einem mittleren Diskontierungssatz der Stichprobe von 32.2% einen Abschlag um mehr als zwei Drittel – und nicht bloss 10% wie in obiger Abbildung.

---

[703] Zur genauen Formulierung von These 34 siehe Kapitel 11.6.5 Diskontierungsrate auf Seite 258.
[704] Kapitel 12.6.4 Zuschläge auf Seite 310ff.

12.6.6   Standardabweichung

Wie in Kapitel 11.6.6 auf Seite 258 sowie natürlich Kapitel 6.5 auf Seite 144ff. beschrieben, verwendet die Optionspreismethode zur Unternehmensbewertung als einziges Verfahren die Standardabweichung als zusätzliches Risikomass.

These 35 auf Seite 258 geht davon aus, dass der Einfluss der Standardabweichung auf den Unternehmenswert vernachlässigbar klein ausfallen wird.[705]

Bei den 74 untersuchten Unternehmen beträgt die durchschnittliche Standardabweichung 8.11 (Mittelwert) bzw. 7.87 (Median). Der Einfluss auf den Unternehmenswert ist in Abbildung 84 wiedergegeben.

Abbildung 84: Einfluss der Standardabweichung auf den Unternehmenswert

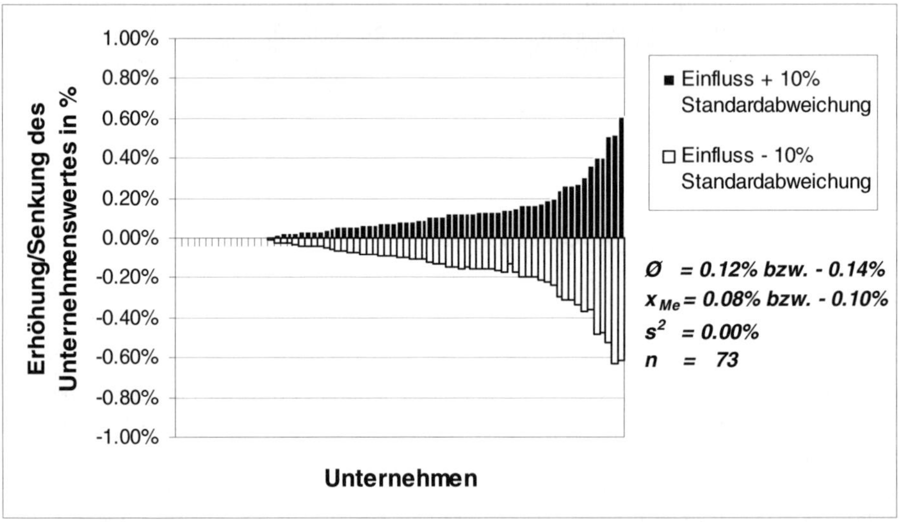

Quelle: eigene Untersuchung.

Eine Erhöhung der Standardabweichung um + 10% bewirkt gemäss Black/Scholes-Formel[706] eine Änderung des Optionspreises und damit eine Erhöhung des Unternehmenswertes gemäss Theorie der Realoptionen um ein Zehntel Prozent. Mit dieser Elastizität eines Hundertstels gebührt der Standardabweichung der beschämende letzte Platz

---

[705] Zur genauen Formulierung von These 35 siehe Kapitel 11.6.6 Standardabweichung auf Seite 258.
[706] Siehe Kapitel 6.5 Anwendung der Optionstheorie zur Unternehmensbewertung auf Seite 144ff.

unter den Einflussfaktoren auf den Unternehmenswert bei Jungunternehmen in dieser Untersuchung.

12.6.7   Finanzierungsverhältnis

Direkter und indirekter Einflussfaktor ist das Finanzierungsverhältnis, also das Verhältnis Eigenkapital zu Fremdkapital. These 36 auf Seite 259 unterstellt, dass aufgrund des hohen Risikos die allermeisten neu gegründeten Unternehmen heutzutage zu 100% mit Eigenkapital finanziert sind.[707] Das Ergebnis der eigenen Untersuchung an 74 Jungunternehmen bestätigt dies jedoch nicht in dieser absoluten Form. Zwar ist der Median aller Eigenkapitalfinanzierungsverhältnisse tatsächlich 100%, aber der Mittelwert beträgt 87%. Lediglich 58% aller untersuchten Jungunternehmen weisen über 100% Eigenkapital auf. Dies obwohl der Autor Aktionärsdarlehen und ähnliche Positionen in der Bilanzanalyse zum Eigenkapital gezählt hat.

Interessant ist weiterhin die zeitliche Entwicklung des Finanzierungsverhältnisses. So bleibt nur bei exakt der Hälfte aller Start-ups das Finanzierungsverhältnis über die ersten fünf Jahre der geplanten Geschäftstätigkeit einigermassen konstant. Je ein Viertel weisen zu Beginn ein höheres oder tieferes Eigenkapitalpolster als im 5-Jahres-Durchschnitt auf.

Da jedoch drei Viertel aller untersuchten Unternehmen einen Eigenfinanzierungsgrad von über 80% aufweisen, kann für die Bewertung von Jungunternehmen in den meisten Fällen im Sinne einer Prioritätensetzung auf eine Berücksichtigung des Fremdkapitals, und damit auch der Problematik von Steuersätzen, Tax Shields etc., verzichtet werden. Damit schliesst sich der Kreis zum einleitenden Unterkapitel 12.6.2 Gesamtkapitalkostensatz auf Seite 307.

---

[707] Zur genauen Formulierung von These 36 siehe Kapitel 11.6.7 Finanzierungsverhältnis auf Seite 259.

12.7   Ergebnisse zum Finanzmarktumfeld

12.7.1   Überblick

Der Einfluss des Faktors „Finanzmarktumfeld" auf den Unternehmenswert präsentiert sich auf verschiedenste Art und Weise, wie in Kapitel 9 Finanzmarktumfeld auf Seite 201ff. nachzulesen ist. Gemäss den Ausführungen in Kapitel 11.7 Hypothesen zum Finanzmarktumfeld auf Seite 259ff. können nur die wenigsten Einflüsse im Rahmen einer empirischen Studie wissenschaftlich quantifiziert werden. Darum soll im folgenden nur auf drei Dinge eingegangen werden:

- Das Exit-Szenario bzw. die allgemeine Verfassung der Finanzmärkte und ihr Einfluss auf die Multiplikatoren
- Die Höhe des Steuersatzes auf dem Finanzplatz
- Die Rechnungswährung des Projekts

12.7.2   Exit-Szenario und allgemeine Verfassung der Finanzmärkte

Wie in Kapitel 11.7.2 auf Seite 260 erwähnt, wirkt sich die Stimmung an den Finanzmärkten finanziell messbar wie folgt aus:

- ➢ Bei der DCF-Methode hängt der Terminal Value-Multiple bzw. der Kehrwert des Kapitalisierungszinssatzes von den Markterwartungen ab.

- ➢ Bei den Vergleichsmethoden sind die Sales/EBIT/EBITDA-Multiples ein Spiegelbild der aktuellen Situation auf den Märkten.

- ➢ Bei den Ertragswert- und Venture Capital-Methoden wird die geforderte annualisierte Eigenkapitalrentabilität durch die Markterwartungen festgelegt.

Nachfolgend soll auf jeden dieser Punkte kurz näher eingegangen werden.

12.7.2.1   Terminal Value-Multiple

Selbst der explizite Planungshorizont bei der Discounted Cash Flow-Methode muss irgendwann der „Ewigkeit" weichen. Wie oben festgestellt,[708] beträgt der Anteil dieses Endwertes 86% am Unternehmenswert gemäss DCF-Methode. Auf die Bedeutung der „ewigen" Free Cash Flow-Wachstumsraten wurde bereits in Kapitel 12.5.3 Free Cash Flow-Wachstumsraten in der ferneren Zukunft auf Seite 299 eingegangen. Daher soll

---

[708] Vgl. Kapitel 11.5.2 Zeitliche Verteilung der FCF-Ströme auf Seite 252f.

hier nur der Einfluss des Kapitalisierungszinssatzes quantifiziert werden. Dabei wird der Kehrwert (1/x) des Kapitalisierungszinssatzes als Terminal Value (TV) - Multiple bezeichnet.

Abbildung 85 zeigt den Einfluss einer Änderung um 10% des TV-Multiples auf den Wert der 71 untersuchten Unternehmen.

Abbildung 85: Einfluss des Terminal Value-Multiples auf den Unternehmenswert

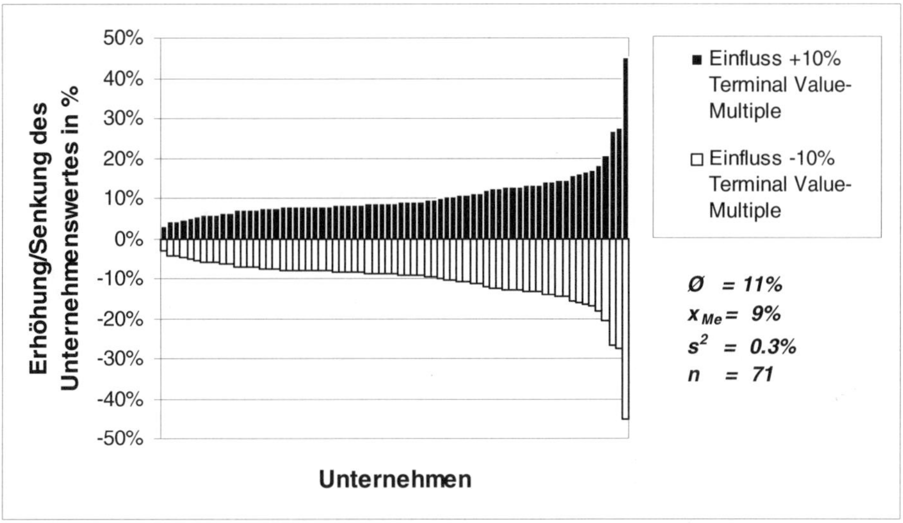

Quelle: eigene Untersuchung.

Mit einer Elastizität von 1.1 steigt der Unternehmenswert in der Stichprobe beinahe linear im Verhältnis 1:1 mit der Erhöhung des TV-Multiples. Bei den untersuchten Unternehmen wurde im Durchschnitt ein TV-Multiple von 7.6 (Mittelwert) bzw. 5.4 (Median) verwendet. Dies entspricht Kapitalisierungszinssätzen von 21% bzw. 18%.

12.7.2.2   Traded und Transaction Multiples

Vollständig linear und daher wissenschaftlich weniger interessant wirken die Multiplikatoren, welche für die Methode des Vergleichs mit anderen börsenkotierten Unternehmen oder ähnlichen M&A-Transaktionen angewandt werden. Wird der Sales, EBITDA, EBIT, P/E etc. Multiple um 10% erhöht, so steigt auch der Unternehmenswert automatisch um exakt den selben Betrag. Hier setzt natürlich die grosse Willkür in der Praxis an, wenn die Gruppe der Vergleichsunternehmen absichtlich ausgewählt wird, um den

Unternehmenswert in die gewünschte Richtung zu beeinflussen. Vielleicht erfreut sich diese Methode gerade deshalb in der Praxis so grosser Beliebtheit.

Problematisch wird die Beantwortung der Frage, wie mächtig der Einfluss dieser Multiplikatoren sei. These 37 stellt auf Seite 260 bewusst die provozierende Hypothese auf, dass solche Unternehmensmodell-externen Faktoren wie das Finanzmarktumfeld den Unternehmenswert in stärkerem Masse zu beeinflussen imstande sind, als alle modellinternen Faktoren.[709] Zwar beeinflussen die Multiplikatoren den Unternehmenswert nur linear mit einer Elastizität von genau 1:1, aber angesichts der Bandbreite aller möglichen Multiplikatorenwerte, reicht dies vollkommen aus. So unterscheiden sich beispielsweise bei den 74 untersuchten Unternehmen die verwendeten Multiplikatoren um den Faktor Dreissig. Dreissig mal höherer Multiple bedeutet aber automatisch auch dreissig mal höheren Unternehmenswert. Angesichts dieser Ergebnisse kann These 37 nicht widerlegt werden. Vielleicht vermögen andere Faktoren den Unternehmenswert zu halbieren, oder zu verdoppeln (Faktor 2), aber keine andere Klasse von Einflussfaktoren würde eine Verzwanzigfachung des Unternehmenswertes erreichen alleine durch die geschicktere Wahl von Vergleichsunternehmen mit extrem hohen Multiplikatoren.

12.7.2.3   Geforderte Rendite des Investors

Die Renditeforderung des Investors spielt neben den oben betrachteten Bewertungsmethoden auch eine Rolle für die Venture Capital- und die Ertragswertmethode.

Bei den untersuchten 74 Unternehmen bewirkt bei der Venture Capital-Methode eine Erhöhung der geforderten Rendite des Investors um +10% eine Senkung des Unternehmenswertes um 12%. Umgekehrt erhöht sich der Unternehmenswert bei einer Senkung der Renditeforderung um 10% im Durchschnitt um 14%.

Der Einfluss der geforderten Rendite des Investors bei der Ertragswertmethode braucht gar nicht empirisch untersucht zu werden, da er sich mathematisch ergibt. Eine Erhöhung des Kapitalisierungszinssatzes um 10% bewirkt eine Senkung des Unternehmenswertes um 9.1%. Umgekehrt erhöht sich der Unternehmenswert um 11.1% bei einer Senkung des Zinssatzes um 10%.

---

[709] Zur genauen Formulierung von These 37 siehe Kapitel 11.7.2 Exit-Szenarien und allgemeine Verfassung der Finanzmärkte auf Seite 260.

12.7.3   Höhe der Steuerbelastung

Der Einfluss der Steuern auf den Unternehmenswert ist vielschichtig. Darum wurde er in verschiedenen Kapiteln näher untersucht.

Kapitel 12.4.11 Behandlung der Steuern auf Seite 296 untersucht die Frage, ob es sich für Jungunternehmer überhaupt lohnt, den Einfluss der Steuern aufwendig in die Bewertungsmethode einfliessen zu lassen.
Kapitel 12.6.2 Gesamtkapitalkostensatz auf Seite 307 analysiert den Einfluss des Steuersatzes auf den Kapitalkostensatz.

Schliesslich soll an dieser Stelle der wichtigste Effekt der Steuern quantifiziert werden: die Abnahme von liquiden Mitteln infolge der Steuerzahlungen. These 38 auf Seite 261 erwartet aus den genannten Gründen einen marginalen Einfluss von Steuerzahlungen auf den Wert von Jungunternehmen.[710]

---

[710] Zur genauen Formulierung von These 38 siehe Kapitel 11.7.3 Höhe der Steuern auf Seite 260.

In der eigenen empirischen Untersuchung konnten folgende Resultate festgestellt werden (siehe Abbildung 86). Über 40% aller Unternehmen planen in den ersten fünf Jahren keine Steuern zu zahlen und sind daher vom Steuersatz unbeeinflusst. Im Durchschnitt bewirkt eine Erhöhung des Steuersatzes um 10% eine Senkung des Unternehmenswertes von 4%.

Abbildung 86: Einfluss des staatlichen Steuersatzes auf den Unternehmenswert

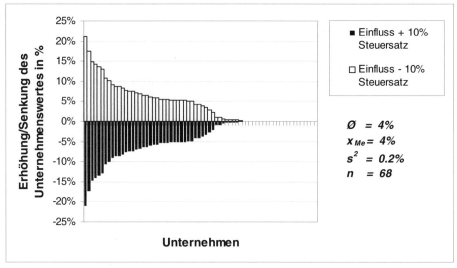

Quelle: eigene Untersuchung.

Insofern kann These 38 nicht widerlegt werden. Die Steuern brauchen in den ersten Jahren der Geschäftstätigkeit nicht die prioritäre Aufmerksamkeit des Jungunternehmers.

Allerdings sollten trotzdem bereits frühzeitig Massnahmen getroffen werden (z.B. Standortentscheide), damit die Steuern nicht plötzlich zum Problem werden, wenn der Pionier vom Erfolg seines Unterfangens in naher Zukunft positiv überrascht werden sollte.

12.7.4   Währungseinflüsse

Natürlich beeinflusst auch die Wahl der Rechnungswährung des Projekts den Unternehmenswert. Fallen die Einnahmen und Ausgaben einer Jungunternehmung beispielsweise hauptsächlich in USA an, und steigt der US\$ gegenüber dem CHF um 10%, so ist Ceteris-paribus auch der Unternehmenswert in CHF um 10% höher. Dies ist logisch herleitbar und stimmt rein mathematisch immer. Insofern ist der Sachverhalt trivial und darum musste keine Hypothese gebildet werden zu den Währungseinflüssen.

Schwierig wird es jedoch, wenn eine Fremdwährung nur als Rechnungswährung benutzt wird, weil die Einnahmen z.B. hauptsächlich in Euro anfallen, das Unternehmen aber in der Schweiz angesiedelt ist und folglich alle Ausgaben mit CHF bezahlt werden müssen. Hier ist die Auswirkung des Währungseinflusses nicht mehr 1:1 auf den Unternehmenswert, sondern die Elastizität sinkt unter eins.
Im Businessplan ist i.d.R. nicht ersichtlich, aus welchem Währungsraum welche Cash Flow-Ströme stammen. Daher konnte dieser Effekt aufgrund mangelnder Datenlage nicht quantifiziert werden in der empirischen Untersuchung.

12.8   Zusammenfassung der Ergebnisse

Tabelle 17 zeigt eine Übersicht aller Ergebnisse. Die linke Spalte bezieht sich auf die Nummer der Hypothese von Kapitel 11 auf den Seiten 241ff. Die Symbole rechts neben der Hypothesen-Nummer bedeuten:

√   :   die Hypothese hat sich als zutreffend erwiesen

~   :   die Hypothese hat sich als halbwegs zutreffend erwiesen

f :   die Hypothese hat sich als unzutreffend erwiesen

+/-x%   :   die Prozentzahlen in Klammern beziehen sich auf die Elastizitäten
                    (d.h.+10% des betreffenden Einflussfaktors bewirkt eine Änderung
                    des Unternehmenswertes um +/-x%)

Die Ergebnisse sind im Klartext formuliert.

Beispielsweise vermutet Hypothese 16, dass die Venture Capital-Methode die genaueste Schätzung liefern wird. Da jedoch die Discounted Cash Flow-Methode in der empirischen Untersuchung sich als genauer erwiesen hat, muss diese Hypothese verworfen werden (f). Das Ergebnis lautet darum im Klartext: „Die Venture Capital-Methode liefert *nicht* die genaueste Schätzung."[711]

---

[711] Die negative Aussage (*nicht*) und das Fehlerzeichen (f) sind demnach als *keine* doppelte Verneinung aufzufassen.

Tabelle 17: Zusammenfassende Erkenntnisse der empirischen Untersuchung

Nr.		Erkenntnisse zum Einfluss des **Managements** auf den Unternehmenswert:
1	√	Der Unternehmenswert korreliert wirklich positiv mit der Anzahl Mitarbeiter (+8.1%).
2	f	Der Unternehmenswert korreliert *positiv* (nicht negativ) mit der Höhe der Personalkosten (+8.5%).
3	~	Der Unternehmenswert steigt nur leicht mit dem Umsatz pro Mitarbeiter (+4.0%).
4	√	Der Unternehmenswert korreliert positiv mit der Höhe des Lohnes pro Mitarbeiter (+19.0%).
5	f	Je höher der Anteil des Investors, desto *tiefer* (nicht höher) ist der Unternehmenswert (-6.6%).
		Erkenntnisse zum Einfluss der **Absatzprognosen** auf den Unternehmenswert:
6	√	Der Einfluss der Absatzzahlen auf den Unternehmenswert *ist* einer der höchsten (49%).
7	~	Die von Gründern geschätzte Umsatzentwicklung verläuft *potentiell* ($x^{2.7}$), nicht exponentiell.
8	~	Der Einfluss von Preisen ist extrem hoch (90%), aber *nicht* der höchste aller Faktoren.
9	f	Nur 50% sind Einprodukte-Unternehmen (nicht alle). Trotzdem gibt es Abhängigkeiten von A.
10	f	Der Hauptumsatzträger bringt *doch* gleichzeitig auch den grössten Anteil am Bruttogewinn.
11	√	Ausfälle von Nebenprodukten (B&C) bedeuten in 40% aller Fälle das aus für den Start-up.
		Erkenntnisse zum Einfluss der **Bewertungsmethode** auf den Unternehmenswert:
12	~	Die Bewertungsmethode *hat* einen relativ geringen Einfluss (trotzdem aber nicht unbedeutend).
13	√	Der Substanzwert *ist* tatsächlich am schlechtesten in der Lage, den effektiven Wert zu schätzen.
14	f	Die modifizierte Ertragswert- und DCF-Methode führen *nicht* zu ähnlichen Ergebnissen.
15	√	Die DCF-Methode *kommt* dem effektiv realisierten Unternehmenswert am nächsten (+14%).
16	f	Die Venture Capital-Methode liefert *nicht* die genaueste Schätzung (+20%, 2. Platz nach DCF).
17	√	Werte vergleichbarer kotierter Unternehmen überschätzen die Bewertungen tatsächlich (+78%).
18	√	Werte vergleichbarer M&A-Transaktionen überschätzen systematisch die Bewertungen (+53%).
19	√	Der Unternehmenswert fällt mit der Optionstheorie wirklich systematisch zu hoch aus (+45%).
20	√	Der EVA-Ansatz überschätzt den Unternehmenswert systematisch (+32%).
21	√	Der Mittelwert aller Methoden ist dem realen Wert wirklich näher als die einzelnen Methoden.
22	√	Der Mittelwert ohne Substanz- und Ertragswert ist tatsächlich noch näher am effektiven Wert.
23	√	Steuern haben einen marginalen Einfluss. 45% zahlen keine Steuern, der Rest zahlt 10%.
		Erkenntnisse zum Einfluss des Faktors **Zeit** auf den Unternehmenswert:
24	√	Der DCF-Wert besteht zu 86% aus dem Terminal Value nach der expliziten Planungsperiode.
25	~	Die FCF Wachstumsrate übt bei der DCF-Methode Einfluss aus, aber nicht bedeutend (8%).
26	f	Es wurde *kein* Zusammenhang zw. Break Even-Point und Unternehmenswert nachgewiesen.
27	f	Wie beim CF-BEP oben, konnte auch beim FCF-BEP *kein* Zusammenhang festgestellt werden.
28	f	Eine Verzögerung der Gründung um 1 J. bewirkt *keine* moderate Auswirkung, sondern –32%.
29	√	Die Verzögerung der Produktlancierung um 1 J. bedeutet in 95% aller Fälle den Totalverlust.
30	√	Selbst die Verzögerung der Lancierung der Nebenprodukte B&C bewirkt 39% Werteinbusse.
		Erkenntnisse zum Einfluss des **Risikos** auf den Unternehmenswert:
31	√	Der Einfluss der Steuern erfolgt hauptsächlich über die Reduktion der FCF (+102.7%, -2.7%).
32	~	Beta ist weder für den WACC (+1.8%) noch für den Unternehmenswert (-2.7%) bedeutend.
33	√	Der Einfluss der Zuschläge auf den Diskontierungssatz *ist* der höchste überhaupt (+189%).
34	√	Der Einfluss der Diskontierungsrate *ist absolut* gesehen hoch (+17%), *relativ* jedoch nur gering.
35	√	Der Einfluss der Standardabweichung als Risikomass *ist* vernachlässigbar (+0.1%).
36	√	Während der Seed/Start-up-Phase ist der Eigenfinanzierungsgrad hoch (87%), aber nicht 100%.
		Erkenntnisse zum Einfluss des **Finanzmarktumfeldes** auf den Unternehmenswert:
37	~	Der Einfluss der Finanzmärkte ist stark, aber schwierig exakt zu quantifizieren und analysieren.
38	√	Die Höhe des Steuersatzes beeinflusst den Unternehmenswert nur marginal (-4%).

Quelle: eigene Darstellung.

Nachdem alle Einflussfaktoren im Einzelnen untersucht wurden, können nun die 60 zentralen Einflussfaktoren im Gesamtzusammenhang betrachtet werden. Abbildung 87 zeigt die prozentuale Erhöhung bzw. Senkung des Unternehmenswertes bei einer Variation der Einflussfaktoren. Diese Graphik bildet von der Idee her das Herzstück der vorliegenden Arbeit, da sie die Quantifizierungen von allen Einflussfaktoren im Verhältnis untereinander erlaubt.

Abbildung 87: Einfluss der zentralen Einflussfaktoren auf den Unternehmenswert

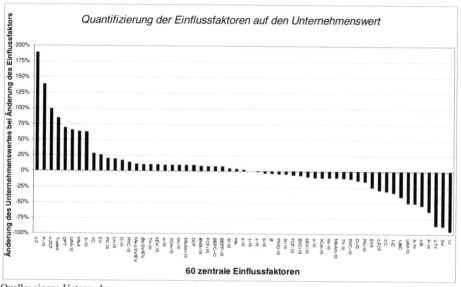

Quelle: eigene Untersuchung.

Aufgrund der Datenmenge ist der Platz für die Beschriftung aller 60 Datenpunkte in obiger Graphik äusserst knapp.[712] Daher sollen im folgenden die drei Ausschnitte der grössten positiven (linker Bereich), der grössten negativen (rechter Bereich), sowie der relativ bescheidenen (mittlerer Bereich) Einflussfaktoren separat untersucht werden.

---

[712] Eine auf ganzseitiges Querformat vergrösserte Graphik findet sich im Anhang auf Seite 358.

Betrachten wir zuerst die zehn Einflussfaktoren auf der linken Seite der Graphik, welche den Unternehmenswert mehr als 25% zu erhöhen vermögen (siehe Abbildung 88).

Abbildung 88: Vergrösserung der linken Seite von Abbildung 87

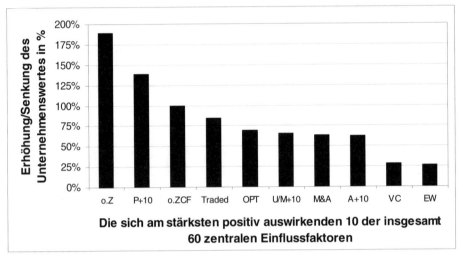

Quelle: eigene Untersuchung.

Bei den Abkürzungen handelt es sich um folgende Einflussfaktoren:

o.Z	Verzicht auf alle Zuschläge zur Diskontierungsrate bei der DCF-Methode
P+10	Erhöhung des Preisniveaus der verkauften Produkte oder Dienste um 10%
o.Z$_{CF}$	Verzicht auf Cash Flow-Adjustierungs-Zuschläge bei der DCF-Methode
Traded	Anwendung der Methode des Wertevergleichs mit kotierten Unternehmen
OPT	Anwendung der Optionstheorie zur Unternehmensbewertung
U/M+10	Erhöhung der Mitarbeiterproduktivität (Umsatzes/Mitarbeiter) um 10%
M&A	Anwendung der Methode des Wertevergleichs mit M&A-Transaktionen
A+10	Erhöhung der Absatzzahlen um 10%
VC	Anwendung der Venture Capital-Methode
EW	Anwendung der Ertragswertmethode

Der Grund, wieso die Anwendung einer bestimmten Bewertungsmethode als Einflussfaktor auf den Unternehmenswert aufgeführt ist, liegt an der in Kapitel 12.4 Ergebnisse zur Bewertungsmethode auf Seite 281ff. festgestellten systematischen Überschätzung dieser Methode. Mit anderen Worten erhöht die Anwendung dieser Methoden lediglich den rechnerischen, nicht jedoch den wahren Unternehmenswert.

Abbildung 89 zeigt nun noch die 12 Einflussfaktoren, welche den Unternehmenswert mehr als 25% zu senken vermögen.

Abbildung 89: Vergrösserung der rechten Seite von Abbildung 87

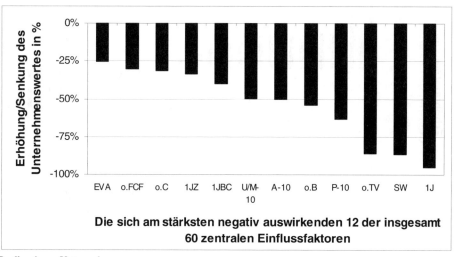

Quelle: eigene Untersuchung.

Bei den Abkürzungen handelt es sich um folgende Einflussfaktoren:

EVA	Anwendung der Bewertungsmethode des Economic Value Added
o.FCF	Verzicht auf die Annahme von ewigen Free Cash Flow-Wachstumsraten bei der Terminal Value Berechnung der DCF-Methode
o.C	Ausfall des drittwichtigsten Umsatzträgers (Produkt/Dienstleistung „C")
1J$_Z$	Verzögerung des Projektes um ein Jahr (nur Zeitwert geht verloren)
1J$_{BC}$	Verzögerung der Marktlancierung der beiden Nebenprodukte „B" & „C"
U/M-10	Senkung der Mitarbeiterproduktivität (Umsatz pro Mitarbeiter) um 10%
A-10	Senkung der Absatzzahlen um 10%
o.B	Ausfall des zweitwichtigsten Umsatzträgers (Produkt/Dienstleistung „B")
P-10	Senkung des Preisniveaus der abgesetzten Marktleistungen um 10%
o.TV	Verzicht auf den Endwert bei der DCF-Methode
SW	Anwendung der Substanzwertmethode
1J	Verzögerung der Einnahmen (1 Jahr), unverändert bleibende Ausgaben

Der Vollständigkeit halber sollen die weniger bedeutsamen Einflussfaktoren in der Mitte von Abbildung 87 nicht vorenthalten werden. Abbildung 90 zeigt die Variablen, welche den Unternehmenswert zwischen +20% und –15% zu beeinflussen vermögen.

Abbildung 90: Vergrösserung des mittleren Teils von Abbildung 87

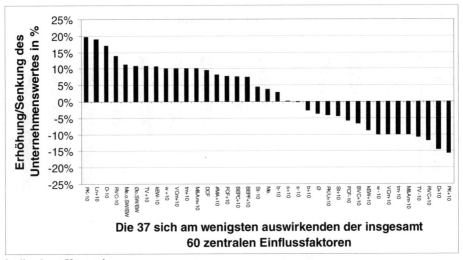

Quelle: eigene Untersuchung.

Bei den Abkürzungen handelt es sich um folgende moderat positiv beeinflussende Faktoren:

PK-10	Senkung der Personalkosten um 10%
Ln+10	Erhöhung des Lohns pro Mitarbeiter um 10%
D-10	Senkung der Diskontierungsrate um 10%
R$_{VC}$-10	Senkung der geforderten Rendite des Investors (10%) bei der VC-Methode
Me.$_{o.SW/EW}$	Anwendung der Bewertungsmethode der Durchschnittsbildung (Median) anderer Methoden, ohne Berücksichtigung von Substanz- und Ertragswert
Ø$_{o.SW/EW}$	dito., jedoch arithmetisches Mittel statt Median
TV+10	Erhöhung des Terminal Value-Multiples um 10% bei der DCF-Methode
K$_{EW}$-10	Senkung des Kapitalisierungszinssatzes um 10% bei der Ertragswertmethode
w+10	Erhöhung des Wechselkurses bei fremdländischen Investments um 10%
VC$_m$+10	Erhöhung Multiplikator zur Exitwertberechnung (10%) bei VC-Methode
t$_m$+10	Erhöhung Multiplikator (10%) bei Vergleichsmethode mit kotierten Firmen
M&A$_m$+10	Erhöhung Multiplikator (10%) bei Vergleichsmethode mit M&A-Aktionen
DCF	Anwendung der DCF-Methode zur Unternehmenswertbestimmung

#MA+10	Erhöhung der Anzahl Mitarbeiter um 10%
FCF+10	Erhöhung der FCF-Wachstumsrate um 10% bei der DCF-Methode
BEP$_C$+10	Verlängerung des CF-Break Even-Point um 10%
BEP$_F$+10	Verlängerung des FCF-Break Even-Point um 10%
St-10	Senkung der Steuern um 10%
Me.	Anwendung der Durchschnittsbildung (Median) von anderen Methoden
b-10	Senkung von Beta um 10%
s+10	Erhöhung der Standardabweichung um 10% bei der Optionspreismethode

Abkürzungen für den Unternehmenswert moderat negativ beeinflussende Faktoren sind:

s-10	Senkung der Standardabweichung um 10% bei der Optionspreismethode
b+10	Erhöhung von Beta um 10%
Ø	Anwendung der Durchschnittsbildung (Mittelwert) von anderen Methoden
PK/U+10	Erhöhung Anteil Personalkosten am Umsatz um 10%
St+10	Erhöhung der Steuern um 10%
FCF-10	Senkung der FCF-Wachstumsrate um 10% bei der DCF-Methode
B$_{VC}$+10	Erhöhung Beteiligung Venture Capitalist am Jungunternehmen um 10%
K$_{EW}$+10	Erhöhung Kapitalisierungszinssatz um 10% bei der Ertragswertmethode
w-10	Senkung des Wechselkurses bei fremdländischen Investments um 10%
VC$_m$-10	Senkung Multiplikator zur Exitwertberechnung um 10% bei VC-Methode
t$_m$-10	Senkung Multiplikator (10%) bei Vergleichsmethode mit kotierten Firmen
M&A$_m$-10	Senkung Multiplikator (10%) bei Vergleichsmethode mit M&A-Aktionen
TV-10	Senkung des Terminal Value-Multiples um 10% bei der DCF-Methode
R$_{VC}$+10	Erhöhung der geforderten Rendite des Investors (10%) bei VC-Methode
D+10	Erhöhung der Diskontierungsrate um 10%
PK-10	Senkung der Personalkosten um 10%

Werden alle diese Einflussfaktoren nach den Kategorien Management, Absatzprognose, Bewertungsmethode, Risiko, Zeit und Finanzmarktumfeld gegliedert, präsentiert sich in Anlehnung an Abbildung 33 Operationalisierung der Einflussfaktoren des Unternehmenswerts auf Seite 226 folgendes Bild (siehe Abbildung 91):

Abbildung 91: Quantifizierter Einfluss der 60 Faktoren auf den Unternehmenswert

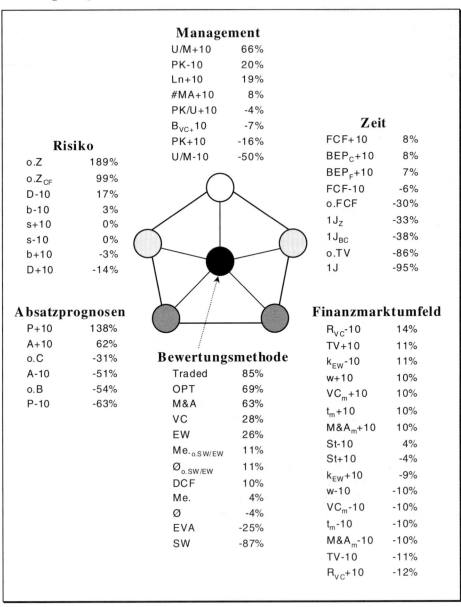

Management	
U/M+10	66%
PK-10	20%
Ln+10	19%
#MA+10	8%
PK/U+10	-4%
B_{VC+}10	-7%
PK+10	-16%
U/M-10	-50%

Risiko

o.Z	189%
o.Z_{CF}	99%
D-10	17%
b-10	3%
s+10	0%
s-10	0%
b+10	-3%
D+10	-14%

Zeit

FCF+10	8%
BEP_C+10	8%
BEP_F+10	7%
FCF-10	-6%
o.FCF	-30%
$1J_Z$	-33%
$1J_{BC}$	-38%
o.TV	-86%
1J	-95%

Absatzprognosen

P+10	138%
A+10	62%
o.C	-31%
A-10	-51%
o.B	-54%
P-10	-63%

Bewertungsmethode

Traded	85%
OPT	69%
M&A	63%
VC	28%
EW	26%
Me.$_{o.SW/EW}$	11%
$\varnothing_{o.SW/EW}$	11%
DCF	10%
Me.	4%
$\varnothing$	-4%
EVA	-25%
SW	-87%

Finanzmarktumfeld

R_{VC}-10	14%
TV+10	11%
k_{EW}-10	11%
w+10	10%
VC_m+10	10%
t_m+10	10%
$M\&A_m$+10	10%
St-10	4%
St+10	-4%
k_{EW}+10	-9%
w-10	-10%
VC_m-10	-10%
t_m-10	-10%
$M\&A_m$-10	-10%
TV-10	-11%
R_{VC}+10	-12%

Quelle: eigene Untersuchung.

Die Zahlen sind wie folgt zu verstehen: eine Veränderung des Faktors bewirkt eine Veränderung des Unternehmenswertes um +/- x%. Z.B. bedeutet P+10 = 138% bei den Absatzprognosen, dass eine Erhöhung des Preisniveaus um 10% den Unternehmenswert um 138% erhöht, also mehr als verdoppelt. Oder $1J_Z$ = -33% bei der Zeit bedeutet, dass eine Verzögerung um ein Jahr bei alleiniger Betrachtung des Zeitwertes den Unternehmenswert rein rechnerisch um 33% senkt.

Damit ist das Ziel der Arbeit erreicht: Die Quantifizierung der in Abbildung 7 Zentrale Einflussfaktoren auf den Unternehmenswert von Start-ups auf Seite 29 verbal umschriebenen Einflussfaktoren auf den Unternehmenswert von Jungunternehmen zum Zeitpunkt ihrer ersten professionellen Finanzierungsrunde.

12.9   Interpretation der Ergebnisse

12.9.1   Überblick

Die Interpretation der Ergebnisse der empirischen Analyse von 74 Erstfinanzierungsrunden von Jungunternehmen betreffend deren Unternehmenswerte erfolgt absichtlich getrennt von der Präsentation der Ergebnisse selber.[713]

Die Ergebnisse der Untersuchung lassen vier Schlüsse zu:

Erstens identifizierte die empirische Untersuchung die unbedeutenden Einflussfaktoren. Diese können im Rahmen der knappen Zeit, die für eine Unternehmensbewertung in der Praxis zur Verfügung steht, mehr oder weniger ignoriert werden. (Siehe Kapitel 12.9.2 Nebensächliche Faktoren auf Seite 330.)

Zweitens identifizierte die Untersuchung die bedeutenden Einflussfaktoren, welche in der Praxis am meisten beachtet werden sollten. (Siehe Kapitel 12.9.3 Besonders bedeutsame Einflussfaktoren auf Seite 332.)

Drittens können aus der Menge von Daten Faustregeln abgeleitet werden, welche die bekannten Faustregeln aus der Praxis bestätigen, anzweifeln oder die komplett neu sind. (Siehe Kapitel 12.9.4 Faustregeln auf Seite 338.)

Viertens schliesslich können die ermittelten zentralen Einflussfaktoren zur Quantifizierung von bekannten Werttreibern verwendet werden. (Siehe Kapitel 12.9.5 Quantifizierung der Werttreiber auf Seite 339.)

---

[713] Siehe Kapitel 12.2 bis 12.7 auf den Seiten 264 bis 321.

12.9.2 Nebensächliche Faktoren

Wichtiges Ziel einer Arbeit wie dieser, welche einen Überblick über die Wichtigkeit von Determinanten des Unternehmenswertes geben will, ist die Reduktion der Komplexität. Gerade weil zu Beginn der Dissertation die Analyse sehr breit erfolgte (und auf 60 Einflussfaktoren ausgeweitet wurde), muss am Schluss der Arbeit eine Konzentration auf die wesentlichen Faktoren erfolgen. Dies bedeutet positiv formuliert die Identifikation der zentralen Werttreiber, was in den folgenden Kapiteln thematisiert wird. Negativ formuliert bedeutet dies aber auch den Ausschluss von unbedeutenden Einflussfaktoren. Schliesslich ist gerade im schnelllebigen Venture Capital-Geschäft Zeit eine knappe Ressource. Meistens stehen für die Bewertung der Jungunternehmung nur wenige Tage zur Verfügung (in Einzelfällen sogar nur wenige Stunden). Darum gilt es aufzuzeigen, welche Aspekte *nicht* prioritärer Behandlung bedürfen.

Die aufgrund von relativ tiefen Elastizitäten vernachlässigbaren Einflussfaktoren werden auf Seite 326f. erwähnt. *Tiefe Elastizitäten* heisst jedoch nicht, dass diese Einflussfaktoren unwichtig sind. Der Bewerter muss überprüfen, ob es grobe Ausschläge nach oben oder unten gibt. Bewegen sich die Parameterwerte jedoch in einer üblichen Bandbreite, kann deren Einfluss vernachlässigt und die Unternehmung mit Standardwerten des Standardmodells bewertet werden.[714]

Bei den für den Wert des Start-ups relativ unbedeutenden Einflussfaktoren handelt es sich vornehmlich um *bewertungstechnische Aspekte* wie dem Kapitalkostensatz und dem Beta gemäss CAPM, der Diskontierungsrate sowie der FCF-Wachstumsrate bei der DCF-Methode, dem Kapitalisierungszinssatz bei der Ertragswertmethode, der geforderten Rendite des Investors oder Terminal Value-Multiples bei der Venture Capital-Methode, der Standardabweichung bei der Optionspreismethode oder den Traded- bzw. Mergers & Acquisitions (M&A) - Multiples bei den Methoden des Vergleichs mit börsenkotierten Unternehmen bzw. M&A-Transaktionen vergleichbarer Unternehmen.

Aber auch *zeitliche* Aspekte wie der Zeitpunkt, bis der Break Even-Point erreicht ist, oder allgemeine Aspekte des *Finanzmarktumfeldes* wie Terminal Value-Multiples beim Exit-Szenario oder die Höhe des Steuersatzes sind eher unbedeutende Einflussfaktoren auf den Unternehmenswert von Jungunternehmen.

---

[714] M.a.W. kann ein Faktor mit einer relativ tiefen Elastizität den Unternehmenswert absolut doch äusserst stark beeinflussen, wenn nur die Änderung des Faktors genügend hoch ist. Zum Beispiel verursacht eine Änderung des Terminal Value (TV) - Multiples um +/- 20% eine Änderung des Unternehmenswertes um +/- 22% (Mittelwert) bzw. 18% (Median), also eine Elastizität nahe eins. In der Praxis werden jedoch viel grössere Variationen beobachtet. So beträgt in der Stichprobe der 74 Unternehmen die Bandbreite der TV-Multiples 1.1 bis 40.0. Bei einem Mittelwert von 7.6 (Median 5.4) ist die Standardabweichung von 6.3 mit +/- 83% deutlich höher als nur +/- 20%.

Schliesslich zeigen auch die *Charakteristika von Start-ups* wie die Höhe der Beteiligung des Venture Capitalists, die Anzahl Mitarbeiter, die Höhe der Löhne pro Mitarbeiter, die absolute Höhe der Personalkosten bzw. deren relativen Anteil am Umsatz oder die Rechnungswährung (US$, Euro, CHF) des Projektes keine bedeutenden Elastizitäten auf den Unternehmenswert.

Verblüffenderweise hat sich in der Untersuchung auch die *Methode der Unternehmensbewertung* als relativ unbedeutend erwiesen. Ob der Wert mittels EVA-, DCF-, Ertragswert- oder Venture Capital-Methode berechnet wird, wirkt sich nur relativ bescheiden auf das Ergebnis aus. Gleich verhält es sich mit den Durchschnittswerten. Egal, ob der Unternehmenswert aus verschiedenen Werten als arithmetischer Mittelwert oder statistischer Median, mit oder ohne Berücksichtigung der doch eher antiquierten Substanzwert- und Ertragswert-Verfahren gebildet wird, stets resultiert ein Unternehmenswert derselben Grössenordnung (maximal 25% Abweichung nach oben oder unten).

Welche Faktoren relativ unbedeutend für den Unternehmenswert von Jungunternehmen sind, ist darum eine höchst interessante Erkenntnis, weil alle diese Faktoren in der Literatur so umfangreich theoretisch beschrieben werden. Erstaunlicherweise zeigt jedoch die vorliegende empirische Untersuchung von 74 professionellen Erstfinanzierungsrunden von Start-ups, dass die Praxis der Unternehmensbewertung im Venture Capital-Geschäft auch ohne Nobelpreis-würdige[715] wirtschaftswissenschaftliche Theorien (Capital Asset Pricing Model, Optionspreistheorie etc.) und ihre Erkenntnisse (Beta, Weighted Average Cost of Capital, Standardabweichung etc.) auskommt.

Auf Faktoren, welche den Wert von Jungunternehmen um mehr als +/- 25% zu beeinflussen vermögen, wird im folgenden Kapitel eingegangen.

---

[715] 1990 verlieh die königliche Schwedische Akademie der Wissenschaften den an Alfred Nobel erinnernden Preis in Wirtschaftswissenschaften an H. Markowitz, M. Miller und W. Sharpe.
Markowitz erhielt die Auszeichnung für die Entwicklung der Portfoliotheorie, Miller für seine Erkenntnisse auf dem Gebiet der Corporate Finance und Sharpe für seinen Beitrag zur Entwicklung der Finanztheorie über die Bildung von finanziellen Assets, dem sogenannten Capital Asset Pricing Model (CAPM).

12.9.3   Besonders bedeutsame Einflussfaktoren

12.9.3.1   Überblick

Obige[716] Einflussfaktoren sind nicht völlig unbedeutend, denn eine Abweichung von + 25% und – 25% heisst, dass im Extremfall der Unternehmenswert halbiert wird. Absolut gesehen ist dies also durchaus von Interesse für den Venture Capitalisten wie auch den Eigentümer des Start-ups.

Die im folgenden zu beschreibenden Einflussfaktoren vermögen jedoch den Unternehmenswert nicht nur um den Faktor 0.75-1.25, sondern um den Faktor 0.00-2.89 zu beeinflussen. Damit misst die Bandbreite + 189% bis – 100%, was einer Verdreifachung des Standard-Unternehmenswertes bzw. dem Totalverlust entspricht.

12.9.3.2   Den Unternehmenswert positiv beeinflussende Faktoren

Wichtigste positiv beeinflussende Grösse ist der *Umsatz*. Egal ob als Absatz (+62% bzw. –51%), Umsatz pro Mitarbeiter (+66% bzw. –50%) oder Preisniveau (+138% bzw. -63%), die Umsatzschätzung als Ursprung aller Erfolgsgrössen bewirkt eine massive Beeinflussung des Unternehmenswertes.[717] Beim Preis für die abgesetzte Marktleistung ist der Einfluss so hoch aufgrund des Doppeleffektes der Umsatzsteigerung und Verbesserung der Bruttogewinnmarge.[718]

Werden Fachleute mit dieser Erkenntnis konfrontiert, reagieren die meisten äusserst gelassen und antworten, dies hätten sie ja schon immer irgendwie gewusst. Interessant wird es aber, wenn man dann nachfragt, ob sie in ihrer Praxis standardmässig Sensitivitätsanalysen betreffend des Preisniveaus durchführen. Die allerwenigsten der Interviewpartner konnten diese Frage bejahen.[719] In der Regel beschränkt sich der Praktiker auf die Analyse der Sensitivität des Umsatzes per se, unterscheidet jedoch nicht zwischen abgesetzten Mengen und Preisen pro Stück. Dies ist ein grober Fehler, denn niemand kann bei einem neuen Produkt das vom Markt akzeptierte Preisniveau auf +/- 10% genau voraussagen.

---

[716] 12.9.2 Nebensächliche Faktoren auf Seite 330ff.

[717] Die Grössen sind als Elastizitäten zu verstehen. Beispielsweise bedeutet Preisniveau (+138 bzw. -63%), dass sich der Unternehmenswert um 138% erhöht, also mehr als verdoppelt, wenn am Markt 10% höhere Preise verlangt werden können. Umgekehrt sinkt der Unternehmenswert um 63%, also auf weniger als die Hälfte, wenn aufgrund von geänderten Konkurrenzverhältnissen das Preisniveau um 10% sinkt.

[718] Mehr dazu in Kapitel 11.3.3 Preise auf Seite 245.

[719] Vgl. Kapitel 12.3.3 Preise auf Seite 277f. In über 80% aller untersuchten 74 Fällen waren die Preise der Produkte der Jungunternehmung nicht im Finanzteil des Businessplans explizit aufgeführt – geschweige denn im Excel-Modell des Venture Capitalisten vorhanden.

Hierfür sei zur Illustration ein Beispiel aus der Praxis erwähnt:

> Ein Unternehmen in der BioTech-Branche war in einem Markt tätig, der Preise von US$ 0.55 bis US$ 3.27 pro Sample zu zahlen bereit war. Besagtes Unternehmen hatte das beste Produkt mit der weltweit höchsten Auflösung. Was erwartet ein Finanzanalyst für ein Preisniveau der Produkte dieser Unternehmung? US$ 4.-, weil sie die höchste Qualität haben? Oder US$ 3.27, damit sie nicht teurer sind als die Konkurrenz? Oder US$ 3.-, um als Newcomer dem Kunden einen preislichen Anreiz zu geben, die neuen Produkte zu probieren? Alles unzutreffend. Dieses Unternehmen verlangte die ersten Jahre nach der Gründung lediglich US$ 0.50 pro Sample! Dies aus einem falschen Marketing-Verständnis heraus: Der Gründer dachte, er müsse billiger sein als alle anderen Konkurrenten, weil er neu am Markt und daher unbekannt war. Selbst preisgünstiger als die qualitativ schlechtesten Produkte auf dem Markt wollte er sein. Der Businessplan ging für die nächsten fünf Jahre von einer Erhöhung des Preisniveaus auf US$ 0.75 aus.
>
> Den wichtigsten Beitrag, den ein Venture Capitalist in so einem Fall dem Start-up bieten kann, ist die Überzeugung des Unternehmers über die Vorzüge einer massiven Preiserhöhung, um seine Produkte in der Region von US$ 3.- anzusiedeln.

Dieser Fall zeigt, dass in der Praxis des Venture Capital-Geschäfts nicht bloss Änderungen des Preisniveaus um +/- 10% vorkommen, sondern selbst Versechsfachungen durchaus möglich sind. Dies sollte den Finanzanalysten in Anbetracht der hohen Sensitivität des Unternehmenswertes auf Preisausschläge erschrecken. In der untersuchten Stichprobe von 74 Erstfinanzierungsrunden von Jungunternehmen sinkt der Unternehmenswert um 87% (Mittelwert) bzw. 100% (Median) bei einer Senkung des Preisniveaus um lediglich 20%. M.a.W. bedeuten um 20% tiefer als geplante Preise für 43 von 74 Start-ups den Totalverlust. Umgekehrt vermag ein um 20% höheres als im Businessplan angenommenes Preisniveau für die Marktleistungen, den Unternehmenswert um 277% (Mittelwert) bzw. 117% (Median) zu erhöhen.

Neben dem im Detail besprochenen Umsatz sind die *Zuschläge* auf dem Kapitalkosten- bzw. Kapitalisierungssatz mit + 189% und + 99% zwei der drei stärksten Einflussfaktoren. Dies rührt daher, dass die Praxis auf den gemäss Capital Asset Pricing Model (CAPM) theoretisch korrekt hergeleiteten Kapitalkostensatz (Weighted Average Cost of Capital, WACC) mehr oder weniger willkürliche Zuschläge in derselben bzw. doppelten Höhe erhebt. Ein Verzicht auf die Zuschläge für die Adjustierung der Cash Flow-Ströme in Höhe von durchschnittlich 12.7%-Punkten bedeutet für die Diskontierungsrate von durchschnittlich 32.2%-Punkten eine Senkung um mehr als einen Drittel. Dies bewirkt eine Verdoppelung des Unternehmenswertes (+ 99%).

Da bei der Anwendung der *Optionstheorie* zur Unternehmensbewertung das Risiko über den Preis der Realoption berücksichtigt ist, wird dort auf die Anwendung von Zuschlägen zur Adjustierung der (Free) Cash Flows verzichtet. Dies erklärt, wieso die Bewertungen mittels dieser Methodik systematisch um 69% überschätzt werden und damit dem Unternehmenswert bei Verzicht auf CF-Adjustierungs-Zuschläge (+ 99%) äusserst nahe kommen.

Wird zusätzlich noch auf *weitere Zuschläge* für erschwerte Verkäuflichkeit (Illiquiditätsprämie), spezifisches Unternehmensrisiko, Value Added-Premium des Investors etc. in Höhe von durchschnittlich 9.4%-Punkten verzichtet,[720] so kann rein rechnerisch mit einer Ceteris-paribus-Annahme gar fast eine Verdreifachung des Unternehmenswertes ermittelt werden (+189%).

Diese immense Bedeutung der Zuschläge auf den theoretisch korrekt hergeleiteten Kapitalkostensatz ist darum eine wichtige Erkenntnis, weil die Wirtschaftswissenschaft bislang keine Theorien zur Erklärung und Quantifizierung dieser Zuschläge bereit hält bzw. von der Anwendung solcher „fudge factors"[721] dringend abrät. Es besteht die Gefahr, dass in der Praxis diese Zuschläge als Mittel zum Zweck der absichtlichen Manipulation des Unternehmenswertes in die gewünschte Richtung missbraucht werden. Die Vermutung liegt nahe, dass die Praxis nicht zuerst aufgrund von irgendwelchen ex ante festgelegten Kriterien die Zuschläge bestimmt und dann den Unternehmenswert ermittelt. Wahrscheinlicher wird der Praktiker zuerst den Unternehmenswert in der für das Investment gewünschten Höhe festlegen und dann zurückrechnen, wie hoch die Zuschläge sein müssen, damit der gewünschte Unternehmenswert erreicht wird. Dies bedeutet den Missbrauch von theoretisch an und für sich korrekten Bewertungsmethoden zur Anmassung von Wissenschaftlichkeit, Seriosität und Scheingenauigkeit.

Schliesslich der letzte bedeutsame positive Einflussfaktor ist die Wahl der Bewertungsmethode. Obwohl gezeigt wurde,[722] dass in neun von zwölf Fällen die Unterschiede bei Variation der Annahmen innerhalb einer Methode grösser sind als zwischen verschiedenen Bewertungsmethoden, so gibt es doch drei Ausnahmen.
Zwei davon sind die Methoden des Vergleichs mit börsenkotierten Unternehmen bzw. mit Targets von Übernahmen. Sie überschätzen beide den Wert von Jungunternehmen massiv um 85% bzw. 63%. Als Ziel für M&A-Transaktionen kommen Unternehmen bereits in Frage, auch wenn sie von einem Börsengang noch weit entfernt sind. Tendenziell werden börsenkotierte Unternehmen folglich weiter entwickelt sein und daher auch höhere Bewertungen aufweisen. Darum überschätzt der Vergleich mit kotierten Unternehmen auch den Wert einiges höher (+ 85%), als der Vergleich mit Unternehmen vergleichbarer M&A-Transaktionen (+63%). Es erscheint logisch, dass Unternehmen einer

---

[720] Mehr dazu in Kapitel 8.8 Diskontierungssatz auf Seite 193ff.

[721] Siehe Kapitel 8.8.4 Zuschläge für die Adjustierung der (Free) Cash Flow-Ströme auf Seite 197 und besonders Fussnote 544 auf Seite 197.

[722] 12.9.2 Nebensächliche Faktoren auf Seite 330ff.

früheren Entwicklungsphase (Early Stage)[723] im Vergleich zu börsenkotierten Firmen mit Wertabschlägen versehen werden müssen. Dann steht die Praxis aber wieder vor demselben Problem wie bei obigen Zuschlägen zum Kapitalkostensatz: Es gibt keine theoretischen Überlegungen, wie solche Wertabschläge gerechtfertigt und quantifiziert werden sollen. Damit sind diese Abschläge der Willkür des Bewerters ausgeliefert und werden pragmatisch ad hoc den jeweiligen Bedürfnissen des Auftraggebers des Bewertungsgutachtens angepasst.

Dritte Ausnahme, wo die Wahl der Bewertungsmethode per se das Ergebnis in erheblichem Masse beeinflusst, ist der Substanzwert. Da er den Unternehmenswert jedoch negativ beeinflusst, wird im folgenden Kapitel darauf eingegangen.

12.9.3.3   *Den Unternehmenswert negativ beeinflussende Faktoren*

Die den Unternehmenswert am stärksten negativ beeinflussenden Faktoren sind hauptsächlich zeitliche Verzögerungen, bewertungstechnische Aspekte sowie das Marktversagen von Produkten.[724]

Zeitliche Verzögerungen
Wichtigste den Unternehmenswert negativ beeinflussende Faktoren sind zeitliche Verzögerungen des Projektes. −95%, −38% und −33% betragen die Auswirkungen auf den Unternehmenswert.[725]

Im schlimmsten Fall verschieben sich die Einnahmen um ein ganzes Jahr, aber die Ausgaben fallen in unverminderter Höhe an, und dieser Zustand der hinter den Ausgaben nachhinkenden Einnahmen hält für die ganze Planungsperiode an. Dies ist beispielsweise dann der Fall, wenn sich die Marktlancierung aufgrund von zusätzlich notwendigen Forschungs- und Entwicklungsarbeiten verspätet, die technische und personelle Infrastruktur jedoch trotzdem bereits installiert und betrieben werden muss (z.B. zur Erfüllung von regulatorischen Auflagen). Dann wird der Unternehmenswert Ceteris-paribus rein rechnerisch im Durchschnitt um 95% (Mittelwert) bzw. 100% (Median) gesenkt, was den Totalverlust des Investments bedeutet.

Weniger dramatisch präsentiert sich die Lage, wenn bei einer Mehrproduktunternehmung dasselbe passiert, allerdings nur die Nebenprodukte (B und C) davon betroffen sind. Kann wenigstens das Hauptprodukt (A) termingerecht am Markt lanciert werden, dann bedeutet dies im Durchschnitt lediglich eine Einbusse des Unternehmenswertes von 38% (Mittelwert) bzw. 10% (Median).

---

[723] Zum Phasenmodell im Venture Capital-Geschäft siehe Kapitel 1.4.3 Venture Capital-Phasen auf Seite 13ff.

[724] Siehe Kapitel 12.8 Zusammenfassung der Ergebnisse auf Seite 321ff. und v.a. Abbildung 89 auf Seite 325.

[725] Vgl. 12.5.5 Zeitliche Verzögerungen auf Seite 303ff.

Als dritte Variante von zeitlichen Verzögerungen ist in der Praxis jener Fall zu beobachten, wo alle Einnahmen und Ausgabenströme um z.B. ein Jahr aufgeschoben werden (das Projekt wird „auf Eis" gelegt). Dies bedeutet den reinen Zeitwert-Verlust, was sich in der Stichprobe mit einer Senkung des Unternehmenswertes von 33% (Mittelwert) bzw. 28% (Median) auswirkt.

Bewertungstechnische Aspekte
Zweitwichtigste Einflussfaktoren, die sich negativ auf den Unternehmenswert auswirken, sind bewertungstechnische Aspekte.
Dies insofern, als die *Substanzwertmethode* den Wert der Jungunternehmen der Stichprobe im Durchschnitt um 87% (Mittelwert) bzw. sogar 97% (Median) unterschätzt. M.a.W. beträgt der Substanzwert lediglich 13% (Mittelwert) bzw. 3% (Median) des vom Venture Capitalisten effektiv bezahlten Preises bei der Erstfinanzierungsrunde eines Start-ups. Die Erklärung liegt daran, dass die meisten Jungunternehmen in der Schweiz in der rechtlichen Form der Aktiengesellschaft mit dem minimalen Aktienkapital von CHF 100'000 gegründet werden. So beträgt auch der mediale Substanzwert der 74 untersuchten Start-ups lediglich CHF 150'000. Dies hat natürlich gar nichts zu tun mit den Zukunftsaussichten der Jungunternehmung und folglich auch überhaupt nichts mit deren Unternehmenswert zum Zeitpunkt der ersten professionellen Finanzierungsrunde, wo im Durchschnitt CHF 1.6 Mio. investiert wurden. Würde man in solchen Situationen am Substanzwert und damit an einer „pre-money valuation"[726] von CHF 150'000 festhalten, so würde der Anteil des Venture Capitalisten nach der ersten Finanzierungsrunde unvorstellbare 92% betragen.

Weiterer bewertungstechnischer Aspekt ist der *Prognosehorizont*. Berücksichtigt ein Investor lediglich die ersten fünf Jahre des Investments, dann würde ein Verzicht auf den Terminal Value den Unternehmenswert rein rechnerisch um 86% (Mittelwert) bzw. 91% (Median) senken. Dies bedeutet nichts anderes, als dass der Anteil der ersten fünf Jahre am Unternehmenswert im Durchschnitt 14% (Mittelwert) bzw. 9% (Median) beträgt. Solche bewertungstechnische Spielereien sind gewiss theoretisch interessant, jedoch weit von der Praxis entfernt. Jeder Venture Capitalist ist sich bewusst, dass er in der heutigen Zeit (v.a. in der „New Economy") aufgrund der Free Cash Flows des Projektes keinen Profit erzielen kann. Im Venture Capital-Geschäft gibt es ein einziges Liquiditäts-Ereignis: den Exit. Egal, ob man das nun Exit-Wert oder in der Terminologie der DCF-Methode Terminal Value nennt, das Unternehmen wird in fünf Jahren einen Wert haben, zu dem es verkauft werden kann. Dies ist das Entscheidende. Der Investor schätzt diesen Endwert in der Praxis mit Multiplikatoren, welche durch die Division von bekannten Werten von Unternehmen in vergleichbaren Entwicklungssta-

---

[726] Zur Erklärung der Unterscheidung von pre- und post-money valuation siehe Kapitel 6.2.3 Exkurs: Agio auf Seite 131.

dien mit Kenngrössen wie Umsatz, EBITDA oder EBIT gebildet werden. Diese Multiplikatoren können mit dem Kehrwert der Diskontierungsrate bei der Terminal Value-Berechnung gemäss DCF-Methode verglichen werden. Dass ein Investor in seinen Überlegungen auf den Exit-Wert verzichten soll, ist ausgeschlossen.

Gleich verhält es sich auch mit der Aussage, dass ein Verzicht auf die Annahme eines Wachstums der Free Cash Flows (FCF) nach der expliziten Planungsperiode den Unternehmenswert im Durchschnitt um 30% (Mittelwert) bzw. 15% (Median) senkt. Diese Aussage zielt wiederum auf den Terminal Value und damit aus Sicht des Venture Capitalisten auf den Exit-Wert des Investments. Es erscheint unrealistisch, dass ein Investor davon ausgehen sollte, dass die Jungunternehmung bereits nach fünf Jahren ihre Reifephase erreicht hat und damit zu keinem weiteren Wachstum mehr fähig ist. Wenn dies der Fall wäre, dann würde ein VC niemals investieren. Institutionelle Kapitalgeber wollen im Venture Capital-Geschäft hohe Renditen erzielen. Dies ist das Hauptmotiv für ein Investment in diesem Bereich. Will der Anleger Sicherheiten, investiert er in Bundesobligationen. Will er eine anständige Rendite bei moderatem Risiko, dann investiert er in Aktien bzw. strategische Anlagefonds. In den Venture Capital-Bereich wird er nur investieren, wenn er, gelockt von den hohen Rendite-Aussichten, volles Risiko eingehen möchte. Darum sind hohe Wachstumsraten in der Praxis conditio sine qua non für den Venture Capitalisten und damit die Annahme eines Verzichts auf FCF-Wachstumsraten bei der Terminal Value-Berechnung gemäss DCF-Methode eine rein akademische.

Marktversagen
Viel näher an der Praxis sind allerdings Produkte, die am Markt versagen. Dies ist das typischste Risiko des Jungunternehmers. Den Fall, dass der Hauptumsatzträger sich am Markt als Flop erweist, bedeutet in aller Regel den Totalverlust des Investments. Dafür braucht man keine Sensitivitäten zu berechnen. Interessanter sind jedoch die Auswirkungen, falls die Nebenprodukte oder Dienstleistungen (B oder C) keinen Anklang bei den Kunden finden. In der Untersuchung beträgt die Einbusse durchschnittlich 54% (ohne B) bzw. 31% (ohne C) auf den Unternehmenswert. Bei 40% bzw. 20% aller 74 Unternehmen der Stichprobe würde selbst das Marktversagen eines Nebenproduktes den Totalverlust des Investments bedeuten. Dies zeigt, wie wichtig es für die Jungunternehmung ist, sich nicht nur auf den Hauptumsatzträger zu konzentrieren, sondern auch Nebenprodukte und -dienstleistungen zu forcieren. Oft kann damit die für den wirtschaftlichen Erfolg entscheidende Bruttogewinnmarge erhöht werden.

12.9.4   Faustregeln

Wie in Kapitel 3.3.2 Faustregeln auf Seite 44f. erwähnt, werden im Venture Capital-
Geschäft – bewusst oder unbewusst – zahlreiche Faustregeln angewandt.

Bestätigt werden können folgende Faustregeln:

- Der Unternehmenswert von Start-ups sei heutzutage im HighTech Bereich
  i.d.R. in der Grössenordnung von US$ 5 Mio.
  Die eigene empirische Untersuchung zeigt zwar einen Mittelwert von CHF 20
  Mio., aber der Median liegt bei 8.5 Mio, was bei einem Wechselkurs von
  1:1.70 haargenau den US$ 5 Mio. entspricht.

- Ein Mitarbeiter verkörpere ca. eine Drittel-Million CHF.
  Tatsächlich ergab die Korrelationsanalyse zwischen Anzahl Angestellten und
  Unternehmenswert einen Koeffizienten von CHF 345'000.

Knapp nicht bestätigt werden konnte jedoch die Faustregel, dass der Anteil des Investors bei der ersten professionellen Finanzierungsrunde bei ca. einem Drittel liegen sollte. Die 74 untersuchten Unternehmen weisen im Durchschnitt eine Beteiligung des
Venture Capitalisten in Höhe von 24% (Mittelwert) bzw. 22% (Median) auf. Folglich
beträgt der durchschnittliche Anteil der institutionellen Anleger am Unternehmen knapp
einen Viertel und nicht etwa einen Drittel.

Im Prinzip könnte für jeden der in Abbildung 91 auf Seite 328 dargestellten 60 Einflussfaktoren eine neue Faustregel formuliert werden vom Typ: + 10% der Einflussgrösse
bewirkt eine Erhöhung bzw. Senkung des Unternehmenswertes um + y%. Auf eine
erschöpfende Darlegung aller Ergebnisse in dieser Form wird aber verzichtet.

12.9.5   Quantifizierung der Werttreiber

Ziel dieser Arbeit ist es, die Einflussfaktoren auf den Unternehmenswert von Start-ups zum Zeitpunkt ihrer ersten professionellen Finanzierungsrunde nicht bloss theoretisch herzuleiten und verbal zu umschreiben, sondern diese auch anhand der Daten einer Stichprobe von 74 Erstfinanzierungsrunden in der Praxis zu quantifizieren. Diese Quantifizierung der Effekte von bekannten (wie auch in der Theorie bisher unbeschriebenen) Einflussfaktoren wird als der zentrale Beitrag dieser Arbeit gesehen.

Der Unterschied zwischen qualitativer und quantitativer Argumentation soll im folgenden illustriert werden. Abbildung 92 zeigt die Werttreiber des Unternehmenswertes nach Rappaport.[727] Angereichert mit den Daten aus der eigenen empirischen Untersuchung ist dieser Graphik übersichtlich zu entnehmen, wo die bedeutenden Einflussfaktoren liegen. Der Abbildung wurden die durchschnittlichen Elastizitäten der Stichprobe von 74 analysierten Jungunternehmen hinzugefügt. Die Wirkungen sind der besseren Verständlichkeit wegen nicht kumuliert, sondern einzeln berechnet. Folglich zeigt die Graphik z.B. den Einfluss einer Veränderung des Finanzierungsverhältnisses (Eigenkapital dividiert durch Fremdkapital) um 10% auf den Kapitalkostensatz (Zunahme um 0.5%). Der Einfluss der Kapitalkosten auf den Diskontierungssatz wiederum wird angegeben bei einer Erhöhung der Kapitalkosten um 10% (und nicht bloss um 0.5%). Bei allen anderen Wertgeneratoren wurde zusätzlich zur direkten Beeinflussung der Bewertungskomponente auch noch der isolierte, indirekte Einfluss auf den Unternehmenswert berechnet. Zum Beispiel bewirkt ein Umsatzwachstum von 10% eine Erhöhung der Free Cash Flows (FCF) um 33.8%. Der Unternehmenswert wird dadurch um 42.2% erhöht.

---

[727] Rappaport's Gedankengut gilt als einer der Auslöser der Shareholder Value-Debatte, welche in der Schweiz 1997 wohl ihren Höhepunkt erreicht hatte. Siehe Rappaport, 1986.

Abbildung 92: Quantifizierung der Werttreiber nach Rappaport für Start-ups

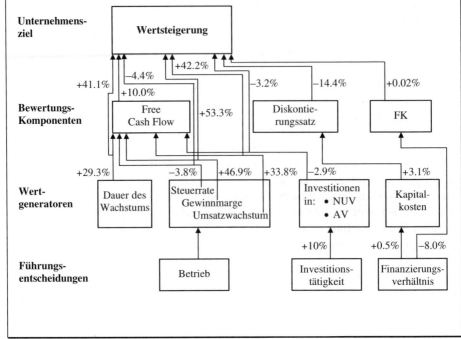

Quelle: Rappaport, 1986, S. 76. Eigene Berechnungen.

Abbildung 92 relativiert die Kapitalkosten, die Investitionstätigkeit, das Finanzierungs-verhältnis, das Fremdkapital und die Steuerrate als Werttreiber für Jungunternehmen. Sie alle verdienen aufgrund ihrer geringen Elastizitäten im Rahmen von Unternehmens-bewertungen von Start-ups keine prioritäre Beachtung. Wichtiger ist jedoch die Diskon-tierungsrate mit einer Elastizität über eins. Absolut zentral für den Wert von neu ge-gründeten Unternehmen sind allerdings deren Aussichten auf Umsatzwachstum, Höhe der Gewinnmarge und erwartete Dauer des Wachstums (bzw. Prognosehorizont).

12.9.6   Grenzen der Interpretation der Daten

Wie bei jeder empirischen Untersuchung, sind auch die Möglichkeiten dieser Arbeit begrenzt. Es konnten nicht alle in Frage kommenden Einflussfaktoren analysiert wer-den, sondern es musste eine Auswahl getroffen werden. Eine Folge dieser Komplexi-tätsreduktion der Realität ist gezwungenermassen ein Informationsverlust. Trotz grösster Umsicht kann daher nicht ausgeschlossen werden, dass wesentliche Einflussfaktoren auf den Unternehmenswert in dieser Arbeit nicht berücksichtigt wurden.

Weiter relativiert die Stichprobe die Aussagekraft der Ergebnisse. Es konnten nur 74 Erstfinanzierungsrunden von neu gegründeten Unternehmen untersucht werden. Das Datensample besteht schwergewichtig aus in der Schweiz gegründeten Start-ups mit der Rechnungsbasis Schweizer Franken.[728]

Auch branchenmässig kann die Stichprobe nicht als repräsentativ für die Gesamtwirtschaft bezeichnet werden. Im Rahmen dieser Arbeit wurde auf hochtechnologische Unternehmensgründungen in den Bereichen HighTech, BioTech, MedTech, Telekommunikation, Internet, e-commerce, Software etc. fokussiert.[729] Klassische Branchen wie z.B. das Baugewerbe wurden nicht erfasst.

In der Zeitachse wurden nur Gründungen der letzten beiden Jahre berücksichtigt.[730] Insofern dürfen die Ergebnisse nur mit Einschränkungen auf andere Zeitperioden übertragen werden.

Schliesslich konnten aufgrund der Schwierigkeiten der Datenbeschaffung lediglich Projekte analysiert werden, welche Venture Capital als Finanzierungsquelle in Anspruch genommen haben. Daher wäre es wissenschaftlich unkorrekt, die Anwendbarkeit der hier gefundenen Ergebnisse auf andere Gebiete wie z.B. der klassischen Bankenfinanzierung zu unterstellen.

Sicherlich die grösste Einschränkung liegt im gewählten Untersuchungsdesign. Aufgrund des Ziels der Quantifizierung der Einflüsse der analysierten Faktoren konnten nur Faktoren ausgewählt werden, welche sich auch in den Plan-Bilanzen und -Erfolgsrechnungen gemäss Businessplan der Jungunternehmen niederschlagen.
So ist in der Venture Capital-Branche beispielsweise Allgemeingut, dass der Persönlichkeit (Talent, Charisma, Durchhaltewille, Kreativität, Selbstbewusstsein etc.) des Unternehmers die grösste Bedeutung zukommt, ob ein Start-up sich erfolgreich entwickelt. Solche qualitativen Einflussfaktoren konnten im Rahmen dieser Arbeit zwar textlich angesprochen werden, sie entziehen sich jedoch der quantitativen Analyse des empirischen Teils.
Folglich konnten in der Praxis wesentliche qualitative Einflussfaktoren in der quantitativen empirischen Untersuchung nur beschränkt berücksichtigt werden.

---

[728] Eine graphische Darstellung der Länderherkunft der untersuchten Unternehmen gibt Abbildung 36 Referenzwährung der untersuchten Unternehmen auf Seite 231.

[729] Eine Übersicht über die untersuchten Branchen findet sich in Abbildung 34 Branchenherkunft der untersuchten Unternehmen auf Seite 229.

[730] Eine Übersicht der Zeitpunkte der Erstfinanzierungsrunden der untersuchten Unternehmen liefert Abbildung 35 Zeitpunkt der Erstfinanzierung der untersuchten Unternehmen auf Seite 230.

Aus all diesen Gründen dürfen die Erkenntnisse dieser Arbeit nur mit äusserster Vorsicht verallgemeinert und auf andere Gebiete als Venture Capital und Jungunternehmen übertragen werden.

13 ZUSAMMENFASSUNG, EMPFEHLUNGEN UND AUSBLICK

13.1 Zusammenfassung der Arbeit

Diese Arbeit widmet sich den spezifischen Problemen der Bewertung von Jungunternehmen im Venture Capital-Geschäft.
Neu gegründete Unternehmen weisen per definitionem keine Vergangenheitszahlen auf, was deren Bewertung speziell schwierig macht. Folglich sind die (fernen) Zukunftsaussichten und Erfolgspotentiale zu bewerten und nicht die aktuelle Substanz oder die Profitabilität in der Vergangenheit wie bei alteingesessenen Gesellschaften.

In der Praxis des Venture Capital-Geschäfts dient der Businessplan als wichtigstes schriftliches Kommunikationsinstrument zwischen Gründer und Kapitalgeber. In vorliegender Dissertation wurde auf die Analyse der wichtigsten Aspekte aller im Businessplan erwähnten Sachverhalte fokussiert. **Abbildung 7** auf Seite 29 zeigt die isolierten zentralen Einflussfaktoren auf den Unternehmenswert von Start-ups, welche im Rahmen dieser Arbeit unter den Begriffen *Management, Absatzprognosen, Bewertungsmethoden, Risiko, Zeit* und *Finanzmarktumfeld* zusammengefasst werden.

Jedes dieser sechs Themengebiete wird im zweiten Teil der Arbeit näher umschrieben aufgrund von *theoretischen* Erkenntnissen, Ergebnissen von 123 *Interviews* mit Venture Capitalisten, Jungunternehmern und Branchenexperten in Lehre und Praxis, sowie von persönlichen *Erfahrungen* aufgrund der mehrjährigen praktischen Tätigkeit des Autors auf diesem Gebiet.

Die Auflistung aller bewertungsrelevanten Einflussfaktoren alleine hätte nur bescheidenen Nutzen für die Theorie und Praxis. Interessant ist darum die *Quantifizierung* des Einflusses der jeweiligen Faktoren in einer eigenen empirischen Untersuchung (Teil III der Arbeit). Dazu wurden die Einflussfaktoren auf den Unternehmenswert in **Abbildung 33** auf Seite 226 operationalisiert. Grösste Schwierigkeit dabei ist die Quantifizierung von Aspekten des Managements und des Finanzmarktumfeldes, da es sich vielfach um rein qualitative Sachverhalte handelt. Nur diejenigen Grössen konnten erfasst werden, welche im Businessplan zahlenmässigen Niederschlag finden. In der empirischen Untersuchung wurden die Daten von 74 Jungunternehmen zum Zeitpunkt ihrer ersten professionellen Erstfinanzierungsrunde erhoben. Die Auswertung des Datenmaterials erfolgte wann immer möglich rein rechnerisch aufgrund von Sensitivitätsanalysen. Konnte jedoch ex ante keine mathematische Formel zur Beschreibung des Zusammenhanges zwischen der zu untersuchenden Variablen und deren Einfluss auf den Unternehmenswert gefunden werden, dann gelangten statistische Korrelationsanalysen zur Beschreibung der Wirkungsbeziehungen zur Anwendung.
Die Ergebnisse der Bemühungen zeigen sich nach Themen geordnet in **Abbildung 91** Quantifizierter Einfluss der 60 Faktoren auf den Unternehmenswert auf Seite 328 und

nach Höhe des Einflusses sortiert in **Abbildung 87** Einfluss der zentralen Einflussfaktoren auf den Unternehmenswert auf Seite 323.

Die Interpretation der Ergebnisse in Kapitel 12.9 auf Seite 329 hat gezeigt, dass auch für die Unternehmensbewertung Effektivität vor Effizienz zu stellen ist. Nicht das technisch korrekte Anwenden einer theoretisch einwandfreien Bewertungs*methode*, sondern die breite Hinterfragung und höchstpersönliche Überprüfung der vom Jungunternehmer getroffenen Annahmen im Businessplan durch den Bewerter selber ist entscheidend. Anders formuliert ist der Bestimmung der Input-Variablen eines Modells mehr kostbare Zeit zu widmen als dem Modell selber. Die Unterschiede zwischen den Bewertungsmethoden untereinander sind nämlich geringer als die Auswirkungen einer Variation der Einflussfaktoren auf den Unternehmenswert innerhalb derselben Methodik.

Aufgrund der Erkenntnisse der Arbeit lassen sich im folgenden Handlungsempfehlungen ableiten, welche Analysen die Praxis im Bewertungsprozess mit höchster Priorität behandeln sollte.

13.2   Handlungsempfehlungen für die Praxis

13.2.1   Überblick

Nach gründlicher Analyse der theoretischen Einflussfaktoren auf den Wert von Jungunternehmen und der eigenen empirischen Untersuchung an 74 Erstfinanzierungsrunden von Start-ups in der Praxis lassen sich Handlungsempfehlungen für den Unternehmensbewerter ableiten.

Vorliegende Arbeit hat gezeigt, dass Effektivität wichtiger ist als Effizienz. Nicht die technisch perfekte Anwendung einer theoretisch korrekten Bewertungsmethode ist entscheidend, sondern die Hinterfragung der Plausibilität der Annahmen, welche den Zahlen im Finanzteil des Businessplans zugrunde gelegt wurden.

Der Bewerter von Start-ups im Venture Capital-Geschäft muss Unternehmer, Unternehmensberater, Marketing-Spezialist, Menschenkenner und erst zuallerletzt Finanzspezialist sein.

Die folgenden Ausführungen sind gegliedert in vernachlässigbare, zentral positive und negative Aspekte bei der Unternehmensbewertung.

13.2.2 Vernachlässigbare Aspekte

Abbildung 87 auf Seite 323 ist zu entnehmen, dass technischen Aspekten der Bewertungsmethodik (wie z.b. Standardabweichung, Beta, Kapitalkostensatz, Kapitalstruktur, Wechselkurs oder Steuersatz) in der Praxis der Bewertung von Jungunternehmen keine wesentliche Bedeutung zukommt. Auch weichen die Ergebnisse der verschiedenen Bewertungsmethoden nicht in extremem Ausmass voneinander ab.

Einzige Ausnahme ist die Substanzwertmethode. Bei neu gegründeten Unternehmen sollte der Substanzwert nicht berücksichtigt werden, weil nicht die Vergangenheit zählt, sondern weil die Zukunftsaussichten (und damit das Wachstum) für den Wert des Startups entscheidend sind. Damit wäre auch explizit betont, dass der Praktiker keine Diskussionen über Agio führen soll.[731] Das Agio ist lediglich eine rein rechnerische Grösse (in das Aktienkapital fliessende Mittel dividiert durch das den Reserven zugewiesene Kapital der gesamten Investitionssumme) und spielt für den Unternehmenswert absolut keine Rolle. Alleine die Höhe des Eigenkapitals mag ein Indikator für die finanzielle Stabilität der Unternehmung sein, nicht jedoch die Verteilung in Aktienkapital und Reserven (Agio).

Interessanterweise sind auch unternehmensbezogene Parameter wie Break Even-Point, Mitarbeiterzahl und Personalkosten (Total, pro Mitarbeiter und relativ zum Umsatz) relativ irrelevant für den Wert des Start-ups und können, wenn die Zeit drängt, folglich vergleichsweise vernachlässigt werden.

13.2.3 Zentrale positive Aspekte

Betrachtet man die wichtigsten den Unternehmenswert positiv beeinflussenden Faktoren in Abbildung 87 auf Seite 323, so lassen sich weiter folgende Empfehlungen für die Praxis aussprechen.

Die zentralen Aspekte hängen alle unmittelbar mit der Marktleistung der Unternehmen zusammen, also den Produkten, welche sie auf den Märkten abzusetzen gedenken. Folglich sollte der Bewerter von Jungunternehmen v.a. über Marketing-Kenntnisse verfügen und sich weniger auf die Finanzaspekte konzentrieren.

Der wichtigste den Unternehmenswert positiv beeinflussende Faktor ist der *Umsatz*. Dies ist per se keine spektakuläre Erkenntnis. Erschreckenderweise ist sich die Praxis

---

[731] Zum Agio siehe Kapitel 6.2.3 Exkurs: Agio auf Seite 115f.

jedoch vielfach den Auswirkungen dieser Erkenntnis nicht bewusst. Es geht nicht darum, dass der meist junge Finanzanalyst in seinem Bürozimmer auf sich alleine gestellt
nur aufgrund der Zahlen im Businessplan ein umfangreiches Computer-Modell in
Microsoft Excel erstellt und die Sensitivität des Unternehmenswertes auf Änderungen
der Umsatz-Zuwachsraten berechnet. Viel wichtiger als finanzielle Kenntnisse und ein
ausgefeiltes Modell gilt es zu erkennen, dass der Umsatz mit Produkten (1) erzielt wird,
welche in einem von Konkurrenten (2) umkämpften Markt (3) an Kunden (4) zu einem
bestimmten Preis (5) verkauft werden.
Der Umsatz darf also nicht geschätzt werden in der Art: Das Marktpotential in Branche
x beträgt US$ y Mrd. p.a. und die Unternehmung wird vermutlich innert fünf Jahren z%
Marktanteil erzielen können. Solche „top-down"-Planszenarien sind Grossunternehmen
vorbehalten, welche über ganz andere Mittel zur Marktbearbeitung verfügen als Jungunternehmen. Der Bewerter von Start-ups darf sich nicht hinter dem Schreibtisch verste-
cken und sich mit den vom Jungunternehmer präsentierten Zahlen zufrieden geben.
Vielmehr muss der Finanzanalyst selber „bottom-up" den Markt erforschen, Konkurrenten genau unter die Lupe nehmen und potentielle Kunden persönlich besuchen.

Umsatz = Absatzmenge x Preis pro Stück. Die verführerische Simplizität dieser Glei-
chung unterschätzt die Komplexität der Realität masslos. Der Bewerter muss den Markt
als Ganzes analysieren, ihn segmentieren und die attraktivsten Kundensegmente heraus-
schälen.[732] Erst beim Vergleich der Marktleistung der zu bewertenden Jungunternehmung mit den Produkten und Dienstleistungen der bereits am Markt etablierten Konkur-
renzunternehmen lässt sich die Unique Selling Proposition (USP), also der einzigartige
Wettbewerbsvorteil erkennen. Sind das ideale Kundenprofil definiert, die Zahlungsbe-
reitschaften bekannt und der Vorteil gegenüber Konkurrenzprodukten herausgeschält,
dann folgt die Analyse der Jungunternehmung selbst. Wie sieht die Wertschöpfungskette der Unternehmung aus? Auf welche Aktivitäten könnte verzichtet und welche könnten ausgelagert werden? Lassen sich die Produktions- und Logistikprozesse effizienter
gestalten? Was sind die Stellhebel der Herstellungskosten?

Erst wenn der Bewerter seine Funktion als „Unternehmensberater" wahrgenommen hat
und alle unternehmensinternen und –externen Aspekte geklärt sind, können das Preisniveau und die Absatzmengen geschätzt werden. *Dies* ist die Schwierigkeit der Unternehmensbewertung – nicht die Anwendung der korrekten Rechenmethodik. Weniger
auf das Modell kommt es an, sondern auf die Qualität der Input-Grössen.
Folglich sei dem Bewerter von Jungunternehmen empfohlen, seine wertvolle Zeit
hauptsächlich in die Hinterfragung der Annahmen im Businessplan zu investieren – und
nicht in die Perfektionierung des Computer-Modells oder in die Schätzung von modell-
spezifischen Parametern wie Standardabweichung, Beta, risikoloser Zinssatz, Risikoprämie etc.

---

[732] Kotler nennt diesen Prozess: STP für Segmenting, Targeting, Positioning. Siehe Kotler, 1997, S. 89.

Neben der Konzentration auf obige Aspekte sei dem Finanzanalysten einer Venture Capital-Gesellschaft zudem empfohlen, mit seinen Bewertungen am Boden zu bleiben und sich nicht von den „High-Flyers" an den neuen Börsenplätzen sowie Mergers & Acquisitions (M&A) – Transaktionen zu Phantasie-Werten verleiten zu lassen. Diese Multiples lassen sich nicht 1:1 auf Start-ups anwenden. Die Untersuchung an 74 Jungunternehmen hat deutlich gezeigt, dass die professionellen Venture Capitalisten für Start-ups massive Abschläge vornehmen im Vergleich zu börsenkotierten Unternehmen oder publik gewordenen M&A-Deals.

13.2.4 Zentrale negative Aspekte

Nachdem die wichtigsten den Unternehmenswert positiv beeinflussenden Aspekte erläutert wurden, soll nun auf die zentralen negativen Aspekte eingegangen werden. Da die Substanzwertmethode bereits erwähnt wurde,[733] verbleiben noch Marktversagen und Verzögerungen als wichtigste Einflussfaktoren.

Marktversagen
Betrachtet man die zehn am stärksten den Unternehmenswert negativ beeinflussenden Faktoren in Abbildung 87 auf Seite 323, so können fünf davon unter den Punkt Marktversagen subsumiert werden. Damit wird die Bedeutung der intensiven Auseinandersetzung der bewertenden Person mit den Produkten, Märkten und der Konkurrenz des Start-ups noch zusätzlich unterstrichen.[734]

Neben der Senkung des Unternehmenswertes bei tiefer als geplanten Absatzmengen oder Preisen des Hauptumsatzträgers erstaunt die grosse Abhängigkeit der untersuchten Jungunternehmen von deren zweit- und drittwichtigsten Nebenprodukten und Zusatz-Dienstleistungen. In der Praxis lohnt sich folglich die intensive Auseinandersetzung aller Marktleistungen des Start-ups. Von einer Konzentration der im Rahmen der Bewertung vorzunehmenden Analysen auf das Hauptprodukt ist angesichts der Erkenntnisse der empirischen Untersuchung von 74 Erstfinanzierungsrunden von Jungunternehmen dringend abzuraten.

Verzögerungen
Der Umstand, dass die zeitliche Verzögerung des Projekts um ein volles Jahr die stärkste Einbusse aller 60 untersuchten Einflussfaktoren auf den Unternehmenswert aufge-

---

[733] Siehe oben Kapitel 13.2.2 Vernachlässigbare Aspekte auf Seite 345.
[734] Siehe oben Kapitel 13.2.3 Zentrale positive Aspekte auf Seite 345f.

wiesen hat, zeigt die Bedeutung des Faktors Zeit ganz deutlich. Gerade in der heutigen schnelllebigen Zeit muss der Venture Capitalist sicherstellen, dass alle notwendigen Massnahmen getroffen werden, damit der Zeitplan unter allen Umständen eingehalten werden kann. In der Praxis haben sich Werkzeuge wie die Definition von Meilensteinen bewährt, während die aus der Graphentheorie stammende Netzplantechnik bei den befragten Interviewpartnern keine nennenswerte Verwendung findet. Dies ist zu bedauern, denn die Identifikation des kritischen Pfades wäre für jedes Projekt eine wertvolle Zusatzinformation.

13.2.5   Fazit

Obige Ausführungen haben gezeigt, dass sich aufgrund der empirischen Untersuchung die Analyse der Märkte, Produkte, Konkurrenz und Quellen potentieller Verzögerungen als wichtigste Aufgabe des Bewerters einer Jungunternehmung herausgestellt hat.

Eine weitere Aufgabe des Venture Capitalisten konnte leider nicht empirisch belegt werden, ist jedoch in der Praxis gemäss Erfahrungen des Autors und Äusserungen der 123 Interviewpartner besonders wichtig: die Einschätzung der *Fähigkeiten des Managements*.

Leider können menschliche Qualitäten wie Talent, Charisma, Intelligenz, Kreativität, Verlässlichkeit und Durchhaltewillen nicht in Parameter operationalisiert werden, welche sich im Finanzteil des Businessplans quantitativ niederschlagen. Darum entziehen sie sich der quantitativen empirischen Analyse.

Trotzdem ist die Beurteilung der Unternehmerqualitäten des Gründer-Teams wohl die wichtigste Aufgabe jedes Early Stage-Investors. Was nützt der beste Businessplan, wenn er nicht realisiert werden kann? Folglich sind im Venture Capital-Geschäft „Macher-Typen" mit echten Unternehmerqualitäten gefragt.[735]

Somit bilden alle anderen Einflussfaktoren bloss notwendige, aber nicht hinreichende Bedingungen für den geschäftlichen Erfolg und damit einen hohen Unternehmenswert. Schlussendlich muss der Bewerter zu allem anderen ein guter Menschenkenner sein, um die Fähigkeiten des Managements zu beurteilen, die im Businessplan getroffenen Annahmen auch in der Realität verwirklichen zu können.

---

[735] Eine Übersicht von Unternehmerqualitäten findet sich in Kapitel 4.1 Qualität und Erfahrung des Managements auf Seite 50ff.

13.3   Hinweise auf weitere Untersuchungen

In vorliegender Arbeit wurde eine Datenbank mit 60 Faktoren von 74 Jungunternehmen für die ersten fünf Jahre ihrer Wachstumsperiode aufgebaut. Das ergibt eine Datenbank mit über 22'000 Datenpunkten.

Anlässlich dieser Dissertation wurde nur der Einfluss dieser Faktoren auf den Unternehmenswert betrachtet. Wo dies möglich war, geschah dies in Form von Sensitivitätsanalysen und damit unter Berücksichtigung aller anderen Einflüsse, oft aber auch nur isoliert in der Form von Ceteris-paribus-Annahmen und Korrelationsanalysen.

Nicht untersucht wurden hingegen in dieser Arbeit die Korrelationen der einzelnen Faktoren untereinander. Insofern stellt diese Datenbank einen Fundus für weitere empirische Untersuchungen aller Art dar. Denkbar wäre zum Beispiel die Analyse des Einflusses der Branchenzugehörigkeit auf die Brutto-Gewinnmarge oder die Ausgaben für Forschung & Entwicklung, des Einflusses der Grösse der Unternehmung (sei es gemessen am Umsatz oder an der Anzahl Mitarbeiter) auf die Höhe der Durchschnittsgehälter von Kader und Mitarbeiter, des Einflusses der Marketing-Ausgaben auf das Umsatzwachstum, des Einflusses der Steuern auf das Abschreibungsverhalten von Wachstumsunternehmen etc.

Im Sinne der Förderung des wissenschaftlichen Fortschrittes ist der Autor gerne bereit, an zukünftigen Forschungen mitzuwirken. Angesichts der hochsensiblen Daten und der zahlreichen unterzeichneten „non-disclosure Agreements" seitens des Autors während der Datenerhebung ist jedoch strikte Vertraulichkeit zu wahren. Daher können die Daten – wenn überhaupt – nur für bestimmte Zwecke, in anonymisierter Form und unter Einhaltung strengster Geheimhaltung der Rohdaten weiterverwendet werden.

13.4   Ausblick

Aufgrund des Forschungsdesigns musste sich diese empirische Untersuchung auf die quantifizierbaren Einflussfaktoren auf den Unternehmenswert konzentrieren. Interessant für die Zukunft wären Arbeiten, welche den mutigen Schritt wagen, den Einfluss der *qualitativen* Aspekte näher zu untersuchen.[736] Allen voran zählen dazu die im Rahmen dieser Arbeit unter dem Begriff „Management" zusammengefassten Phänomene.[737] Hier könnten theoretische Modelle der neuen Institutionenökonomik bzw. der Sozialwissenschaften im Allgemeinen sicherlich weitere aufschlussreiche Erkenntnisse liefern.[738]

---

[736] Vgl. Kapitel 13.2.5 Fazit auf Seite 348.
[737] Vgl. Kapitel 4 Management auf Seite 49ff.
[738] Vgl. die Arbeiten von Prof. B.S. Frey, siehe beispielsweise Frey, 1990.

Äusserst wertvoll wäre auch die Theorienbildung über die in der Praxis erhobenen Zuschläge auf den Kapitalkostensatz[739] sowie die theoretische Begründung der Angemessenheit von Abschlägen auf Multiplikatoren (Wert/Umsatz, Wert/EBITDA, Wert/EBIT) bei den Methoden des Vergleichs mit börsenkotierten Unternehmen bzw. vergleichbaren M&A-Transaktionen[740].

Diese Arbeiten werden jedoch vermutlich noch einige Zeit auf sich warten lassen. In greifbarer Nähe sind sie heute jedenfalls nicht. Ein Grund dafür mag sein, dass auch in Zukunft die schwierige Datenlage im Early Stage-Bereich das Hauptproblem für wissenschaftliche Forschungen sein wird. So wird die Praxis auch weiterhin gezwungen sein, die Probleme der Realität pragmatisch, kreativ und mit viel Umsicht und Erfahrung anzugehen. Ein Patentrezept zur Bewertung von Jungunternehmen wird es wohl auf absehbare Zeit nicht geben.

---

[739] Wie z.B. Zuschläge wegen erschwerter Verkäuflichkeit (Illiquiditätsprämie), Zuschläge zur Adjustierung der Cash Flows oder Zuschläge aufgrund des Wertbeitrags des Investors (Value Added Premium). Vgl. Kapitel 8.8.3, 8.8.4 und 8.8.5 auf Seite 196ff. sowie Kapitel 12.9.3.2 Den Unternehmenswert positiv beeinflussende Faktoren auf Seite 334.

[740] Vgl. Kapitel 12.9.3.2 Den Unternehmenswert positiv beeinflussende Faktoren auf Seite 335.

ANHANG

ANHANG

Anhang 1a: Kennzahlen Vergleichsgruppe Bio-Tech

		Comparable Company Analysis - Traded Multiples:				Traded Multiples:		
	Branche:	BioTech						
Ticker	Company Name	Market Value	Net Sales	EBITDA	EBIT	Sales	EBITDA	EBIT
GIR	GIRINDUS AG	88.4	18.29	0.71	0.06	4.8 x	124.5 x	1473.3 x
BANB	Bachem AG	1'323.4	98.5	49.91	43.13	13.4 x	26.5 x	30.7 x
NWU	MWG-BIOTECH AG	688.1	35.11	-4.29	-7.16	19.6 x	-160.4 x	-96.1 x
CQJ	CYBIO AG	499.6	11.68	1.02	0.86	42.8 x	489.8 x	580.9 x
SAC	SANOCHEMIA PHARMAZEUTIKA AG	414.3	3.71	-0.49	-0.83	111.7 x	-845.4 x	-499.1 x
RBO	RHEIN BIOTECH N.V.	820.6	7.04	-0.64	-1.27	116.6 x	-1282.2 x	-646.2 x
EVT	EVOTEC BIOSYSTEMS AG	1'150.9	9.77	-4.51	-6.07	117.8 x	-255.2 x	-189.6 x
NBX	NOVEMBER AG	152.3	1.27	-2.46	-2.8	119.9 x	-61.9 x	-54.4 x
MOR	MORPHOSYS AG	691.5	5.52	-0.69	-1.11	125.3 x	-1002.2 x	-623.0 x
GPC	GPC BIOTECH AG	1'041.6	4.26	-1.91	-2.48	244.5 x	-545.3 x	-420.0 x
					MEAN	91.6 x	-351.2 x	-44.3 x
					MEDIAN	114.1 x	-207.8 x	-142.9 x

Quelle: Bloomberg.

Anhang 1b: Kennzahlen Vergleichsgruppe Med-Tech

		Comparable Company Analysis - Traded Multiples:				Traded Multiples:		
	Branche:	MedTech						
Ticker	Company Name	Market Value	Net Sales	EBITDA	EBIT	Sales	EBITDA	EBIT
REF	REFUGIUM HOLDING AG	57.9	158.4	16.5	13.8	0.4 x	3.5 x	4.2 x
APPL	QUANTUM APPLIGENE	5.0	7.3	-2.0	-2.6	0.7 x	-2.6 x	-1.9 x
EUD	EUROMED AG	12.4	16.8	1.9	0.1	0.7 x	6.4 x	206.3 x
EFFK	EFFIK	193.5	72.7	-6.8	-11.2	2.7 x	-28.6 x	-17.3 x
GIR	GIRINDUS AG	88.4	18.3	0.7	0.1	4.8 x	124.5 x	1473.3 x
AFX	ASCLEPION-MEDITEC AG	207.7	34.4	3.8	3.0	6.0 x	54.7 x	69.0 x
WLT	WAVELIGHT LASER TECHNOLOGIE	51.7	7.1	-1.7	-5.3	7.3 x	-30.0 x	-9.8 x
AAQ	AAP IMPLANTATE	50.2	5.4	0.4	0.0	9.3 x	125.4 x	1254.0 x
BANB	Bachem AG	1'323.4	98.5	49.9	43.1	13.4 x	26.5 x	30.7 x
GNST	GENSET SA	385.2	27.7	-22.3	-30.2	13.9 x	-17.2 x	-12.7 x
NWU	MWG-BIOTECH AG	766.7	35.1	-4.3	-7.2	21.8 x	-178.7 x	-107.1 x
QIA	QIAGEN N.V.	6'508.3	172.8	35.0	25.6	37.7 x	185.7 x	253.8 x
TRGN	TRANSGENE SA	164.9	4.3	-19.9	-21.8	38.1 x	-8.3 x	-7.6 x
RSB	ROESCH MEDIZINTECHNIK AG	285.6	2.5	-0.1	-0.1	114.7 x	-5712.0 x	-3173.3 x
RBO	RHEIN BIOTECH N.V.	820.6	7.0	-0.6	-1.3	116.6 x	-1282.2 x	-646.2 x
EUZ	ECKERT & ZIEGLER STRAHLEN UN	203.1	1.7	1.8	1.2	120.9 x	111.6 x	173.6 x
MOR	MORPHOSYS AG	700.5	5.5	-0.7	-1.1	126.9 x	-1015.2 x	-631.1 x
GPC	GPC BIOTECH AG	1'041.6	4.3	-1.9	-2.5	244.5 x	-545.3 x	-420.0 x
					MEAN	48.9 x	-454.6 x	-86.8 x
					MEDIAN	13.7 x	-5.4 x	-4.7 x

Quelle: Bloomberg.

Anhang 1c: Kennzahlen Vergleichsgruppe Software

Branche:	Software						
Comparable Company Analysis - Traded Multiples:					Traded Multiples:		
Ticker Company Name	Market Value	Net Sales	EBITDA	EBIT	Sales	EBITDA	EBIT
KLD KLEINDIENST DATENTECHNIK	20.4	73.0	7.5	4.4	0.3 x	2.7 x	4.6 x
BNI BRAIN INTERNATIONAL	39.7	86.7	10.3	5.8	0.5 x	3.8 x	6.9 x
BSS BETA SYSTEMS SOFTWARE AG	35.7	45.8	1.2	-3.7	0.8 x	29.2 x	-9.7 x
MUM MENSCH UND MASCHINE SOFTWARE	97.9	103.3	4.8	2.4	0.9 x	20.3 x	41.1 x
POU PROUT AG	21.4	17.5	0.1	0.1	1.2 x	153.1 x	357.3 x
PAQ PARSYTEC AG	34.65	16.66	-0.41	-0.83	2.1 x	-84.5 x	-41.7 x
PUI P&I PERSONAL & INFORMATIK AG	34.7	16.7	-0.4	-0.8	2.1 x	-84.5 x	-41.7 x
PCW PC-WARE AG	163.5	75.1	3.4	3.0	2.2 x	48.7 x	53.8 x
NSW NSE SOFTWARE AG	68.4	29.9	5.7	3.3	2.3 x	12.1 x	20.7 x
SYT SOFTING AG	44.3	17.5	5.5	1.5	2.5 x	8.1 x	30.5 x
FTM SOFTM SOFTWARE UND BERATUNG	81.5	31.4	3.6	2.7	2.6 x	22.9 x	30.4 x
INW INTRAWARE AG	37.7	11.2	-0.2	-1.3	3.4 x	-235.8 x	-28.8 x
GPH GRAPHISOFT NV	106.3	25.7	6.0	4.7	4.1 x	17.7 x	22.7 x
NEM NEMETSCHEK AG	522.6	121.0	25.7	19.0	4.3 x	20.3 x	27.5 x
PDA PRO DV SOFTWARE AG	67.2	14.5	2.8	1.8	4.6 x	24.4 x	38.2 x
SES SER SYSTEME AG	575.7	121.7	25.6	15.4	4.7 x	22.5 x	37.3 x
VCR VALOR COMPUTERIZED SYSTEMS	116.3	23.6	4.7	4.1	4.9 x	24.6 x	28.6 x
CEE CE COMPUTER EQUIPMENT	277.7	50.2	13.1	8.0	5.5 x	21.3 x	34.6 x
FAA FABASOFT AG	28.7	4.3	1.1	0.9	6.6 x	26.6 x	30.8 x
XOS IXOS SOFTWARE AG	639.4	95.7	14.6	9.5	6.7 x	43.9 x	67.2 x
MBS MB SOFTWARE AG	332.6	46.0	7.4	3.4	7.2 x	44.8 x	97.5 x
MEAN					3.3 x	6.8 x	38.5 x
MEDIAN					2.6 x	21.3 x	30.4 x

Quelle: Bloomberg.

Anhang 1d: Kennzahlen Vergleichsgruppe e-commerce

Branche:	e-business						
Comparable Company Analysis - Traded Multiples:					Traded Multiples:		
Ticker Company Name	Market Value	Net Sales	EBITDA	EBIT	Sales	EBITDA	EBIT
SPNT SHOPNET.COM INC	15.3	4.8	-0.6	-0.7	3.2 x	-27.9 x	-22.9 x
NUMX NUMEX CORP	32.0	6.1	-5.6	-5.8	5.3 x	-5.7 x	-5.6 x
ASFD ASHFORD.COM INC	212.1	39.9	-41.5	-74.7	5.3 x	-5.1 x	-2.8 x
BMAL BUSINESSMALL.COM	24.7	4.5	-4.7	-5.0	5.4 x	-5.3 x	-4.9 x
BGST BIGSTAR ENTERTAINMENT INC	77.8	13.4	-21.0	-21.4	5.8 x	-3.7 x	-3.6 x
FATB FATBRAIN.COM INC	223.4	35.3	-29.6	-31.2	6.3 x	-7.5 x	-7.2 x
ETYS ETOYS INC	1'072.0	151.0	-158.7	-193.0	7.1 x	-6.8 x	-5.6 x
ICTY EYECITY.COM INC	21.4	2.6	-2.9	-4.0	8.1 x	-7.4 x	-5.4 x
IGOC IGO CORPORATION	182.3	21.0	-14.8	-15.4	8.7 x	-12.3 x	-11.9 x
FASH FASHIONMALL.COM	33.3	3.7	-6.9	-7.0	9.0 x	-4.8 x	-4.8 x
BNBN BARNESANDNOBLE.COM INC	2'047.9	202.6	-108.8	-122.6	10.1 x	-18.8 x	-16.7 x
SLNE STREAMLINE.COM INC	157.5	15.4	-17.6	-20.7	10.2 x	-8.9 x	-7.6 x
BFLY BLUEFLY INC	50.8	5.0	-13.6	-13.7	10.3 x	-3.7 x	-3.7 x
VSHP VITAMINSHOPPE.COM	185.8	13.6	-29.9	-30.1	13.6 x	-6.2 x	-6.2 x
TIXX TICKETS.COM INC	817.0	45.9	-51.4	-62.6	17.8 x	-15.9 x	-13.1 x
MTHR MOTHERNATURE.COM	110.6	5.8	-54.1	-54.9	19.2 x	-2.0 x	-2.0 x
NWKC NETWORK COMMERCE INC	812.9	37.0	-65.5	-78.7	22.0 x	-12.4 x	-10.3 x
UTIX YOUTICKET.COM INC	4.7	0.2	-0.5	-0.6	24.6 x	-8.8 x	-7.5 x
SKDS SMARTERKIDS.COM INC	147.2	5.4	-31.8	-32.1	27.2 x	-4.6 x	-4.6 x
TMCS TICKETMASTER ONLINE-CITY -B	3'265.1	105.3	-38.0	-120.6	31.0 x	-86.0 x	-27.1 x
CLIC CALICO COMMERCE INC	1'144.4	35.6	-21.4	-29.9	32.1 x	-53.4 x	-38.2 x
MEAN					13.4 x	-14.6 x	-10.1 x
MEDIAN					10.1 x	-7.4 x	-6.2 x

Quelle: Bloomberg.

Anhang 1e: Kennzahlen Vergleichsgruppe High-Tech

Branche:	HighTech						
Comparable Company Analysis - Traded Multiples:					Traded Multiples:		
Ticker Company Name	Market Value	Net Sales	EBITDA	EBIT	Sales	EBITDA	EBIT
EUC EUROMICRON AG	83.9	144.69	22.92	15.72	0.6 x	3.7 x	5.3 x
TTR TECHNOTRANS	77.0	73.37	10.3	8.17	1.0 x	7.5 x	9.4 x
ABE AUGUSTA TECHNOLOGIE AG	296.0	172.19	34.02	26.67	1.7 x	8.7 x	11.1 x
FEV FORTEC ELEKTRONIK VERTRIEBS	26.4	32.49	2.19	1.86	0.8 x	12.1 x	14.2 x
TTC TRANSTEC AG	153.9	175	8.29	6.88	0.9 x	18.6 x	22.4 x
AUS AUSTRIA TECHNOLOGIE & SYSTEM	980.0	233.22	49.56	29.99	4.2 x	19.8 x	32.7 x
SNG SINGULUS TECHNOLOGIES	585.9	167.29	24.43	23.57	3.5 x	24.0 x	24.9 x
MUB MUEHLBAUER HOLDING AG & CO	594.5	71.03	20.63	15.18	8.4 x	28.8 x	39.2 x
LIC LINTEC COMPUTER AG	118.6	70.49	3.42	3.02	1.7 x	34.7 x	39.3 x
HWS HOEFT & WESSEL AG	168.7	34.06	4.58	2.74	5.0 x	36.8 x	61.6 x
LPK LPKF LASER & ELECTRONICS	252.0	19.75	6.14	4.6	12.8 x	41.0 x	54.8 x
PNE PLAMBECK NEUE ENERGIEN AG	148.5	27.15	3.34	2.17	5.5 x	44.4 x	68.4 x
BAD BALDA AG	672.2	60.02	11.89	7.01	11.2 x	56.5 x	95.9 x
CEW CE CONSUMER ELECTRONIC	203.2	23.58	3.42	3.14	8.6 x	59.4 x	64.7 x
AY4 ARGYRAKIS DEIN SYSTEM (ADS)	149.0	13.59	1.93	1.64	11.0 x	77.2 x	90.9 x
CEK CEOTRONICS AG	28.0	11.95	0.35	0.06	2.3 x	80.0 x	466.7 x
BSL BASLER AG	670.9	67.65	7.22	5.96	9.9 x	92.9 x	112.6 x
AIX AIXTRON	2'047.5	84.66	19.36	17.09	24.2 x	105.8 x	119.8 x
DLG DIALOG SEMICONDUCTOR PLC	1'535.5	87.25	14.11	11.57	17.6 x	108.8 x	132.7 x
ACG ACG AG	444.0	103.38	2.57	1.64	4.3 x	172.8 x	270.7 x
ADV ADVA AG OPTICAL NETWORKING	935.0	23.56	2.81	1.92	39.7 x	332.7 x	487.0 x
				MEAN	8.3 x	65.1 x	105.9 x
				MEDIAN	**5.0 x**	**41.0 x**	**61.6 x**

Quelle: Bloomberg.

Anhang 1f: Kennzahlen Vergleichsgruppe Telekommunikation

Branche:	Telekommunikation						
Comparable Company Analysis - Traded Multiples:					Traded Multiples:		
Ticker Company Name	Market Value	Net Sales	EBITDA	EBIT	Sales	EBITDA	EBIT
CRZN CORZON INC	0.3	9.2	-1.2	-1.9	0.0 x	-0.2 x	-0.1 x
ABIZ ADELPHIA BUSINESS SOLUTIONS	27.8	154.6	-5.1	-9.1	0.2 x	-5.4 x	-3.1 x
NRRD NORSTAN INC	107.6	418.5	36.9	16.4	0.3 x	2.9 x	6.6 x
USTL USTEL INC	7.1	25.4	-3.8	-4.3	0.3 x	-1.9 x	-1.7 x
USTL USTEL INC	7.1	25.4	-3.8	-4.3	0.3 x	-1.9 x	-1.7 x
PHTE PHONETEL TECHNOLOGIES INC	24.2	77.6	5.5	-17.5	0.3 x	4.4 x	-1.4 x
TCMM TELECOMM INDUSTRIES CORP	7.6	19.4	2.1	1.5	0.4 x	3.6 x	5.2 x
VX VIALOG CORP	28.5	68.6	12.8	4.6	0.4 x	2.2 x	6.3 x
ARCH ARCH WIRELESS INC	337.8	641.8	409.4	99.9	0.5 x	0.8 x	3.4 x
ICNT INCOMNET INC	34.9	54.9	-12.8	-16.2	0.6 x	-2.7 x	-2.1 x
MURC MURDOCK COMMUNICATIONS CORP	23.8	35.8	-3.7	-6.0	0.7 x	-6.5 x	-4.0 x
PTEK PTEK HOLDINGS INC	328.9	458.5	38.8	-130.1	0.7 x	8.5 x	-2.5 x
ARGX ARGUSS COMMUNICATIONS INC	169.2	197.4	30.1	17.2	0.9 x	5.6 x	9.9 x
TSCP TELSCAPE INTERNATIONAL INC	100.7	106.8	-10.9	-17.3	0.9 x	-9.2 x	-5.8 x
ESPI E.SPIRE COMMUNICATIONS INC	297.3	244.0	-96.0	-192.0	1.2 x	-3.1 x	-1.5 x
MOOR CHADMOORE WIRELESS GROUP INC	8.5	6.1	-6.1	-8.1	1.4 x	-1.4 x	-1.1 x
DGTT DIGITEC 2000 INC	17.2	10.4	-10.8	-11.1	1.7 x	-1.6 x	-1.5 x
CTSC CELLULAR TECHNICAL SERVICES	17.7	10.2	2.9	2.1	1.7 x	6.0 x	8.5 x
DTIX DIAL-THRU INTL CORP	6.0	3.1	-3.8	-3.9	1.9 x	-1.6 x	-1.5 x
ILNK I-LINK INC	67.2	32.6	-11.9	-17.4	2.1 x	-5.6 x	-3.9 x
CONV CONVERGENT COMMUNICATIONS/CO	454.7	159.9	-69.5	-86.8	2.8 x	-6.5 x	-5.2 x
				MEAN	0.9 x	-0.7 x	0.1 x
				MEDIAN	**0.7 x**	**-1.6 x**	**-1.5 x**

Quelle: Bloomberg.

Anhang 1g: Kennzahlen Vergleichsgruppe Industrial

Branche:	Industrial						
Comparable Company Analysis - Traded Multiples:					Traded Multiples:		
Ticker Company Name	Market Value	Net Sales	EBITDA	EBIT	Sales	EBITDA	EBIT
MPS MUEHL PRODUCT & SERVICE AG	121.26	500.98	17.65	15.14	0.2 x	6.9 x	8.0 x
SRG SACHSENRING AUTOMOBILTEC	166.39	214.86	28.84	16.38	0.8 x	5.8 x	10.2 x
BDT BERTRANDT AG	209.47	147.05	24.85	15.53	1.4 x	8.4 x	13.5 x
WET W.E.T. AUTOMOTIVE SYSTEMS AG	163.12	111.05	11.87	9.5	1.5 x	13.7 x	17.2 x
RUK RUECKER AG	160.8	91.13	12.97	10.25	1.8 x	12.4 x	15.7 x
HUZ HUNZINGER INFORMATION AG	30.8	16.82	1.08	0.84	1.8 x	28.5 x	36.7 x
PFV PFEIFFER VACUUM TECHNOLOGY	283.91	153.49	24.89	21.79	1.8 x	11.4 x	13.0 x
PUT PLAUT AG	521.85	171.59	14.32	11.77	3.0 x	36.4 x	44.3 x
SAT SALTUS TECHNOLOGY AG	79.99	22.38	4.51	1.96	3.6 x	17.7 x	40.8 x
TPL TELEPLAN INTERNATIONAL NV	1128.17	218.17	15.47	9.88	5.2 x	72.9 x	114.2 x
LOI D. LOGISTICS AG	354.28	64.82	6.42	4.25	5.5 x	55.2 x	83.4 x
CEV CENTROTEC AG	114	17.55	2.63	2.03	6.5 x	43.3 x	56.2 x
				MEAN	2.8 x	26.1 x	37.8 x
				MEDIAN	**1.8 x**	**15.7 x**	**26.9 x**

Quelle: Bloomberg.

Anhang 1h: Kennzahlen Vergleichsgruppe Internet

Branche:	Internet						
Comparable Company Analysis - Traded Multiples:					Traded Multiples:		
Ticker Company Name	Market Value	Net Sales	EBITDA	EBIT	Sales	EBITDA	EBIT
GEEK INTERNET AMERICA	130.5	29.3	-1.0	-2.7	4.4 x	-134.5 x	-49.1 x
ELNK EARTHLINK INC	3'086.0	670.4	143.1	-47.4	4.6 x	21.6 x	-65.1 x
VOYN VOYAGER.NET INC	290.8	48.5	12.0	-11.8	6.0 x	24.2 x	-24.6 x
PRGY PRODIGY COMMUNICATIONS -CL A	1'249.7	189.0	-79.8	-88.3	6.6 x	-15.7 x	-14.2 x
PCNTF PACIFIC INTERNET	593.5	85.5	7.6	1.4	6.9 x	78.1 x	412.1 x
BIZZ BIZNESSONLINE.COM INC	60.3	6.7	-1.3	-4.1	8.9 x	-47.8 x	-14.7 x
PSCO PROTOSOURCE CORP	13.4	1.1	-1.2	-1.4	12.0 x	-11.0 x	-9.3 x
HITT HITSGALORE.COM INC	89.0	7.4	-2.4	-2.6	12.0 x	-36.6 x	-33.9 x
LCOS LYCOS INC	3'920.2	291.0	-11.0	-67.0	13.5 x	-356.7 x	-58.5 x
AOL AMERICA ONLINE INC	122'484.6	6'886.0	1'776.0	1'413.0	17.8 x	69.0 x	86.7 x
JWEB JUNO ONLINE SERVICES INC	1'236.6	52.0	-9.5	-11.9	23.8 x	-130.0 x	-103.9 x
TZIX TRIZETTO GROUP INC	975.5	32.9	-4.6	-7.0	29.6 x	-212.5 x	-139.4 x
NTWO N2H2 INC	206.7	6.4	-6.6	-7.9	32.5 x	-31.3 x	-26.3 x
ATHM AT HOME CORP -SER A	16'496.3	337.0	27.6	-21.9	49.0 x	598.6 x	-752.9 x
ATHM AT HOME CORP -SER A	16'496.3	337.0	27.6	-21.9	49.0 x	598.6 x	-752.9 x
KOREA KOREA THRUNET CO LTD-CL A	3'766.4	60.0	-10.9	-35.2	62.7 x	-345.2 x	-106.9 x
MAIL MAIL.COM INC	847.9	12.7	-44.2	-49.8	66.7 x	-19.2 x	-17.0 x
CAIS CAIS INTERNET INC	802.2	10.8	-45.1	-52.8	74.4 x	-17.8 x	-15.2 x
EWEB EUROWEB INTERNATIONAL CORP	121.4	1.2	-0.6	-1.1	98.7 x	-216.8 x	-115.6 x
GOTO GOTO.COM INC	2'674.2	26.8	-31.4	-33.6	99.7 x	-85.3 x	-79.6 x
SOFN SOFTNET SYSTEMS INC	419.9	4.1	-27.2	-33.4	101.7 x	-15.4 x	-12.6 x
				MEAN	37.2 x	-13.6 x	-90.1 x
				MEDIAN	**23.8 x**	**-19.2 x**	**-33.9 x**

Quelle: Bloomberg.

Anhang 1i: Kennzahlen Vergleichsgruppe Health Care

Branche:	HealthCare						
Comparable Company Analysis - Traded Multiples:					Traded Multiples:		
Ticker Company Name	Market Value	Net Sales	EBITDA	EBIT	Sales	EBITDA	EBIT
REF REFUGIUM HOLDING AG	57.87	158.38	16.53	13.83	0.4 x	3.5 x	4.2 x
APPL QUANTUM APPLIGENE	5.0	7.3	-2.0	-2.6	0.7 x	-2.6 x	-1.9 x
EUD EUROMED AG	12.375	16.76	1.94	0.06	0.7 x	6.4 x	206.3 x
EFFK EFFIK	193.5	72.7	-6.8	-11.2	2.7 x	-28.6 x	-17.3 x
GIR GIRINDUS AG	88.4	18.3	0.7	0.1	4.8 x	124.5 x	1473.3 x
AFX ASCLEPION-MEDITEC AG	207.7	34.37	3.8	3.01	6.0 x	54.7 x	69.0 x
WLT WAVELIGHT LASER TECHNOLOGIE	51.678	7.08	-1.72	-5.25	7.3 x	-30.0 x	-9.8 x
AAQ AAP IMPLANTATE	50.16	5.38	0.4	0.04	9.3 x	125.4 x	1254.0 x
RSB ROESCH MEDIZINTECHNIK AG	285.6	2.49	-0.05	-0.09	114.7 x	-5712.0 x	-3173.3 x
EUZ ECKERT & ZIEGLER STRAHLEN UN	203.125	1.68	1.82	1.17	120.9 x	111.6 x	173.6 x
				MEAN	26.8 x	-534.7 x	-2.2 x
				MEDIAN	**5.4 x**	**4.9 x**	**36.6 x**

Quelle: Bloomberg.

Anhang 1j: Kennzahlen Vergleichsgruppe Media

Branche:	Media						
Comparable Company Analysis - Traded Multiples:					Traded Multiples:		
Ticker Company Name	Market Value	Net Sales	EBITDA	EBIT	Sales	EBITDA	EBIT
RBX ARBO MEDIA.NET AG	86.8	59.0	1.5	1.2	1.5 x	56.7 x	74.8 x
CIW CINEMEDIA FILM AG	130.1	68.7	10.9	1.6	1.9 x	12.0 x	80.8 x
DVN DVN MEDIEN AG	121.0	33.6	25.9	3.7	3.6 x	4.7 x	32.7 x
CMD COMPUTEC MEDIA AG	138.7	36.5	-13.2	-14.0	3.8 x	-10.5 x	-9.9 x
DET DINO ENTERTAINMENT	112.3	18.6	1.8	1.6	6.0 x	62.8 x	71.1 x
BTV BRAINPOOL TV AG	177.6	28.3	4.1	2.3	6.3 x	43.8 x	77.5 x
SUP SUNBURST MERCHANDISING AG	87.8	13.8	1.0	0.4	6.4 x	90.5 x	214.1 x
KNM KINOWELT MEDIEN AG	1'481.0	195.4	85.4	19.2	7.6 x	17.3 x	77.3 x
CFA CONSTANTIN FILM AG	562.7	64.5	27.4	-5.1	8.7 x	20.5 x	-111.2 x
HE5 HELKON MEDIA AG	283.7	32.2	22.1	0.4	8.8 x	12.8 x	766.6 x
RTV RTV FAMILY ENTERTAINMENT	182.6	18.2	3.4	3.3	10.1 x	54.2 x	55.5 x
SGV SWING! ENTERTAINMENT MEDIA	41.8	3.7	1.1	0.5	11.4 x	39.8 x	92.9 x
DWE DAS WERK AG	255.0	20.1	4.3	1.0	12.7 x	59.4 x	252.5 x
SPM SPLENDID MEDIEN AG	284.8	19.3	11.9	2.6	14.8 x	24.0 x	107.9 x
EJ1 EJAY AG	46.5	2.7	0.4	0.1	17.2 x	116.3 x	422.7 x
BKQ BKN INTERNATIONAL AG	317.1	13.5	12.2	4.1	23.5 x	26.1 x	78.1 x
JWP JACK WHITE PRODUCTIONS AG	123.2	4.2	1.0	0.2	29.3 x	122.0 x	616.0 x
SMN SENATOR ENTERTAINMENT AG	673.2	22.3	8.7	2.8	30.2 x	77.7 x	237.0 x
ITN INTERTAINMENT AG	1'226.5	28.7	12.1	12.0	42.8 x	101.4 x	102.3 x
ETV EM.TV & MERCHANDISING AG	6'039.6	104.7	72.7	58.1	57.7 x	83.1 x	104.0 x
PNM PHENOMEDIA AG	159.6	2.4	1.1	0.7	67.1 x	147.8 x	234.7 x
				MEAN	17.7 x	55.3 x	170.4 x
				MEDIAN	**10.1 x**	**54.2 x**	**92.9 x**

Quelle: Bloomberg.

Anhang 2: Quantifizierung der 60 Einflussfaktoren auf den Unternehmenswert

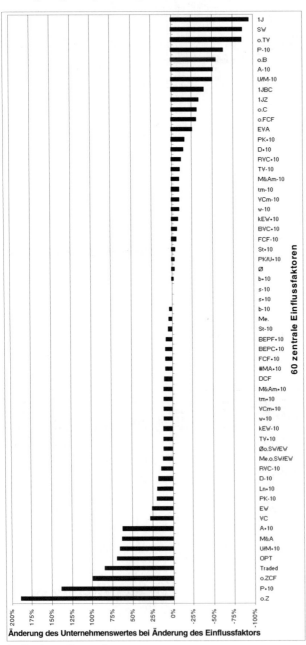

Quelle: eigene Untersuchung.

Verzeichnis der Interviewpartner

Franz Aatz, Partners Group, Direct Investments & Advisory, [General Partner], Zug, 11.2. und 21.3.2000.

Ralph Aerni, Bank Vontobel, [Investment Manager], Zürich, 15.9.2000.

Adrian Amstutz, Amstutz Produkte AG, [KMU-Geschäftsführer], Eschenbach, zahlreiche Gespräche 1999 und 2000.

Ivo Angehrn, McKinsey & Co., [Accelerator@McKinsey], Dübendorf, 5.9.2000.

Prof. **David Amis**, Amis Ventures, [Geschäftsführer], Washington, und Harvard Business School, Cambridge, [Professor for Entrepreneurial Finance], 31.1.2000.

Prof. **Raphael Amit**, The Wharton School, University of Pennsylvania, Philadelphia, [Robert B. Georgen Professor of Entrepreneurship: Professor of Management], 17.12.1999.

Andrin Bachmann, Operandi, [Gründer], und GlocalNet, [Gründer], Zürich, 26.10.2000.

Francesco Badaracco, Venture Partners, [Investment Associate], Zürich, 11.2.2000.

Thorsten Bagschik, BizTec (B2B Startup in Deutschland), [Gründer und Geschäftsführer], Eschenbach, zahlreiche Gespräche im Januar und Februar 2000.

Christian Bard, European Venture Capital Association (EVCA) bzw. Price Waterhouse Coopers (PWC), [Verfasser der Private Equity Survey], Zürich, 23.2.2000.

Sharon Bilar, Goldman Sachs, [Associate], New York, 25.11.1999.

René Biner, Partners Group, [Vice President], Zug, 7.4.2000 und 15.9.2000.

Martin Beinhoff, Boston Consulting Group (BCG), [Consultant], Zürich, zahlreiche Gespräche im Verlaufe der Jahre 1999 und 2000.

Lenka Beinhoff, Credit Suisse (CS), [Asset Managerin], Zürich, zahlreiche Gespräche im Verlaufe der Jahre 1999 und 2000.

Etienne Bernath, Valcor AG, [Geschäftsführer], Zürich, 30.1.2000 und 13.9.2000.

Andreas Böckli, Identify-Chip (Teilnehmer Endrunde Venture 1998), [Geschäftsführer], Zürich, 6.10.2000.

Walter Bohmayr, Boston Consulting Group (BCG), [Consultant], Zürich, 2.2., 31.3. und 1.4.2000.

Michael Brendle, Universität St. Gallen, [Diplomarbeit zum Thema Venture Capital], Wolfsberg, 13.9.1999.

Alexis Burckhardt, McKinsey & Co., [Venture 1998 und 2000], Zürich, 6.10.2000

Stefan Caliz, Universität St. Gallen, [Doktorandenseminararbeit zum Thema Venture Capital], Walzenhausen, 9.8.1999.

Rudolf Christen, McKinsey & Co., [Venture 1998 und 2000], Zürich, 15.9.2000

Urs Christen, Urs Christen Treuhand, [Geschäftsführer], Stansstad, 1.9.2000.

Carlo Corvaja, BlueStone Capital Partners Investment and Merchant Banking, [Vice President], New York, zahlreiche Gespräche September-Dezember 1999.

Daniel Dal Santo, Arthur Andersen, [Doktorandenseminararbeit zum Thema Venture Capital], Walzenhausen, 13.8.1999.

Prof. **Aswath Damodaran**, Leonard N. Stern School of Business, New York University, New York, [Associate Professor, Finance], 7.12.1999.

Samuel Dietschi, Universität Zürich, [Assistent], Zug, 6.9.2000.

Claudio Deplazes, Zuger Kantonalbank, [Assistent der Geschäftsleitung], Zug, zahlreiche Gespräche in den Jahren 1999 und 2000.

Gina Domanig, SAM (Sustainability Group), [Head of Private Equity], Zürich, 11.2.2000.

Marc Dutton, Finansys, [Vice President], New York, 11.11.1999.

Urs Ehrismann, Bank Vontobel, [Assistant Vice President], Zürich, 14.4.2000.

Dominik Escher, ESBATech (Teilnehmer Endrunde Venture 1998), [Geschäftsführer], Zürich 6.10.2000.

Marcel Erni, Partners Group, [Managing Partner], Zug, 7.4.2000.

Peter Forster, Seemann Forster & Partner, [Geschäftsführer], Zürich, 11.2.2000.

Patrik Frei, Venture Valuation, [Geschäftsführer], Sursee, zahlreiche Gespräche im Verlaufe des Jahres 2000.

Christian Frei, Vegetarisches Fast-Food Restaurantkette zusammen mit Rolf Hiltl (Teilnehmer Endrunde Venture 1998), [Gründer], Zürich, 6.10.2000.

Alfred Gantner, Partners Group, [Managing Partner], Zug, 20.4.2000.

Prof. **Paul A. Gompers**, Harvard Business School, [Professor für Entrepreneurial Finance und Venture Capital], Cambridge, 12.12.1999.

Benedict Götte, Venture Partners, [Investment Associate], Zürich, 11.2.2000.

Bernhard Götti, Excom, [Geschäftsführer], Wädenswil, 21.11.2000.

Prof. **Michael Graetzel**, Portable Energy Pack (Teilnehmer Endrunde Venture 1998), [Geschäftsführer], Zürich, 6.10.2000.

Alfred Grämiger, McKinsey & Co., [verantworlich für B2B start-up], Zürich, 31.9.2000.

Brian Greenstein, BlueStone Capital Partners Investment and Merchant Banking, [Managing Director], New York, zahlreiche Gespräche September-Dezember 1999.

Phillip Gysler, Partners Group, [Executive Director], Zürich, 11.2.2000.

Thomas Gysler, Universität St. Gallen, [Dozent], Wolfsberg, 31.1.2000.

Ulrich Hartmann, FJA Innosoft, [Geschäftsführer], München, 4.2.2000.

Dr. **Markus Hauser**, The Wharton School, University of Pennsylvania, Philadelphia, [post-doc Assistant], zahlreiche Gesräche in den Jahren 1999 und 2000.

Michael Hering, Skyauctions.com, [Geschäftsführer], New York, 10.11.1999.

Mohsin Hussain, AOL, [Engineering Manager], New York, 4.12.1999.

Mark Ineichen, Otto's (Warenposten), [KMU-Geschäftsführer], Sursee, 21.7.2000.

Andrea Jähne, Hypo Vereinsbank, [M&A Advisor], New York, zahlreiche Gespräche in den Jahren 1999 und 2000.

Mario Jenni, The Genetics Company (Teilnehmer Endrunde Venture 1998), [Geschäftsführer], Zürich, 6.10.2000.

James P. Johnson, Prizm Medical, [Geschäftsführer, hat bereits das dritte Bio-Tech Unternehmen gegründet], Basel, 6.11.00.

Robert Kaplan, Venture Marketing Group, [Financial Advisor], New York, 10.11.1999.

Walter Keller, Partners Group, [Executive Director], Zürich, 11.2. und 20.4.2000.

Sven Kleindienst, Universität St. Gallen [Diplomarbeit zum Thema Venture Capital], St. Gallen, 18.8.2000.

Jürg Kobler, BlueStone Capital Partners Investment and Merchant Banking, [Vice President], New York, zahlreiche Gespräche September-Dezember 1999.

Dr. **Branko Kozulic**, Elchrom Scientific AG, [Geschäftsführer], Cham, zahlreiche Gespräche im Jahr 2000.

Frank Lehmann, Zürich Automated Geophysical (Teilnehmer Endrunde Venture 2000), [Gründer], Zürich, 6.10.2000.

Cathérine Lemke, Fachhochschule Trier, [Diplomarbeit zum Thema Venture Capital-Finanzierung], Trier, 13.4.2000.

Prof. **Josh Lerner**, Harvard Business School, [Professor für Entrepreneurial Management und Finance, Autor von Venture Capital Büchern], Cambridge, 4.12.1999.

Prof. **Ian C. MacMillan**, Wharton Business School, University of Pennsylvania, [Vorsteher Sol C. Snider Entrepreneurial Research Center], Philadelphia, 20.12.1999.

Ferdinand Maeder, Caika, [Geschäftsführer], Zug, 6.9.2000.

Frédéric Martel, Aureus Private Equity AG, [Vice Precident], Zug, 10.2.2000.

Thomas Marx, Tri-Matic, [Geschäftsführer], Hünenberg, 28.8.2000.

Felix Mayer, Alpha Sensors (Gewinner Venture 1998), [Geschäftsführer], Zürich, 6.10.2000.

Dr. **Jürg Meier**, Novartis Venture Fond, [Geschäftsführer], Basel, 30.1. und 10.2.2000.

Philip Melconian, BlueStone Capital Partners Investment and Merchant Banking, [Associate], New York, zahlreiche Gespräche September-Dezember 1999.

Beat Merz, New Medical Technologies (nmt), [Associate Investment Manager], Zürich, 11.2. und 6.11.2000.

Roger Merz, Credit Suisse First Boston, [Associate], New York, 28.10.1999.

Prof. **Christoph Moroni**, DiaGene (Teilnehmer Endrunde Venture 2000), [Geschäftsführer], Zürich, 6.10.2000.

Philippe Moser, KPMG, [Berater], Zug, 4.9.2000.

Martin Münchbach, New Medical Technologies (nmt), [Associate Investment Manager], Basel, 4.10. und 6.11.2000.

Kamal Mustaffa, BlueStone Capital Partners Investment and Merchant Banking, [CEO], New York, 8.11.1999.

Muhammend Salman Niaz, McKinsey & Co., [Consultant], New York, 4.12.1999.

Thomas Nordmann, Bank Oppenheim, [Pharma-Wealth Fund], Zürich, 14.12.1998.

David Nüscheler, Day Management, [Gründer], Zürich, 26.10.2000.

Michael Oberle, BodyCom (Teilnehmer Endrunde Venture 2000), [Geschäftsführer], Zürich, 6.10.2000.

Markus Orell, Universität Bern, [Lizenziatsarbeit zum Theme Venture Capital], Bern, 10.5.1999.

Seth Page, Trade.com, [Geschäftsführer], New York, 24.11.1999.

Tres Pestalozzi, Venture Capital Finance (VCF AG), [Delegierter des Verwaltungsrats], Zug, zahlreiche Gespräche im Verlaufe der Jahre 1999 und 2000.

Alexander Pfeifer, CGS Management AG, [Associate Partner], Zürich, 11.2.2000.

Frank Plaschke, Boston Consulting Group (BCG), [Projektleiter], Wien, zahlreiche Gespräche im Verlaufe der Jahre 1999 und 2000.

Martin Podany, IBM, [Consultant], New York, 1.11.1999.

Prof. **John Preston**, Alfred P. Sloan School of Management, Massachusetts Institute of Technology, [Senior Lecturer], Cambridge, 14.12.1999.

Dr. **Christian Rahn**, Rahn & Bodmer Banquiers, [Partner], Zürich, 8.3., 20.3.1999 und 26.10.2000.

Eric Ritter, Venture Marketing Group, [Financial Advisor], New York, 10.11.1999.

Prof. **Edward B. Roberts**, Alfred P. Sloan School of Management, Massachusetts Institute of Technology, [Professor for technology-based entrepreneurship and venture capital], Cambridge, 14.12.1999.

Christoph Rubeli, Partners Group, [Managing Partner], Zug, 7.4.2000.

Daniel Ruppen, Universität St. Gallen, [Doktorand zum Thema Corporate Governance bei mit VC finanzierten Unternehmen], St. Gallen 7.3.2000.

Dr. **Kurt Ruffieux**, Degradable Solutions AG, [Geschäftsführer], Schlieren, zahlreiche Gespräche in den Jahren 1999 und 2000.

Oliver Samwer, Alando.de bzw. Ebay.de, [Geschäftsführer], Berlin, 31.1.2000.

Thomas Scherrer, Mr. Goodfun AG, [Geschäftsführer], Zug, zahlreiche Gespräche in den Jahren 1999 und 2000.

Beat Schläpfer, McKinsey & Co., [Partner], Zürich, zahlreiche Gespräche 1999 und 2000.

Roger Schuhmacher, Zürcher Kantonalbank, [Private Equity], Zürich, 11.2.2000.

George Schmidt, European Web Group, [Gründer], Zürich, 26.10.2000.

Markus Schulte, b@u24.ch (Teilnehmer Endrunde Venture 2000), [Geschäftsführer], Zürich, 6.10.2000.

Gregor Schwegler, Stresshead (Teilnehmer Endrunde Venture 1998), [Geschäftsführer], Zug, 9.10.2000.

Thomas Sheehan, BlueStone Capital Partners Investment and Merchant Banking, [Associate], New York, zahlreiche Gespräche September-Dezember 1999.

Ishwari Singh, Trade.com, [Chief Internet Strategist], New York, 25.10.1999.

Dr. **Almut Spahni**, Alcar Software Vertreterin für CH und D, [selbständige Unternehmensberaterin], Oberägeri, 27.9.2000.

Dieter Spälti, McKinsey & Co., [verantwortlicher Partner für den Accelerator in Dübendorf], Zürich, 19.7.2000.

Prof. **Klaus Spremann**, Universität St. Gallen, [Vorsteher Schweizerisches Institut für Banken und Finanzen], St. Gallen, diverse Gespräche in den Jahren 1998 bis 2001.

Prof. **Nikolaos Stergiopulos**, ARES (Teilnehmer Endrunde Venture 1998), [Geschäftsführer], Zürich, 6.10.2000.

Marc Stöckli, Boston Consulting Group (BCG), [Projektleiter], Zürich, 2.2. und 31.3.2000.

Cliffard Teller, BlueStone Capital Partners Investment and Merchant Banking, [Manager], New York, zahlreiche Gespräche September-Dezember 1999.

Oliver Thum, Earlybird Venture Capital GmbH & Co. KG, [Investment Manager], München, 31.1.2000.

Jorge Toreo, Universität St. Gallen, [Diplomarbeit zum Thema Venture Capital Financierung], St. Gallen, 19.3.00.

Jochen Urban, Universität Frankfurt a.M., [Verfasser einer Diplomarbeit zum Thema], Deutschland, 10.2.1999.

Matthew Utterback, The MIT Entrepreneurship Center, [Program Manager], Alfred P. Sloan School of Management, Massachusetts Institute of Technology, Cambridge, 14.12.1999.

Hans van den Berg, Venture Partners, [Gründungsmitglied], Zürich, 18.10.2000 und 26.10.2000.

Prof. **Martin Vetterli**, InMotion Technologies (Teilnehmer Endrunde Venture 1998), [Geschäftsführer], Zürich 6.10.2000.

Dr. **Louis von Malaisé**, Ventis Management AG, [Investment Associate], Zug, 11.2.2000.

Prof. **Rudolf Volkart**, Universität Zürich, [Vorsteher Institut für Schweizerisches Bankwesen], Zürich, zahlreiche Gespräche in den Jahren 1998 bis 2001.

Ronald Vuillement, Xitact (Teilnehmer Endrunde Venture 2000), [Geschäftsführer], Zürich, 6.10.2000.

Michael Wehrle, Partners Group, [Direct Investments], Zug, 28.9.2000.

Martin Wechsler, McKinsey & Co., [BTO Berater im Internet-Sektor], Zürich, 26.10.2000.

Dr. **Gabriel Weisskopf**, Softair AG, [Geschäftsführer], Zürich, 30.1.2000.

Bruno Wipfli, Multifinanz Network AG, [Geschäftsführer], Zürich, zahlreiche Gespräche im Verlaufe der Jahre 1999 und 2000.

Urs Wietlisbach, Partners Group, [Managing Partner], Zug, 20.4.2000.

Stefan Wilms, Ernst & Young, [Berater], Zürich, 17.9.2000.

Christian Wittenhorst, Progon Network Engineering, [Gründer und Geschäftsführer], Zug, zahlreiche Gespräche im Verlaufe der Jahre 1999 und 2000.

Peter Wyss, Venture Capital Finance (VCF AG), [Geschäftsführer], Zug, zahlreiche Gespräche im Verlaufe der Jahre 1999 und 2000.

Beat Zaugg, Ecofin, [Investment Consultant], Zürich, 11.2.2000.

LITERATURVERZEICHNIS

Adams, J. P.: Venture Capital for Start-ups, MS Thesis, Alfred P. Sloan School of Management, Massachusetts Institute of Technology, Cambridge 1978.

Amis, D.: Raising Early Stage Capital, Dokumentation zum Workshop anlässlich des Startforum 2000, Universität St. Gallen, Wolfsberg 31.1.2000.

Al-Suwailem, S.: Does Venture Capital Financing make a Difference?, Ph.D. Thesis, Washington University, Washington 1995.

Albach, H. (Hrsg.): Planung in der Praxis, Ergänzungsheft 1/79 der Zeitschrift für Betriebswirtschaft, Wiesbaden 1979.

Albach, H. / Hunsdiek, D. / Kokalj, L.: Finanzierung mit Risikokapital, Stuttgart 1986.

Al-Suwailem, S.: Does Venture Capital Financing make a Difference? Ph.D. Thesis, Washington University, Saint Louis 1995.

Amit, R. / Brander, J. / Zott, C.: Why do Venture Capital Firm exist? Theorie and Canadian Evidence, in: **Journal of Business Venturing**, Vol. 13, No. 6, November 1998, p. 441-466.

Arnold, H.: Die "neue ökonomische" Vernunft, in: Student Business Review, Nr. 4, Winter 2000, S. 28-33.

Axel, S.: Praxis des Venture Capital-Geschäftes, Landsberg am Lech 1985.

Baaken T.: Bewertung technologieorientierter Unternehmensgründungen, Berlin 1989.

Bachher, J. S.: Decision Making Criteria Used by Canadian Equity Investors to Evaluate early-stage technology based Companies, MS Thesis, University of Waterloo, Ontario 1994.

Bachmann, B.: Private Equity, Ein Thema für Schweizer Privatanleger?, Swiss Banking School Bd. 205, Bern/Stuttgart/Wien 1999.

Bader, H.: Private Equity als Anlagekategorie, Theorie, Praxis und Portfoliomanagement für institutionelle Investoren, Bern/Stuttgart/Wien 1996.

Bakshi, S. K.: Portfolio Management and Resource Allocation in a Venture Capital Fund, Ph.D. Thesis, Case Western Reserve University, Cleveland 1988.

Behr, G. (Hrsg.): Wachstumsfinanzierung, Doktorandenseminar-Beiträge, Universität St. Gallen, Bern/Stuttgart/Wien 1999.

Behringer, S.: Unternehmensbewertung von kleinen und mittleren Unternehmen, in: Internationales Gewerbearchiv (IGA), Zeitschrift für Klein- und Mittelunternehmen, 47. Jahrgang, 2. Heft, Berlin/München/St. Gallen 1999, S. 115-126.

Belz, O.: Einzigartigkeit als Wettbewerbsvorteil, in: Orientierung, Ausgabe 107, Zürich 1998.

Benjamin, G. A. / Margulis, J.: Finding your Wings, How to locate Private Investors to Fund your Venture, New York u.a. 1996.

366

Benjamin, G. A. / Margulis, J.: Earth Angels, Finding the hard-to-find, affluent, private, early-stage investor, New York u.a. 1996.

Bjordal, Ø.: Internet-Firmen mit Fantasie, Vision und Mut bewerten, Arthur Andersen Global Corporate Finance Zürich, in: Finanz und Wirtschaft vom 16.2.2000, S. 29.

Bjordal, Ø.: Vom Wert zum Kaufpreis, Heisse Luft verlangt hohen Aufpreis für Käufer, Arthur Andersen Global Corporate Finance Zürich, in: Finanz und Wirtschaft vom 16.2.2000, S. 29.

Boemle, M.: Unternehmungsfinanzierung, 10. Auflage, Zürich 1993.

Bohley, P.: Statistik, 4. Auflage, München 1991.

Brealy, R.A. / Myers, S.C.: Principles of Corporate Finance, 4th edition, New York 1991.

Brendle, M: Bewertung von Start-ups und Internet-Firmen, Diplomarbeit, Universität St. Gallen, St. Gallen 1999.

Bretzke, W.-R.: Das Prognoseproblem bei der Unternehmungsbewertung, Düsseldorf 1975.

Broschinski, G.: Venture Capital goes public, Die Bank, Zeitschrift für Bankpolitik und Bankpraxis, Nummer 3, 2000, S. 158-163.

Brück, M.: Beteiligung an Unternehmen, Desinvestition und Lösung von Engagements, Ein Entscheidungsmodell, Bern/Stuttgart/Wien 1998.

Burril, G. S. / Norback, C. T.: The Arthur Young Guide to Raising Venture Capital, Blue Ridge Summit 1988.

Busse von Colbe, W.: Der Zukunftserfolg, Mainz 1956.

Bygrave, W. D. / Timmons, J. A.: Venture Capital at the Crossroads, Arthur M. Blank Center for Entrepreneurship, Babson College, Harvard Business School Press, Cambridge 1992.

Chandler, L.: Winning Strategies for Capital Formation, Secrets of Funding Start-ups and emerging growth Firms without losing control of your idea, project, or company, New York, 1997.

Chatwin, R. / Bonduelle, Y. / Goodchild, A. / Harmon, F. / Mazzuco, J.: Real Option Valuation for E-Business, A case study, PriceWaterhouseCoopers, London 2000.

Chishty, M. R.: A Study of Initial Public Offerings of Venture Capital Funded Companies, Ph.D. Thesis, Georgia State University, Atlanta 1991.

Christen, D.V.: Anlagen in Venture Capital-Fonds, Ein Beitrag zum besseren Verständnis des internationalen Venture Capital-Geschäfts aus Investorensicht, Bern/Stuttgart/Wien 1991.

Cottier, P.: Hedge Funds and Managed Futures, Performance, Risks, Strategies and Use in Investment Portfolios, Bern/Stuttgart/Wien 1997.

Cooper, I. A.: A Model of Venture Capital Investment, Ph.D. Thesis, The University of North Carolina, Chapel Hill 1977.

Copeland, T.: Valuation of Internet Companies, Monitor Company, New York u.a. 2000.

Copeland, T. / Koller, T. / Murrin, J.: Valuation, 2nd edition, New York u.a. 1994.

Copeland, T.E. / Weston, F.W.: Financial theory and corporate policy, 3rd edition, Reading 1988.

Costello, D. R.: New Venture Analysis, Research, Planning and Finance, Illinois 1985.

Coutarelli, S. A.: Venture Capital in Europe, Ph.D. Thesis, University of Geneva, New York 1977.

Damodaran, A.: An Introduction to Valuation, Leonard N. Stern School of Business, New York University, New York, in: http://www.stern.nyu.edu/~adamodar/pdfiles/basics.pdf, Download per 7.12.1999.

Damodaran, A.: Valuation of the Firm, Status Quo, Leonard N. Stern School of Business, New York University, New York, in: http://www.stern.nyu.edu/~adamodar/New_Home_Page/lectures/pvt.html, Download per 4.10.1999.

Damodaran, A.: Valuing Private Companies and Divisions, Stern School of Business, New York University, in: www.stern.nyu.edu/~adamodar/New_Home_Page/lectures/pvt.htm, Download per 4.10.1999.

Damodaran, A.: Choosing the Right Valuation Model, Leonard N. Stern School of Business, New York University, New York, in: http://www.stern.nyu.edu/~adamodar/pdfiles/model.pdf, Download per 7.12.1999.

Damodaran, A.: Losing Money, No History, No Comparables? No Problem!, Online Presentation at the Association for Investment Management and Research (AIMR), Charlottesville, in: http://www03.activate.net/aimrdirect/valuation2000/handouts/Slides.pdf, Download per 27.3.2000.

Damodaran, A.: The Dark Side of Valuation, Firms with no Earnings, No History and no Comparables, Can Amazon.com be valued? in: Leonard N. Stern School of Business, New York University, New York, http://www03.activate.net/aimrdirect/ valuation2000/handouts/Slides.pdf, Download per 7.12.1999.

Damodaran, A.: Estimating Equity Risk Premiums, Leonard N. Stern School of Business, New York University, New York, in: http://www.stern.nyu.edu/~adamodar/New_Home_Page/lectures/dcfinput.html, Download per 7.12.1999.

Damodaran, A.: Estimating Risk Parameters, Leonard N. Stern School of Business, New York University, New York, in: http://www.stern.nyu.edu/~adamodar/New_Home_Page/lectures/dcfinput.html, Download per 7.12.1999.

Damodaran, A.: Estimating Risk Free Rates, Leonard N. Stern School of Business, New York University, New York, in: http://www.stern.nyu.edu/~adamodar/New_Home_Page/AppldCF/appldCF.htm#valderiv, Download per 4.10.1999.

Damodaran, A.: Private Company Valuation, Leonard N. Stern School of Business, New York University, New York, in: http://www.stern.nyu.edu/~adamodar/pdfiles/eqnotes/pvt.pdf, Download per 7.12.1999.

Damodaran, A.: Option Pricing Theory and Applications, Leonard N. Stern School of Business, New York University, New York, in: http://www.stern.nyu.edu/~adamodar/pdfiles/option.pdf, Download per 7.12.1999.

Damodaran, A.: The Promise and Peril of Real Options, Leonard N. Stern School of Business, New York University, New York, in: http://www.stern.nyu.edu/~adamodar/New_Home_Page/AppldCF/appldCF.htm#ch6 deriv, Download per 7.12.1999.

Damodaran, A.: Applications of Option Pricing Theory to Equity Valuation, Leonard N. Stern School of Business, New York University, New York, in: http://www.stern.nyu.edu/~adamodar/New_Home_Page/lectures/opt.html, Download per 7.12.1999.

Damodaran, A.: Valuing an Option to Abandon, Leonard N. Stern School of Business, New York University, New York, in: http://www.stern.nyu.edu/~adamodar/New_Home_Page/CFTheory/abandon.html, Download per 7.12.1999.

Damodaran, A.: Dealing with Warrants, Convertibles and other Equity Securities in Valuation, Leonard N. Stern School of Business, New York University, New York, in: www.stern.nyu.edu/~adamodar/New_Home_Page/lectures/eqshare.htm, Download per 4.10.1999.

Damodaran, A.: Relative Valuation, Leonard N. Stern School of Business, New York University, New York, in: http://www.stern.nyu.edu/~adamodar/New_Home_Page/problems/relval.htm, Download per 7.12.1999.

Damodaran, A.: Relative P/E Ratios, Leonard N. Stern School of Business, New York University, New York, in: http://www.stern.nyu.edu/~adamodar/pdfiles/pe.pdf, Download per 7.12.1999.

Damodaran, A.: Value/EBIDTA by Industry, Stern School of Business, New York University, in: www.stern.nyu.edu/~adamodar/New_Home_Page/datafile/vebitda.html, Download per 4.10.1999.

Damodaran, A.: Price to Sales Ratios by Industry, Stern School of Business, New York University, in: www.stern.nyu.edu/~adamodar/New_Home_Page/datafile/vebitda.html, Download per 4.10.1999.

Damodaran, A.: Value Enhancement Strategies, Leonard N. Stern School of Business, New York University, New York, in: http://www.stern.nyu.edu/~adamodar/pdfiles/eva.pdf, Download per 7.12.1999.

Damodaran, A.: Value Creation and Enhancement, Back to the Future, Leonard N. Stern School of Business, New York University, New York, in: http://www.stern.nyu.edu/~adamodar/New_Home_Page/valuation/concchks/eva.htm #eval, Download per 7.12.1999.

Damodaran, A.: Research and Development Expenses, Implications for Profitability Measurement and Valuation, Leonard N. Stern School of Business, New York University, in: http://www.stern.nyu.edu/~adamodar/pdfiles/retsolns.pdf, Download per 4.10.1999.

D'Aveni, R.A.: Hypercompetition, Managing the dynamics of strategic maneuvering, New York 1994.

Deyhle, A.: Controller-Handbuch, Bd. 1, 2. Auflage, München 1980.

Dichtl, E. / Issing, O. (Hrsg.): Vahlens Grosses Wirtschaftslexikon, Bd. 1 und 2, 2. Auflage, München 1993.

Diehl, W.: Modelle zur Venture Capital-Beschaffung für Schweizer Unternehmen, in: **Gesellschaft zur Förderung der schweizerischen Wirtschaft** (Hrsg.): wf-Dokumentation zur Betriebswirtschaft, Nr. 8, Zürich August 1984.

Dixit, A. K. / Pindyck, R. S.: The Options Approach to Capital Investment, Harvard Business Review, May-June 1995, S. 105-115.

Dorsey, T. K.: The Measurement and Assessment of Capital Requirements, Investment Liquidità and Risk for the Management of Venture Capital Funds, Ph.D. Thesis, The University of Texas, Austin 1977.

Eccles, R. G. / Lanes, L. K. / Wilson, T. C.: Akquisitionen, Häufig viel zu teuer bezahlt, in Harvard Business Manager 2/2000, S. 80-90.

EIBA (Hrsg.): Firmenbrochure.

EIBA (Hrsg.): Geschäftsbericht 1995.

EIBA (Hrsg.): prosper (Hauszeitschrift), April 1994.

EIBA (Hrsg.): Business Plan, Zürich 1995.

Ekholm, T.E.: European E-Incubator report, Department of Industrial Engineering and Management, The University of Oulu, September 2000.

Esty, B.C.: Note on Value Drivers, Harvard Business School Case Study No. 9-297-082, Cambridge 1997.

Fausnaugh, C. J.: Assessing Entrepreneurial Competence: A Study of Venture Capitalists' Decision-Making, Ph.D. Thesis, University of Georgia, Athens 1995.

Fendel, A.: Investmententscheidungsprozesse in Venture Capital-Unternehmen, Köln 1987.

Fiet, J. O.: Managing Investments in specific Information, A Comparison of Business Angels and Venture Capital Firms, Ph.D. Thesis, Texas A&M University, College Station 1991.

Fineberg, S.: Coming to Terms, in Venture Capital Journal, Vol. 38, No. 10, October 1998, S. 38-40.

Fink, A. / Schlake, O. / Siebe, A.: Wie Sie mit Szenarien die Zukunft vorausdenken, in Harvard Business Manager 2/2000, S. 34-47.

Franke, G.: Agency-Theorie, in: Handwörterbuch der Betriebswirtschaft, Band 1, 5. Auflage, Stuttgart 1993.

Frei, P.: Stufenweise Finanzierung und Neubewertungsproblematik von Venture Capital Projekten, Diplomarbeit, Universität St. Gallen, St. Gallen September 1998.

Frei, P.: Valuation of Venture Capital Companies, Novartis Venture Fund, Oberkirch, 1999.

Frei, P.: Bewertungsmethoden, in: www.venturevaluation.ch/documents.htm, Download vom 23.1.2000.

Frey, B.S.: Ökonomie ist Sozialwissenschaft, Die Anwendung der Ökonomie auf neue Gebiete, München 1990.

Frey, B.S. / Kirchgässner, G.: Demokratische Wirtschaftspolitik, 2. Auflage, München 1994.

Frese, E.: Grundlagen der Organisation, Konzept – Prinzipien – Strukturen, 5. vollständig überarbeitete Auflage, Gabler Lehrbuch, Wiesbaden 1993.

Friedli, P.: Vorgehen und Methodik der Unternehmensbewertung, Dokumentation zum Vortrag anlässlich der 8. Informationsveranstaltung von Venture 2000, ETH Zürich 27.4.00.

Fuerst, M. E.: Technological Innovation and the Design of the Financial System, Ph.D. Thesis, University of Michigan, Ann Arbor 1999.

Gannon, M.: VC Secondaries Hold Steady, in: Ventue Capital Journal, Vol. 38, No. 9, September 1998, S. 39-42.

Galante, S. P.: The Growth of the Venture Capital and Private Equity Market, in: Galante, S. P. / Moore, K. W.: Galante's Venture Capital and Private Equity Directory, Wellesley 1998.

Garlik, G.: Valuing early stage technology and life science Companies, in: www.houlihan.com/services/value/value.htm, Download vom 14.1.2000.

Gaston, R. J.: Finding Private Venture Capital for Your Firm, A complete Guide, New York u.a. 1989.

Gates, S. W.: 101 Business Ratios, A Manager's Handbook of Definitions, Equations, and Computer Algorithms, 1993

Gausemeier, J. / Fink, A. / Schlake, O.: Szenario-Management, 2. bearbeitete Auflage, München/Wien 1996.

Geigenberger, I.: Risikokapital für Unternehmensgründer, Der Weg zum Venture Capital, München 1999.

Geilinger, U.W.: Optionen der Unternehmensgründung, Unterlagen zum Vortrag anlässlich des Startforum 2000, Universität St. Gallen, Wolfsberg 31.1.2000.

Gerke, W. / Steiner, M. (Hrsg.): Handwörterbuch des Bank- und Finanzwesens, 2. Auflage, Stuttgart 1995, (Enzyklopädie der Betriebswirtschaftslehre, Bd. 6).

Glesti, J.: Wertmanagement in den verschiedenen Lebensphasen der Unternehmung, Bamberg 1995.

Gomez, P. / Weber, B.: Akquisitionsstrategie, Bd. 3 der Schriftenreihe „Entwicklungstendenzen im Management" des Institutes für BWL der HSG, Stuttgart 1989.

Gompers, P. A.: The Theory, Structure, and Performance of Venture Capital, Ph.D. Thesis Harvard University, Cambridge 1993.

Gompers, P. A.: Optimal Investment, Monitoring, and the Staging of Venture Capital, Graduate School of Business, University of Chicago, Chicago 1994.

Gompers, P.A.: A Note on Valuation in Entrepreneurial Ventures, Harvard Business School, Cambridge 1999.

Gompers, P. A. / Lerner, J.: The Determinants of Corporate Venture Capital Success, Organizational Structure, Incentives, and Complementaries, Working Paper 6725, National Bureau of Economic Research, Cambridge 1998.

Gompers, P. A. / Lerner, J.: The Venture Capital Cycle, MIT Press, Cambridge 1999.

Gompers, P. / Lerner, J.: Venture Capital Distributions, short-run and long-run Reactions, University of Chicago and Harvard University, Chicago and Cambridge 1995.

Gladstone, D.: Venture Capital Investing, The Complete Handbook for Investing in small private Businesses for Outstanding Profits, New Jersey 1988.

Hammann, P. / Erichson, B.: Marktforschung, 3. Auflage, Stuttgart u.a. 1994.

Hansen, P.B.: Corporate Failure Among Venture Capital Funded Small Companies, A Case Study Approach, Ph.D. Thesis, University of Southampton (UK), Southampton 1994.

Harmon, S.: Zero Gravity, Riding Venture Capital from high-tech Start-up to breakout IPO, Bloomberg Press, Princeton 1999.

Harris, S. / Bovaird, C.: Enterprising capital, A study of Enterprise Development and the Institutions which finance it, Avebury 1996.

Harrison, R. T. / Mason, C. M.: Informal Venture Capital, Evaluating the impact of business introduction services, University of Ulster at Jordanstown and University Southampton, Hertfordshire 1996.

Hart, M. M.: Founding Resource Choices, Influences and Effects, DBA Thesis, Harvard University, Cambridge 1995.

Hauschildt, J. / Grün, O. (Hrsg.): Ergebnisse empirischer betriebswirtschaftlicher Forschung, Zu einer Realtheorie der Unternehmung, Stuttgart 1993.

Hayn, M.: Bewertung junger, dynamischer und überproportional wachsender Unternehmen, Dissertation, 2. Auflage, Saarbrücken 2000.

Henzel, F.: Marktanalyse und Budgetierung, Berlin u.a. 1933.

Helbling, C.: Bilanz- und Erfolgsrechnungsanalyse, 9. Auflage, Bern u.a. 1994.

Helbling, C.: Revisions- und Bilanzierungspraxis, 3. Auflage, Bern/Stuttgart 1992.

Helbling, C.: Unternehmensbewertung und Steuern, 8. Auflage, Düsseldorf 1995.

Helbling, C.: Dokumentation zur Vorlesung Unternehmungsbewertung, Universität Zürich, Sommersemester 1995.

Helbling, C.: Vortrag vom 7.5.96 anlässlich des Seminars Mergers & Acquisitions der Universität Zürich, Sommersemester 1996.

Helm, F.: Ways to Reduce Asymmetric Information between Venture Capitalists and Entrepreneur, Diplomarbeit, Universität St. Gallen, St. Gallen 1999.

Herter, R.N.: Unternehmenswertorientiertes Management, München 1994.

Hertig, D.: Beim Venture Capital ist das Timing sehr wichtig, Interview mit Private-Equity-Spezialist Ulrich Geilinger, in: Cash, Nr. 45 vom 10. November 2000, S. 117.

Hill, W.: Unternehmens-Planung, in: **SVB** (Hrsg.): Die Orientierung, Nr. 61 I, 1976.

Hirshleifer, J. / Glazer, A.: Price Theory and Applications, 5. Auflage, New Jersey u.a. 1992.

Hoban, J. P.: Characteristics of Venture Capital Investments, Ph.D. Thesis, The University of Utah, Salt Lake City 1976.

Hogan, J. T.: A Study of the salient Factors involved in Venture Capital Investment Decisions in technology based Ventures, Ph.D. Thesis, The Union Instititue, Cincinnati 1992.

Huber, M.: Bewertung von Dienstleistungsunternehmen, Das Human Capital als wertbestimmender Faktor in Theorie und Praxis, Bern/Stuttgart/Wien 1998.

Hussayni, M. Y.: Corporate Profits and Venture Capital in the Postwar Decade, Ph.D. Thesis, The University of Michigan, Ann Arbor 1959.

Jähne, A.: Erarbeitung einer aktualisierten Systematisierung der Gründe für die Sachnotwendigkeit des Venture Capital-Geschäfts aus Sicht deutscher Kreditinstitute unter der Beachtung von Ertrags- und Risikoaspekten sowie des daraus resultierenden Wandels der deutschen Bankenlandschaft, Diplomarbeit, Berufsakademie Sachsen, Dresden 2000.

Janower, A. / Sahlmann, W.: The Venture Capital Method – Valuation Problem Set, Harvard Business School, Boston 1995.

Jenny, K.: Venture Capital als Chance für junge Unternehmen, in: **SKA** (Hrsg.): Bulletin, Nr. 11/12, Zürich 1987, S. 6-7.

Johnson, R.M.: Valuation Issues in Start-Ups & Early-Stage Companies, The Venture Capital Method, London Business School, London 1997.

Joury, D. S.: Venture Capital, A Personal Exploration, MS Thesis, Alfred P. Sloan School of Management, Massachusetts Institute of Technology, Cambridge 1988.

Kaltenheuser, S.: Stacking the Deck Against the New, Prior User Rights, in: Venture Capital Journal, Vol. 37, No. 12, Dezember 1997, S. 46-49.

Kam, S.: The Pricing of successful Venture Capital backed high-tech and life-sciences Companies, Houlihan Valuation Advisors and VentureOne study, in: **Journal of Business Venturing**, Vol. 13, No. 5, September 1998, p. 334-351.

Kasdon-Sidell, L.: The Fuel of Endeavour, in: Swissair Gazette, Zürich October 2000.

Kiehl, S. J.: A Comparative Study of the Characteristics of high Technology Start-up Firms, Ph.D. Thesis, Portland State University, Portland 1988.

Kieser, A. (Hrsg.): Organisationstheorien, 2. Auflage, Stuttgart 1995.

Klemm, H.A.: Die Finanzierung und Betreuung von Innovationsvorhaben durch Venture Capital-Gesellschaften, Frankfurt a.M. 1988.

Knight, R.M.: Criteria used by Venture Capitalists: a cross cultural analysis, in: International Small Business Journal, Iss. 13, no. 1, 1994, p. 26-37.

Knüsel, D.: Die Anwendung der DCF-Methode zur Unternehmensbewertung, Bd. 130 der Schriftenreihe der Treuhand-Kammer, Zürich 1994.

Köpe, C.: Vortrag vom 7.5.96 anlässlich des Seminars Mergers & Acquisitions der Universität Zürich, Sommersemester 1996.

Kotler, P.: Marketing-Management, Ninth Edition, New Jersey 1997.

Kozmetsky, G. / Gill, M. D. / Raymond, W. S.: Financing and Managing fast-growth Companies, The Venture Capital Process, The University of Texas, Austin 1984.

Kralicek, P.: MBA Pocket Guide, Praktische Betriebswirtschaft immer dabei, Fälle und Checklisten, Wien 1996.

Kralicek, P.: Kennzahlen für Geschäftsführer, 3. Auflage, Wien 1995.

Krahnen, J.P.: Prinzipal-Agenten Ansatz, Unterlagen zum Vortrag anlässlich der Vorlesung Organisation von Prof. M. Osterloh, Zürich 27.6.95.

Krebs, A. / Studer, T. (Hrsg.): Management Buyout, Chur/Zürich 1998.

Kubr, T. / Marchesi, H. / Ilar, D.: Planen, gründen, wachsen, Mit dem professionellen Businessplan zum Erfolg, McKinsey & Co., 2. Auflage, Zürich 1999.

Kunz, R.: Shareholder Value durch Financial Engineering, Stimmrechte, Einheitsaktien und Aktiensplits, Bern/Stuttgart/Wien 1998.

Kunze, R.: Nothing Ventured, the Perils and Payoffs of the great American Venture Capital Game, New York 1990.

Langenkämpfer, C.: Unternehmensbewertung, DCF-Methoden und situativer VOFI-Ansatz, Dissertation, Münster 1999.

Lannom, A. L. R.: Business Valuation Outline on Due Diligence, in: www.houlihan.com/services/diligence/diligence.htm, Download vom 14.1.2000.

LeBaron, D.: Venture Capital, in: **LeBaron, D. / Vaitilingam, R.**: The Ultimate Investor, The People and Ideas that make modern Investment, Oxford 1999.

Leff, B. J.: Financing the Start-up of Silicon Valley high-technology Companies: An Analysis and Evaluation of Alternatives, Ph.D. Thesis, Golden Gate University, San Francisco 1990.

Lerner, J.: Venture Capital and Private Equity, A Casebook, New York 1999.

Libecap, G.: Advances in the study of entrepreneurship, innovation and economic growth, Greenwich 1986.

Lienhard, P.: Risikokapital-Finanzierung aus der Sicht der Banken, Dissertation, Bern 1987.

Lim, J. Y.: Initial Public Offering: A Venture Capital Perspective, Ph.D. Thesis, New York University, New York 1990.

Lister, K. / Harnish, T.: Directory of Venture Capital, New York u.a. 1996.

Lube, M.: Unternehmensbewertung aus der Sicht eines Jungunternehmers, Dokumentation zum Vortrag anlässlich der 8. Informationsveranstaltung von Venture 2000, ETH Zürich 27.4.00.

Luehrmann, T. A.: Capital Projects as Real Options, Harvard Business School, Cambridge 1994.

MacMillan, I. C. / Kulow, D. M.: Venture Capitalists' Involvement in their Investments, Extent and Performance, Sol C. Snider Entrepreneurial Center, The Wharton School, University of Pennsylvania, Cambridge, 1988.

MacMillan, I. C. / Zemann, L. / Subbanarasimha, P. N.: Criteria distinguishing successful from unsuccessful Ventures in the Venture Screening Process, The Wharton School, University of Pennsylvania, and New York University, in: Journal of Business Venturing, No. 2, 1987, p. 123-137.

McNeil, R.G.: Why Tech VCs have left Biotech, in Venture Capital Journal, Vol. 38, No. 8, August 1999, S. 42-45.

MacQuarrie, M. M.: Capital Structure of Small Technology Companies, BS Thesis, Alfred P. Sloan School of Management, Massachusetts Institute of Technology, Cambridge 1994.

McKiernan, J.: Planning and Financing your new Business, Chestnut Hill 1978.

Meffert, H.: Marketingforschung und Käuferverhalten, 2. vollständig überarbeitete und erweiterte Auflage, Wiesbaden 1992.

Minto, B.: The Pyramid Principle - Logic in Writing and Thinking, London 1987.

Mauboussin, M. J. / Hiler, B.: Cash Flow.com, Cash Economics in the New Economy, Credit Suisse First Boston Corporation, Equity Research, US/Value Based Strategy, Frontiers of Finance, Vol. 9, New York u.a. 2.5.1999.

Mull, F. H.: Towards a positive Theory of Venture Capital, Ph.D. Thesis, University of Georgia, Athens 1990.

Mustafa, K.: Small-Cap Financing: Finding Growth Capital Alternatives to the IPO, in: The Journal of Private Equity, Strategies and Techniques for Venture Investing, Volume 2, Number 2, New York Winter 1999.

Muzyka, D. / Birley, S. / Leleux, B.: Trade-Offs in the Venture Capital Decision, INSEAD Working Paper 95/62/ENT, Fontainebleau 1995.

Neher, D. V.: Essays on Entrepreneurial Finance, Venture Capital, Financial Contracting, and the Structure of Investment, Ph.D. Thesis, Princeton University, Princeton 1994.

Neidorf, S.: The Unglamorous Side of VC: Consumer Investing, in: Venture Capital Journal, Vol. 38, No. 9, September 1998, S. 43-46.

Nesheim, J.: High tech Start-up, The complete how-to Handbook for Creating Successful new high-tech Companies, Saratoga 1997.

Nittka, I. / Stickel, E.: Informelles Venture Capital am Beispiel von Business Angels, Stuttgart 1999.

Nowak, E.: On Investment Performance and Corporate Governance, Bern/Stuttgart/Wien 1997.

Oehler, K.: Unternehmungsbewertung, in: **Gesellschaft zur Förderung der schweizerischen Wirtschaft** (Hrsg.): wf-Dokumentation zur Betriebswirtschaft, Nr. 7, Zürich Mai 1984.

Osterloh, M. / Frost, J.: Prozessmanagement als Kernkompetenz, Wie Sie Business Reengineering strategisch nutzen können, Wiesbaden 1996.

Outcalt, J. H.: Venture Capital Companies Financing Small Business, MBA Thesis, The Wharton School, University of Pennsylvania, Philadelphia 1961.

o.V.: Apax Partners & Co.: Guidelines for the Preparation of a Business Plan, Munich [ohne Datumsangabe].

o.V.: Capital-Info Net: ABC Company Business Plan, in: www.capital-info.net/asp/tools/busipl_muster.asp, Download per 20.6.1999.

o.V.: Eidgenössisches Volkswirtschaftsdepartement: Bericht über die Förderung von Unternehmensgründungen, Bern 18.9.2000.

o.V.: Entrepreneurial Magazine (Small Business Series): Guide to raising money, New York u.a. 1998.

o.V.: Harvard Business School: Note on Financial Contracting: "Deals", Harvard Business School Case Study No. 9-288-014, Cambridge 1989.

o.V.: Ibbotson Associates: Stocks, Bonds, Bills, and Inflation (SBBI), Valuation Edition Yearbook 1999, in: www.ibbotson.com/Products/catalog/pbl20.asp, Download per 14.10.1999.

o.V.: Ibbotson Associates: Beta Book Methodology, Cost of Capital Center, in: http://valuation.ibbotson.com/Company_Betas/bb0000.asp, Download per 8.10.1999.

o.V.: Goldman Sachs Investment Research: E-Commerce/Internet in the US, B2B: 2B or not 2B?, New York u.a. September 1999.

o.V.: Ibbotson Associates: Stocks, Bonds, Bills and Inflation, 2000 Yearbook, Valuation Edition, Chicago 2000.

o.V.: OECD: Venture Capital and Information Technology, Paris 1985.

o.V.: OECD: Venture Capital, Context, Development and Policies, Paris 1985.

o.V.: Venture Capital Europe: Internet Investment drives European Venture Capital, in: Venture Capital Europe, Information source for Venture Capital, May 2000, Issue 1, p. 1.

Pico, A.: Ökonomische Theorie der Organisation – ein Überblick über neuere Ansätze und deren betriebswirtschaftliches Anwendungspotential, in: **Ordelheide, D. / Rudolph, B. / Büsselmann, E.** (Hrsg.): Betriebswirtschaftslehre und ökonomische Theorie, Stuttgart 1991, S. 143 – 170.

Pence, C. C.: The Making of an Investment Decision, The Venture Capitalist's Case, Ph.D. Thesis, University of California, Irvine 1981.

Perez, R. C.: Inside Venture Capital, Past, Present, and Future, New York u.a. 1986.

Petersen, C.: Venture Capital: Europa – ein Markt im Aufbruch, in: www.apte.net/info-e/g-pubs-vc.htm, Download per 25.7.2000.

Pfirrman, O. / Wupperfeld, U. / Lerner, J.: Venture Capital and new Technology based Firms, An US-German Comparison, Freie Universität Berlin and Harvard University, Heidelberg 1997.

Pichotta, A.: Die Prüfung der Beteiligungswürdigkeit von innovativen Unternehmungen durch Venture Capital-Gesellschaften, Köln 1990.

Porter, M.: Competitive Strategy, New York 1980.

Porter, M.: Competitive Advantage, New York 1985.

Posner, D.: Early Stage-Finanzierungen, Schriftenreihe für Kreditwirtschaft und Finanzierung, Bd. 22, Dissertation, Frankfurt am Main 1996.

Prahalad, C.K. / Hamel, G.: Competing for the Future, Harvard Business School, Boston 1994.

Preston, J: Success Factors in technology-based Entrepreneurship, MIT Entrepreneurship Center, Cambridge 1998.

Punjabi, S. S.: Market-based Risk Measures and multiperiod Valuation of Companies with an Emphasis on young, technology-based Ventures, Ph.D. Thesis, Stanford University, Stanford 1994.

Räbel, D.: Venture Capital als Instrument für Innovationsfinanzierung, Köln 1986.

Rappaport, A.: Creating Shareholder Value, New York et. al. 1986.

Rappaport, A.: Selecting strategies that create shareholder value, in: **Harvard Business Review**, May-June 1981, S. 139-149.

Reed, J. / Chan, S. / Torres, R. (Hrsg.): Venture Capital Yearbook 1998, New York 1998.

Reiner, M. L.: The Transformation of Venture Capital, A History of Venture Capital Organizations in the United States, Ph.D. Thesis, University of California, Berkeley 1989.

Riedel, G. / Francis, T.: Internet Valuations, Fact or Fiction, McKinsey & Co., [not published] 1999.

Roure, J. B.: Success and Failure of high-growth technological Ventures, The Influence of prefunding Factors, Ph.D. Thesis, Stanford University, Stanford 1987.

Rühli, E.: Allianzen, Unterlagen zur Vorlesung Unternehmensführung und –politik II, Universität Zürich, 17.1.1995.

Ruhnka, J. C. / Feldman, H. D. / Dean, T. J.: The „Living Dead" Phenomenon in Venture Capital Investments, University of Tennessee and University of Colorado at Boulder, in: Journal of Business Venturing, No. 7, 1992, p. 137-155.

Ruoss, P: Die grenzenlose Unternehmung, Diplomarbeit, Universität Zürich, Zürich 1997.

Ryan, P. M.: Escalating Commitment, A Study of Contrasts in the Venture Capital Industry, Ph.D. Thesis, The University of Texas, Austin 1994.

Sahlman, W.A.: How to Write a Great Business Plan, in: Harvard Business Review, July-August 1997, p. 98-108.

Samwer, O.: In 100 Tagen zum Erfolg, Die Geschichte von Alando.de, Unterlagen zum Vortrag anlässlich des Startforum 2000, Universität St. Gallen, Wolfsberg 31.1.2000.

SKA (Hrsg.): Der Business-Plan, Heft 81 der Schriftenreihe der Schweizerischen Kreditanstalt, 2. Auflage, 1994.

SKA (Hrsg.): Selbständigkeit, Heft 76 der Schriftenreihe der Schweizerischen Kreditanstalt, Mai 1989.

Scheidegger, A. / Hofer, H. / Scheunenstuhl, G.: Innovation, Venture Capital, Arbeitsplätze, Antworten zu den Kernfragen, Bern/Stuttgart/Wien 1998.

Scheidegger, A. / Geilinger, U. / Niedermann, C.: Swiss Venture Capital Guide 2000/01, Beschaffung von Eigenkapital für Neuunternehmen und KMUs, Bern/Stuttgart/Wien 2000.

Scherlis, D.R. / Sahlman, W.A.: A Method for Valuing High-Risk, Long-Term Investments, The Venture Capital Method, Harvard Business School, Cambridge 1989.

Schilit, W. K.: Dream Makers and Deal Breakers, Inside the Venture Capital Industry, New Jersey 1991.

Schmidtke, A.: Praxis des Venture Capital-Geschäftes, Landsberg am Lech, 1985.

Schreyögg, G.: Organisation, Grundlagen moderner Organisationsgestaltung, Gabler Lehrbuch, Wiesbaden 1996.

Schreiber, R. / Duss, P.: Die Vergabe von Risikokapital fördern, in: Neue Zürcher Zeitung, Nr. 197, 25.8.00, S. 31.

Schuhmann, J.: Grundzüge der mikro-ökonomischen Theorie, Universität Münster, 6. Auflage, Berlin u.a. 1992.

Schüpbach, P. / Rechsteiner, U.: Venture Capital-Finanzierung – Fallbeispiel Virtual-TEC, in: Manager Bilanz, Juli 1998, S. 6-8.

Sidler, S.: Risikikapital-Finanzierung von Jungunternehmen, Dissertation, Zürich 1996.

Silver, A. D.: Venture Capital, The complete Guide for Investors, New York u.a. 1985.

Slywotzky, A. J. / Morrison, D. J. / Moser, T. / Mundt, K. A. / Quella, J. A.: Profit Patterns, 30 Ways to Anticipated and Profit from Strategic Forces Reshaping your Business, New York u.a. 1999.

Smart, G. H.: Management Assessment Methods in Venture Capital, Toward a Theory of Human Capital Valuation, Ph.D. Thesis, The Claremont Graduate University, Claremont 1998.

Spremann, K.: Wirtschaft, Investition und Finanzierung, 5. Auflage, München/Wien/Oldenburg 1996.

STG Coopers & Lybrand (Hrsg.): Geschäftsbericht 1994.

Stolze, W. J.: Start-up Financing, An entrepreneur's guide to financing a new or growing business, Franklin Lakes 1997.

Superina, M.: Praxis der Discounted Cash Flow-Bewertungsmethode in der Schweiz, Dissertation, Zürich 1999.

Szyperski, N. (Hrsg.): Handwörterbuch der Planung, Stuttgart 1989, (Enzyklopädie der Betriebswirtschaftslehre, Bd. 9).

Tate, J. R.: Venture Capital Decision-Making, Risk and Return in a Venture Capital Firm, Ph.D. Thesis, Lehigh University, Bethlehem 1990.

Thommen, J.P.: Betriebswirtschaftslehre, Band 3, 3. Auflage, Zürich 1992.

Thompson, R. C.: The Influence of Venture Capital Funding on Firm Performance and Time to Initial Public Offering, Ph.D. Thesis, University of Colorado, Boulder 1993.

Thum, O.: Start-us in Wachstumsmärkten, Unterlagen zum Vortrag anlässlich des Startforum 2000, Universität St. Gallen, Wolfsberg 31.1.2000.

Ti.: Venture Capital, Ein Fremdwort in Österreich, Unterentwickelte Börse als Hindernis, Neue Zürcher Zeitung, Nr. 221, S. 33, 23.9.1999.

Tojner, M. A.: Venture Capital, Eine Betriebswirtschaftliche und Rechtliche Analyse, Dissertation, Wirtschaftsuniversität Wien, Wien 1990.

Torea, J.: Venture Capital – Analyse und Praxis, Diplomarbeit, St. Gallen 1999.

Tyebjee, T. T. / Bruno, A. V.: Venture Capital Asset Allocation Decisions and their Performance, prepared for National Science Foundation U.S., University of Santa Clara, Santa Clara 1984.

Tyebjee, T. T. / Bruno, A. V.: A Model of Venture Capitalist Investment Activity, University of Santa Clara, in: Management Science, Vol. 30, No. 9, September 1984.

Tz.: Werden an der Wall Street Luftschlösser gebaut?, in: Neue Zürcher Zeitung, Nr. 94 vom 20.4.2000, S. 33.

Ulrich, H.: Unternehmenspolitik, 3. Auflage, Bern/Stuttgart 1990

Venture Capital Journal: Vol. 37: No. 1, January 1997, No. 6, June 1997 bis No. 12, December 1997 / Vol. 38: No. 1, January 1998 bis No. 12, December 1998 / Vol. 39: No. 7, July 1999 bis No. 12, December 1999.

Virtanen, M.: Entrepreneurial Finance and Venture Capital Advantage, Ph.D. Thesis, Helsinki School of Economics and Business Administration, Helsinki 1996.

Volkart, R.: Finanzmanagement, Beiträge zur Theorie und Praxis, Bd. I und II, 6. Auflage, Zürich 1994.

Volkart, R.: Skriptum zur Finanzierungs- und Investitionslehre, Universität Zürich, Wintersemester 1994/1995.

Volkart, R.: Skriptum zum Seminar Unternehmensbewertung und Steuerlehre, Universität Zürich, Sommersemester 1995.

Volkart, R.: Wertorientierte Steuerpolitik, Zürich 1998.

Vokart, R.: Strategische Finanzpolitik, Zürich 1997.

Volkart, R.: Shareholder Value & Corporate Valuation, Zürich 1998.

Volkart, R.: Unternehmensbewertung und Akquisitionen, Zürich 1999.

Von Tschirschky und Boegendorff, C.: Wissensmanagement, strategischer Umgang mit Wissen im Unternehmen, in: Schatz, R. (Hrsg.): Strategisches Informationsmanagement, 14. InnoVatio Zukunftswerkstatt mit Beiträgen zu den Erfolgsfaktoren der internen und externen Kommunikation, Bern/Bonn/Fribourg et. al. 1998.

Walgenbach, P.: Institutionalistische Ansätze in der Organisationstheorie, in: **Kieser, A.** (Hrsg.): Organisationstheorien, 2. überarbeitet Auflage, Stuttgart/Berlin/Köln 1995.

Wehrli, H.P.: Marketing, 3. Auflage, Zürich 1995.

Weilemann, P.: Planungsrechnung in der Unternehmung, Theorie, 8. Auflage, Zürich 1994.

Weilenmann, R.: Value Based Compensation Plans, Dissertation, Zürich 1999.

Weimerskirch, P.: Finanzierungsdesign bei Venture-Capital Verträgen, Dissertation, Universität Trier, 2. Auflage, Wiesbaden 1999.

Weiss, B.: Keine Chance ohne sorgfältige Planung, Der Businessplan in Theorie und Praxis, in: **Weiss, B.** (Hrsg.): Praxis des Venture Capital, Zürich 1991.

Wells, W. A.: Venture Capital Decision-Making, Ph.D. Thesis, Carnegie-Mellon University, Pittsburgh 1974.

Weisskopf, E. / Bernath, E.: Akquirieren oder akquiriert werden, Exitoptionen, IPOs, Merger, Verkauf, Unterlagen zum Vortrag anlässlich des Startforum 2000, Universität St. Gallen, Wolfsberg 30.1.2000.

Weston, J.F. / Copeland, T.E.: Managerial Finance, 9th edition, Chicago 1992.

Wicks, J.: Kandidaten auf der Flucht, in: Handelszeitung, Nr. 48, 29.11.2000, S. 3.

Wild, B. / Rechsteiner, U.: Venture Capital, Zur Finanzierung aufstrebender Unternehmen, in: M&A Info, ATAG Ernst & Young, Zürich Juli 1998, S. 1-4.

Wild, B. / Rechsteiner, U.: Venture Capital, Zur Finanzierung aufstrebender Unternehmen, in: Praxis 1/98, ATAG Ernst & Young, Zürich Juli 1998, S. 1-9.

Willner, R.: Valuing Start-up Venture Growth Options, in: **Trigeorgis, L.** (Hrsg.): Real Options in Capital Investment, Models, Strategies, and Applications, Westport 1995.

Wilms, K.: Einsatz von Standardsoftware zur Unterstützung von Planung und Kontrolle im Absatzbereich bei KMU - eine empirische Untersuchung, Bern 1986.

Wright, M. / Robbie, K.: Venture Capital, The International Library of Management, Vermont 1997.

Wupperfeld, U. / Lehmann, H.: Wie erstelle ich einen Business Plan?, Praxisorientierte Anleitung der Deutschen Gesellschaft für Innovationsbeteiligungen mbH, Pforzheim [ohne Datumsangabe].

Yen, E. C.: Valuations of Employee Stock Options by Biotechnology Workers, MS Thesis, Alfred P. Sloan School of Management, Massachusetts Institute of Technology, Cambridge 1993.

Zacharakis, A. L.: The Venture Capital Investment Decision, Ph.D. Thesis, University of Colorado, Boulder 1995.

Zacharakis, A. L. / Meyer, G. D.: A Lack of Insight, Do Venture Capitalists really understand their own Decision Process?, in: **Journal of Business Venturing**, Vol. 13, No. 1, January 1998, p. 57-76.

Zopoundis, C. / Dimitras, A.: Multicriteria Decision Aid Methods for the Prediction of Business Failure, Boston 1998.

STICHWORTVERZEICHNIS

A

Abgrenzung des Betriebs vom
  Unternehmen, 110
Ablauf einer Venture Capital-
  Finanzierung, 14
Absatzplanung, 99
Absatzprognose, **67**
- Bedeutung, 68
- Begriff, 69
- Probleme, 70
- Qualität, 70
- Ziel, 69
Absatzzahlen, 244, 273, 274
Abschreibungen, 94, 107, 126, 131
Agio, 115, 345
Aktienkapital, 115, 336
Aktienkursentwicklung, 16
Analogieschlüsse, 85, 164
Analyse der Branchenstruktur, 98
Analyse der Kundensegmente, 97
Analyse der Wertekette, 97
Analysten, 213
Angebot und Nachfrage, 203
Angestellte, 57, 243, 338
Anhang, 353
Anlagevermögen, 94, 251
Anteil Produkte A, B und C am
  Bruttogewinn, 279
Anteil Produkte A, B und C am
  Umsatz, 245, 278
Anteil Produkte A, B, und C am
  Bruttogewinn, 246
Anzahl Mitarbeiter, 265
Aufbau, 17
Ausblick, 349
Ausfall Produkt/DL, 280, 281
Ausfallrisiko, 259

Ausgaben, 305
Ausgangslage, 3
Auswirkungen bei Ausfall der
  Produkte A, B oder C, 246, 280

B

Banken, 205, 259
Bankkredit, 14
Barwert künftiger Ausschüttungen, 133
Barwertberechnung, 127, 225
Befragung, 73, 228
- Einzelbefragungen, 87
- Expertenbefragung, 87
- Massenbefragungen, 88
- Repräsentativbefragung, 88
- Techniken, 73
Belegschaft, 54, 242
Belohnungssystem, 16
Berechnungsschritte, 195
Besonders bedeutsame
  Einflussfaktoren, 332
Bestimmungsfaktoren des
  Unternehmenswerts, **49**
Beta, 257, 308, 309, 310
Beteiligung des Finanzgebers, 243, 272
Betrieb, 110, 117, 118, 139
betrieblich, 113
Bewertung anhand M&A-
  Transaktionen vergleichbarer
  Unternehmen, 153
Bewertung anhand vergleichbarer
  börsenkotierter Unternehmen, 151
Bewertungszeitpunkt, 74, 181
Bio-Tech, 208, 353
Black/Scholes-Modell, 145, 314
Börsengang, 204, 211, 212, 249, 334
Börsenkapitalisierung, 5, 142
börsenkotiert, 290

Dr. Angiolo Laviziano, Ph.D.

Benchmarking of the Commercial Banking System in PR China

«Bank- und finanzwirtschaftliche Forschungen» Band 322

XVII + 304 Seiten, 43 Abbildungen, 81 Tabellen
kartoniert, CHF 68.– / DEM 84.– / ATS 613.–* / Ab 1.1.02: € 42.–
ISBN 3-258-06307-9
* unverbindliche Preisempfehlung

The financial stability of commercial banks in Popular Republic of China is a matter of contention. This first-time study ascertains the quality of Chinese banks by way of statistical means. Banks in developed countries (Germany and the U.S.) and European emerging markets (Estonia, Poland, Russia and Hungary) are used as benchmark groups. The results are subsequently explained by examining the underlying macroeconomic and corporate governance determinants. The study concludes with a list of recommended policy measures.

⁝ Haupt   **Verlag Paul Haupt** Bern • Stuttgart • Wien
verlag@haupt.ch • www.haupt.ch

Dr. Francesco Adiliberti

Option Hedging

Dynamic and Static Replication of Standard and Barrier Options, and Risk Management of Options on more Accurate Sensitivities to Improve Edge Capture Ratios

«Bank- und finanzwirtschaftliche Forschungen» Band 321

XXVI + 337, 71 Abbildungen, 31 Tabellen
kartoniert, CHF 68.– / DEM 84.– / ATS 613.–* / Ab 1.1.02: € 42.–
ISBN 3-258-06273-0
* unverbindliche Preisempfehlung

The modelling, pricing and hedging of options is based on risk-neutrality. The concept of risk-neutrality has revolutionized the way options are modelled after it was introduced by Black and Scholes but it gives a false appearance of precision to hedgers. Pricing and hedging options with the Black and Scholes model highlight its limitations through discrepancies between apparently inaccurate changes in the profit and loss account of the option hedger and the expected theoretical changes based on the originally computed option sensitivities. The Monte Carlo simulations in this dissertation have shown that non-normally distributed spot prices, discrete hedging, transaction costs, stochastic volatility and incorrect volatility forecast paired with other market imperfections significantly impact the option pricing and hedging. But hedging has shown to require more attention and more accurate estimations of its parameters. Hedge parameters (such as delta, gamma, vega, d(vega)/d(volatility)) and hedging must account for these market imperfections, and bridge the gap between theory and practice of option risk management. For these reasons, **option hedging** is the subject of this dissertation.

: Haupt   **Verlag Paul Haupt** Bern • Stuttgart • Wien
verlag@haupt.ch • www.haupt.ch

Dr. Olivier Schmid

Management der Unternehmungsliquidität

Ein Ansatz der stochastischen mehrstufigen Optimierung

«Bank- und finanzwirtschaftliche Forschungen» Band 320

XVIII + 248 Seiten, 32 Abbildungen, 49 Tabellen
kartoniert, CHF 54.– / DEM 69.80 / ATS 510.–* / Ab 1.1.02: € 34.90
ISBN 3-258-06247-1
* unverbindliche Preisempfehlung

Die tiefgreifenden Veränderungen des ökonomischen Umfelds in den vergangenen zwei Jahrzehnten haben die Anforderungen an die Entscheidungsträger drastisch erhöht. Einerseits bedingt der verschärfte Wettbewerb auf den Produkt- und Kapitalmärkten eine stärkere Renditeorientierung auch im Rahmen des Liquiditätsmanagements. Andererseits ist auf den weltweiten Finanzmärkten eine zunehmende Volatilität sowie eine kaum mehr zu überblickende Produktinnovation festzustellen. Die geforderte Renditeorientierung in einem volatileren Umfeld führt jedoch zu komplexen Entscheidungssituationen, welche die menschliche Intuition schnell überfordern.

Mit Hilfe der stochastischen mehrstufigen Programmierung lassen sich solche Problemstellungen adäquat modellieren und die jeweils optimale Lösung unter Berücksichtigung der Entscheidungsdynamik und der unsicheren Marktentwicklung ermitteln. In dieser Arbeit wird ein stochastisches mehrstufiges Optimierungsmodell zur kurzfristigen Steuerung der Unternehmungsliquidität vorgeschlagen. Der Ansatz versucht, die Bereiche des Cash-Managements und der Asset-Allocation stärker miteinander zu verzahnen und als aufeinander aufbauende Optimierungsschritte im Allokationsprozess der Unternehmungsliquidität zu betrachten. Anhand einer Fallstudie wird die Überlegenheit der Methodik gegenüber herkömmlichen Verfahren aufgezeigt.

 Verlag Paul Haupt Bern • Stuttgart • Wien
verlag@haupt.ch • www.haupt.ch

Dr. Klaus Kränzlein

Asset Allocation bei variablem Anlagehorizont

«Bank- und finanzwirtschaftliche Forschungen» Band 319

XVIII + 258 Seiten, 38 Abbildungen
kartoniert, CHF 58.– / DEM 72.– / ATS 526.–* / Ab 1.1.02: € 36.–
ISBN 3-258-06246-3

* unverbindliche Preisempfehlung

Traditionell werden Anlageentscheidungen mit einem für den Investor adäquaten Trade off zwischen Risiko und Renditechancen begründet. Mit der Festlegung der Asset Allocation wird das Ziel verfolgt, die Ertragsvorstellungen des Anlegers mit seiner Risikotoleranz sowie -tragfähigkeit in Einklang zu bringen. Eine weitere Einflussvariable kommt hinzu, wenn der Anleger zwischen langfristigen Zielen und kurzfristigen Verpflichtungen oder Konsumwünschen abwägen muss. Unter dem Gesichtspunkt der langfristigen Kapitalanlage geht der Autor der Frage nach, ob bzw. unter welchen Voraussetzungen der Anlagehorizont Einfluss auf das Anlagerisiko und damit auf die zu wählende Asset Allocation besitzt. Dabei wird auch jener Fall berücksichtigt, in dem ein Investor vor Ablauf der ursprünglich geplanten Anlagedauer Entnahmen aus dem Portfolio in Betracht zieht und insofern der tatsächliche Anlagehorizont im Voraus nicht fest determiniert ist, sondern eine variable Grösse darstellt. Vor dem Hintergrund der Altersvorsorge sind diese Fragestellungen sowohl für private Anleger als auch für institutionelle Investoren, insbesondere für Vorsorgewerke wie Versicherungen und Pensionskassen, von grosser Bedeutung.

⁞ Haupt   **Verlag Paul Haupt** Bern • Stuttgart • Wien
verlag@haupt.ch • www.haupt.ch

Dr. Werner Rosenberger

Risikoadäquate Kreditkonditionen

«Bank- und finanzwirtschaftliche Forschungen» Band 318

XIV + 203 Seiten, 29 Abbildungen, 27 Tabellen
kartoniert, CHF 48.– / DEM 59.80 / ATS 437.–* / Ab 1.1.02: € 29.90
ISBN 3-258-06242-0
* unverbindliche Preisempfehlung

Um das Kreditgeschäft profitabel betreiben zu können, müssen einer Bank alle Kosten der Kreditvergabe bekannt sein. Dazu gehören insbesondere auch die Aufwendungen zur Deckung der Verluste. Sobald Kreditrisiken kalkulierbar sind, ist es möglich, in jedem Fall einen entsprechenden risikoadäquaten Preis zu berechnen. Risikoreiche Kreditgeschäfte werden somit durchaus verantwortbar. Es ist daher heute unbestritten, dass Kreditrisiken in allen Fällen sorgfältig eruiert und überwacht werden müssen. Angesichts dieser Notwendigkeit kommt der Entwicklung von Modellen zur Kalkulation dieser Risiken grosse Bedeutung zu.

Der Autor beschreibt Herleitung, Funktionsweise und Anwendung eines solchen Modells. Der Lösungsansatz beruht dabei auf der Idee von Black/Scholes aus dem Jahre 1973 und ist somit optionspreistheoretischer Natur. Dabei gelang es, diesen Ansatz weiterzuentwickeln, womit sämtliche Fremdkapitalpositionen – gedeckte oder ungedeckte – einer beliebig strukturierten Unternehmensbilanz je einzeln bewertbar werden. Darauf aufbauend wird gezeigt, wie für eine Unternehmung die Kreditkombination mit den geringsten Zinskosten bestimmt werden kann. Viele Beispiele erläutern dem Praktiker die Anwendung des Modells.

 Verlag Paul Haupt Bern • Stuttgart • Wien
verlag@haupt.ch • www.haupt.ch

Dr. Ralf Edelmann

Volatility of the German Stock Market

Evidence from 1960–1994

«Bank- und finanzwirtschaftliche Forschungen» Band 317

X + 115 Seiten, 13 Grafiken, 26 Tabellen
kartoniert, CHF 36.– / DEM 48.– / ATS 350.–* / Ab 1.1.02: € 24.–
ISBN 3-258-06235-8
* unverbindliche Preisempfehlung

As a result of the growing interest in the stock market, investors are focusing on the volatility of stock returns. This study investigates the volatility of the German stock market for the period 1960 through 1994. The major shortcoming in several models (see for example the CAPM or the Black-Scholes formula) is the assumption of constant volatility. Thus, the main focus of this study is to determine sources that drive the volatility to be time-varying. In order to allow the volatility to be time-varying the author applies an AGARCH model (Asymmetric Generalized Autoregressive Conditional Heteroskedasticity). He finds an existing leverage effect and also the dividend yield of the DAX to be an important variable in explaining the volatility of German stock returns. Spillover effects from the U.S. stock market to Europe or Japan have often been recognized. Here, the author empirically proves that the announcements of U.S. macroeconomic variables substantially influence the volatility of German stock returns. Finally, the affect of the German reunification on the volatility is shown.

∎ Haupt **Verlag Paul Haupt** Bern • Stuttgart • Wien
verlag@haupt.ch • www.haupt.ch